EinFach Deutsch

Unterrichtsmodell

Jenny Erpenbeck

Heimsuchung

Von
Timotheus Schwake

Herausgegeben von
Johannes Diekhans
Lukas Diekhans

Baustein 3: Rund um Form, Sprache und Erzählen in „Heimsuchung" (S. 102–136 im Modell)

3.1	Der Mensch in der Geschichte – Prolog und Epilog des Romans deuten	ganzer Roman	Textarbeit Tafelbild Schreibauftrag Arbeitsblätter 15 und 16
3.2	Die Sprache des Romans	ganzer Roman	Textarbeit Tafelbild szenisches Spiel Arbeitsblätter 17 und 18
3.3	Die Erzähltechnik des Romans	S. 34–45 / S. 31–42	Textarbeit Tafelbild Schreibauftrag Arbeitsblatt 19
3.4	„Heimsuchung" – Ein Antiheimatroman?	ganzer Roman	Textarbeit Tafelbild Mal-/Zeichenauftrag Arbeitsblätter 20a/b
3.5	Die Symbolik des Romans: Haus, Garten und See	ganzer Roman	Textarbeit Tafelbild Schreibauftrag Arbeitsblatt 21
3.6	Erzählen vom Holocaust? – Das Mädchen Doris	S. 79–92 / S. 74–87	Textarbeit Tafelbild Arbeitsblatt 22

Baustein 4: Ist „Heimsuchung" ein guter Roman? – Die Frage der Wertung (S. 137–162 im Modell)

4.1	Ist „Heimsuchung" ein guter Roman? – Literarische Texte bewerten	ganzer Roman	Textarbeit Tafelbild Mal-/Zeichenauftrag Arbeitsblatt 23
4.2	Über Literatur streiten – Debatte	ganzer Roman	Debatte Tafelbild Schreibauftrag Arbeitsblätter 24a/b
4.3	„Heimsuchung" als Jahrhundertroman? – Sachtexte auswerten und analysieren	ganzer Roman	Textarbeit Tafelbild Arbeitsblätter 25 und 26 Zusatzmaterialien 3 und 4
4.4	„Mehr weibliche Autoren in der Schule?" – Textgebunden erörtern	ganzer Roman	Textarbeit Tafelbild Arbeitsblätter 27 und 28

Baustein 1: Einstiege in die Lektüre des Romans (S. 24 – 46 im Modell)

1.1	„Heimsuchung"– Die große Geschichte eines Jahrhundertromans	ganzer Roman	Textarbeit Tafelbild Schreibauftrag Arbeitsblatt 1
1.2	Peter Fox: „Haus am See" (2008)		Textarbeit Tafelbild Arbeitsblatt 2
1.3	Ein Buchcover bewerten – Einen Klappentext gestalten	ganzer Roman	Arbeitsblatt 3 Textarbeit Tafelbild Malauftrag
1.4	„Heimat" – Annäherung an einen schwierigen Begriff		Textarbeit Tafelbild Schreibauftrag Arbeitsblatt 4
1.5	Ein assoziativer Einstieg – Die Abc-Methode	ganzer Roman	Textarbeit Tafelbild Arbeitsblatt 5

Baustein 2: „Heimgesucht": Zwölf Menschen auf der Suche nach Heimat – Die Figuren des Romans (S. 47 – 101 im Modell)

2.1	Das Figurenarsenal in „Heimsuchung": Ein Figurenkabinett durchführen	ganzer Roman	Textarbeit Tafelbild szenisches Spiel Arbeitsblatt 6
2.2	Exemplarische Analyse ausgewählter Figuren des Romans	ausgewählte Kapitel	
2.2.1	Der Großbauer und seine vier Töchter	S. 14 – 26/S. 12 – 24	Textarbeit Tafelbild Standbildanalyse Arbeitsblätter 7 und 8
2.2.2	Der Architekt	S. 34 – 45/S. 31 – 42	Tafelbild Textarbeit Schreibauftrag Arbeitsblatt 9
2.2.3	Der Tuchfabrikant	S. 48 – 61/S. 45 – 58	Textarbeit Tafelbild Schreibauftrag Arbeitsblatt 10
2.2.4	Das Mädchen	S. 79 – 92/S. 74 – 87	Textarbeit Tafelbild Mal-/Zeichenauftrag Arbeitsblatt 11
2.2.5	Die Schriftstellerin	S. 112 – 123/ S. 107 – 118	Arbeitsblatt 12 Textarbeit Tafelbild Zusatzmaterialien 1 und 2
2.2.6	Der Gärtner	ganzer Roman	Textarbeit Tafelbild Schreibauftrag Arbeitsblatt 13
2.3	Zusammenführung: Unterschiedliche Heimatkonzepte im Roman definieren	ganzer Roman	Textarbeit Tafelbild Arbeitsblatt 14

Bildnachweis:

|akg-images GmbH, Berlin: 45.1. |Alamy Stock Photo (RMB), Abingdon/Oxfordshire: Shawshots 136.1. |Alfred Klahr Gesellschaft, Wien: Bildarchiv der KP : 99.1. |B‹CHERALARM, Hofheim: 159.1; Foto: Marco Stirn 159.2. |Das Bundesarchiv, Koblenz: Bild 183-1983-0422-308, Fotograf: Donath, Otto 192.1. |Granta Publications, London: 31.2, 44.2. |Grupo Planeta - DivisiÛn de LiberÌas, Barcelona: Courtesy of Ediciones Destino, © Editorial Planeta, S.A. 32.1, 44.3. |Hˆrl, Ottmar, Wertheim: Das Blaue Haus (1998), Ottmar Hˆrl, www.ottmar-hoerl.de, Fotograf: Werner Scheuermann 9.1. |Imago, Berlin: M¸ller, Martin 43.1. |Kassing, Reinhild, Kassel: 52.1, 62.1, 66.1, 83.1, 96.1, 100.1, 135.1. |Michelides, Christian, Wien: CC BY-SA 4.0 Deed 72.1. |Penguin Random House Verlagsgruppe GmbH, M¸nchen: Jenny Erpenbeck, Heimsuchung © 2018, Penguin Verlag, M¸nchen in der Penguin Random House Verlagsgruppe GmbH 46.1, 93.1, 155.1, 156.1. |Peters, Anke, D¸sseldorf: Wortwolke ÑHeimatì. Quelle: Heimat in Literatur, Sprache und Kunst ñ Ann‰herungen an einen problematischen Begriff. Erkelenz (2015), S. 3 (Titelblatt, Graphik: Peters/Bechmann) 94.1. |Picture-Alliance GmbH, Frankfurt a.M.: dpa/Kalaene, Jens 157.1; dpa/Kasper, Jan-Peter 54.1, 95.1; Eibner-Pressefoto/Fleig 128.1. |Projekt Wir waren Nachbarn, Berlin: 98.1. |Schwake, Timotheus, Bonn: 50.1, 50.2, 51.1, 56.1, 56.2, 109.1. |Shutterstock.com (RM), New York: Everett (‚Way Out West' film - 1937: Stan Laurel, Oliver Hardy) 198.1. |stock.adobe.com, Dublin: Asano, Mao 101.1; glashaut 70.1, 97.1; goodluz 166.1; Ramos, Jeronimo 162.1, 165.1; smallredgirl 127.1; Sumstock 118.1. |Uitgeverij van Gennep B.V., Amsterdam: 31.1, 44.1. |ullstein bild, Berlin: Atelier Jacobi 99.2; Schiffer-Fuchs 99.3. |Walzl, Stephan, Oldenburg: 131.1.

© 2024 Westermann Bildungsmedien Verlag GmbH, Georg-Westermann-Allee 66, 38104 Braunschweig
service@westermann.de, www.westermann.de

Das Werk und seine Teile sind urheberrechtlich geschützt. Jede Nutzung in anderen als den gesetzlich zugelassenen bzw. vertraglich zugestandenen Fällen bedarf der vorherigen schriftlichen Einwilligung des Verlages. Wir behalten uns die Nutzung unserer Inhalte für Text und Data Mining im Sinne des UrhG ausdrücklich vor. Nähere Informationen zur vertraglich gestatteten Anzahl von Kopien finden Sie auf www.schulbuchkopie.de.

Für Verweise (Links) auf Internet-Adressen gilt folgender Haftungshinweis: Trotz sorgfältiger inhaltlicher Kontrolle wird die Haftung für die Inhalte der externen Seiten ausgeschlossen. Für den Inhalt dieser externen Seiten sind ausschließlich deren Betreiber verantwortlich. Sollten Sie daher auf kostenpflichtige, illegale oder anstößige Inhalte treffen, so bedauern wir dies ausdrücklich und bitten Sie, uns umgehend per E-Mail davon in Kenntnis zu setzen, damit beim Nachdruck der Verweis gelöscht wird.

Bei der Übernahme von Werkteilen (Grafiken) aus den Arbeitsblättern sind Sie verpflichtet, das Namensnennungsrecht des Urhebers zu beachten und die Namensnennung in ein neues Arbeitsblatt mit einzufügen. Unterlassungen dieser Verpflichtung stellen einen urheberrechtlichen Verstoß dar, der zu urheberrechtlichen Schadensersatzansprüchen führen kann.

Druck B³ / Jahr 2025
Alle Drucke der Serie B sind im Unterricht parallel verwendbar.

Druck und Bindung: Westermann Druck GmbH, Georg-Westermann-Allee 66, 38104 Braunschweig

ISBN 978-3-14-**109677**-4

Vorwort

Der vorliegende Band ist Teil einer Reihe, die Lehrerinnen und Lehrern erprobte und an den Bedürfnissen der Schulpraxis orientierte Unterrichtsmodelle zu ausgewählten Ganzschriften und weiteren relevanten Themen des Faches Deutsch bietet.
Im Mittelpunkt der Modelle stehen Bausteine, die jeweils thematische Schwerpunkte mit entsprechenden Untergliederungen beinhalten.
In übersichtlich gestalteter Form erhält der Benutzer/die Benutzerin zunächst einen Überblick zu den im Modell ausführlich behandelten Bausteinen.

Es folgen:

- Hinweise zu den Handlungsträgern
- Zusammenfassung des Inhalts und der Handlungsstruktur
- Vorüberlegungen zum Einsatz des Romans im Unterricht
- Hinweise zur Konzeption des Modells
- Ausführliche Darstellung der einzelnen Bausteine
- Zusatzmaterialien

 Arbeitsfrage

 Einzelarbeit

 Partnerarbeit

 Gruppenarbeit

 Unterrichtsgespräch

 Schreibauftrag

 szenisches Spiel, Rollenspiel

 Mal- und Zeichenauftrag

 Bastelauftrag

 Projekt, offene Aufgabe

 Webcode

Ein besonderes Merkmal der Unterrichtsmodelle ist die Praxisorientierung. Enthalten sind kopierfähige Arbeitsblätter, Vorschläge für Klassen- und Kursarbeiten, Tafelbilder, konkrete Arbeitsaufträge, Projektvorschläge. Handlungsorientierte Methoden sind in gleicher Weise berücksichtigt wie eher traditionelle Verfahren der Texterschließung und -bearbeitung.
Das Bausteinprinzip ermöglicht es dabei den Benutzern und Benutzerinnen, Unterrichtsreihen in unterschiedlicher Weise und mit unterschiedlichen thematischen Akzentuierungen zu konzipieren. Auf diese Weise erleichtern die Modelle die Unterrichtsvorbereitung und tragen zu einer Entlastung der Benutzer und Benutzerinnen bei.

Das vorliegende Modell bezieht sich auf folgende Textausgaben:

Jenny Erpenbeck: Heimsuchung. 3. Auflage. Penguin Verlag: München 2018. Penguin Random House Verlagsgruppe. ISBN 978-3-328-10251-9

Jenny Erpenbeck: Heimsuchung. Reclam: Stuttgart 2024. ISBN: 978-3-15-014388-9

> In diesem Unterrichtsmodell wird an zahlreichen Stellen auf sogenannte **Webcodes** verwiesen. Über diese können Sie editierbare Arbeitsblätter und Zusatzmaterialien zu den einzelnen Bausteinen bequem online abrufen. Geben Sie dazu den jeweiligen Webcode (z. B. WES-109677-636) in der Suchleiste auf **www.westermann.de/webcode** ein.
> Eine Übersicht aller Webcodes befindet sich auf S. 202 f.

 Die EinFach Deutsch Unterrichtsmodelle stehen auch als digitale Varianten zur Verfügung. Damit haben Sie das E-Book des Unterrichtsmodells sowie alle ergänzenden Materialien an einem Ort griffbereit und können Ihre Unterrichtsvorbereitung noch effizienter und einfacher gestalten. Editierbare Formate (z. B. bei Arbeitsblättern und Klausuren) ermöglichen Ihnen eine individuelle Anpassung. Eine Übersicht über alle verfügbaren digitalen Unterrichtsmodelle sowie weitere Informationen finden Sie auf www.westermann.de/einfach-digital.

Inhaltsverzeichnis

1. **Die Figuren des Romans** 10

2. **Inhalt des Romans** 18

3. **Vorüberlegungen zum Einsatz des Romans in der Sekundarstufe II** 20

4. **Konzeption des Unterrichtsmodells** 22

5. **Die thematischen Bausteine des Unterrichtsmodells** 24

    Baustein 1: Einstiege in die Lektüre des Romans 24
    1.1 „Heimsuchung" – Die große Geschichte eines Jahrhundertromans 25
    1.2 Peter Fox: „Haus am See" (2008) 27
    1.3 Ein Buchcover bewerten – Einen Klappentext gestalten 30
    1.4 „Heimat" – Annäherung an einen schwierigen Begriff 33
    1.5 Ein assoziativer Einstieg – Die Abc-Methode 38
    Arbeitsblatt 1: „Heimsuchung" – Ein Jahrhundertroman (+ Lösung) 41
    Arbeitsblatt 2: Peter Fox: „Haus am See" (2008) 43
    Arbeitsblatt 3: Ein Buchcover bewerten – Einen Klappentext gestalten 44
    Arbeitsblatt 4: „Heimat" – Annäherung an einen schwierigen Begriff 45
    Arbeitsblatt 5: „Heimsuchung" von Jenny Erpenbeck: Abc-Methode 46

    Baustein 2: „Heimgesucht": Zwölf Menschen auf der Suche nach Heimat – Die Figuren des Romans 47
    2.1 Das Figurenarsenal in „Heimsuchung": Ein Figurenkabinett durchführen 48
    2.2 Exemplarische Analyse ausgewählter Figuren des Romans 53
    2.2.1 Der Großbauer und seine vier Töchter 53
    2.2.2 Der Architekt 58
    2.2.3 Der Tuchfabrikant 64
    2.2.4 Das Mädchen 71
    2.2.5 Die Schriftstellerin 78
    2.2.6 Der Gärtner 84
    2.3 Zusammenführung: Unterschiedliche Heimatkonzepte im Roman definieren 89
    Arbeitsblatt 6: Ein Figurenporträt erstellen/Figurenkabinett 93
    Arbeitsblatt 7: Was die Figuren verbindet – Den „roten Faden" finden 94
    Arbeitsblatt 8: Der Großbauer und seine vier Töchter 95
    Arbeitsblatt 9: Der Architekt 96
    Arbeitsblatt 10: Der Tuchfabrikant 97
    Arbeitsblatt 11: Das Mädchen 98
    Arbeitsblatt 12: Die Schriftstellerin 99
    Arbeitsblatt 13: Der Gärtner 100
    Arbeitsblatt 14: Heimatkonzepte in „Heimsuchung" definieren 101

* Alle Arbeitsblätter und Zusatzmaterialien stehen auch als editierbare Materialien als Webcodes zur Verfügung. Auf S. 180f. befindet sich eine Übersicht aller Webcodes.

Baustein 3: Rund um Form, Sprache und Erzählen in „Heimsuchung" 102
3.1 Der Mensch in der Geschichte – Prolog und Epilog des Romans deuten 103
3.2 Die Sprache des Romans 106
3.3 Die Erzähltechnik des Romans 110
3.4 „Heimsuchung" – Ein Antiheimatroman? 114
3.5 Die Symbolik des Romans: Haus, Garten und See 119
3.6 Erzählen vom Holocaust? – Das Mädchen Doris 123
Arbeitsblatt 15: Den Anfang und das Ende des Romans interpretieren 127
Arbeitsblatt 16: „Heimsuchung Corona" – Eine Gegengeschichte verfassen 128
Arbeitsblatt 17: Die Sprache Jenny Erpenbecks untersuchen (+ Lösung) 129
Arbeitsblatt 18: „Heimsuchung" – Wir spielen Theater! 131
Arbeitsblatt 19: Erzähltechnik: So erzählt Jenny Erpenbeck ihre Geschichte 132
Arbeitsblatt 20a: „Heimsuchung" als moderne Literatur? 133
Arbeitsblatt 20b: „Heimsuchung" als Heimatroman? 134
Arbeitsblatt 21: Die Symbolik des Ortes – Haus, Garten und See 135
Arbeitsblatt 22: Schreiben nach Auschwitz? – Das Mädchen Doris 136

Baustein 4: Ist „Heimsuchung" ein guter Roman? – Die Frage der Wertung 137
4.1 Ist „Heimsuchung" ein guter Roman? – Literarische Texte bewerten 138
4.2 Über Literatur streiten – Debatte 141
4.3 „Heimsuchung" als Jahrhundertroman? – Sachtexte auswerten und analysieren 144
4.4 „Mehr weibliche Autoren in der Schule?" – Textgebunden erörtern 149
Arbeitsblatt 23: Ist „Heimsuchung" ein guter Roman? – Literarische Texte werten 154
Arbeitsblatt 24a: Rezensionen: Positive Stimmen 155
Arbeitsblatt 24b: Rezensionen: Kritische Stimmen 156
Arbeitsblatt 25: Verena Auffermann: „Wenn das Haus fertig ist, kommt der Tod" 157
Arbeitsblatt 26: Den Roman im Rahmen eines Podcast-Beitrags rezensieren 159
Arbeitsblatt 27: Lisa Welzhofer: Werden in Schulen zu viele männliche Autoren gelesen? 160
Arbeitsblatt 28: Die textgebundene Erörterung 162

6. Zusatzmaterial 163
Z 1: Einen Erzähltext interpretieren – So können Sie vorgehen 163
Z 2: Erzähltechniken untersuchen 164
Z 3: Methode – Einen argumentativen Sachtext analysieren 165
Z 4: Die ESAU-Methode – Texte am PC überarbeiten 166
Z 5: Katharina Döbler: Großmutters klein Häuschen 167
Z 6: Facharbeitsthemen und Klausuraufgabenstellungen 169
Z 7: Klausurvorschlag I: Interpretation eines epischen Textauszugs mit weiterführendem Schreibauftrag (+ Bewertungsbogen) 170
Z 8: Klausurvorschlag II: Analyse eines Sachtextes mit weiterführendem Schreibauftrag (+ Bewertungsbogen) 174
Z 9: Jenny Erpenbeck: Sibirien (Text + Material) 180

7. Übersicht Webcodes 202

Jenny Erpenbeck: Heimsuchung (2008)

Das blaue Haus (1998), Ottmar Hörl, www.ottmar-hoerl.de

„Als sie mit dem Abbruch des Hauses fertig sind, und nur noch eine Grube an den Platz erinnert, auf dem vorher das Haus stand, sieht das Grundstück auf einmal viel kleiner aus. Bevor auf demselben Platz ein anderes Haus gebaut werden wird, gleicht die Landschaft für einen kurzen Moment wieder sich selbst." (S. 188/S. 183)

Jenny Erpenbeck: Heimsuchung. 3. Auflage. Penguin Verlag: München 2018. Penguin Random House Verlagsgruppe

Die Figuren des Romans

In Jenny Erpenbecks polyphonem und multiperspektivischem Roman „Heimsuchung" (2008) begleiten die Leserinnen und Leser ein Haus und seine Bewohner und Bewohnerinnen am Ufer des Scharmützelsees (Brandenburg) durch wesentliche Wendepunkte der oftmals verhängnisvollen deutschen Geschichte des 20. Jahrhunderts, wie z. B. die Weimarer Republik und den Aufstieg des Nationalsozialismus, die Jahre des Zweiten Weltkrieges, die deutsche Teilung, den Mauerfall und die Wiedervereinigung. Dabei lernen sie in kurzen Kapiteln dessen wechselnde Bewohnerinnen und Bewohner episoden- und ausschnitthaft in ihrem öffentlichen, meist aber privaten Leben kennen. Die meisten Figuren bleiben dabei ohne Eigennamen und treten ausschließlich in ihrer Funktion auf, die häufig in der Überschrift genannt wird. Eine Sonderrolle nimmt dabei die ebenfalls namenlose Figur des Gärtners ein, die nach jedem Kapitel einen kurzen Auftritt hat und die Romanhandlung über Jahrzehnte hinweg begleitet.

Der Großbauer und seine vier Töchter (S. 14 – 26 / S. 12 – 24) Mit der Geschichte des Großbauern Wurrach und seiner vier Töchter nimmt der Roman seinen Anfang. Das Grundstück am märkischen See nahe Berlin, das für alle folgenden Figuren zum zentralen Ort ihres Lebens wird, findet hier zum ersten Mal Erwähnung. Erzählt wird die Geschichte des Großbauern und Dorfschulzen Wurrach, der seine vier Töchter, Grete, Hedwig, Emma und Klara, auf rücksichtslose Art und Weise unterdrückt und kontrolliert, womit diese nicht umgehen können. Insbesondere die jüngste Tochter Klara, die ursprünglich das Waldgrundstück am See erben sollte, erträgt es nicht, von ihrem herrischen Vater wie eine Gefangene behandelt zu werden. Immer sonderbarer wird ihr Verhalten, bis sie schließlich als verrückt angesehen und entmündigt wird (vgl. S. 25 / S. 23). Daraufhin nimmt sie sich im See das Leben. Die erschütternden Erlebnisse des Auftaktkapitels lassen sich als böses Omen für die weiteren Heimsuchungen interpretieren, denen die nachfolgenden Romanfiguren ausgesetzt sind. Sie haben ihre Ursache in den menschenfeindlichen archaischen Denkstrukturen einer abergläubischen Dorfgemeinschaft, denen sich auch der Großbauer nicht verweigern kann. Er wirkt als Werkzeug eines strengen Anpassungsmechanismus, mit dem er das Privatleben seiner Töchter überwacht und das Geschehen steuert, während es ihm der Dorfgemeinschaft gegenüber wichtig ist, seinen ererbten und keinesfalls eigenverantwortlich erarbeiteten hohen sozialen Rang zu verteidigen. Am Ende seines Lebens teilt er das Grundstück in drei Parzellen auf und verkauft diese an einen Architekten aus Berlin, einen jüdischen Tuchfabrikanten sowie einen Kaufmann aus Frankfurt an der Oder. Sein Traum, die Existenz der Familie auch über sein eigenes Leben hinaus zu sichern und ihr dauerhaft Heimat zu gewährleisten, scheitert.

Der Architekt (S. 34 – 45 / S. 31 – 42) Der Großbauer muss, da er sein Land ohne männlichen Nachfolger nicht sichern kann, sein Land verkaufen. Das dritte Drittel, „auf dem die große Eiche steht" (S. 24 / S. 22), verkauft er an einen Berliner Architekten, der dort für sich und seine Verlobte ein Sommerhaus bauen möchte. Dieser steht im Mittelpunkt des zweiten Kapitels. In den 1930er-Jahren, zu Zeiten der Weimarer Republik, hilft ihm der Gärtner, den Grund und Boden, der eigentlich Klara Wurrach zugesprochen werden sollte, in nutz- und bebaubares Land umzuwandeln (vgl. S. 28 ff. / S. 26 ff.). Aus streng personaler Erzählperspektive haben die Lesenden rückblickartig teil an den Gedanken des Architekten, der zu Beginn des Kapitels sein Hab und Gut „eingraben muss" (S. 34 / S. 32), weil ihn die politischen Verhältnisse zur Flucht zwingen. Er muss das mit viel Liebe zum

Detail gebaute Haus bereits zu Beginn des Kapitels für immer verlassen und nach Westdeutschland ausreisen. Offenbar droht ihm im jungen kommunistischen Deutschland eine Gefängnisstrafe, weil er Gebäude mit Material aus dem Westen errichtet hat. In großer Eile vergräbt der traurige Mann deshalb einige wertvolle und nicht transportable Gegenstände seines Hausrats im Garten. Diese werden im Laufe der Romanhandlung von späteren Bewohnerinnen und Bewohnern des Hauses am Scharmützelsee wieder ausgegraben. Dass er für ihn emotional bedeutsame Erinnerungsobjekte auf dem Seegrundstück vergräbt, kann als Versuch interpretiert werden, seine Identität zu bewahren und die Illusion zu nähren, eines Tages in die Heimat zurückkehren zu können. Der Abschied vom Haus, dem er emotional sehr verbunden ist und das für ihn wie eine „dritte Haut" (S. 39/S. 35) wirkt, wird vom Architekten demnach als ein Verlust von Heimat und Identität empfunden. Sein Verschwinden korrespondiert mit dem arabischen Motto, das Erpenbeck ihrem Roman voranstellt: „Wenn das Haus fertig ist, kommt der Tod." (S. 7/S. 7) Insgesamt dient die Figur des Architekten dazu, zu zeigen, dass sich die Vorstellung von einer strategischen Planbarkeit von Heimat, wie sie der Architekt in der Phase des Hausbaus selbstbewusst verkörpert, als Illusion erweist. Nahezu ohnmächtig muss er zuschauen, wie sein Anspruch im Räderwerk der großen Geschichte, dargestellt durch die politischen Systemwechsel, den Ost-West-Konflikt und das geteilte Berlin, zerstört wird.

Der Tuchfabrikant (S. 48–61/S. 45–58) Der jüdische Tuchfabrikant ist in den 1930er-Jahren einer von drei Interessenten, die dem alten Wurrach einen Teil des Grundstücks am See abkaufen (vgl. S. 24/S. 22). Die Geschichte seiner Familie ist geprägt von der menschenverachtenden nationalsozialistischen Verfolgung der Juden und Jüdinnen und deutet auf die Vernichtung voraus, die das zentrale Kapitel „Das Mädchen" (vgl. S. 79 ff./S. 74 ff.) in den Blick nimmt. Der Tuchfabrikant Ludwig und seine Familie sind die jüdischen Nachbarn des Architekten und dessen Frau, denen – im Gegensatz zu seinen Eltern Hermine und Arthur – 1936 die Flucht nach Kapstadt in Südafrika gerade noch gelingt. Damit entgehen sie dem Holocaust und versuchen mehr oder weniger erfolgreich, sich eine neue Heimat in der Fremde aufzubauen. Im Kontrast dazu bleiben Ludwigs Schwester Elisabeth, ihr Mann Ernst und die gemeinsame Tochter Doris in Deutschland, wo Ernst als Zwangsarbeiter am Fleckfieber stirbt, während Elisabeth und Doris ins Warschauer Getto deportiert und ermordet werden. Ein großer Teil des Geschehens spielt sich in Südafrika ab. Damit unterscheidet sich das Kapitel „Der Tuchfabrikant" wesentlich von den meisten anderen des Romans, die schwerpunktmäßig alle am märkischen See in Brandenburg verortet sind. Die Lesenden haben teil an den Gedanken des Tuchfabrikanten und seinen Gesprächen mit Besuchern und Besucherinnen aus der Heimat. An diesen wird deutlich, dass der Versuch, in Südafrika eine neue Heimat aufzubauen, ambivalent zu beurteilen ist. Spricht Ludwigs Tochter von der „Vertreibung ins Paradies" (S. 55/S. 52), wird diese Vorstellung im Anschluss dekonstruiert, wenn sich sein Gärtner von einem Staatsdiener einen Bleistift „ins krause Haar" (ebd./ebd.) stecken lassen muss und diesem im Apartheid-Staat der „Eintritt in öffentliche Parks verboten" (S. 56/S. 53) wird. Auch die hybride Mischsprache des Tuchfabrikanten, der im Gegensatz zu seinen in Südafrika geborenen Kindern kein perfektes Englisch spricht, gibt Auskunft über die innere Zerrissenheit Ludwigs, der den herben Verlust von Heimat durch die Machtübernahme der Nationalsozialisten in Deutschland noch nicht vollständig verarbeitet hat: „It is supposed to look as if der Baum in einem verschneiten Winterwald stünde, sagt er, Ludwig, ihr

Vater." (S. 51 / S. 48) Einerseits verdankt Ludwig der Entscheidung, Deutschland zu verlassen und auszuwandern, sein Leben, und er kann die neue Sicherheit für seine Familie genießen. Andererseits ist in den Erinnerungen und sprachlichen Handlungen des Tuchhändlers die Sehnsucht nach der alten Heimat immer präsent und als Identitätsverlust deutbar.

Die Frau des Architekten (S. 64 – 76 / S. 60 – 72) Sie bleibt wie die meisten Figuren des Romans ohne Namen. Diese von Erpenbeck bewusst gestaltete Anonymität macht sie zu einem Typus. Als solcher steht die Frau des Architekten im Roman für einen Menschen, der mit hochfliegenden Träumen in sein Leben startet, dann jedoch bald desillusioniert wird. Die von ihrem Mann, aber auch von der Gesellschaft vorgeschriebene Rolle sieht nicht vor, dass eine junge Frau ein abenteuerliches und freies Leben als Seiltänzerin oder gar Tierdompteurin führt. Aus einer bewegungsfreudigen jungen Frau wird ein sesshafter Mensch, der sich mit einem stetig wiederholenden gesellschaftlichen Leben am See begnügt. Die Frau passt sich ihrem Mann, dem Architekten, und seinen Wünschen an. Dabei verliert sie ihre Individualität, wird zum schönen Anhängsel ihres Gatten, der sich mit ihr schmückt. Mit langen Spaziergängen und Schwimmrunden im See versucht sie, ihrem Leben im wörtlichen Sinne mehr Bewegung zu verleihen, dennoch empfindet die Frau des Architekten ihr Dasein zusehends als Gefängnis, das für sie gebaute Haus als ein „Gehege" (S. 68 / S. 64), in dem sie sich zwar bewegen, aus dem sie aber keinesfalls ausbrechen darf. Die sexuelle Begegnung mit einem russischen Soldaten, deren Details erst im Kapitel „Der Rotarmist" zutage treten, wird zu einem Schlüsselerlebnis, das die vom Leben enttäuschte Frau erkennen lässt, dass es ein Fehler war, auf eigene Kinder zu verzichten, nur weil ihr geschiedener Ehemann bereits in seiner ersten Ehe Kinder hatte. Sie sieht ein, dass ihr als Frau der Mut zu eigenen Entscheidungen im Leben gefehlt hat. Diesen Mut zeigt sie am Ende ihres Lebens, als sie testamentarisch dafür sorgt, dass das ihr gehörende Seegrundstück einer Frau und keinesfalls einem Mann vererbt wird.

Das Mädchen (S. 79 – 92 / S. 74 – 87) Im Mittelpunkt des kurzen Kapitels steht das jüdische Mädchen Doris, Tochter von Ernst und Elisabeth. Sie ist die Enkelin des alten Tuchfabrikanten, der im Holocaust ermordet wird, und die Nichte des jungen Tuchfabrikanten Ludwig, dem rechtzeitig die Flucht ins südafrikanische Exil gelingt. Der Versuch ihrer eigenen Familie, nach Brasilien auszuwandern, um so dem nationalsozialistischen Rassenterror zu entgehen, scheitert. Ihre Großeltern werden abtransportiert und ihr Vater stirbt bei der Zwangsarbeit. In ihrem dunklen Versteck im Warschauer Getto ist sie ganz allein auf sich gestellt, als ihre Mutter aus unerfindlichen Gründen wegbleibt; sie dürfte gefangen und abtransportiert worden sein. Doris hat eine Räumung des Hauses durch die SS wie ein Wunder überlebt, doch in dem Geheimversteck, in dem sie sich nun verbirgt, befindet sie sich in einer deprimierenden und hoffnungslosen Lage, aus der es – wie die Lesenden ahnen – kein Entkommen geben wird. In absoluter Dunkelheit ist das verzweifelte, aber bewundernswert widerständige Mädchen ganz mit sich und seinen Erinnerungen an das glückliche Leben mit seiner Familie allein. Doris, ursprünglich ein wildes Mädchen, empfindet sich nun als „eine taube und blinde Alte, die ihre Glieder nicht mehr zu bewegen vermag" (S. 86 / S. 81). Längere Sequenzen beschreiben ihre Erlebnisse mit den Großeltern und dem Onkel in den Sommern, die sie am märkischen See verbracht hat. Aus diesen Erinnerungen schöpft sie Kraft, doch mit der schrumpfenden Welt, in der sie sich befindet, und der Unmöglichkeit, irgendwie aktiv zu werden und ihre Situation selbsttätig zu beeinflussen, ändern sich auch die Erinnerungen an Haus und

Heimat. Am Ende verrät sie ein Urinrinnsal auf dem Küchenfußboden (vgl. S. 89/S. 85). Sie wird gefangen genommen und erschossen.

Der Rotarmist (S. 94–106/S. 89–101) Bei dem Rotarmisten handelt es sich um einen 15-jährigen russischen Soldaten, dessen gesamte Familie auf brutale Art und Weise von den deutschen Aggressoren auf dem Russland-Feldzug ermordet worden ist. Freiwillig meldet sich der einzige Überlebende seiner Familie zum Militär, um Rache an denen zu üben, die seine Familie ermordet und seine geliebte Heimat sinnlos zerstört haben (vgl. S. 95/S. 90). Geht es ihm zuerst um ein Vertreiben der deutschen Besatzer, steigert sich im weiteren Verlauf sein Hass, und „aus der Verteidigung der Heimat" wird ein „Wüten in der Fremde" (ebd./ebd.). Rachegedanken und Wut prägen das Verhalten der russischen Soldaten, die – in den letzten Wochen des Zweiten Weltkrieges im Frühjahr 1945 im Berliner Umland am märkischen See angekommen – die verlassenen Häuser der geflüchteten reichen Deutschen verwüsten. Der namenlose Rotarmist, eigentlich noch ein Kind und durch die Grauen des Krieges viel zu schnell erwachsen geworden, steht symbolisch für einen heimatlosen, entwurzelten Menschen, der seine Kindheit verloren hat und der weiß, dass die von ihm ausgeübte Rache prinzipiell nichts mehr an seiner Heimatlosigkeit ändern kann: „Es ist, als hätte die Kindheit zusammen mit der Heimat aufgehört." (S. 101/S. 96) Während seine Kameraden im Garten und im unteren Teil des Hauses am See wüten, bezieht der junge Mann, der noch keinen Geschlechtsverkehr gehabt hat, ein Zimmer im oberen Stockwerk. Dort kommt es zu der merkwürdigen Begegnung zwischen zwei Menschen aus völlig unterschiedlichen Welten: Der Rotarmist entdeckt die sich in einem geheimen Schrankzimmer versteckt haltende Frau des Architekten. Mit einem „Revolver" (S. 99/S. 94) bewaffnet, zwingt er die verängstigte Frau zum Geschlechtsverkehr. Was als Vergewaltigung beginnt, ändert jedoch seinen Charakter, denn offenbar weckt die sexuelle Situation die Sehnsucht des Jungen nach der eigenen verlorenen Heimat, und er küsst sein Vergewaltigungsopfer. Das Streicheln der Brüste der älteren Frau erinnert ihn an seine ermordete Mutter: „Mama [...]." (S. 100/S. 95) Dieses Wort löst eine Verhaltensänderung der Frau des Architekten aus, die ab jetzt die Kontrolle übernimmt, ihn von sich stößt und ihm ins Gesicht uriniert. Da die Lesenden bereits wissen (vgl. Kapitel „Die Frau des Architekten"), dass die Frau sich ihr ganzes Leben lang eigene Kinder gewünscht hat, aber zugunsten ihres geschiedenen Mannes auf die eigene Mutterschaft verzichtet hat, ist ihr mütterlicher Instinkt, mit dem sie dem fremden Jungen nun begegnet, verständlich. Sie „trocknet ihm mit einem der Kleidungsstücke [...] das Gesicht ab und spricht leise zu ihm" (S. 101/S. 96). Das Geschehen erinnert nun nicht mehr an eine brutale Vergewaltigung, sondern an ein Mutter-Sohn-Verhältnis. Die Frau des Architekten agiert hier plötzlich „wie eine Mutter, die ihr Söhnchen auf den Weg zur Schule verabschiedet" (ebd./ebd.). Als am nächsten Morgen die Gruppe der russischen Soldaten weiterziehen möchte, kehrt der junge Rotarmist, der die versteckte deutsche Frau nicht verraten hat, noch einmal in das Zimmer zurück und wirft einen „Brotkanten nach hinten ins Dunkle, schließt den Schrank wieder und verlässt das Zimmer" (S. 105/S. 101). Er hat offenbar gelernt, dass es gut ist, Menschen zu retten, auch wenn es Deutsche sind, und er zeigt damit Barmherzigkeit.

Die Schriftstellerin (S. 112–123/S. 107–118) Bei der Schriftstellerin handelt es sich um eine jüdische Kommunistin, die zur Zeit der Schreckensherrschaft des Nationalsozialismus in der Sowjetunion gelebt hat. Während Millionen von europäischen Juden und Jüdinnen dem Holocaust zum Opfer fielen, hat sie diese Jahre in der Sicherheit des Exils verbracht. Darüber empfindet sie Scham und Schuld. In ihre alte Heimat kann sie nicht einfach zurückkehren, denn diese gibt es nicht mehr. Aus dem einen Staat sind zwei geworden. Bewusst lässt sie sich in der DDR nieder. Dort prägt die Idee einer humanen sozialistischen Gesellschaft ihre Arbeit als Dichterin. Sie glaubt an die Kraft und Macht der Sprache, das unmenschliche Erbe der Vergangenheit hinter sich und eine neue, gerechtere und solidarische Gesellschaftsformation an deren Stelle treten zu lassen. Man kann die Schriftstellerin daher aus gutem Grund als Idealistin charakterisieren. Mehrfach beschwört sie die Macht der Worte („I-c-h k-e-h-r-e h-e-i-m", S. 121/S. 116), die sie in ihre geliebte Schreibmaschine hämmert, die Vision einer den Menschen gerecht werdenden Gesellschaftsformation in einem sozialistischen Deutschland zu entwickeln. Auch in ihrem neuen Buch, an dem sie im Haus am See, in dem sie nun wohnt, arbeitet, geht es um die „Hoffnung auf Erlösung der Menschheit von Habgier und Neid" (ebd./S. 117). Auf der anderen Seite zeigt sich die Intellektuelle empört und enttäuscht angesichts der Lebenswirklichkeit im neuen deutschen Staat, in den sie so viele Hoffnungen gesetzt hat. Denn auch hier scheinen, anders als es die offizielle Staatsdoktrin besagt, manche Menschen mehr Rechte als andere zu haben. So hat ein Berliner Arzt zum Ärger der Schriftstellerin die ungewöhnliche Erlaubnis erhalten, ein großes Wohnhaus auf dem angrenzenden Grundstück zu bauen, während sie in einem Haus wohnen muss, das seit Langem dem Staat selbst gehört. Auch wenn ihr Antrag, ebenfalls Eigentümerin zu werden, am Ende von den Behörden genehmigt wird, zeigen sich doch deutliche Risse im Glauben der Idealistin, dass in der DDR alles gerechter und gleichberechtigter ablaufen werde als in der BRD. So kann man sie am Ende als zweifelnd und sarkastisch, aber noch nicht resignierend kennzeichnen.

Die Besucherin (S. 127–138/S. 122–133) Bei der Besucherin handelt es sich um eine ältere Frau, die „für den Rest ihres Lebens" (S. 133/S. 129) im Hause der Schwiegermutter ihrer jüngsten, im Sommer am märkischen See lebenden Enkeltochter wohnt. Die Enkeltochter ist also mit dem Sohn der Schriftstellerin verheiratet. Deren Funktion hat sich zu der einer Gastgeberin oder auch Hausherrin gewandelt. Wesentlich für das Verständnis der Figur ist die Erkenntnis, dass die Besucherin in dem Haus am See „die letzten fünf Sommer" (S. 135/S. 130) zu Besuch bei für sie anfangs fremden Menschen lebt, die sie auch nach diesen fünf Jahren immer noch siezen (vgl. ebd./ebd.). Die alte Frau sitzt im Garten am See und sinniert über ihr vergangenes Leben. Ihre Erinnerungen informieren die Lesenden über wichtige biografische Details. So hat sie gegen den Willen ihrer Mutter einen ukrainischen Musiker geheiratet, der viel zu früh verstorben ist. Ihr Leben hat sie schwer arbeitend auf einem Bauernhof verbracht. Im Zuge des polnisch-ukrainischen Krieges ist die Besucherin mit ihren drei Enkelkindern Hals über Kopf geflüchtet. In ihrer neuen Heimat im Berliner Umland spürt sie intuitiv ihr Fremdsein häufig, zum Beispiel im Umgang mit dem Garten: „Hier in diesem Garten gibt es, anders als in dem Garten, der ihr gehört, nichts zu säen und nichts zu ernten." (S. 127/S. 122) Dennoch fühlt sich die alte Frau in ihrer neuen Heimat nicht nur fremd, sondern auch „fast wie zu Hause" (S. 128/S. 123). Ihre Gedanken lassen deutlich werden, dass Heimat für sie keine Bindung an einen bestimmten geografischen Ort ist, sondern als Möglichkeit verstanden wird, das zu tun, was man gerne macht: „Der Löwenzahn ist der gleiche wie zu Hause, und auch die Lerchen." (S. 129/S. 124) Die Besucherin entpuppt sich also als nüchterne Realistin und nicht als Romantikerin.

Sie hat die Folgen des Krieges am eigenen Leib erfahren und daher einen sachlichen Blick auf das, was Heimat bedeuten kann: „Besser war es allemal, fremd in der Fremde zu sein, und nicht im eigenen Haus." (Ebd./Ebd.) Darin liegt ein wesentlicher Unterschied zum alten Tuchfabrikanten und seiner Frau, die ihren Sohn Ludwig in Südafrika besuchen, sich aber dennoch für die Rückkehr nach Deutschland entscheiden, wo sie von den Nationalsozialisten ermordet werden. Die Besucherin jedoch ist bereit, ihre geografische Heimat zu verlassen, sobald es die politischen Gegebenheiten erfordern. So wird Heimat zu einer Vorstellung, die man in sich trägt. Sicherheit für sich und die eigene Familie werden dann bedeutsamer als Besitz und Eigentum, die die Frau auf der Flucht zurücklassen musste: „Als ihre Enkelin sie einmal fragte, ob es ihr nicht leidtue – um das Haus, die Kühe, den ganzen Besitz, verstand sie die Frage überhaupt nicht mehr. Sie hat die Kinder gerettet, mehr gab es darauf nicht zu sagen." (S. 136/S. 131) Identität und Glück sind also für die Besucherin nicht abhängig von Materiellem, sondern von Erfahrungen, Erinnerungen und vor allem von Aktivitäten, die sich überall ausüben lassen: „Die Hauptsache ist, dass sie hier wieder schwimmen kann." (S. 137/S. 132)

Die Unterpächter (S. 142 – 154/S. 137 – 145) Bei den beiden Unterpächtern, die die Werkstatt am Ufer des Seegrundstücks in eine Wochenendwohnung umgebaut haben, handelt es sich um ein Ehepaar, dessen Heimatbegriff dem der Besucherin ähnelt. Beide legen aufgrund unterschiedlicher biografischer Einschnitte in ihrer Lebensgestaltung und -philosophie mehr Wert auf Bewegung und Freiheit statt auf Eigentum, Sesshaftigkeit und Zugehörigkeit. Das Pachtverhältnis, das ihr Verbleiben am See zeitlich begrenzt, stellt daher keine Belastung für sie dar. Der Wunsch nach Bewegung und Aktivität findet seinen Ausdruck in der gemeinsamen Liebe für das Segeln und das Element Wasser, denn „sie kannten nichts Schöneres, als sich vom Wind treiben zu lassen. Segeln ist eine schöne Sache" (S. 144/S. 139). Über die Biografie des Mannes erfahren die Lesenden, dass er nach der deutschen Teilung in der DDR gelebt und ein technisches Studium begonnen hat. Gemeinsam mit einem Freund und ohne Wissen seiner Partnerin hat er sich seinerzeit dazu entschlossen, aus der DDR zu flüchten. Während seinem Freund die Flucht gelungen ist, ist der Unterpächter beim riskanten Durchschwimmen der Elbe umgekehrt. Mehrere Jahre hat er im Gefängnis verbracht, während seine Verlobte und heutige Frau verschont geblieben ist, da er ihr von seiner geplanten Flucht im Vorfeld nichts erzählt hat. Zwar hat der Unterpächter nach der Zeit im Gefängnis eine Prüfung extern nachgeholt, doch das Studium nicht wieder aufgenommen. Die Behörden der DDR haben ihn „zur Läuterung in die Produktion" (S. 153/S. 145) geschickt, und aus der „Zwischenlösung" (ebd./ebd.) ist ein Erwerbsleben als „einfacher Arbeiter in der Fabrik" (S. 154/ebd.) geworden.

Auch die namenlose Frau des Unterpächters erfährt ein Schlüsselerlebnis. Dieses besteht darin, dass die jetzt 60-Jährige von einer alten Schulfreundin am Telefon erfährt, dass ihr Vater nicht ihr biologischer Vater sei, sondern dass sie nach dem Krieg (vgl. S. 148f./S. 144) zu ihm gebracht worden sei. Zudem habe sie eine Schwester, von der sie noch nichts wisse. Die Erkenntnis, dass ihre als glücklich erinnerte Kindheit auf einer Lüge basiert, erschreckt die Frau, die Rat bei ihrem Mann sucht. Dieser verweigert aber seine Hilfe: „Das musst du allein entscheiden." (S. 149/S. 145)

Für beide Figuren steht fest, dass Heimat als Ort kein fester Haltepunkt im Leben sein kann. Vielmehr machen die zahlreichen Schwimm-, Wasser- und Segel-Metaphern deutlich, dass es im Leben darum geht, sich von der Sesshaftigkeit zu befreien: „Aber sie kannten nichts Schöneres, als sich vom Wind treiben zu lassen. Das Segeln ist eine schöne Sache." (S. 144/S. 139) Damit korrespondiert, dass den beiden die Unsicherheit des Unterpachtverhältnisses gefällt, denn gerade die provisorische Zwischenlösung, die eines Tages ein abruptes Ende finden wird, entspricht dem Lebensgefühl der Unterpächter: „Das Glück wächst aus der Unordnung heraus […]." (S. 153/S. 149)

Der Kinderfreund (S. 157 – 169/S. 151 – 161) Bei dem namenlosen Kinderfreund handelt es sich um einen Mann Mitte 50, der auf sein Leben zurückblickt, dessen Verlauf bewertet und dabei einige Entscheidungen bedauert. Seine Erinnerungen machen deutlich, dass es vor allem die Erfahrungen seiner Kindheit sind, die bis in die Gegenwart seine Identität prägen und sogar festschreiben. Insbesondere die am Ende gescheiterte Beziehung zu einem Mädchen, dessen Familie im Haus am See gewohnt und das er in den Sommern immer besucht hat (Die unberechtigte Eigenbesitzerin), lässt ihn nicht los. Während er „vom Heiraten" (S. 161/S. 155) spricht und die Verbindung zu seiner Freundin von Beginn an als ein „Versprechen" (S. 162/S. 156) begreift, dient der junge Mann dem Mädchen vor allem als Zeitvertreib in den „Ferien" (S. 165/S. 160). Als sie eines Tages „mit einem Freund vor seiner Tür" (S. 166/S. 161) steht, bricht für den „Kinderfreund, so hatte sie ihn bezeichnet" (ebd./ebd.), eine Welt zusammen. Er, der sich schon vorgestellt hat, dass sie „im Bett neben ihm liegen würde als seine Frau" (S. 157/S. 151), muss erkennen, dass die Liebe nicht erwidert und nicht einmal ernst genommen wird. Diese erschütternde Erfahrung prägt den Mann bis ins Erwachsenenalter. Er kann sich von dieser negativen Erfahrung nicht befreien, sodass ihm die kindliche Heimatvorstellung zu einer Art „Falle" wird, aus der es auch im späteren Leben kein Entrinnen gibt. Die Wurzeln der Heimat wirken also destruktiv auf ihn und seine weitere Existenz. Verstärkt wird dieser Eindruck durch die Erinnerung an eine von ihm gemeinsam mit seiner Freundin beobachtete Vergewaltigung, die er hätte verhindern können, wenn er den Mut aufgebracht hätte, sein „Versteck" (S. 165/S. 155) zu verlassen und einzuschreiten. Es sind genau diese Erinnerungen und Vorstellungen des Kindes von der Heimat, die ihn und sein Denken bis in die Gegenwart prägen und von denen er sich hätte befreien müssen, um ein glückliches Leben führen zu können. Doch das misslingt.

Die unberechtigte Eigenbesitzerin (S. 172 – 185/S. 166 – 180) Bei der unberechtigten Eigenbesitzerin handelt es sich um die Enkeltochter der Schriftstellerin, die nach ihrer Rückkehr aus dem sowjetischen Exil nach dem Ende des Zweiten Weltkrieges das Haus des Architekten pachten darf, nachdem dieser 1951 in den Westen geflüchtet ist, um seiner drohenden Verhaftung zu entgehen.
Nun, in der Nachwendezeit, besucht die wehmütige Frau das seit Jahren unbewohnte und daher zusehends verfallende Haus am See, in dem sie zahlreiche Sommer gemeinsam und glücklich im Kreise ihrer Familie verbracht hat und mit dem sie viele positive Erinnerungen verbindet. Die unberechtigte Eigenbesitzerin trägt einen inneren Konflikt mit sich aus, denn die Erben der Frau des Architekten, die im Westen leben, haben nach dem Mauerfall einen Antrag auf Rückübertragung des Hauses und Grundstücks gestellt. Dieser Fall, der in spröde-sachlicher Fachsprache des Juristendeutschs die sentimentalen Erinnerungen der Frau in regelmäßigen Abständen unterbricht, ist lange offen. Erst am Ende wird er zugunsten der Altbesitzer entschieden, sodass die Eigenbesitzerin sich nun tatsächlich als „unberechtigt" verstehen muss. Ein letztes Mal sucht sie den Ort ihrer glücklichen Kindheit auf und begutachtet mit Wehmut die vielen kleinen Gegenstände, die nur durch ihre individuellen Erinnerungen

und Erfahrungen an Wert gewinnen. Heimlich versteckt sie sich im Wandschrank im Obergeschoss, als das Haus von einer Maklerin möglichen Kaufinteressenten vorgestellt wird, und sie gibt sich auch nicht zu erkennen. Ihre persönliche Trauerarbeit, den Abschied vom Haus und damit von ihrer Kindheit, vollzieht sie, indem sie das Haus und das Grundstück gründlich reinigt. Wirklich loslassen, so wie ihr Mann es von ihr fordert, kann sie jedoch nicht, denn ihr ist bewusst, dass die dort verlebte „sehr schöne Kindheit" (S. 183/S. 177) ein „Gefängnis" bleibt, „das sie für immer einschließen würde" (ebd./ebd.). Am Ende, als der Abriss des maroden Hauses durch die Neubesitzer beschlossen ist, schließt sie in einem symbolischen Vorgang „die Haustür ab, obgleich sie nicht weiß, wie das möglich sein kann, weil alles, was sie da abschließt, so weit innen liegt, und der Teil der Welt, in den sie zurückweicht, so weit außen." (S. 185/S. 179) Damit wird die Heimatbindung der unberechtigten Eigenbesitzerin deutlich, die mit dem Verlust des geliebten Hauses auch einen erkennbaren Identitätsverlust hinnehmen muss.

Der Gärtner Der Figur des Gärtners sind im Gegensatz zu allen anderen Figuren zahlreiche kürzere Kapitel gewidmet. Ihr kommt schon aus formalen Gründen eine Sonderstellung zu, da sie nach jedem handlungstragenden Kapitel auftritt. Dabei übt der Gärtner im regelmäßigen Wechsel der Jahreszeiten in unermüdlichem Fleiß und mit großer Kompetenz (vgl. S. 13/S. 11) die immer gleichen Tätigkeiten aus: Er gießt Rosen, beschneidet Büsche, düngt und bewässert, mäht das Gras, sägt, harkt, gräbt und repariert (vgl. S. 32f./S. 30). Während in den Großkapiteln der anderen Figuren, die jeweils nur einen Auftritt haben, das Gleichgewicht zwischen Mensch und Natur ins Wanken gerät und die Figuren häufig hilflos äußeren Heimsuchungen und Schicksalsschlägen ausgeliefert sind, gelingt es dem überaus schweigsamen und fast ausschließlich mit der Natur kommunizierenden Gärtner (vgl. S. 28/S. 26), im Schutzraum der Natur friedlich zu leben und zu arbeiten. Offenbar stellen die Gärtner-Texte, welche die reguläre Handlung miteinander verbinden, die gestörte Ordnung dadurch wieder her, dass er nach einem Prinzip des Bewahrens und Kultivierens lebt. Eigentum interessiert ihn nicht (vgl. S. 13/S. 11), er trägt „keinen Namen" (ebd./ebd.), und es ist völlig unklar, woher er kommt. Das macht den Gärtner zu einer symbolischen Figur mit mythologischem Charakter. Während die anderen Figuren des Romans sich entwickeln, tritt er nicht als linearer Charakter auf, sondern als nicht an Ort und Zeit gebundene Figur, der es auf vorbildhafte Art und Weise gelingt, ein Leben im Einklang und in Harmonie mit der Natur zu leben. Während alle anderen Figuren letztlich vergeblich nach Heimat und Glück suchen, ist er bereits in der Natur zu Hause. Die Natur ist seine Heimat. Er lässt sich als die einzig glückliche Figur des Romans kennzeichnen. In der mythologisch-geheimnisvollen, an Motive der Romantik erinnernden Figur des Gärtners drückt Erpenbeck die menschliche Sehnsucht nach der Harmonie des von der Gesellschaft und sich selbst entfremdeten Menschen mit der echten unberührten und Glück versprechenden Natur aus. Zugleich impliziert diese Figur eine deutliche Kritik am hektischen Leben des Menschen in der modernen Gesellschaft, die kein Glück und keine stabile Identität garantieren kann. Am Ende verletzt sich der Gärtner und kann seine Arbeit auf dem Seegrundstück und im Garten nicht mehr in vollem Umfang ausführen. Mit seinem physischen Verfall geht in der Folge in seiner Umgebung ein moralischer Verfall einher (vgl. S. 125/S. 120). Als das von ihm geliebte Bienenhaus – Symbol der perfekten Gesellschaft – zerstört wird, verfällt die Schönheit des von ihm kultivierten Gartens zusehends. Bald verschwindet er für immer. Wie eine enttäuschte Gottesfigur scheint er sich zurückgezogen und die Welt den Menschen überlassen zu haben.

Inhalt des Romans

In *Heimsuchung* wird ein Haus am märkischen Scharmützelsee durch ein ganzes Jahrhundert begleitet und es werden die Geschichten seiner wechselnden Bewohner erzählt. Ausgehend vom Großbauern Wurrach, der sein Land aufteilt und immer weitere Stücke verkauft, werden die einzelnen Besitzer in den Fokus genommen und Ausschnitte ihres Lebens erzählt. Jedes Kapitel widmet sich einer dieser Personen: dem ursprünglichen Besitzer, dem Käufer des Grundstückes und Architekten des Hauses sowie seiner Frau, dem jüdischen Besitzer des Nachbargrundstückes, dessen Eltern, seiner Schwester und Nichte, einem bei Kriegsende einquartierten russischen Rotarmisten, einer aus dem sowjetischen Exil zurückgekehrten Schriftstellerin, ihrer Familie und Gästen, ihrer Enkelin und deren Kinderfreund sowie dem Gärtner, dessen Kapitel immer wieder die einzelnen Geschichten einrahmen. Die einzelnen Figuren bleiben dabei meist ohne Namen, sie werden lediglich in ihrer Funktion genannt, die sich auch in den Überschriften wiederfindet.

Die Kapitel sind nicht chronologisch gegliedert, sondern die einzelnen Episoden sind auf den ersten Blick willkürlich aneinandergereiht und zeichnen sich durch Brüche, Aussparungen, Vorausschauen und Rückblicke aus. Die Figuren werden so nur ausschnittartig beleuchtet und die angesprochenen Ereignisse und Lebensgeschichten werden jeweils streng aus der Sicht der jeweils fokussierten Figur erzählt, wodurch auch sich widersprechende Perspektiven möglich sind (beispielsweise in der Wahrnehmung des sexuellen Akts zwischen der Frau des Architekts und dem Rotarmisten).

Dabei wissen die Figuren des Romans nur teilweise voneinander, und die scheinbar lose verbundenen Geschichten werden nur durch den Gärtner verbunden. Ihm kommt in *Heimsuchung* eine besondere Rolle zu, denn er ist die einzige Konstante und der einzige feste Orientierungspunkt des Romans, da ihm jedes zweite Kapitel gewidmet ist. Er bleibt von den gesellschaftlichen Veränderungen unangetastet und geht in stoischer Regelmäßigkeit seiner Arbeit nach. So ähneln sich die Kapitel des Gärtners stark, denn es werden hauptsächlich seine Tätigkeiten beschrieben, die er im Einklang mit der Natur unternimmt und die in jedem Kapitel zum Teil im gleichen Wortlaut wiederholt werden. Wenn die Bewohner des Hauses wechseln, bleibt der Gärtner und verrichtet schweigsam seine Arbeit, ohne die Geschehnisse je zu kommentieren oder seine Innenwelt zu offenbaren. Generell steht er abseits der Geschichte, wird ihr gar enthoben, indem er Züge einer mythischen Figur trägt: Er ist namenlos, schweigsam und hält sich abseits der Gesellschaft auf. Zudem scheint es, als sei er schon immer da gewesen: „Woher er gekommen ist, weiß im Dorf niemand. Vielleicht war er immer schon da. […] [J]eder im Dorf kennt ihn und dennoch wird er […] nur Der Gärtner genannt, als hätte er sonst keinen Namen." (*Heimsuchung*, S. 13/S. 11). So, wie der Gärtner altert, altert auch das Haus. Das vernachlässigte Haus ist über die Jahre baufällig geworden. Daher ist es nicht verwunderlich, dass auch der Gärtner von der Bildfläche verschwindet, als der Abriss kurz bevorsteht.

Die Bewohner des Hauses erleben die wichtigsten Eckpunkte der deutschen Geschichte: die Weimarer Republik, die Zeit des Nationalsozialismus, die Kriegsjahre, die DDR, die Wiedervereinigung Deutschlands und den Mauerfall. *Heimsuchung* erzählt Geschichten von Anpassung und sozialem Aufstieg, Hoffnung und Desillusionierung, Flucht und Vertreibung, aber auch von Heimkehr.

Auf den ersten Blick kann man *Heimsuchung* als Familienroman verstehen, der Familiengeschichte vor dem Hintergrund deutscher Geschichte erzählt. Man könnte so in Versuchung kommen, in der Figur der Schriftstellerin Jenny Erpenbecks Großmutter, Hedda Zinner, und in deren Enkelin Erpenbeck selbst zu erkennen. *Heimsuchung* folgt jedoch dem Muster der traditionellen Familiengeschichte, also dem Erzählen entlang einer Generationenfolge, die einen familiären Mikrokosmos zum Fallbeispiel historischer Zeitgeschichte macht, nicht. Der Roman behandelt auch eben jene Themen, die in den letzten Jahrzehnten in Familienromanen aufgearbeitet wurden: die zwei Weltkriege, die Nazidiktatur, den Holocaust, Flucht und Vertreibung, die Teilung des Landes, die Wende, Schuld und Verdrängung. *Heimsuchung* kann dabei aber weniger als Familienchronik, sondern eher als Chronik eines Hauses, das für Deutschland steht, aufgefasst werden.

Sabrina Iven, in: LiterariKon, Universität Duisburg-Essen; www.uni-due.de/literarikon/erpenbeck_werkcharakteristika (Aufruf: 17.10.2023)

Vorüberlegungen zum Einsatz des Romans in der Sekundarstufe II

Jenny Erpenbecks Roman „Heimsuchung" ist für Schülerinnen und Schüler der gymnasialen Oberstufe eine überaus anspruchsvolle und sicher auch anstrengende Lektüre. Der multiperspektive Roman verknüpft zwölf episodisch erzählte Geschichten von Menschen, die sich zum Teil gar nicht kennen, nur lose miteinander. Was sie eint, ist zum einen ihre Suche nach Sicherheit, Geborgenheit und Heimat. Ein Haus am Scharmützelsee in der Nähe Berlins bildet dafür das topografische Zentrum der Handlung. Doch allen Figuren ist dort dauerhafte Heimat nicht möglich, denn sie werden in irgendeiner Form von äußeren Geschehnissen heimgesucht, sodass sie die Heimat verlassen, ins Exil gehen oder erst sehr viel später zurückkommen und erkennen müssen, dass sich sehr viel verändert hat. Bis auf wenige Ausnahmen treten die Figuren ohne Eigennamen auf, und die Geschehnisse werden in für jugendliche Lesende ungewöhnlicher und herausfordernder Sprache dargeboten: „Hochkonzentrierte lyrische Prosa, nacktes Gerippe ohne episches Fett, ohne Dialoge [...]. Bevor man damit warm werden kann, springt die Erzählerin zum nächsten Schicksal weiter. Das macht die Lektüre nicht gerade einfach, auch wenn die einzelnen Kapitel durch Wiederholungen, Wortspiele und Leitmotive geschickt verklammert und rhythmisch strukturiert sind."[1] Identifikationsmöglichkeiten mit einzelnen Figuren sind Mangelware, und im Großen wie im Kleinen häuft sich das Leid des Menschen im Räderwerk der großen Geschichte, wenn man von der romantischen Außenseiterfigur des Gärtners absieht, dessen naturnahes und gesellschaftsfernes Lebenskonzept keine reale Alternative für junge Menschen des 21. Jahrhunderts darstellt. Die desillusionierende Erkenntnis, dass jeder Versuch des Sesshaftwerdens nur ein am Ende vergeblicher Versuch im ewigen Kreislauf von Werden und Vergehen ist, ist für heutige Schülerinnen und Schüler wenig tröstlich. Das menschliche Bedürfnis nach Stabilität und Sicherheit, Vertrauen und Heimat wird in „Heimsuchung" auf eine harte, am Ende meist vergebliche Probe gestellt. Sämtliche Heimatkonzepte der Figuren Erpenbecks erweisen sich als brüchig. Zeitweiliges Wohnen und Mobilität ersetzen dauerhafte Sesshaftigkeit und familiäre Verortung in einem Haus. Ein Happy End ist keiner Figur vergönnt. So mutet der Roman den Schülerinnen und Schülern viel zu. Seine Lektüre erfordert trotz der Kürze des Textes ein langsames, wiederholtes und verzögerndes Lesen.

Im auf den ersten Blick so idyllischen Haus am See wird am Ende niemand richtig glücklich. Und auch keine Schülerin und kein Schüler, so die Unterstellung, will hier dauerhaft wohnen oder beglückt den Roman am Ende der Lektüre zur Seite legen.

Warum lohnt es sich dennoch, Erpenbecks polyphonen Roman im Unterricht zu behandeln?

In seinem inhaltlichen Kern geht es hier um die Frage, wie Menschen dauerhaft heimisch werden, ein Heim für sich und ihre Lieben suchen und finden und ein glückliches und zufriedenes Leben führen können, das den eigenen Vorstellungen und Wünschen allen individuellen Enttäuschungen zum Trotz im Ganzen entspricht. Zwar finden die Heimsuchungen der Figuren des Romans im 20. Jahrhundert statt, doch lässt sich mit Fug und Recht behaupten, dass Erpenbecks Thema ein überzeitliches Menschheitssujet ist. Die Sehnsucht, eine Heimat zu haben, innerlich oder äußerlich sesshaft zu werden, ist natürlich auch ein Thema für junge Menschen des 21. Jahrhunderts, die in Zeiten von Globalisierung und Entwurzelung,

---

[1] Martin Halter: Das Haus am Scharmützelsee. In: FAZ.NET, 22.02.2008; www.faz.net/aktuell/feuilleton/buecher/rezensionen/belletristik/literatur-das-haus-am-scharmuetzelsee-1515514.html (Aufruf: 13.10.2023)

Wirtschafts- und Flüchtlingskrisen, Klimawandel und Kriegen fast vor der eigenen Haustür nach Halt und Geborgenheit suchen. Mit der Corona-Pandemie ab 2020 haben die Schülerinnen und Schüler selbst ihre erste große Heimsuchung (vgl. die Doppeldeutigkeit des Titels) mitgemacht und enorme Einschränkungen in ihrem plötzlich unsicheren und instabilen Leben erdulden müssen. Die dabei gemachten Erfahrungen gilt es im Kontext der Behandlung des Romans im Unterricht zu thematisieren. Während die Figuren Erpenbecks sich als ohnmächtige Rädchen im Getriebe des Weltgeschehens empfinden müssen, haben heutige Schülerinnen und Schüler die Heimsuchung der Pandemie im Großen und Ganzen überstanden und Resilienz bewiesen. Sie haben gelernt, sich zur Wehr zu setzen, und selbstwirksam erfahren, dass wissenschaftlicher Fortschritt (Impfung) und gemeinschaftliches Handeln (Solidarität im Lockdown) die Menschen in die Lage versetzen können, große Krisen zu bewältigen und in ein lebenswertes und gutes Leben zurückzufinden. Die Hoffnung darauf, dass das eigene Leben aktiv gestalt- und planbar ist, darf aus pädagogischer Perspektive nicht aufgegeben werden, etwa weil dies den Figuren Erpenbecks in der Regel misslingt. Unsicherheitstoleranz, Selbstverantwortung und Resilienzfaktoren gilt es auch angesichts aktueller politischer, gesellschaftlich-sozialer und ökonomischer Bedrohungsszenarien im Kontext der Romanlektüre bewusst zu machen. Dafür bietet das vorliegende Unterrichtsmodell mehrere Lerngelegenheiten im bewussten Gegensatz zur grundsätzlich eher pessimistischen Botschaft des Romans, etwa indem die Schülerinnen und Schüler produktionsorientiert eine optimistische und persönliche Gegengeschichte verfassen, die dem Skeptizismus Erpenbecks entgegensteht, und indem sie über die Gelingensbedingungen eines glücklichen Lebens reflektieren, die sie in einem fiktiven Brief an die Autorin formulieren dürfen.

Zugleich bieten sich zahlreiche inhaltliche Anknüpfungspunkte zur Lebenswelt der Lernenden, weil das Thema Heimat auch aufgrund der Migrations- und Fluchterfahrungen viele Schülerinnen und Schüler direkt berührt und dadurch explizit wird. Es wird sich in der heutigen Unterrichtswirklichkeit kaum eine Klasse und kaum ein Kurs finden, in dem nicht auch Schülerinnen und Schüler sitzen, deren Vorstellungen von Heimat sich von denen ihrer Mitlernenden unterscheiden, zum Beispiel weil sie zwischen zwei Welten stehen und damit zwei „Heimaten" haben. Wenn Heimat plötzlich auch im Plural gedacht werden kann, eröffnen sich im Kontext eines identitätsorientierten Literaturunterrichts ungeahnte Chancen, der Eindimensionalität des Begriffs und seiner traditionellen Festlegung auf die räumlich-territoriale Dimension zu entkommen und diese um eine sozial-gemeinschaftliche und emotionale Komponente zu erweitern. Denn der eine Heimatbegriff lässt sich auch bei Erpenbeck nicht finden, zu vielfältig realisieren die Figuren ihre unterschiedlichen Heimatvorstellungen oder scheitern gerade wegen eines hybriden Anspruchs, wie ihn beispielsweise der anfangs so selbstbewusste Architekt verkörpert, der etwas naiv „Heimat planen" (S. 38/S. 35) möchte und damit trotz aller Anpassungsfähigkeiten an unterschiedliche politische Systeme am Ende Schiffbruch erleidet. Ganz am Schluss des Romans und nach allen Heimsuchungen lässt der Text zudem einen Funken Hoffnung auf Heimat und Identität zu, denn nach dem Abriss des Hauses am märkischen See wird *„auf demselben Platz ein anderes Haus gebaut werden"* (S. 188/S. 183), in dem es vielleicht eines Tages möglich sein wird, ein glückliches Leben zu führen.

Konzeption des Unterrichtsmodells

Das vorliegende Unterrichtsmodell bietet methodisch anregendes und anspruchsvolles Unterrichtsmaterial zu Jenny Erpenbecks Roman „Heimsuchung", das der bewährten Anlage der Reihe „EinFach Deutsch" folgt. Das Modell richtet sich an Oberstufenschülerinnen und -schüler in Gymnasium und Gesamtschule. Es beinhaltet daher zahlreiche spezifische, komplexe Aufgabenformate, die bereits im Hinblick auf die schriftliche Abiturprüfung konzipiert sind. Dennoch verzichtet auch dieses Unterrichtsmodell neben den eher klassisch angelegten, kognitiv-analytischen Arbeitsformen nicht auf handlungs- und produktionsorientierte sowie kooperative Arbeitsformen, die das Unterrichtsgeschehen ergänzen sollen. Spezifische Lern- und Arbeitsformen sind hier beispielsweise das Lerntempoduett oder das Partnerpuzzle, die das wechselseitige Lehren und Lernen („WELL-Methodik") ermöglichen und so die Teilnehmenden aus der Rolle nur passiver Rezipienten und Rezipientinnen im Unterricht befreien. Die Abfolge der im Einzelnen beschriebenen Bausteine ist nicht zwingend. Um eine geeignete inhaltliche Grundlage für die weiter zu behandelnden Themenfelder sicherzustellen, ist es allerdings empfehlenswert, nach dem gewählten Einstieg mit Elementen des zweiten Bausteins zu beginnen.
Es ist nicht ratsam und zeitlich auch kaum möglich, sämtliche der in den einzelnen Bausteinen skizzierten Unterrichtsvorhaben in Gänze zu realisieren. Vielmehr kann die Lehrkraft durch das bekannte Baustein-Prinzip der EinFach-Deutsch-Unterrichtsmodelle eigenständig Themenbereiche auswählen und so – im Idealfall in Abstimmung mit den Kursteilnehmenden – individuelle Schwerpunkte setzen.

Der **erste Baustein** präsentiert unterschiedliche Zugänge für den Einstieg in eine Unterrichtsreihe zu Erpenbecks Roman. Dabei werden verschiedene Voraussetzungen berücksichtigt: Einige Einstiegsvarianten eignen sich für den Fall, dass der Roman von den Schülerinnen und Schülern noch nicht gelesen wurde. Beispielsweise können sich die Lernenden mithilfe eines informierenden Sachtextes Hintergrundwissen über die deutsche Geschichte des 20. Jahrhunderts aneignen (1.1) oder sich dem komplexen Begriff „Heimat" über die Arbeit am gleichnamigen Gedicht von Theodor Fontane annähern (1.4). Die Abc-Methode ermöglicht den Teilnehmenden im Anschluss an die Primärlektüre, subjektiv und assoziativ auf den Roman zu reagieren und ohne große Lenkung vonseiten der Lehrkraft eigene Themenstellungen zu formulieren, denen im Laufe der Unterrichtseinheit nachgegangen werden kann (1.5). Ebenfalls möglich sind ein musikalischer (1.2) oder ein künstlerischer Einstieg (1.3).

Der **zweite Baustein** stellt den Kern dieses Unterrichtsmodells dar. In ihm stehen die Figuren des Romans im Mittelpunkt. Dabei werden zum Auftakt sämtliche Figuren des Romans überblicksartig im Figurenkabinett behandelt, um sie als Heimatsuchende und Verlorene zu identifizieren (2.1). Im Anschluss werden dann ausgewählte Figuren in Einzelsequenzen in den Blick genommen, die jeweils im Rahmen einer Doppelstunde behandelt werden können. Am Ende steht eine abschließende Beschäftigung mit dem Heimat-Konzept der Autorin, das weit über eine rein topografische Verortung hinausgeht. Für diese Sequenzen sollte das betreffende Romankapitel im Vorfeld von den Lernenden jeweils vorbereitend gelesen werden (2.2).

Formale, erzählerische und sprachliche Aspekte stehen im Mittelpunkt des **dritten Bausteins**. Zu Beginn erarbeiten sich die Schülerinnen und Schüler einen Überblick über den Aufbau des Romans und die besondere Funktion, die dem Pro- und Epilog zukommen (3.1). Im Anschluss bieten sich Möglichkeiten, die besondere Sprache und die oft nüchtern-sachliche Erzählweise Jenny Erpenbecks funktional zu untersuchen (3.2 und 3.3). Am Ende stehen die Modernität des Romans, seine Symbolik sowie die poetologische Frage des „Schreibens nach Auschwitz" (vgl. Theodor W. Adorno) im Mittelpunkt (3.4 bis 3.6).

Im **vierten Baustein** beschäftigen sich die Lernenden kriterienorientiert mit dem Problem der Bewertung literarischer Texte. Methodisch werden sie in die systematische Analyse von Sachtexten (Rezensionen) eingeführt und im weiteren Verlauf dazu angeleitet, eine eigene Sachtextanalyse sowie eine Buchrezension zu verfassen. Diese können im Rahmen einer digitalen Schreibkonferenz mithilfe der ESAU-Methode kriterienorientiert überarbeitet werden. Textgebundenes Erörtern zu der Frage, ob der schulische Literaturkanon zu männlich dominiert ist, bildet den Abschluss des schreibprozessorientierten Bausteins.

Das **Zusatzmaterial** stellt u. a. methodische Hilfen in Form von Arbeits- und Informationsblättern zur Verfügung, die den Schülerinnen und Schülern ein weitgehend eigenständiges Arbeiten ermöglichen. Bereitgestellt werden methodische Hilfen und Anleitungen zur Interpretation epischer Texte (Z 1 und Z 2, S. 163 f., Webcodes WES-109677-067, -554) sowie zur Analyse von Sachtexten (Z 3, S. 165, Webcode WES-109677-681). Digitale Kompetenzen im Kontext der Textüberarbeitung können mithilfe von Z 4 erworben werden (S. 166, Webcode WES-109677-491). Ein längerer Sachtext von Katharina Döbler (Z 5, S. 167 f., Webcode WES-109677-384) informiert über den autobiografischen Hintergrund des Romans, denn Erpenbeck nimmt den persönlichen Verlust des Sommerhauses ihrer Kindheit zum Ausgangspunkt ihres Schreibens. Dieser Text kann auch als Grundlage für ein **Referat über die Dichterin** Jenny Erpenbeck dienen. In der Folge werden **Facharbeitsthemen** und **Klausuraufgabenstellungen** aufgeführt (Z 6, S. 169, Webcode WES-109677-142). Am Ende des Zusatzmaterials finden sich **zwei Klausurvorschläge für die Sekundarstufe II mit ausgearbeitetem Erwartungshorizont** (Z 7 und Z 8, S. 170 ff., Webcodes WES-109677-952, -777). Grundlage des ersten Klausurvorschlags (Z 7), der die Interpretation eines epischen Textauszuges einfordert, bildet dabei der zweite und dritte Baustein. Wählt man den zweiten Klausurvorschlag (Z 8), ist die vorherige Behandlung des vierten Bausteins eine notwendige unterrichtliche Voraussetzung.

In Jenny Erpenbecks mit dem renommierten Ingeborg-Bachmann-Preis ausgezeichneter **Erzählung „Sibirien"** (2001) geht es ganz ähnlich wie in dem später erschienenen Roman „Heimsuchung" um Menschen, die von eben einer solchen Heimsuchung getroffen werden. Auch die erwachsenen Figuren der kurzen Erzählung werden zum Opfer des Krieges, der wie eine schicksalhafte Macht über sie kommt und der sie hilflos ausgesetzt sind. Im **Zusatzmaterial 9** (S. 180 ff., Webcode WES-109677-755) finden sich neben dem Text (S. 180–184) skizzenhaft didaktische Hinweise, wie Erpenbecks frühe Erzählung inhaltlich erarbeitet und motivisch mit ihrem Roman „Heimsuchung" verglichen werden kann. Im Literaturunterricht können hierfür die **Materialien 1 bis 5** (S. 187–201) eingesetzt werden.

Die den Bausteinen zugeordneten Arbeitsblätter und die Zusatzmaterialien sind als **Webcodes** abrufbar, indem die Adresse **www.westermann.de/webcode** aufgerufen wird und der im Text angegebene Webcode (z. B. WES-109677-636) in das Suchfeld, das nach dem Aufruf der Seite erscheint, eingegeben wird. Eine Übersicht aller Webcodes befindet sich auf S. 202 f.

Die thematischen Bausteine des Unterrichtsmodells

Baustein 1
Einstiege in die Lektüre des Romans

Der erste Baustein offeriert verschiedene Möglichkeiten, in die unterrichtliche Erarbeitung des Romans „Heimsuchung" von Jenny Erpenbeck einzuführen. Dabei geht es sowohl um Einstiegsmöglichkeiten, die noch vor dem eigentlichen Leseprozess realisiert werden können, als auch um erste Annäherungen an den Text im Anschluss an die den Unterricht vorbereitende häusliche Lektüre des komplexen und sperrigen Romans. In Abhängigkeit von den individuellen Lernbedingungen und -voraussetzungen kann die Lehrkraft hier eine der fünf beschriebenen Einstiegsmöglichkeiten für sich auswählen.

Voraussetzung für ein Verstehen des Romans ist die Kenntnis der deutschen Geschichte des 20. Jahrhunderts, die in der gymnasialen Oberstufe eigentlich vorausgesetzt werden kann. Sollte das nicht der Fall sein, ist gerade in leistungsheterogenen Lerngruppen noch vor Beginn der Lektürephase eine überblicksartige Beschäftigung mit der Thematik empfehlenswert. „Heimsuchung" erzählt viele kleine private Alltagsgeschichten. Der Roman tangiert die große deutsche Geschichte an vielen Stellen nur am Rande. Um die kleinen Hinweise des Textes auf die Zeit, in der das jeweilige Kapitel gerade spielt, verstehen zu können, werden hier mithilfe eines Sachtextes die notwendigen historischen Grundlagen gelegt (1.1).

Auch ein musikalischer Beginn mit dem Song „Haus am See" des bekannten deutschen Hip-Hop- und Dancehall-Musikers Peter Fox, Frontmann der Band „Seed", erfordert noch nicht die Kenntnis des Romans und kann der Lektüre als motivierender Einstieg daher vorgeschaltet werden (1.2).

Eine erste thematische Annäherung im Anschluss an die heimische Lektüre, die bei vielen Schülerinnen und Schülern Ratlosigkeit oder Indifferenz hervorrufen könnte, kann über die motivierende Beschäftigung mit drei alternativen, im Ausland publizierten Buchcovern erfolgen. Die produktionsorientierte Anfertigung eines eigenen Klappentextes erleichtert die thematische Annäherung an den Roman und weckt früh kreative Potenziale (1.3).

Die vierte Option kann ebenfalls noch vor der Lektüre des Romans eingesetzt werden. Sie ermöglicht spontane Assoziationen zum Heimatbegriff, stellt eine lyrische Auseinandersetzung mit ihm bereit und regt in der Auseinandersetzung mit dem Zitat eines ehemaligen Bundespräsidenten zur Reflexion über die persönliche Vorstellung von Heimat an (1.4).

Die fünfte und letzte Option kann als Alternative zur klassischen Kartenabfrage verstanden werden. Die Abc-Methode ermöglicht es den Teilnehmenden im Anschluss an die Primärlektüre, subjektiv und assoziativ auf den Roman zu reagieren und ohne große Lenkung vonseiten der Lehrkraft eigene Themenstellungen zu formulieren, denen im Laufe der Unterrichtseinheit nachgegangen werden kann (1.5).

1.1 „Heimsuchung" – Die große Geschichte eines Jahrhundertromans

Jenny Erpenbecks Roman „Heimsuchung" erzählt ausschnitthaft die Geschichte von zwölf Menschen, die sich über nahezu das gesamte 20. Jahrhundert erstreckt. Es ist ein Haus an einem märkischen See sowie das dieses umgebende Grundstück, das die Menschen eint, beginnend mit einem Großbauern in der Weimarer Republik, endend mit der Rückgabe des Hauses durch die unberechtigte Eigentümerin an die rechtmäßigen Besitzer aus dem Westen in der Nachwendezeit. Für die Lesenden ist die Handlung schwer nachzuvollziehen, weil die einzelnen Kapitel zeitlich nicht aufeinander folgen, sondern sich überschneiden, es zu Rückblenden oder Vorausblicken kommt und sie oft nur indirekt miteinander verknüpft sind. Die Zeit erweist sich bei Erpenbeck als flüchtig und diskontinuierlich, was die Spurensuche in den Ruinen der oft verhängnisvollen deutschen Geschichte erschwert. Zeit wird so zu einer subjektiven Erfahrung. Während die Menschen Heim und Heimat suchen, werden sie von historischen und politischen Heimsuchungen verfolgt, von Krieg, Flucht und Vertreibung im Räderwerk der Geschichte zermalmt. Dabei stehen bei Erpenbeck immer die kleinen Geschichten ihrer Figuren im Mittelpunkt, die große Geschichtsschreibung bleibt aus oder wird nur nebenbei zum Thema. Für jugendliche Leserinnen und Leser ist sie im Hinblick auf die historische Einordnung des Geschehens und das Verständnis der Handlung jedoch unverzichtbar, um das eher fragmentarische Gewebe von Menschenschicksalen nachvollziehen zu können. Um die Spuren des Einzelnen im Makrokosmos der Geschichte einordnen zu können, bedarf es eines Grundwissens über die historischen Geschehnisse im Deutschland des 20. Jahrhunderts. Für Jugendliche sind, im Gegensatz zu älteren, erfahrenen Leserinnen und Lesern, manche kleinere, wie nebenbei eingestreute Hinweise nur mühsam oder gar nicht verwertbar. Dass „Schmeling gegen den braunen Bomber" (S. 27/S. 25) Joe Louis am 19. Juni 1936 in einem legendären Boxkampf siegt, ermöglicht den historisch gebildeten erwachsenen Leserinnen und Lesern die zeitliche Einordnung des Geschehens im Kapitel „Der Architekt". Von jugendlichen Heranwachsenden im 21. Jahrhundert kann man dieses externe Wissen in der Regel nicht erwarten. Dieses kann vor der Erstlektüre der Schülerinnen und Schüler in häuslicher Vorbereitung zum **Einstieg** im Plenum erfolgen. Dafür erhalten die Lernenden das **Arbeitsblatt 1** (S. 41, Webcode WES-109677-636). Gemeinsam wird die knappe Zusammenfassung der deutschen Geschichte des 20. Jahrhundert gelesen. Die Schülerinnen und Schüler erhalten Gelegenheit zu Nach- und Verständnisfragen sowie zu spezifischen Ergänzungen. Für die anschließende Lektürephase des Romans sollten nicht weniger als zwei Wochen häuslicher Arbeit zur Verfügung stehen. In dieser Lesephase des nur 181 Seiten umfassenden, aber dennoch hochkomplexen und nicht nur für ungeübte jugendliche Leserinnen und Leser undurchsichtigen Romans können die Teilnehmenden auf die Informationen des Arbeitsblatts 1 wie bei der Arbeit mit einem Lesetagebuch zurückgreifen, beispielsweise indem sie nach jedem Kapitel versuchen, das Leben der Figur zeitlich zu verorten (Aufgabe des Arbeitsblattes).

> ■ *Jenny Erpenbecks Roman „Heimsuchung" spiegelt die deutsche Geschichte des 20. Jahrhunderts, indem er ausschnitthaft und exemplarisch die Schicksale von 12 Figuren schildert. Statt großer Geschichtsschreibung lernen die Lesenden wichtige Eckpunkte der deutschen Geschichte ganz nebenbei kennen. Ihr moderner Heimatroman schreibt also Alltagsgeschichte.*
> *Lesen Sie den Sachtext. Verorten Sie das Romangeschehen, indem Sie*

während oder nach der Lektüre die Überschriften der einzelnen Kapitel in der rechten Spalte der Tabelle notieren.

In der ersten Stunde nach der heimischen Lektüre erhalten die Lernenden zu Beginn die Möglichkeit, sich über ihre Leseerfahrungen auszutauschen. Dafür stellen sie im Schonraum der Kleingruppe ihre tabellarischen Eintragungen auf dem Arbeitsblatt 1 vor und füllen gemeinsam mögliche Lücken.

■ *Tauschen Sie sich in der Kleingruppe über Ihre Lektüreerfahrungen aus. Stellen Sie dabei Ihre Notizen vor. An welchen Stellen war es für Sie möglich, das Geschehen zeitlich einzuordnen? Geben Sie ein Beispiel.*

■ *Welche Schwierigkeiten hatten Sie beim Lesen der zwölf nur lose miteinander verknüpften Episoden?*

Gemeinsam kann nun im **Plenum** der Versuch unternommen werden, die einzelnen Kapitel beziehungsweise ihre Protagonisten und Protagonistinnen zeitlich zu verorten. Dafür steht eine Lösungsmatrize zur Verfügung (vgl. **Arbeitsblatt 1**, **Lösung**, S. 42, Webcode WES-109677-636). Im Auswertungsgespräch erhalten die Schülerinnen und Schüler eine erste Orientierung, die jedoch nicht den Eindruck eines chronologischen Erzählens im Roman „Heimsuchung" erwecken darf. Das zweimalige Auftauchen der Schriftstellerin in der Lösungsvorlage kann hierfür exemplarisch genutzt werden und in den weiterführenden Arbeitsauftrag münden, der in **Partnerarbeit** bearbeitet werden kann:

■ *Erstellen Sie auf der Grundlage Ihrer Ergebnisse einen Zeitstrahl und tragen Sie darin die ungefähre erzählte Zeit der Figuren des Romans ein.*

Anschließend können sich im Rahmen einer kürzeren **Vermittlungsphase** die Zweier-Teams in Vierer-Gruppen zusammentun und sich gegenseitig ihre Ergebnisse vorstellen und begründen. Mithilfe eines OHP, einer Dokumentenkamera oder digital werden die Ergebnisse in der folgenden **Präsentationsphase** allen Teilnehmenden transparent gemacht und inhaltlich diskutiert.

■ *Was wird durch die Visualisierung der Biografien deutlich? Kann man von einem linear-chronologischen Erzählen sprechen?*

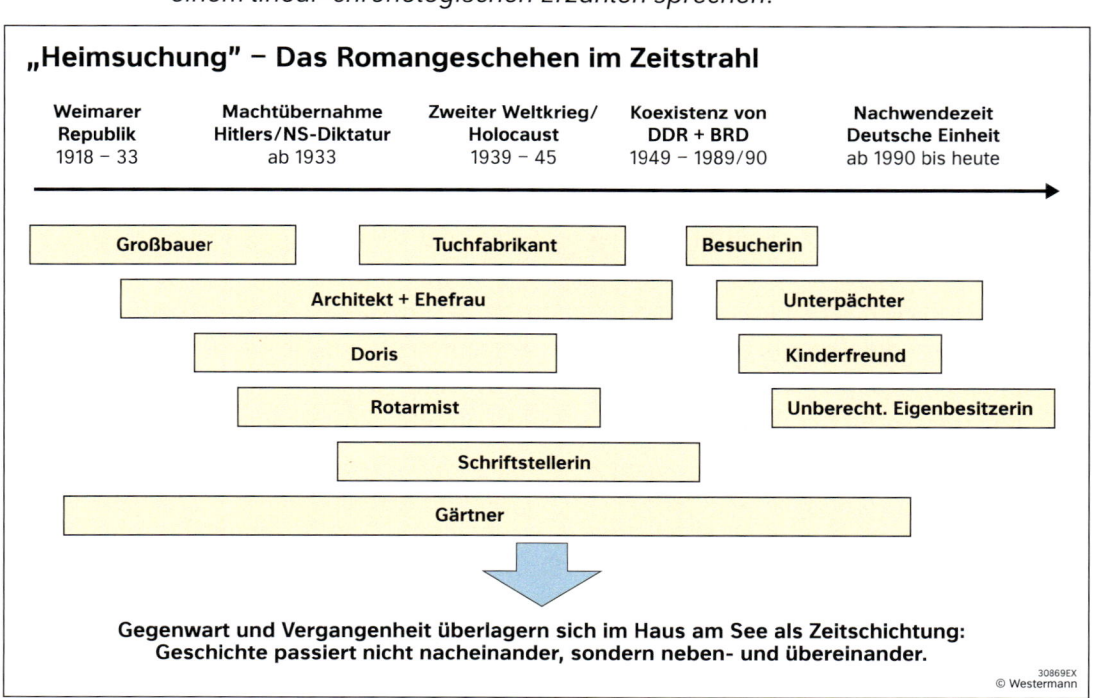

Die Träume, Hoffnungen und Ängste der Erpenbeck'schen Figuren spiegeln die deutsche Geschichte des 20. Jahrhunderts, aber gleichzeitig wird durch die besondere Art des temporalen Erzählens der konventionelle Zeitbegriff relativiert. Menschen leben hier nicht in einem logischen zeitlichen Zusammenhang, sondern sind wie zufällig in die Zeit „geworfen": „Die kleinen Scharmützel und die großen Dramen am Scharmützelsee passieren nicht nacheinander, sondern neben- und übereinander. Zeit wird gestaut und verkürzt, gesichtet und geschichtet und ‚mit sich selbst verschwistert', bis das Futur II das Präsens überlistet und Vergangenheit zu Gegenwart und Zukunft wird. ‚Alles wie eins. Heute kann heute sein, aber auch gestern und vor zwanzig Jahren.'"[1] Damit wird ein eher zyklisches Zeitverständnis Erpenbecks deutlich, das die optimistische Hoffnung auf Entwicklung und Verbesserung des menschlichen Lebens durch Lernen aus Erfahrung negiert.

■ *Lesen Sie die Reflexionen der Frau des Architekten (vgl. S. 69, Z. 23 – S. 70, Z. 25/S. 65, Z. 25 – S. 66, Z. 30) und arbeiten Sie das Zeitverständnis der Figur heraus.*

■ *Erläutern Sie, in welcher Weise sich die Reflexionen der Frau in dem Zeitstrahl und den zugeordneten Figuren widerspiegeln.*

Für die gealterte und vom Leben enttäusche Architektenfrau, die ihren großen Traum von der Mutterschaft ihrem Mann zuliebe geopfert hat, spielt Zeit keine Rolle: „So gehen die Jahre und sind wie ein Jahr. Ob die Maikäferplage siebenunddreißig war oder doch ein Jahr später, könnte sie jetzt gar nicht mehr sagen […] Alle Sommer wie einer. […] Alles wie eins. Heute kann heute sein, aber auch gestern oder vor zwanzig Jahren, und ihr Lachen ist das Lachen von heute, von gestern und genauso das Lachen von vor zwanzig Jahren, die Zeit scheint ihr zur Verfügung zu stehen wie ein Haus, in dem sie mal dieses, mal jenes Zimmer betreten kann." (S. 69 f./S. 65 f.) Erpenbecks Erzählen hält sich nicht an die Chronologie, es springt oftmals voraus oder wieder zurück und überblendet die verschiedenen Zeitebenen. Das zeitlich Zurückliegende dauert auch in der Gegenwart an: „Die Geschichte wird als geschichtete Zeit sichtbar."[2]

Ein nachbereitender **Schreibauftrag**, z. B. als **Hausaufgabe**, kann die Einstiegssequenz beschließen:

■ *Was möchten Sie selbst mit der Ihnen zur Verfügung stehenden Lebenszeit anfangen? Entwickeln Sie einen Plan, wie Sie kommenden Heimsuchungen, ähnlich z. B. der Corona-Pandemie, entgegentreten wollen.*

Eine Vertiefung des für Erpenbeck konstituierenden Zeitbegriffs kann im weiteren Verlauf bei der Beschäftigung mit Pro- und Epilog des Romans erfolgen (vgl. 3.1, S. 103 ff.).

1.2 Peter Fox: „Haus am See" (2008)

Peter Fox' bekanntes Lied hat mit Erpenbecks Roman mehr als nur den Titel bzw. das Leitmotiv gemein. Wie bei der Dichterin geht es auch in dem populären Song um das Ausruieren von Identität, um Reflexion über vergangenes und zukünftiges Leben sowie die Bedeutung von Altbekanntem und Neuem, von Heimat und Fremde. Bereits gelebtes Leben wird dem kommenden gegenübergestellt.

---

[1] Martin Halter: Das Haus am Scharmützelsee. In: FAZ.NET, 22.02.2008, www.faz.net/aktuell/feuilleton/buecher/rezensionen/belletristik/literatur-das-haus-am-scharmuetzelsee-1515514.html (Aufruf: 13.10.2023)
[2] Roman Bucheli: Am Ufer des Märkischen Meeres. In: Neue Zürcher Zeitung online, 02.02.2008, www.nzz.ch/am_ufer_des_maerkischen_meers-ld.461571 (Aufruf: 13.10.2023)

Im **Einstieg** wird den Schülerinnen und Schülern das Lied vorgespielt. Alternativ kann über ein bekanntes Video-Portal auch das in Berlin spielende Musikvideo präsentiert werden (Aufgabe 1).

■ *Hören Sie sich den Song von Peter Fox an oder sehen Sie das Musikvideo. Beschreiben Sie seine Wirkung auf Sie.*

Im Anschluss erhalten die Lernenden das **Arbeitsblatt 2** (S. 43, Webcode WES-109677-282). Gemeinsam wird der Songtext im Plenum gelesen und inhaltlich zusammengefasst (Aufgabe 2).

■ *Fassen Sie den Inhalt des Lieds kurz zusammen. Formulieren Sie zu jeder Strophe einen Satz, der das Verhalten des lyrischen Ichs in den Blick nimmt.*

Strophe	Inhalt
1	Das lyrische Ich leidet unter der Monotonie des Alltags und wünscht sich, trampend von einer attraktiven Frau in die Fremde „entführt" zu werden.
2	Das lyrische Ich taucht in seine Traumwelt ab und lässt das alte Leben hinter sich. Es ist entschlossen, aktiv Veränderung im Leben herbeizuführen.
3	Das lyrische Ich fühlt sich weiterhin unterstützt, zeigt sich motiviert, gelassen und läuft geradeaus auf einer Straße.
Refrain	Am Ende dieser Straße findet das lyrische Ich sein an einem See stehendes Traumhaus. Es stellt sich vor, mit seiner schönen Frau 20 Kinder zu haben und dort von seinen Freunden besucht zu werden.
4	Hier werden die Motive der Entdeckung des Unbekannten und Fremden sowie der Lust auf Veränderung in anderen sprachlichen Bildern wiederholt.
5	Das lyrische Ich fantasiert von einem abenteuerlichen und exotischen Leben in der Fremde, aus dem es reich in seine Heimat zurückkehrt.
6	Zurück in der Heimat lädt das lyrische Ich seine alten, von seiner Rückkehr erfreuten Freunde ein, mit denen es ein gemütliches Wiedersehensfest feiert.

Im **Unterrichtsgespräch** erfolgt eine Verständigung über die Motive des Aufbruchs und Heimkehrens sowie den Inhalt der Geschehnisse auf der Reise des lyrischen Ichs. Zentral ist die Erkenntnis, dass der Aufbruch in die Fremde nur imaginiert ist und das lyrische Ich real in seiner alten, es anödenden Heimat verbleibt. Die Unerreichbarkeit seiner Fantasie zeigt sich beispielsweise in den in unseren Breitengraden nicht vorhandenen Orangenbäumen, deren Blätter – in der Vision des lyrischen Ichs – den Weg zu seinem Haus am See säumen (Aufgaben 3 und 4).

■ *Erläutern Sie, warum das lyrische Ich aus seinem alten Leben ausbrechen möchte.*

■ *Wie stellt sich das lyrische Ich sein Traumleben vor? Beschreiben Sie seine Vision und die Chance auf Realisierung.*

Die vierte Frage zielt auf die zyklische Handlungsstruktur des Songs. Der Traum von einem besseren, aufregenderen Leben, von Entgrenzung und Freiheit hat seine Ursache in der Monotonie und Langeweile des Alltagslebens in der bekannten Heimat, die keine Überraschungen oder Spannung mehr bietet. Daher findet in einem zweiten Schritt ein Übergang in eine Traumwelt statt, die metaphorisch-hedonistisch beschreibt, wie das lyrische Ich sein altes Leben und seine Heimat hinter sich lässt und einen aufregenden Neustart wagt. Nahezu romantisch wirkt das imaginierte Idyll des Familienlebens im Haus am See, das der Refrain darbietet. Doch am Ende steht die Rückkehr in die gewohnte alte Heimat, in der jetzt ebenfalls gefeiert werden kann, da das lyrische Ich erfolgreich aus der Fremde zurückkehrt ist.

■ *Inwiefern kann man von einer zyklischen Struktur im Gegensatz zu einer linearen Struktur des Songs sprechen?*

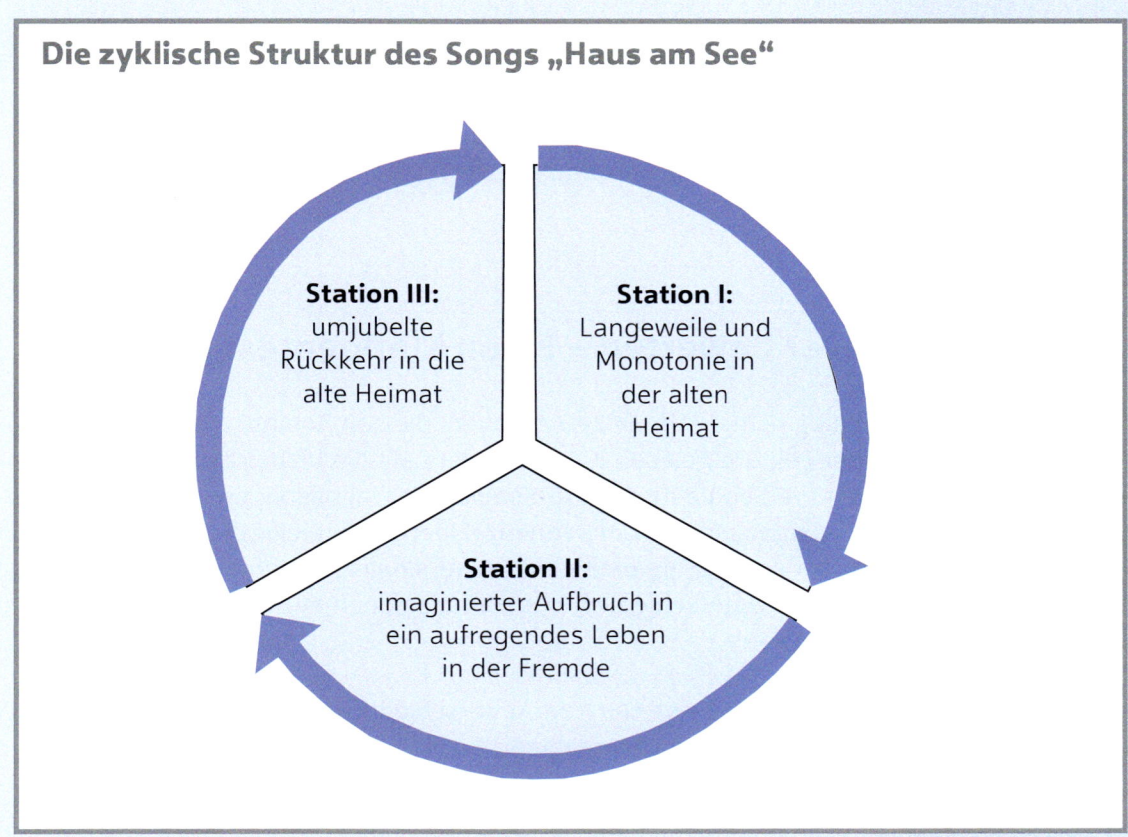

„Haus am See" ist unterschiedlich rezipiert worden. Für Sebastian Zabel lässt sich das Lied als eine „Umarmung der Welt, der Familie, der Stadt"[1] deuten, während Stefan Rüth die Hassliebe Peter Fox' zu seiner rauen Heimatstadt Berlin identifiziert, die es ab und an – und keinesfalls dauerhaft – in Richtung Natur zu verlassen gelte, aber nicht dauerhaft.[2] Analog zu den Ergebnissen einer Jugendstudie wurde „Haus am See" auch der Vorwurf gemacht, bloß eine biedermeierliche „Hymne an ein beschauliches Leben"[3] zu sein, die der nachwachsenden Generation mit konservativer Intention suggeriere, dass ein abgesichertes, beschauliches und geborgenes Leben ein sinnvoller Lebensentwurf sei.

Die beiden letzten Aufgaben des Arbeitsblattes 2 ermöglichen den Transfer auf das eigene Leben und die Formulierung persönlicher Lebensträume und -vorstellungen (Aufgaben 5 und 6).

■ *Viele Menschen wünschen sich ein „Haus am See" als Teil eines perfekten Lebens. Welche Ansprüche haben Sie selbst an Ihr Leben und das Glück?*

---

[1] Sebastian Zabel: Die besten Songs aller Zeiten: Peter Fox – Haus am See. In: Rolling Stone, 22.03.2022
[2] Vgl. Stefan Rüth: Peter Fox – Du hast den Tanz gestohlen. In: Süddeutsche Zeitung, 17.05.2010.
[3] S. Grünewald/F. Quiring/J. Volk/S. Morzinek: Pressemitteilung – „Die Absturz-Panik der Generation Biedermeier", Rheingold-Jugendstudie 2010

> ■ „Haus am See" ist auch ein Lied vom Nach-Hause-Kommen. Was bringt einen Menschen wirklich zu sich nach Hause? Das Partyleben, das gemütliche Haus, die Familie ...?

Zu den eigenen Heimatvorstellungen lassen sich in einer **nachbereitenden Hausaufgabe** Collagen oder Bilder erstellen. Dies ist insbesondere bei Lernenden mit Migrations- oder Fluchthintergrund oftmals bewegend und interessant.

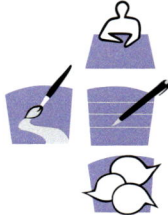

> ■ Wie sieht Ihre Heimatvorstellung aus? Erstellen Sie eine Zeichnung oder eine Collage. Sie können auch ein reimloses Gedicht verfassen.
>
> ■ Gibt es mehr als nur eine Heimat? Kann man an unterschiedlichen Orten heimisch werden? Welche Voraussetzungen müssen Ihrer Meinung nach dafür erfüllt sein?

1.3 Ein Buchcover bewerten – Einen Klappentext gestalten

Der hier skizzierte Einstieg richtet sich an Lerngruppen, die den Roman „Heimsuchung" bereits vorab in häuslicher Lektüre gelesen haben. Anders als die bisher beschriebenen Einstiegsoptionen arbeiten die Schülerinnen und Schüler hier insbesondere kreativ und produktionsorientiert. Den Ausgangspunkt der Sequenz bildet ein Vergleich dreier ausländischer Cover des Romans. Zu sehen sind die niederländische, englische und spanische Ausgabe von „Heimsuchung", die alle unterschiedliche Gestaltungsideen aufweisen, mit denen zum Einstieg gearbeitet werden kann.

Im Anschluss an eine spontane Bewertung der unterschiedlichen Romanausgaben erfolgt ein Vergleich mit der aktuellen deutschsprachigen Ausgabe, mit der die Schülerinnen und Schüler selbst arbeiten. Auf dieser Basis erstellen sie eigene Klappentexte zum Roman. Alternativ, allerdings deutlich zeitaufwendiger, kann auch ein weiteres Buchcover erstellt werden. Diese künstlerisch-kreative Aufgabe kann bei Bedarf auch als Hausaufgabe ausgegliedert oder auch nur als Wahlaufgabe für interessierte Schülerinnen und Schüler aufgegeben werden. Die Kürze der Textsorte Klappentext kommt den zu diesem Zeitpunkt noch geringen Kenntnissen der Lernenden über den Roman zugute, gleichzeitig bietet dieser Ansatz Raum für die Veröffentlichung subjektiver Leseeindrücke und -erfahrungen, auf deren Grundlage im gemeinsamen Unterrichtsgespräch erste Themenfelder für die sich anschließende Arbeit im Literaturunterricht identifiziert werden können.

Im **Einstieg** erhalten die Schülerinnen und Schüler das **Arbeitsblatt 3** (S. 44, Webcode WES-109677-885). Falls es die räumlichen Voraussetzungen im Kursraum zulassen, werden die drei hier angebotenen Buchcover für alle Teilnehmenden sichtbar gemacht, z. B. über eine Dokumentenkamera oder digital. Im Plenum kommt es zu einer ersten Verständigung über die drei fremdsprachigen Ausgaben des Romans „Heimsuchung" (Aufgaben 1 und 2).

> ■ Die Abbildungen zeigen drei ausländische Buchcover von „Heimsuchung". Welche Gestaltungsidee überzeugt Sie am ehesten? Begründen Sie Ihre Wahlentscheidung.
>
> ■ Vergleichen Sie die drei Versionen mit dem aktuellen Buchcover, das Ihnen selbst vorliegt.

Alle drei Cover berühren unterschiedliche Aspekte und Themenfelder der Interpretation:

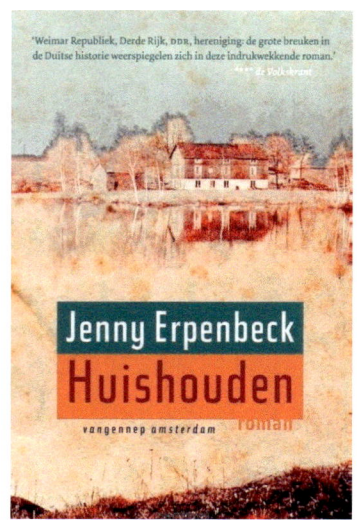

Das niederländische Cover wirkt auf den ersten Blick traditionell und eher einfallslos. Der Großteil der Titelseite ist dem in beigem Ton gehaltenen See – im Roman selbst dürfte es sich um den Scharmützelsee bei Berlin handeln – vorbehalten. Nur im Hintergrund im oberen Drittel des Buchcovers findet sich ein von mehreren Bäumen flankiertes Haus, das den Blick auf seine Bewohner und Bewohnerinnen jedoch verweigert. Der Titel „Huishouden" bedeutet „Haushalte" und sorgt bei den Betrachtenden für eine Fragehaltung. Denn Informationen über die Bewohnerinnen und Bewohner des Hauses gibt das Buchcover nicht her. Die Rezipienten und Rezipientinnen müssen den Text schon aufschlagen und lesen, um Näheres zu erfahren.

■ *Inwiefern verbirgt das niederländische Buchcover mehr, als es zeigt? Worin besteht seine Gestaltungsidee?*

■ *Bewerten Sie das Cover. Macht es Sie neugierig oder langweilt es Sie eher? Begründen Sie Ihre Einschätzung.*

So wie Erpenbeck auf den wenigen Seiten, die sie ihren zwölf beziehungsweise fünfzehn Figuren widmet, auf Abstand bleibt, so arbeitet auch diese Titelseite. Die Pluralform „Haushalte" gibt einen kleinen Hinweis darauf, dass es im Roman wohl um mehrere Bewohnerinnen oder Bewohner eines Hauses gehen wird.

Auch das zweite Buchcover lässt eine ähnliche Deutung zu. Die englischsprachige Ausgabe mit dem Titel „Visitation" (engl. für „Heimsuchung") präsentiert auf dem Buchcover ein von zwei überdimensionierten kahlen Bäumen flankiertes schwarzes Haus in der Mitte, das streng symmetrisch gestaltet ist. Es zeigt vier leere Fenster, durch die die Betrachtenden quasi hindurchsehen können. Das Haus scheint leer zu sein, es wirkt einsam, verlassen und trostlos. Die Äste der Bäume an der Seite sind kahl, im Hintergrund verblassen sie, die wenigen Blätter als Symbol des Lebens sind abgefallen und finden sich am unteren Rand des Bildes. Die Nacktheit der Bäume lässt die ungeraden Äste umso bedrohlicher wirken. Fast scheint es, als seien die Bewohnerinnen und Bewohner des Hauses angesichts der Bedrohung durch die Natur geflüchtet. Auch hier gibt es also mehr Fragen als Antworten.

■ *Beschreiben Sie die Wirkung des Buchcovers. Wodurch soll es wirken?*

■ *Inwiefern irritiert die Abbildung? Was wird eher verschwiegen als gezeigt?*

Das dritte Cover, das angeboten wird, ist die spanische Ausgabe des Romans. Auf die wörtliche Übersetzung des deutschen Titels (spanisch „visitación") wird hier verzichtet. Stattdessen wird ein neuer Titel („Una casa en Brandenburgo"; Ein Haus in Brandenburg) gewählt.

- *Bewerten Sie den Titel der spanischen Ausgabe „Ein Haus in Brandenburg". Welche Gründe könnte es geben, auf die wörtliche Übersetzung des deutschen Titels zu verzichten?*

Das Cover zeigt fünf am Ufer eines Sees oder Meeres stehende Personen beiderlei Geschlechts. Ihre warme Kleidung (Mütze, Schal, Mäntel) sowie ihre Körperhaltung lassen darauf schließen, dass es sich bei der Jahreszeit um Herbst oder Winter handelt.

Die Leserin und der Leser stellen sich bei der Betrachtung des Buchcovers die Frage, warum die Menschen Abstand zueinander halten, offensichtlich nicht miteinander reden und in abwehrender und kommunikationsuntauglicher Gestik stumm auf das Wasser hinausstarren. Neben der Gemeinsamkeit des Ortes steht also die Frage nach dem, was die Figuren trennt und die Ursache für ihre Kommunikationslosigkeit ist, im Blickpunkt.

- *Erläutern Sie die Farbgestaltung des spanischen Covers. Warum sind die Menschen auf dieser Aquarellzeichnung in Grautönen gehalten, während der Himmel ein zartes Hellblau aufweist?*
- *Welche Themenfelder des Romans können Sie anhand der Buchcover identifizieren?*
- *Welche Aspekte des Romans kommen Ihnen zu kurz? Ergänzen Sie gegebenenfalls.*

Im Anschluss arbeiten die Schülerinnen und Schüler auf Grundlage der bisher identifizierten thematischen Aspekte produktionsorientiert in **Einzel- oder Partnerarbeit**. Die Aufgabe bietet die Möglichkeit, eigene individuelle Leseeindrücke produktiv auszudrücken und die bereits im Einstieg erarbeiteten Themenfelder zu ergänzen bzw. auszubauen (Aufgabe 3).

- *Welche Funktion haben Klappentexte für die Leserin bzw. den Leser? Worauf achten Sie selbst, wenn Sie in der Buchhandlung stöbern und ein Buch in die Hand nehmen?*
- *Lesen Sie die Informationen auf der Buchrückseite Ihrer eigenen Textausgabe. Gestalten Sie dann einen neuen und persönlichen Klappentext zum Roman. Präsentieren Sie diesen. Alternativ können Sie auch ein neues, eigenes Cover entwerfen, z. B. am iPad/Tablet.*

In der **Präsentations- und Auswertungsphase** stellen ausgewählte Schülerinnen und Schüler ihre Klappentexte vor. Einzelne Aspekte sollten dabei schon während des Vortrags (durch die Lehrkraft) notiert werden, um im Anschluss sinnvoll auf sie eingehen zu können.

- *Welche Aspekte des Romans wurden in diesem Klappentext angesprochen?*

■ *Macht dieser Klappentext neugierig und Lust auf die Lektüre? Begründen Sie Ihre Einschätzung.*

■ *Wird der Klappentext dem Roman gerecht? Verfälscht er gegebenenfalls seine Botschaft?*

Zum Abschluss können die Themenfelder des Romans an der **Tafel** gesichert werden.

■ *Mit welchen Themen und Problemen wollen Sie sich im Unterricht beschäftigen?*

■ *Wie könnte eine mögliche Unterrichtseinheit zum Roman „Heimsuchung" aussehen? Entwerfen Sie eine grobe Planung.*

1.4 „Heimat" – Annäherung an einen schwierigen Begriff

Erpenbecks Roman erzählt von den Schicksalen von Menschen, die mit ihrer Biografie das Auf und Ab des 20. Jahrhunderts durchleben. Sie haben teil an Freud, Leid und den zahlreichen Nöten und Verwerfungen der unheilvollen deutschen Geschichte, die von zwei vernichtenden Weltkriegen und dem Holocaust geprägt ist. Angesichts der Größe dieser Herausforderungen, denen sich der einzelne Mensch gegenübersieht, ist es kein Wunder, dass sich dieser zurückzuziehen versucht. Die Konzentration des Menschen auf ein einziges Haus am See und seinen Garten kann damit als ein Versuch verstanden werden, Heimat und ein Zuhause zu gewinnen, das dem Menschen angesichts der politischen Extreme Sicherheit bescheren soll. Auch wenn die Geschichten der Menschen, von denen Erpenbeck erzählt, nur durch den Ort und einige scheinbar beiläufig erzählte Dinge miteinander verbunden sind, so eint sie doch die Angst vor dem Verlust der Heimat, vor Flucht und Vertreibung sowie die gemeinsame Sehnsucht nach Sesshaftwerden und Ankommen. Dass „Heimsuchung" daher auch als ein moderner Heimatroman verstanden werden kann, bestätigt die Dichterin selbst. Für sie kreisen die zentralen Fragen des Romans um den Begriff „Heimat": „Was sucht man eigentlich, wenn man nach einer Heimat sucht? Worin besteht das Sesshaftwerden? Und was ist einem daran so viel wert?"[1]

Aus diesem Grund sollen die Schülerinnen und Schüler sich in dieser Teilsequenz ausgehend von ihren eigenen, subjektiven Vorstellungen und Assoziationen dem komplexen und politisch-ideologisch häufig umstrittenen Begriff annähern und seine Bedeutung für die Persönlichkeitsentwicklung des Individuums begreifen.

Zum **Einstieg** können die Assoziationen und spontanen Einschätzungen der Schülerinnen und Schüler zum Begriff „Heimat" abgefragt werden. Dafür kann das **Arbeitsblatt 4** (S. 45, Webcode WES-109677-705) zum Einsatz kommen. In diesem Fall bearbeitet die Lerngruppe zu Beginn die erste Aufgabe. Jede Schülerin bzw. jeder Schüler notiert dann in **Einzelarbeit** ihre bzw. seine Gedanken im **Ideenstern**. Im Anschluss werden die Ergebnisse an der Tafel durch die Lehrkraft gesammelt und gebündelt.

■ *„Heimsuchung" ist auch ein moderner Heimatroman. Er erzählt von Menschen, die ihre Heimat verlieren, sich nach ihr verzehren oder zu ihr zurückkehren. Was verbinden Sie selbst mit dem Begriff „Heimat"? Notieren Sie Ihre Gedanken im Ideenstern.*

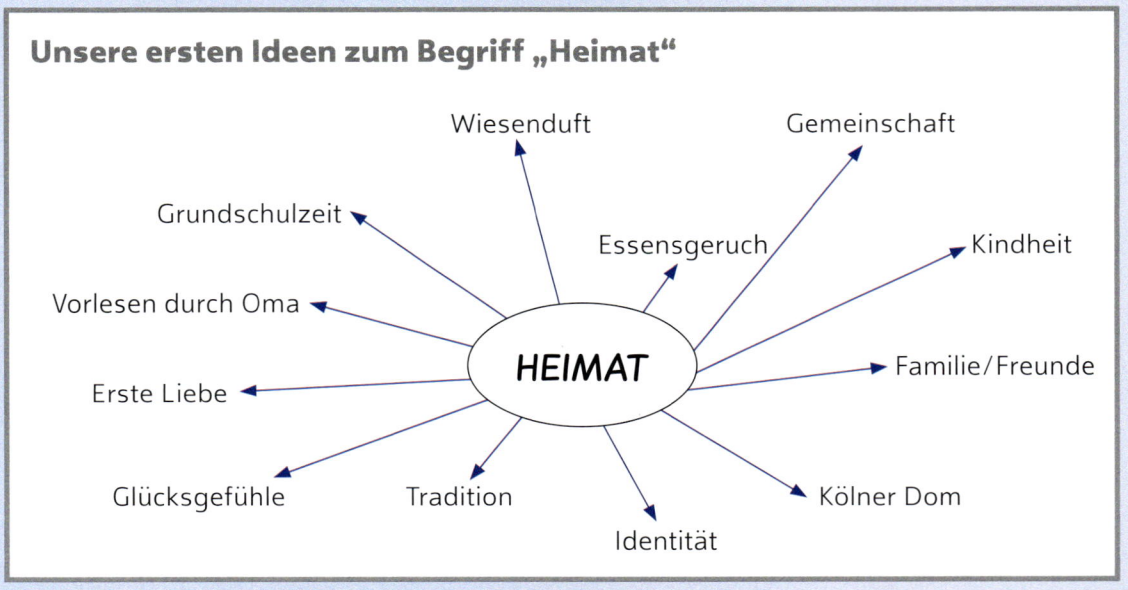

Alternativ ist es natürlich ebenfalls möglich, die erste Aufgabe sofort im Plenum zu formulieren, in einem ersten Unterrichtsgespräch auszuwerten und auf die vorangeschobene, erste Einzelarbeitsphase zu verzichten. Bei diesem Vorgehen werden die Beiträge der Lernenden ebenfalls zuerst an der Tafel durch die Lehrkraft gesammelt und gebündelt, im Anschluss übertragen die Teilnehmenden dann diese Ergebnisse der Plenumsphase in den Ideenstern auf dem Arbeitsblatt 4. Eine grundlegende Systematisierung der Ergebnisse des Brainstormings oder gar der Versuch einer umfassenden Definition des Heimatbegriffs ist an dieser Stelle nicht erforderlich und kann auch aufgrund der Vielschichtigkeit des Terminus gar nicht geleistet werden. Eine inhaltliche Vertiefung des Heimatbegriffs erfolgt daher im zweiten Baustein dieses Unterrichtsmodells in Anbindung an die konkrete Lebensgestaltung der Figuren des Romans.

---

[1] www.zeit.de/2008/23/L-Erpenbeck-NL?utm_referrer=https%3A%2F%2Fwww.google.de%2F (Aufruf: 04.04.2023)

Baustein 1: Einstiege in die Lektüre des Romans

Die folgende **Erarbeitungsphase** dient einer stärkeren Systematisierung des komplexen und vielschichtigen Heimatbegriffs. Dafür wird der Lerngruppe ein Reise-Gedicht Theodor Fontanes zur Verfügung gestellt (Aufgabe 2). Es empfiehlt sich, das Gedicht Fontanes (1819–1898) vor seiner Erarbeitung zu Beginn im Plenum gemeinsam zu lesen oder vorzulesen und so eine erste Verständigung zu ermöglichen bzw. offene Fragen zu klären. Im Anschluss liest und bearbeitet die Lerngruppe die zweite Aufgabe des Arbeitsblattes 4 in **Partner- oder Kleingruppenarbeit**:

■ *Untersuchen Sie, welche Rolle die Heimat im gleichnamigen Reise-Gedicht von Theodor Fontane spielt. Inwiefern und warum ist Heimat hier von Bedeutung? Vergleichen Sie mit Ihren eigenen Ergebnissen aus Aufgabe 1.*

■ *Fassen Sie den Inhalt der einzelnen Strophen zusammen.*

In Fontanes Gedicht, das sich dem bürgerlichen Realismus zuordnen lässt, geht es um die letztlich vergebliche Suche nach dem persönlichen Glück in der Ferne. Das lyrische Ich beschreibt die Auswirkungen des Reisens und kommt am Ende zu dem konservativen Schluss, dass sich wahres Glück vor allem in der Heimat finden lässt. Fontane selbst hat fast 60 seiner 78 Lebensjahre in Berlin verbracht. Dennoch ist er heute auch als ein großer Reisender in seiner Heimat, der Mark Brandenburg, bekannt. Vor allem seine Reisen in das märkische Umland gaben ihm die künstlerische Freiheit, in zeitweiligem Abstand zu seiner bekannten Umwelt seine Lebensthemen zu finden und einen neuen, unbestechlichen Blick auf die Gesellschaft seiner Zeit zu werfen. Der Dichter verdeutlicht mit seinem im vierhebigen Jambus und im Kreuzreim verfassten Gedicht, dass es vor allem die einfachen Dinge im Leben sind, die dem Menschen zu echtem Glück verhelfen.

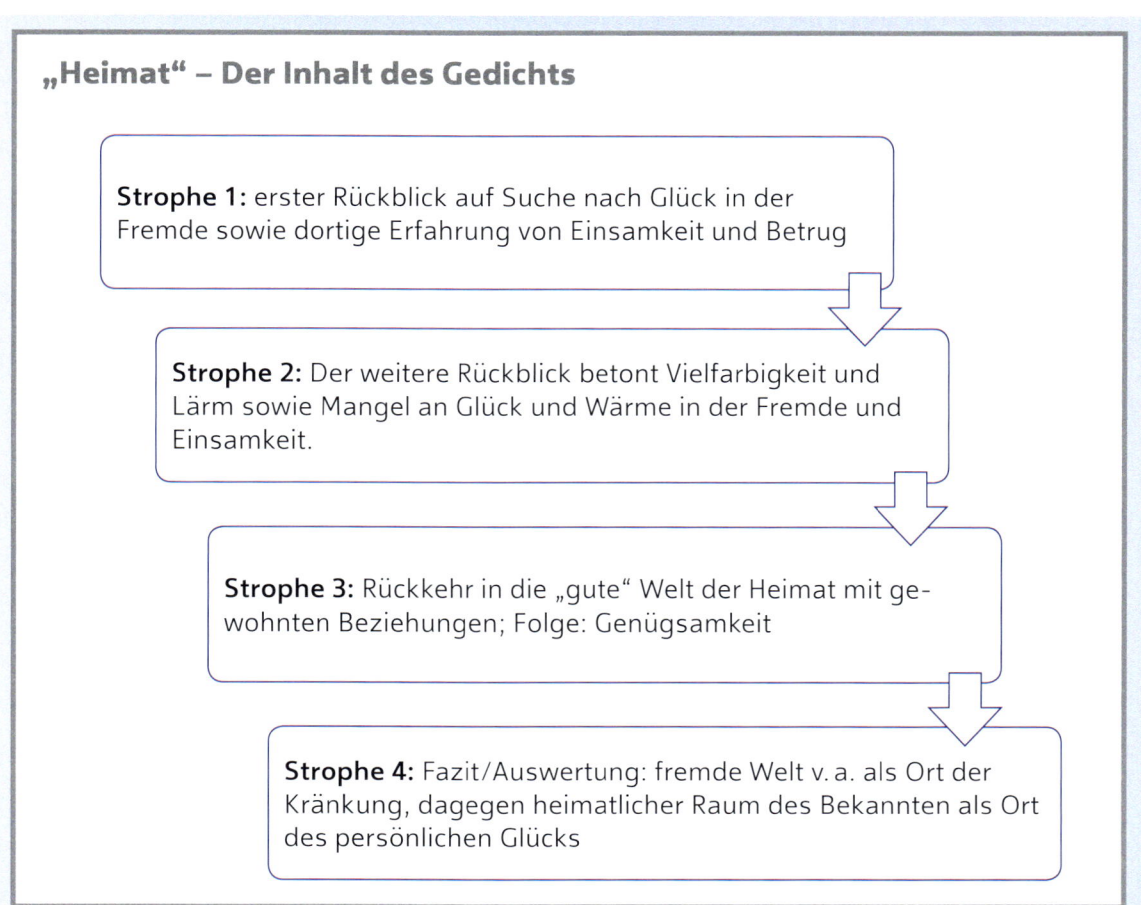

„Heimat" – Der Inhalt des Gedichts

Strophe 1: erster Rückblick auf Suche nach Glück in der Fremde sowie dortige Erfahrung von Einsamkeit und Betrug

Strophe 2: Der weitere Rückblick betont Vielfarbigkeit und Lärm sowie Mangel an Glück und Wärme in der Fremde und Einsamkeit.

Strophe 3: Rückkehr in die „gute" Welt der Heimat mit gewohnten Beziehungen; Folge: Genügsamkeit

Strophe 4: Fazit/Auswertung: fremde Welt v. a. als Ort der Kränkung, dagegen heimatlicher Raum des Bekannten als Ort des persönlichen Glücks

Baustein 1: Einstiege in die Lektüre des Romans

■ *Beschreiben und deuten Sie die einzelnen Strophen des Gedichts. Berücksichtigen Sie dabei die konkrete sprachliche und metrische Gestaltung und deren Funktion.*

In der ersten Strophe (V. 1 – 4) blickt das lyrische Ich auf seine Suche nach dem Glück in der Fremde zurück. Die sehnsüchtige Suche nach dem persönlichen Glück wird anaphorisch verdeutlicht: „und suchte das Glück und sucht' es weit" (V. 2). Alliterierend („hinauf, hinab", V. 1) und bereits melancholisch werden die negativen Erfahrungen von Betrug und Einsamkeit eingeleitet. Im Gegensatz zu vielen Gedichten z. B. aus der Epoche der Romantik wird hier das persönlichkeitserweiternde Potenzial des Reisens, das zur Reflexion über das eigene Leben anregt und den Horizont erweitert, verneint. Insbesondere die Inversion („Es hat mein Suchen mich betrogen", V. 3) betont bereits früh die Resignation und Enttäuschung des lyrischen Ichs angesichts seiner Erfahrungen als Reisender.

Die zweite Strophe (V. 5 – 8) bietet einen weiteren Rückblick, indem zahlreiche Wahrnehmungen, Empfindungen und Sinneseindrücke des lyrischen Ichs auf seiner Reise beschrieben werden. Der während der Reise erlebte Lärm und das Licht verdeutlichen die Vielfalt der Eindrücke, die das lyrische Ich gemacht hat. Insbesondere das hyperbolisch verwendete Adjektiv „tausendfarbig" (V. 6) unterstreicht die Offenbarung unterschiedlichster neuer Erfahrungen einer facettenreichen Welt, die das lyrische Ich jedoch offensichtlich vor eine Überforderung stellt und die es nicht einzuordnen in der Lage ist. Es negiert den Mehrwert dieser Erfahrungen: „Und echtes Leben war es nicht." (V. 8) Der Dichter schaut hier – aus heutiger Sicht eher ungewöhnlich – mit den verstörten Augen eines einfachen Menschen aus der Kleinstadt auf die verlockende Glitzerwelt der großen Stadt.

Folgerichtig wird in der dritten Strophe (V. 9 – 12) die „gute Welt" der wohlbekannten Heimat beschrieben. Diese lässt sich v. a. durch ihr Alter (vgl. V. 10), d. h. durch die Tradition, die dem Menschen bekannte Umgebung („zu alter Stell'", ebd.) und persönliche Beziehungen zu den Mitmenschen („alter Lieb", ebd.) charakterisieren. Das zu Beginn des Gedichts beschriebene falsche Verlangen nach der Glückssuche in der Ferne findet hier schnell sein Ende, was durch das Adverb „endlich" (V. 9) unterstrichen wird.

Die vierte und letzte Strophe stellt das Fazit des Gedichts dar, indem direkt an die neu gewonnenen Erkenntnisse angeknüpft wird. Die für den Menschen fern der Heimat erfahrene fremde Welt wird v. a. als ein Ort der Kränkung dargestellt, der oberflächlich zwar viel zu bieten scheint, auf Dauer aber kein individuelles, menschenfreundliches Glück ermöglicht (vgl. V. 13). Das Reisen in die Ferne führt letztlich, so die Gesamtaussage des Gedichts, zu Desillusion und enttäuschten Hoffnungen. Durch eine Enumeration („Das Haus, die Heimat, die Beschränkung", V. 15) wird stattdessen der Weg zum wahren Glück auf positive Weise beschrieben: Wahres Glück lässt sich im Sinne der Gedichtaussage nur in der Heimat finden. Nicht zufällig erfährt das zuvor durchgängige und regelmäßige Metrum eine Änderung, die insbesondere durch das kursiv gesetzte *„Die"* zu Beginn des letzten Verses ihre Wirkung entfaltet. Der intendierte metrische Aufbruch verstärkt damit auch formal die besondere Bedeutung, die den beiden letzten Versen zukommt. So endet das Gedicht als Appell an den Leser bzw. die Leserin, die eigene Heimat wertzuschätzen und im umgebenden, konzentrierten Raum des Bekannten das persönliche Glück zu finden.

Insgesamt wird das Reisen in Fontanes Gedicht als falscher, den Menschen am Ende enttäuschender Weg charakterisiert, der in ein emotional kaltes Leben führt. Dem entgegen steht die Heimat als vertrauter und bekannter Raum, in dem sich in bewährten menschlichen Beziehungen echtes und dauerhaftes Glück entfalten kann. Aus heutiger Perspektive gerade auch junger Heranwachsender wirken diese negative Einschätzung des Reisens und die gleichzeitige Glorifizierung der Heimat eher antiquiert und einseitig. Im Unterrichtsgespräch bietet sich daher auf Grundlage der persönlichen Reiseerfahrungen der Teilnehmenden auch ein kritischer Blick auf diese fast hinterwäldlerisch anmutende Botschaft Fontanes an.

> ■ *Auf welche Weise konstruiert Fontane seinen Heimatbegriff? In welchem Verhältnis stehen das Reisen und die Heimat?*

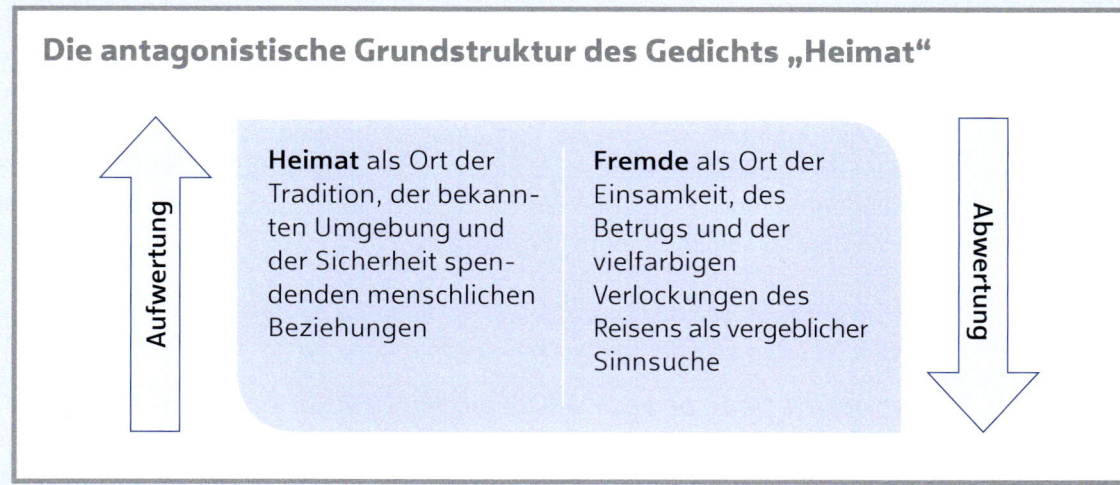

> ■ *Wie bewerten Sie den kritischen Blick Fontanes auf das Reisen? Nehmen Sie auf der Grundlage eigener Reiseerfahrungen Stellung und formulieren Sie Ihr eigenes Verständnis von Heimat.*

In einer ersten **Auswertungsphase** präsentieren die Schülerinnen und Schüler ihre Ergebnisse. Dabei dürfte deutlich werden, dass der Begriff „Heimat" einer eindeutigen und verbindlichen Definition Widerstand leistet. Grund dafür sind die Subjektivität sowie die individuellen Vorstellungen, die der einzelne Mensch, aber auch Kollektive wie Gruppen, Völker oder Nationen mit dem Begriff verbinden. Hinzu kommt die Abhängigkeit der Heimatvorstellungen von ihrer historischen und sozialen Kontextualisierung: Der gleiche Ort, dieselbe Sprache können zu anderen Zeiten in anderen Situationen mit anderen Menschen unterschiedlich erfahren werden. Dennoch gilt grundsätzlich: „Im allgemeinen Sprachgebrauch ist Heimat zunächst auf den Ort (auch als Landschaft verstanden) bezogen, in den der Mensch hineingeboren wird, wo er die frühen Sozialisationserfahrungen hat, die weithin Identität, Charakter, Mentalität, Einstellungen und schließlich auch Weltauffassung prägen. Insoweit kommen dem Begriff grundlegend eine äußere, auf den Erfahrungsraum zielende, und eine auf die Modellierung der Gefühle und Einstellungen zielende innere Dimension zu, die (zumal der Begriff „Heimat" zunächst mit der Erfahrung der Kindheit verbunden ist) dem Begriff eine meist gefühlsbetonte, ästhetische, nicht zuletzt ideologische Komponente verleihen."[1]

Nach dem (zwangsläufig unvollständigen) Versuch einer Definition des Begriffs „Heimat" geht es zum Abschluss um dessen Funktion für das Individuum. Dafür kann als Impuls auf ein Zitat des ehemaligen Bundespräsidenten Roman Herzog zurückgegriffen werden, wie es der dritte Arbeitsauftrag des Arbeitsblattes 4 vorsieht:

> ■ *Erläutern Sie das Zitat des ehemaligen Bundespräsidenten Roman Herzog (1934 – 2017). Welche Gedanken spiegeln sich im Gedicht „Heimat" wider? Wo geht das Zitat über die Aussage des Gedichts hinaus?*

---

[1] Brockhaus: Die Enzyklopädie in 24 Bänden. Bd. 9. F. A. Brockhaus GmbH Leipzig und Mannheim 1996/97. [Stichwort: Heimat], S. 631

> „Jeder Mensch braucht ein inneres Gleichgewicht, das er nicht an jedem beliebigen Ort oder in jeder beliebigen Gemeinschaft finden wird. Der Mensch braucht die Sprache als Mittel der Kommunikation, er braucht eine Wertegemeinschaft, die er innerlich mitzutragen vermag, er braucht die Einbettung in ein Umfeld, das ihm Heimat sein kann. Aus diesen Wurzeln zieht er seine Kraft, aber erst der Blick auf das Neue, auch auf das Andere öffnet ihm die Welt mit ihren Möglichkeiten."
>
> Rede von Bundespräsident Roman Herzog anlässlich des Karlsfestes 1999 der Europäischen Stiftung für den Aachener Dom, bundespraesident.de, 31.01.1999, Aachen

Die Aufgabe kann in Abhängigkeit von den zur Verfügung stehenden zeitlichen Ressourcen zuerst in schriftlicher Form bearbeitet werden. Die Lernenden setzen sich dabei mit dem Zitat des Bundespräsidenten sowie eigenen Vorstellungen von Heimat auseinander. Im Anschluss werden die Ergebnisse im Plenum vorgetragen.

- *Warum entzieht sich der Begriff „Heimat" einer eindeutigen Definition? Warum ist es so schwierig, über Heimat zu reden?*
- *Nach der UN-Menschenrechtserklärung von 1948 hat jeder Mensch das recht, in seine eigene Heimat zurückzukehren. Begründen Sie die Notwendigkeit dieses universalen Rechtsanspruchs.*

Mögliche Impulse für eine kreative Weiterarbeit, z. B. als **Hausaufgabe**:

- *Wenn Sie einen Roman über Ihre Heimat schreiben sollten, wovon würde er handeln?*
- *Scrollen Sie durch Ihre Playlist auf dem Handy. Welche der für Sie wichtigen Songs handeln vom Nachhausekommen beziehungsweise von Heimat? Schreiben Sie selbst ein Lied/Gedicht über Ihre Heimat(-Stadt).*
- *Wenn Sie einen Gegenstand aus Ihrer Kindheit und Jugend, der Sie an Ihre Heimat erinnert, in ein anderes Leben in ein fernes Land mitnehmen könnten, welcher wäre dies? Erläutern Sie seine persönliche Bedeutung.*

1.5 Ein assoziativer Einstieg – Die Abc-Methode

Das in der Folge skizzierte Vorgehen eignet sich für den Fall, dass die Lerngruppe den Roman „Heimsuchung" bereits vor seiner Behandlung im Unterricht zu Hause gelesen hat. Die Abc-Methode ist eine auch in der freien Wirtschaft beziehungsweise im Coaching populäre Kreativitätstechnik. Sie kann als methodische Alternative zur bekannten Kartenabfrage verstanden werden, um einen Unterrichtseinstieg zu gestalten, der sich zu Beginn möglichst nah an den Fragen und Vorstellungen der Lerngruppe und nicht an denen der Lehrkraft orientiert. Diese Form der Schülerorientierung kann über ein Strukturierungselement (Alphabet) erreicht werden. Den Schülerinnen und Schülern soll die Möglichkeit zur offenen und bewusst assoziativen Mitteilung ihrer ersten, spontanen Leseeindrücke gegeben werden. Dabei hat der Einstieg über die Abc-Methode den Vorteil, dass naheliegende Lenkungen, wie man sie aus dem traditionellen Gesprächseinstieg im literarischen Unterrichtsgespräch kennt, minimiert werden.[1] Die Methode läuft nach dem aus dem Kooperativen Lernen bekannten Dreischritt des „Think-Pair-Share" ab.

---

[1] Vgl. Bettina Hugenschmidt/Anne Technau: Methoden schnell zur Hand. 58 schülerorientierte Unterrichtsmethoden. Stuttgart: Klett 2002, S. 23.

Die Lerngruppe erhält zum **Einstieg** das **Arbeitsblatt 5** (S. 46, Webcode WES-109677-204).
Gemeinsam wird kurz der Ablauf besprochen, mögliche methodische Verständnisfragen werden mithilfe der Lehrkraft geklärt. In der folgenden, etwa zehnminütigen **Einzelarbeitsphase** notiert jede/jeder Teilnehmende für sich zu möglichst jedem angebotenen Buchstaben einen Begriff, den er/sie in Zusammenhang mit der Handlung des Romans „Heimsuchung" von Jenny Erpenbeck bringen kann (Think-Phase, Aufgabe 1). Das können einzelne Wörter, aber auch knapp gefasste Gedanken oder Stichwortlisten sein. Um das Arbeitstempo zu erhöhen, kann den Teilnehmenden erlaubt werden, eine bestimmte Anzahl an Buchstaben individuell zu streichen. Ebenfalls sollte es möglich sein, die Buchstaben in beliebiger Reihenfolge zu „befüllen".

> ■ *Mithilfe dieses Arbeitsblattes soll es Ihnen ermöglicht werden, möglichst offen Ihre ersten Eindrücke zu Erpenbecks Roman festzuhalten. Nutzen Sie dafür die jeweiligen Anfangsbuchstaben des Alphabets und assoziieren Sie einen Begriff oder Gedanken, den Sie in Zusammenhang mit dem Roman bringen können. Notieren Sie diese stichpunktartig. Buchstaben, zu denen Sie keine Einfälle haben, überspringen Sie.*

Bei Bedarf kann diese Phase in der Folge um eine kurze Partnerarbeit ergänzt werden. In diesem Fall stehen drei bis fünf weitere Minuten dafür zur Verfügung, dass sich zwei Partnerinnen und Partner ihre Spontanassoziationen vorstellen, ihre Listen vergleichen, Dopplungen streichen und sich gegenseitig auf die wichtigsten (fünf bis zehn) Begriffe einigen. Die folgende Phase findet in **Kleingruppen** statt (Pair-Phase, Aufgaben 2 und 3).

> ■ *Präsentieren Sie Ihre Ergebnisse in der Kleingruppe. Stellen Sie Gemeinsamkeiten her, indem Sie im Gespräch feststellen, dass unterschiedliche Begriffe möglicherweise ein und dieselbe Bedeutung haben. Bilden Sie nach Möglichkeiten einen Oberbegriff.*

> ■ *Wählen Sie in der Gruppe ca. fünf bis acht Begriffe aus, die Ihnen zentral erscheinen. Diese stellen Sie dem gesamten Kurs vor, z. B. in Form einer Wandzeitung, die Ihnen hilft, die Ergebnisse zu veranschaulichen und zu erläutern.*

In Gruppen zu maximal vier bis fünf Schülerinnen und Schüler werden nun die Ergebnisse aus der ersten Phase präsentiert und miteinander verglichen. Die Aufgabe, eine Wandzeitung oder eine Wandzeitung zu erstellen und im Anschluss im Plenum zu präsentieren, „zwingt" zur Auswahl bzw. Anfertigung einer Prioritätenliste und macht es erforderlich, dass die Schülerinnen und Schüler in ihrer Gruppe über die Legitimität bzw. Logik ihrer Assoziationen diskutieren, statt diese bloß zur Kenntnis zu nehmen. Wahlweise zur Anfertigung einer Wandzeitung können die Begriffe auch auf Papierstreifen notiert werden; liegt eine Dokumentenkamera vor, können die Begriffe alternativ auch nur im Kursheft notiert werden, was naturgemäß eine Zeiteinsparung zur Folge hat. Durch die Erkenntnis, dass erwartungsgemäß zahlreiche Einfälle mehrfach vorkommen, erfahren die Lernenden Näheres über die Funktion von Rezeptionsprozessen und nähern sich intuitiv den zentralen Themen des komplexen Romans an. In dieser Phase ist vonseiten der Lehrkraft zu beobachten, ob die Teilnehmenden sich möglicherweise nicht auf wenige Begriffe einigen können oder wollen. Es kann daher sinnvoll sein, in jeder Gruppe einen „Moderator"/eine „Moderatorin" zu bestimmen, dessen beziehungsweise deren Aufgabe darin besteht, diese notwendige Einigung kommunikativ herzustellen.

Die abschließende **Plenumsphase** (Share) ist zweigeteilt: Zuerst stellen die Kleingruppen mediengestützt ihre Ergebnisse vor. Durch geschickte Vorauswahl seitens der Lehrkraft kann die Präsentation derart gestaltet werden, dass inhaltlich unterschiedliche Plakate bzw. Themenvorschläge vorgestellt und auf diese Weise denkbare ermüdende Redundanzen vermieden werden. Nach Beendigung der Präsentationen gilt es im Anschluss, gemeinsam im Unterrichtsgespräch mögliche Fragestellungen und Themenfelder zu entwickeln, die der Lerngruppe wesentlich erscheinen und im Mittelpunkt der weiteren Unterrichtsarbeit stehen sollen.

- *Welche Fragestellungen erscheinen Ihnen bei unserer Beschäftigung mit dem Roman „Heimsuchung" zentral? Mit welchen Themen möchten Sie sich im Unterricht auseinandersetzen?*
- *Welche bisher nicht erwähnten Aspekte sind für Sie zusätzlich von Bedeutung? Begründen Sie Ihre Einschätzung.*
- *Angenommen, Sie könnten mit der Autorin des Romans „Heimsuchung" ein Interview führen, welche Fragen würden Sie Jenny Erpenbeck stellen?*
- *Der Roman wurde in mehreren Bundesländern als verpflichtende Abiturlektüre nominiert. Welche Gründe könnten für diese Entscheidung den Ausschlag gegeben haben? Welche Aspekte des Romans finden Sie v. a. für junge Menschen bedeutsam?*
- *Interessiert Sie der Roman? Begründen Sie, indem Sie sich auf Probleme bzw. Fragestellungen aus dem Leben von jungen Erwachsenen beziehen.*

Die Schülerfragen und Themenvorschläge werden von der Lehrkraft je nach Bedarf gebündelt, inhaltlich verdichtet und zusammengefasst. Sie sollten an der Tafel oder auf Folie fixiert und von den Schülerinnen und Schülern in ihr Kursheft übernommen werden. Hält man die durch die Ideenpräsentation abgeleiteten Fragestellungen auf einer Wandzeitung fest, kann diese im Kursraum aufgehängt werden. Auf diese Weise kann im Laufe der Unterrichtseinheit punktuell immer wieder Bezug zu diesen Ausgangsfragen genommen und es kann so eine dauerhafte Schülerorientierung hergestellt werden.

Mögliche Themenfelder des Romans „Heimsuchung"

- Wie wird man glücklich? Welche Einflussmöglichkeiten hat der einzelne Mensch?
- Grausamkeit des Krieges und seine Folgen für das Individuum
- Gestaltung der eigenen Biografie zwischen Privatheit und politischem Geschehen
- Innere und äußere Bedingungen personalen Glücks und stabiler Identität
- Der Mensch zwischen Macht und Ohnmacht, Autonomie und Fremdbestimmung
- Die Bedeutung von Erinnerungen und Erfahrungen für den Identitätsprozess
- Heimat bzw. Heimatlosigkeit, Flucht und Exil und ihre Folgen für den Einzelnen bzw. die Einzelne heute
- Bedeutungslosigkeit menschlichen Strebens und Flüchtigkeit seiner Existenz
- Einbruch der gesellschaftlich-politischen Außenwelt in die private Sphäre der Heimat
- ….

„Heimsuchung" – Ein Jahrhundertroman

■ *Jenny Erpenbecks Roman „Heimsuchung" spiegelt die deutsche Geschichte des 20. Jahrhunderts, indem er ausschnitthaft und exemplarisch die Schicksale von 12 Figuren schildert. Statt großer Geschichtsschreibung lernen die Lesenden wichtige Eckpunkte der deutschen Geschichte ganz nebenbei kennen. Ihr moderner Heimatroman schreibt also Alltagsgeschichte.*

Lesen Sie den Sachtext. Verorten Sie das Romangeschehen, indem Sie während oder nach der Lektüre die Überschriften der einzelnen Kapitel in der rechten Spalte der Tabelle notieren.

Sachinformationen zur deutschen Geschichte im 20. Jahrhundert	Buchkapitel
Spätestens mit der Gründung des Deutschen Kaiserreichs 1871 unter Wilhelm I. dynamisiert sich auch in der „verspäteten Nation" das Wachstum der Wirtschaft. Doch die Gesellschaft hält mit dem Tempo des Kapitalismus und dem tiefgreifenden Wandel der Lebensformen nicht Schritt. Konservatives und nationalistisches Denken dominieren. Der Dichter Theodor Fontane (1819 – 1898) kritisiert in seinen Gesellschaftsromanen (z. B. „Effi Briest", 1894) patriarchalisches und materialistisches Denken sowie fehlende Emanzipationsmöglichkeiten. Mit dem Ende des Ersten Weltkrieges (1914 – 1918) bekommen die Deutschen in der Weimarer Republik (1918 – 1933) erstmals auf Dauer eine freiheitlich-demokratische Verfassung. Doch auch hier hält das Denken mit der politischen Entwicklung nicht Schritt: Vordemokratische und konservative Denkmuster und ein aggressiver und antimodernistischer Nationalismus ermöglichen den Aufstieg Adolf Hitlers, der die Instabilität des politischen Systems 1933 zur Machtübernahme nutzt. In den folgenden Jahren wandelt er das Land in eine totalitäre Führer-Diktatur. Liberale Gegner/-innen werden radikal bekämpft. Weitsichtige Künstlerinnen und Künstler, Intellektuelle und Dichter/-innen, aber auch andere Deutsche sehen sich gezwungen, das Land zu verlassen. Schriftsteller/-innen wie Anna Seghers, Erpenbecks Großmutter Hedda Zinner oder der Dichter Bertolt Brecht schreiben aus dem Exil gegen die Unrechtsherrschaft an und werden Teil der Exilliteratur. Die NS-Ideologie schürt den Hass auf Juden und Jüdinnen. Die Nürnberger Gesetze (1935) verschärfen die Lage der jüdischen Bevölkerung. Organisierte Pogrome wie die Reichskristallnacht 1938 kündigen bereits die Verfolgung und Vernichtung der jüdischen Bevölkerung an. Vom gesamten Kontinent werden europäische Juden und Jüdinnen v. a. in osteuropäische Konzentrationslager gebracht. Auch der Aufstand im Warschauer Getto 1943 kann den Holocaust nicht verhindern: Etwa sechs Millionen europäische Juden und Jüdinnen werden systematisch ermordet. Erst Soldaten der Roten Armee befreien das KZ Auschwitz am 27. Januar 1945 und drängen die deutsche Wehrmacht militärisch zurück. Nach dem Ende des Zweiten Weltkrieges (1939 – 1945) kommt es im Zuge des Ost-West-Konflikts zur Gründung zweier deutscher Staaten. In die kommunistische DDR kehren viele linke Intellektuelle aus dem Exil zurück, um sich beim Aufbau einer sozialistischen Gesellschaft zu engagieren. Doch schon bald müssen diese Idealisten erkennen, dass ihre Hoffnungen enttäuscht werden. Die DDR wandelt sich in eine Diktatur, die ihre Bürgerinnen und Bürger in Unfreiheit hält. Oppositionelle werden durch die Stasi beobachtet und verfolgt, während Mitglieder der Einheitspartei SED ungerechte Vorteile genießen. Die westlich orientierte, kapitalistische BRD ermöglicht hingegen ein liberales Leben in Freiheit und Demokratie, sodass viele Menschen aus der DDR flüchten oder ausreisen. Einige von ihnen möchten nach dem Mauerfall 1989 und der Deutschen Einheit ihre alten Besitztümer zurück, die sie nach ihrer Flucht im Zuge ihrer staatlichen Enteignung aufgeben mussten und in denen jetzt DDR-Bürger und -Bürgerinnen wohnen. Auch die Familie Jenny Erpenbecks muss ihr Sommerhaus am Scharmützelsee nahe Berlin in der Nachwendezeit zurückgeben.	

„Heimsuchung" – Ein Jahrhundertroman (Lösung)

Sachinformationen zur deutschen Geschichte im 20. Jahrhundert	Buchkapitel
Spätestens mit der Gründung des Deutschen Kaiserreichs 1871 unter Wilhelm I. dynamisiert sich auch in der „verspäteten Nation" das Wachstum der Wirtschaft. Doch die Gesellschaft hält mit dem Tempo des Kapitalismus und dem tiefgreifenden Wandel der Lebensformen nicht Schritt. Konservatives und nationalistisches Denken dominieren. Der Dichter Theodor Fontane (1819 – 1898) kritisiert in seinen Gesellschaftsromanen (z. B. „Effi Briest", 1894) patriarchalisches und materialistisches Denken sowie fehlende Emanzipationsmöglichkeiten.	*Großbauer*
Mit dem Ende des Ersten Weltkrieges (1914 – 1918) bekommen die Deutschen in der Weimarer Republik (1918 – 1933) erstmals auf Dauer eine freiheitlich-demokratische Verfassung. Doch auch hier hält das Denken mit der politischen Entwicklung nicht Schritt: Vordemokratische und konservative Denkmuster und ein aggressiver und antimodernistischer Nationalismus ermöglichen den Aufstieg Adolf Hitlers, der die Instabilität des politischen Systems 1933 zur Machtübernahme nutzt. In den folgenden Jahren wandelt er das Land in eine totalitäre Führer-Diktatur. Liberale Gegner/-innen werden radikal bekämpft. Weitsichtige Künstlerinnen und Künstler, Intellektuelle und Dichter/-innen, aber auch andere Deutsche sehen sich gezwungen, das Land zu verlassen. Schriftsteller/-innen wie Anna Seghers, Erpenbecks Großmutter Hedda Zinner oder der Dichter Bertolt Brecht schreiben aus dem Exil gegen die Unrechtsherrschaft an und werden Teil der Exilliteratur. Die NS-Ideologie schürt den Hass auf Juden und Jüdinnen. Die Nürnberger Gesetze (1935) verschärfen die Lage der jüdischen Bevölkerung. Organisierte Pogrome wie die Reichskristallnacht 1938 kündigen bereits die Verfolgung und Vernichtung der jüdischen Bevölkerung an. Vom gesamten Kontinent werden europäische Juden und Jüdinnen v. a. in osteuropäische Konzentrationslager gebracht. Auch der Aufstand im Warschauer Getto 1943 kann den Holocaust nicht verhindern: Etwa sechs Millionen europäische Juden und Jüdinnen werden systematisch ermordet. Erst Soldaten der Roten Armee befreien das KZ Auschwitz am 27. Januar 1945 und drängen die deutsche Wehrmacht militärisch zurück.	*Architekt* *Tuchfabrikant* *Schriftstellerin* *Frau des Architekten* *Doris* *Rotarmist*
Nach dem Ende des Zweiten Weltkrieges (1939 – 1945) kommt es im Zuge des Ost-West-Konflikts zur Gründung zweier deutscher Staaten. In die kommunistische DDR kehren viele linke Intellektuelle aus dem Exil zurück, um sich beim Aufbau einer sozialistischen Gesellschaft zu engagieren. Doch schon bald müssen diese Idealisten erkennen, dass ihre Hoffnungen enttäuscht werden. Die DDR wandelt sich in eine Diktatur, die ihre Bürgerinnen und Bürger in Unfreiheit hält. Oppositionelle werden durch die Stasi beobachtet und verfolgt, während Mitglieder der Einheitspartei SED ungerechte Vorteile genießen. Die westlich orientierte, kapitalistische BRD ermöglicht hingegen ein liberales Leben in Freiheit und Demokratie, sodass viele Menschen aus der DDR flüchten oder ausreisen. Einige von ihnen möchten nach dem Mauerfall 1989 und der Deutschen Einheit ihre alten Besitztümer zurück, die sie nach ihrer Flucht im Zuge ihrer staatlichen Enteignung aufgeben mussten und in denen jetzt DDR-Bürger und -Bürgerinnen wohnen. Auch die Familie Jenny Erpenbecks muss ihr Sommerhaus am Scharmützelsee nahe Berlin in der Nachwendezeit zurückgeben.	*Schriftstellerin* *Besucherin* *Unterpächter* *Kinderfreund* *Unberechtigte Eigenbesitzerin*

Peter Fox: „Haus am See" (2008)

Peter Fox (geb. 1971 in Berlin) ist ein bekannter deutscher Hip-Hop- und Dancehall-Musiker sowie einer von zwei Frontmännern der Band „Seed". Sein Lied „Haus am See" war 2008 ein großer Hit.

Hier bin ich geboren und laufe durch die Straßen
Kenn die Gesichter, jedes Haus und jeden Laden
Ich muss mal weg, kenn jede Taube hier beim Namen
Daumen raus, ich warte auf 'ne schicke Frau mit schnellem
5   Wagen

Die Sonne blendet, alles fliegt vorbei
Und die Welt hinter mir wird langsam klein
Doch die Welt vor mir ist für mich gemacht
Ich weiß, sie wartet und ich hol sie ab

10 Ich hab den Tag auf meiner Seite, ich hab Rückenwind
Ein Frauenchor am Straßenrand, der für mich singt
Ich lehne mich zurück und guck ins tiefe Blau
Schließ die Augen und lauf einfach gradeaus

Und am Ende der Straße steht ein Haus am See
15 Orangenbaumblätter liegen auf dem Weg
Ich hab 20 Kinder, meine Frau ist schön, mh
Alle komm'n vorbei, ich brauch nie rauszugehen
(Im Traum gesehen, das Haus am See)

Ich suche neues Land mit unbekannten Straßen
20 Fremde Gesichter und keiner kennt mein'n Namen
Alles gewinn'n beim Spiel mit gezinkten Karten
Alles verlieren, Gott hat einen harten linken Haken

Ich grabe Schätze aus in Schnee und Sand (huch)
Und Frauen rauben mir jeden Verstand
25 Doch irgendwann werd ich vom Glück verfolgt, mh-mh
Und komm zurück mit beiden Taschen voll Gold

Ich lad die alten Vögel und Verwandten ein (whou)
Und alle fang'n vor Freude an zu wein'n
Wir grillen, die Mamas kochen und wir saufen Schnaps
30 Und feiern eine Woche jede Nacht
[...]
(Wdh.: Refrain)

Haus am See – Text, (OT): Baigorry, Pierre/Conen, David; Copyright: Fixx & Foxy Publ.
Pierre Krajewski bei BMG Rights Management GmbH / Hanseatic Musikverlag GmbH & Co.
KG, Hamburg / BMG Rights Management GmbH, Berlin

1. Hören Sie sich den Song von Peter Fox an oder sehen Sie das Musikvideo. Beschreiben Sie seine Wirkung auf Sie.

2. Fassen Sie den Inhalt des Lieds kurz zusammen. Formulieren Sie zu jeder Strophe einen Satz, der das Verhalten des lyrischen Ichs in den Blick nimmt.

3. Erläutern Sie, warum das lyrische Ich aus seinem alten Leben ausbrechen möchte.

4. Wie stellt sich das lyrische Ich sein Traumleben vor? Beschreiben Sie seine Vision und die Chance auf Realisierung.

5. Viele Menschen wünschen sich ein „Haus am See" als Teil eines perfekten Lebens. Welche Ansprüche haben Sie selbst an Ihr Leben und das Glück?

6. „Haus am See" ist auch ein Lied vom Nach-Hause-Kommen. Was bringt einen Menschen wirklich zu sich nach Hause? Das Partyleben, das gemütliche Haus, die Familie …?

Ein Buchcover bewerten – Einen Klappentext gestalten

Niederländische Ausgabe

Englische Ausgabe

Spanische Ausgabe

1. Die Abbildungen zeigen drei ausländische Buchcover von „Heimsuchung". Welche Gestaltungsidee überzeugt Sie am ehesten? Begründen Sie Ihre Wahlentscheidung.

2. Vergleichen Sie die drei Versionen mit dem aktuellen Buchcover, das Ihnen selbst vorliegt.

3. Lesen Sie die Informationen auf der Buchrückseite Ihrer eigenen Textausgabe. Gestalten Sie dann einen neuen und persönlichen Klappentext zum Roman. Präsentieren Sie diesen. Alternativ können Sie auch ein neues, eigenes Cover entwerfen, z. B. am iPad/Tablet.

Mein Klappentext

_____
_____
_____
_____
_____
_____
_____
_____
_____
_____

„Heimat" – Annäherung an einen schwierigen Begriff

1. „Heimsuchung" ist auch ein moderner Heimatroman. Er erzählt von Menschen, die ihre Heimat verlieren, sich nach ihr verzehren oder zu ihr zurückkehren. Was verbinden Sie selbst mit dem Begriff „Heimat"? Notieren Sie Ihre Gedanken im Ideenstern.

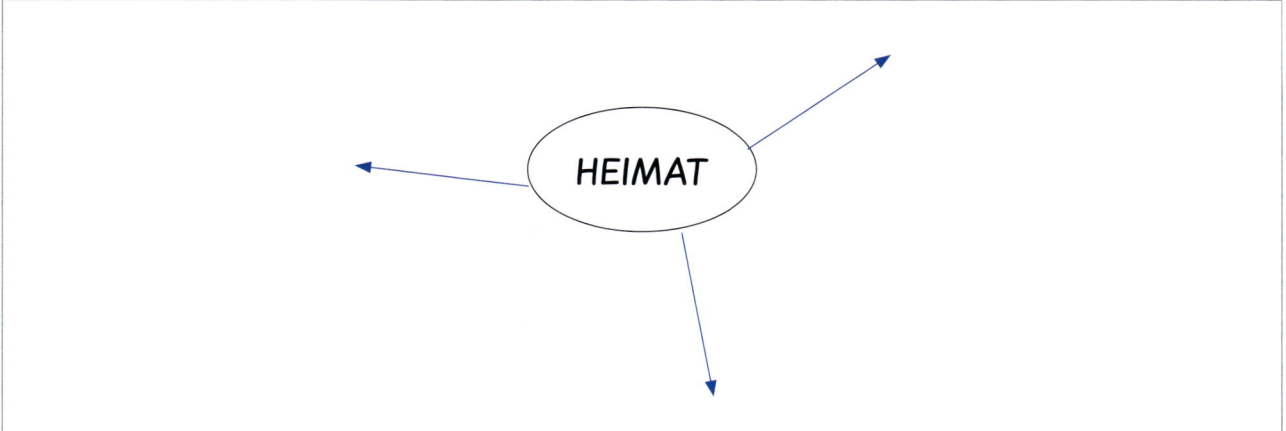

2. Untersuchen Sie, welche Rolle die Heimat im gleichnamigen Reise-Gedicht von Theodor Fontane spielt. Inwiefern und warum ist Heimat hier von Bedeutung? Vergleichen Sie mit Ihren eigenen Ergebnissen aus Aufgabe 1.

Theodor Fontane
Heimat (1895)

Ich bin hinauf, hinab gezogen,
Und suchte Glück und sucht' es weit,
Es hat mein Suchen mich betrogen,
Und was ich fand, war Einsamkeit.

5 Ich hörte, wie das Leben lärmte,
Ich sah sein tausendfarbig Licht,
Es war kein Licht, das mich erwärmte,
Und echtes Leben war es nicht.

Und endlich bin ich heimgegangen
10 Zu alter Stell' und alter Lieb',
Und von mir ab fiel das Verlangen,
Das mich einst in die Ferne trieb.

Die Welt, die fremde, lohnt mit Kränkung,
Was sich, umwerbend, ihr gesellt;
15 Das Haus, die Heimat, die Beschränkung,
Die sind das Glück und sind die Welt.

_{Theodor Fontane: Sämtliche Werke. Bd. 1 – 25. Bd. 20, München 1959 – 1975, S. 22 – 23}

3. Erläutern Sie das Zitat des ehemaligen Bundespräsidenten Roman Herzog (1934 – 2017). Welche Gedanken spiegeln sich im Gedicht „Heimat" wider? Wo geht das Zitat über die Aussage des Gedichts hinaus?

„Jeder Mensch braucht ein inneres Gleichgewicht, das er nicht an jedem beliebigen Ort oder in jeder beliebigen Gemeinschaft finden wird. Der Mensch braucht die Sprache als Mittel der Kommunikation, er braucht eine Wertegemeinschaft, die er innerlich mitzutragen vermag, er braucht die Einbettung in ein Umfeld, das ihm Heimat sein kann. Aus diesen Wurzeln zieht er seine Kraft, aber erst der Blick auf das Neue, auch auf das Andere öffnet ihm die Welt mit ihren Möglichkeiten."

Rede von Bundespräsident Roman Herzog anlässlich des Karlsfestes 1999 der Europäischen Stiftung für den Aachener Dom, bundespraesident.de, 31.01.1999, Aachen

„Heimsuchung" von Jenny Erpenbeck: Abc-Methode

1. Mithilfe dieses Arbeitsblattes soll es Ihnen ermöglicht werden, möglichst offen Ihre ersten Eindrücke zu Erpenbecks Roman festzuhalten. Nutzen Sie dafür die jeweilgen Anfangsbuchstaben des Alphabets und assoziieren Sie einen Begriff oder Gedanken, den Sie in Zusammenhang mit dem Roman bringen können. Notieren Sie stichpunktartig. Buchstaben, zu denen Sie keine Einfälle haben, überspringen Sie.

2. Präsentieren Sie Ihre Ergebnisse in der Kleingruppe. Stellen Sie Gemeinsamkeiten her, indem Sie im Gespräch feststellen, dass unterschiedliche Begriffe möglicherweise ein und dieselbe Bedeutung haben. Bilden Sie nach Möglichkeiten einen Oberbegriff.

3. Wählen Sie in der Gruppe ca. fünf bis acht Begriffe aus, die Ihnen zentral erscheinen. Diese stellen Sie dem gesamten Kurs vor, z. B. in Form einer Wandzeitung, die Ihnen hilft, die Ergebnisse zu veranschaulichen und zu erläutern.

Abc	Stichpunkt	Abc	Stichpunkt
A		N	
B		O	
C		P	
D		Q	
E	*Erinnerung schafft Identität*	R	
F		S	
G	*Glück kann man sich nicht verdienen*	T	
H		U	
I		V	
J		W	
K		X	
L		Y	
M		Z	*Zweiter Weltkrieg tobt*

Baustein 2

„Heimgesucht": Zwölf Menschen auf der Suche nach Heimat – Die Figuren des Romans

Der vorliegende Baustein bildet den Kern dieses Unterrichtsmodells. In ihm geht es primär darum, den polyphon bzw. multiperspektiv angelegten Roman „Heimsuchung" über eine Beschäftigung mit seinen Figuren inhaltlich zu durchdringen. Erpenbecks Text erzählt dabei keine linearchronologisch angelegte Geschichte, sondern im Mittelpunkt stehen bei ihr die einzelnen Besitzer/Besitzerinnen oder Bewohner/Bewohnerinnen eines Hauses am See in der Nähe Berlins. Als gesichert gilt, dass es sich dabei um den Scharmützelsee handelt, an dem die Schriftstellerin selbst viele Sommer ihrer eigenen Kindheit und Jugend verlebt hat. Ausschnitthaft und auf den ersten Blick willkürlich aneinandergereiht zeichnen sich die kurzen, nur zehn- bis zwölfseitigen Episoden durch zahlreiche Aussparungen, Brüche und Rückblicke aus, die erst als Ganzes ein verständliches Bild erzeugen. Allen Figuren – drei Familien in fünf Generationen – ist ihre aktive Suche nach Heimat gemein. Dass diese meist unvollendet bleibt, ist den Heimsuchungen geschuldet, welchen die Figuren ausgesetzt sind und die sie gelegentlich zu passiven Opfern der Geschichte machen, die sich einfach nur zur falschen Zeit am falschen Ort befinden und ihrem Schicksal ausgeliefert scheinen. Die einzige Konstante in dieser häufig von Chaos, Krieg, Leid und politischer Ungerechtigkeit geprägten Zeit ist ein stummer Gärtner, der Orientierung bietet und über die Jahrzehnte hinweg im stillen Einvernehmen mit der Natur den Garten des Grundstücks am See unablässig pflegt, bearbeitet und kultiviert. Der Gärtner ist die einzige Figur, die von den Wechselfällen der Geschichte nicht zerrieben wird.

In der ersten Sequenz ermöglicht es dieser Baustein, das Figurenarsenal als Ganzes in den Blick zu nehmen. Dabei beschäftigen sich die Lernenden arbeitsteilig mit jeweils einer Romanfigur und erschließen diese fragengeleitet. Handlungsorientiert schlüpfen sie in ihre Figuren und stellen sich gegenseitig im Figurenkabinett vor. Die Schülerinnen und Schüler erarbeiten, dass die Sehnsucht nach Heimat und der Versuch, sich ein Zuhause zu schaffen, das Identität und personales Glück garantiert, das einigende Band der Figuren ist. Gleichzeitig wird die Bedeutungslosigkeit dieses typisch menschlichen Strebens fokussiert, die angesichts des Scheiterns der Figuren deutlich wird (2.1).

Aufgrund der Vielfalt der Figuren empfiehlt sich mit Blick auf die genaue Figurenanalyse ein exemplarisches Vorgehen. In den Blick genommen werden die Figuren des Großbauern mitsamt seiner vier Töchter, der Architekt, der Tuchfabrikant, das Mädchen Doris, die Schriftstellerin sowie die das Geschehen relativierende Außenseiterfigur des Gärtners. Aus pädagogischen Gründen bewusst ausgeklammert wird die aus Sicht des Verfassers missglückte Behandlung der Episode um die Frau des Architekten bzw. des sie vergewaltigenden jungen Rotarmisten, die sich für die unterrichtliche Arbeit mit jungen Heranwachsenden auch aufgrund der komplexen Täter-Opfer-Umkehr im Kontext eines sexuellen Gewaltaktes nicht eignet. Der zeitliche Umfang jeder Einzelsequenz umfasst mindestens eine Doppelstunde. Es wird empfohlen, das jeweilige Kapitel von den Schülerinnen und Schülern in häuslicher Lektüre vorbereiten zu lassen. Ist als Klausurthema die epische Analyse und Interpretation eines Textauszugs geplant, empfiehlt es sich, im Kontext einer dieser Sequenzen das **Zusatzmaterial 1 und 2** (S. 163f., Webcodes WES-109677-067, -554) einzusetzen (2.2).

Die dritte und letzte Sequenz dieses Bausteins kann in einer Einzelstunde durchgeführt werden. Sie dient der Zusammenführung der unterschiedlichen Heimatkonzepte, die in 2.2 behandelt werden. Heim und Heimat, so lässt sich zusammenfassen, sind bei Jenny Erpenbeck keine stabilen und dauerhaften Konzepte, sondern werden anhand von Einzelschicksalen diskutiert und dezentriert. „Heimsuchung" lässt sich demnach nicht als kitschiger Heimatroman lesen, in dem sich die vom Leben geplagten Menschen in die Idylle des von der Gesellschaft abgeschiedenen Landhauses zurückziehen und dort eskapistisch ihr Leben genießen. Der Text beansprucht, über Heimat nachzudenken und den Auswirkungen des Verlustes von äußerer und innerer Heimat nachzuspüren (2.3).

2.1 Das Figurenarsenal in „Heimsuchung": Ein Figurenkabinett durchführen

Jenny Erpenbecks Jahrhundertroman tangiert wesentliche Eckpunkte der jüngeren deutschen Geschichte des 20. Jahrhunderts: die Weimarer Republik, die Herrschaftszeit des Nationalsozialismus, die Zeit des Zweiten Weltkrieges und die Vernichtung der europäischen Juden und Jüdinnen im Holocaust, die unmittelbaren, von Entbehrung geprägten Nachkriegsjahre, die Phase der Teilung und Saturierung der zwei deutschen Staaten DDR und BRD, die Phase der Wiedervereinigung sowie den Fall der Mauer und die Nachwendezeit. Wesentlich bei ihrem erzählerischen Ansatz ist dabei, dass Erpenbeck auf eine umfassende Schilderung der großen Geschichte verzichtet. Ihre Dramen spielen sich nebenbei im Kleinen, im Privaten ab. Das Haus am See, mit dem jede Figur in irgendeiner Weise verbunden ist, wird so auf ungewöhnliche, leise und private Weise zum Erinnerungsort jüngerer deutscher Geschichte. Dabei ist der Roman alles andere als ein trockenes Geschichtswerk, denn die große Geschichte mischt sich in exemplarischer Weise mit den nur ausschnitthaft skizzierten Biografien seiner Figuren, „Weltkriege mit den Kleinkriegen an der Gartenhecke, das Glück idyllischer Kindheitstage mit der Trauer um immer neue Verluste und Vertreibungen aus dem Garten Eden"[1]. Dreh- und Angelpunkt des Erpenbeck'schen Erzählens ist dabei das von einem Architekten in den 1930er-Jahren erbaute Haus an einem See im märkischen Umland Berlins. An diesem symbolisch zu verstehenden Ort verdichtet sich die Individualgeschichte der wechselnden Bewohnerinnen und Bewohner des Hauses auf fragmentarische, unvollständige Weise.

Methodisch lässt sich zum **Einstieg** die folgende Sequenz durch die Erstellung eines **Figurenkabinetts** strukturieren. Angesichts der Vielfalt und Komplexität des Figurenarsenals des Romans wird dabei ein arbeitsteiliges Vorgehen vorgeschlagen. Die Schülerinnen und Schüler bekommen im Anschluss an die Erstlektüre die individuelle Aufgabe, sich um die Erarbeitung *einer* Figur des Romans zu kümmern. Die Teilnehmenden machen sich auf diese Weise in einer ersten Think-Phase zu Expertinnen und Experten dieser einen Romanfigur. Das erworbene Wissen versetzt sie in die Lage, im weiteren Verlauf der Methode in eben genau diese Rolle zu schlüpfen und die eigene Figur glaubwürdig und kenntnisreich zu präsentieren. Im Kursraum – so die Idee – treffen sich also im Anschluss an die mindestens 45-minütige Erarbeitungsphase alle Teilnehmenden als der Großbauer, der Architekt, der Tuchfabrikant, der Gärtner und so weiter und stellen sich gegenseitig einander vor.

Zur kategoriengeleiteten Analyse der jeweiligen Romanfigur wird den Teilnehmenden das
 Arbeitsblatt 6 (S. 93, Webcode WES-109677-513) zur Verfügung gestellt. Grundsätzlich kön-

---

[1] Roman Bucheli: Am Ufer des Märkischen Meers. In: Neue Zürcher Zeitung online, 02.02.2008, www.nzz.ch/am_ufer_des_maerkischen_meers-ld.461571 (Aufruf: 13.07.2023)

nen alle zwölf Figuren zugeteilt werden, selbstverständlich sind aus organisatorischen (Zeit) oder pädagogischen (der Rotarmist) Gründen auch Doppelbesetzungen oder Aussparungen denkbar. Besonders komplexe und für die Romanhandlung zentrale Figuren wie der Tuchfabrikant, dessen biografische Erinnerungen zwischen Südafrika und Deutschland hin- und herspringen, erfordern genaue und intensive Lesearbeit sowie ein hohes Abstraktionsvermögen. Sie sollten daher nach Möglichkeit zu Beginn mit eher leistungsstarken Schülerinnen und Schülern besetzt werden. Die Idee der Methode des Figurenkabinetts dürfte den Teilnehmenden in der Regel unbekannt sein, was eine genaue Besprechung des Ablaufs der Sequenz zu Beginn erfordert. Insbesondere über die einzelnen Aspekte des Fragebogens sollte vor Beginn der **Einzelarbeitsphase** Klarheit herrschen. Im Idealfall wird dieser daher vorher in Gänze im Plenum besprochen. Eine zeitliche Entlastung lässt sich erzielen, wenn das Arbeitsblatt 6 bereits als vorbereitende Hausaufgabe eingesetzt wird (Aufgaben 1 und 2).

- *Werten Sie ein Kapitel zu einer Figur des Romans mithilfe der tabellarischen Vorlage aus.*

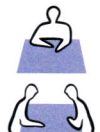

- *Schlüpfen Sie im Anschluss in die Figur und stellen Sie sich als diese einer Mitschülerin/einem Mitschüler vor. Falls möglich, bringen Sie ein symbolisches Requisit mit, das zu Ihrer Figur passt, und erläutern Sie seine Bedeutung für Sie.*

Die Schüler/-innen bewegen sich zu Beginn im von Tischen und Stühlen nach Möglichkeit befreiten Kursraum. Richtungs- und ziellos gehen sie so lange im Raum umher, bis die Lehrkraft die lose Fluktuation durch ein (akustisches) Signal stoppt, z. B. durch ein Klingeln. Nun tun sich nach dem Zufallsprinzip jeweils die zwei Schülerinnen oder Schüler zusammen, die sich räumlich am nächsten stehen. Jede Schülerin beziehungsweise jeder Schüler stellt sich nun in ihrer/seiner Rolle in der Ich-Form vor („Mein Name ist … Ich lebe seit … in Kapstadt. Mein größter Wunsch ist …"). Haben die Lernenden wie gewünscht ein Requisit dabei, endet das Rollengespräch jeweils mit der Erläuterung der symbolischen Bedeutung dieses Gegenstands für die jeweilige Romanfigur. Für den materialistisch eingestellten Großbauern könnte dies z. B. ein Geldschein sein, für den planerisch veranlagten Architekten ein Bleistift und für den Tuchfabrikanten ein deutsch-englisches Wörterbuch usw. Um dem **Figurenkabinett** im Ablauf eine gewisse Dynamik zu verleihen, ist vonseiten der Lehrkraft darauf zu achten, dass die einzelnen Begegnungen nicht zu lange dauern. Spätestens nach etwa fünf Minuten sollte ein erneutes Klingeln zur Auflösung der alten Teams führen. Nun wiederholt sich der Ablauf und es kommt zur zufälligen Bildung neuer Figurenpaare. Das Potenzial der schüleraktivierenden Methode liegt neben dem soziale Perspektivenübernahme und Einfühlungsvermögen einfordernden Vorgehen darin, dass sich im Kursraum Figuren begegnen können, die dies im Roman jenseits der Beziehungen innerhalb der drei Familien nicht tun oder nicht tun können. Auch Figuren, die zu völlig unterschiedlichen Zeiten in einer anderen Epoche leben, können und sollen sich treffen und sich über ihre Einstellungen zum Leben, ihre Hoffnungen und Wünsche austauschen. Beispielsweise kann es zwischen dem materialistisch-territorial ausgerichteten Großbauern und der an Besitz nicht interessierten Besucherin zu einer interessanten, in diesem Fall wohl kontroversen Begegnung kommen. Einen besonderen Reiz erhält die Aufgabe dadurch, dass es gelingt, die im Roman meist stumme Figur des Gärtners zum Reden zu bringen. Die wenigen Momente des Sprechens gelten im Roman weniger seinen Mitmenschen, vielmehr kommuniziert der „für seine Schweigsamkeit bekannte" (S. 28/S. 25) Gärtner „lieber mit dem Grünzeug" (ebd./ebd.). Damit steht die naturnahe Figur des Gärtners im Gegensatz zu allen anderen, die sich gerade durch soziale und gesellschaftliche Integration und Anerkennung bemühen, wie beispielsweise der regelmäßig Partys gebende Architekt.

Insgesamt ist es der Kreativität und Fantasie der Schülerinnen und Schüler überlassen, welche Inhalte in diesen zufälligen Dialogen zur Sprache kommen und worauf sie ihren Schwerpunkt legen. In jedem Fall sollte den Teilnehmenden im Anschluss im **Plenum** Gelegenheit gegeben werden, von dem Charakter bzw. den Inhalten dieser Gespräche zu berichten:

- *Wie haben Sie die Methode des Figurenkabinetts erlebt? Welche neuen Erfahrungen neben der Lektüre haben Sie gemacht? Welche Begegnungen fanden Sie besonders interessant und ertragreich?*

- *Worüber haben Sie miteinander gesprochen? Welchen Charakter hatten die Gespräche?*

Im Anschluss an das kurze Unterrichtsgespräch haben die Schülerinnen und Schüler in **Gruppenarbeit** die Aufgabe, die Figurenkonstellation zu verarbeiten. Die Detailergebnisse aus den einzelnen Gesprächen im Figurenkabinett sollen also synthetisch zusammengeführt und der die Figuren verbindende „rote Faden" soll identifiziert werden.

- *Was haben viele Romanfiguren gemein? Worin ähneln sie sich?*

Dafür erhalten die Lernenden das **Arbeitsblatt 7** (S. 94, Webcode WES-109677-401). Das Arbeitsblatt bietet in loser Reihenfolge zahlreiche Schlagworte in Form einer „Wortwolke" an, die thematisch mit den Biografien der Figuren des Romans in Verbindung gebracht werden können (Aufgabe 1).

- *Setzen Sie sich mit Mitschülerinnen und Mitschülern zusammen, die andere Figuren des Romans erarbeitet haben. Werten Sie die „Wortwolke" aus, indem Sie sich darüber verständigen, welche der Schlagwörter auf mehrere oder auch sämtliche der Romanfiguren zutreffen. Begründen Sie Ihre Entscheidung textnah.*

Die Teilergebnisse der einzelnen Gruppen können auf dem Arbeitsblatt 7 notiert werden. Im Anschluss kann es zur Präsentation der Ergebnisse im Plenum kommen. Bei ausreichenden zeitlichen Ressourcen ist es empfehlenswert, dies auf kreative und handlungsorientierte Art und Weise im **szenischen Spiel** zu organisieren. In der **Figurengasse**[1] stellen sich die Schülerinnen und Schüler in zwei sich gegenüberstehenden Reihen auf, sie bilden also eine möglichst enge Gasse, durch die die Figuren des Romans hindurchgehen müssen. Dabei werden sie einer Reihe von Fragen und Bemerkungen ausgesetzt.

■ *Überlegen Sie sich vor Spielbeginn einige Fragen, die Sie in der Figurengasse an eine bestimmte Person richten möchten.*

Nun geht die betreffende Romanfigur langsam durch die von den anderen Kursteilnehmenden gebildete Gasse und bleibt für einen Moment bei jeder Spielerin bzw. jedem Spieler stehen. Diese bzw. dieser formuliert eine Frage oder eine Bemerkung, die positiv, aber auch kritisch sein darf. Die durch die Gasse gehende Figur selbst formuliert keine Antwort, kann aber gestisch-mimisch auf den Frageimpuls reagieren. Dafür werden sämtliche während des Spiels genannte Fragen von einem/einer Kursteilnehmenden oder der Lehrkraft protokolliert. Sie dienen später als Grundlage für die notwendige Auswertung beziehungsweise Diskussion.

„Ganz abgesehen davon, dass dieser Gang durch die Gasse für den Einzelnen zu einem intensiven Erlebnis werden kann – manchmal auch, je nach Figur, zu einem Spießrutenlauf –, entsteht hier verwertbares Material. Die Lernenden dürfen Fragen stellen, nicht nur die Lehrperson, und die Fragen werden nicht auf ihren Intelligenzgehalt oder ihre Originalität geprüft. Später ist nicht einmal mehr der Urheber der Frage bekannt, das macht Mut, auch Ungewöhnliches zu fragen."[2]

> **Mögliche Fragen an den Gärtner**
>
> - Was halten Sie eigentlich von dem Architekten?
> - Womit beschäftigen Sie sich am liebsten? Warum ist das so?
> - Welche Bedeutung hat das Bienenhaus für Sie? Warum sitzen Sie so oft in seiner Nähe?
> - Haben Sie eigentlich vom großen Krieg ab 1939 etwas mitbekommen?
> - Woher kommen Sie? Wohin sind Sie am Ende verschwunden? Wie heißen Sie?
> - Mögen Sie eigentlich Ihre Mitmenschen? Warum sprechen Sie dann so wenig?

---

[1] Vgl. Marcel Kunz: Spieltext und Textspiel. Szenische Verfahren im Literaturunterricht der Sekundarstufe II, Kallmeyer/SVK, Seelze 1997, S. 56f.
[2] Ebd., S. 57

Baustein 2: „Heimgesucht": Zwölf Menschen auf der Suche nach Heimat – Die Figuren des Romans

Das **Auswertungsgespräch** im Plenum kann durch die protokollierten Fragen und die Aufzeichnungen zur ersten Aufgabe des Arbeitsblatts 7 strukturiert werden. Inhaltlich ist kein erschöpfendes, alle Figuren umfassendes Gespräch erforderlich. So zeigt die Episode des Architekten beispielhaft, dass das von ihm mit sorgfältiger Liebe zum Detail geplante und erbaute Haus am See als Sinnbild für die Sehnsucht nach Heimat und Geborgenheit fungiert. Doch das vermeintlich schutzgebende Haus und seine Umgebung erweisen sich für die Frau des Architekten ebenso wie für die als „Kinderfreund" bezeichnete Figur als ein „Ort der Gewalt, wenn Erstere in ihrem Versteck im eigenen Haus von einem Rotarmisten vergewaltigt und der Kinderfreund [...] in jungen Jahren aus einem Versteck nahe des Hauses heraus beobachtender Zeuge einer Vergewaltigung wird. Gleichermaßen ist das Verhältnis der Figuren zur Heimat gebrochen"[1]. Das gilt natürlich auch für den Großbauern, dessen Familie nur deshalb nicht dauerhaft Heimat am See findet, weil er patriarchalischen Strukturen ausgeliefert ist und nicht die Kraft findet, die freiheitsbeschränkenden Traditionen und Rituale der Dorfgemeinschaft zu durchbrechen. Beim Tuchfabrikanten ist es vor allem seine hybride Mischsprache, die Auskunft gibt über seine Sehnsucht nach echter und dauerhafter Heimat, die ihm das südafrikanische Exil noch nicht sein kann.

Insgesamt lässt sich zeigen, dass sich alle Figuren – mit Ausnahme des Gärtners – in einem existenziellen Spannungsfeld zwischen individuellem Streben und schicksalhaftem Ausgeliefertsein, der Heimsuchung, befinden. Diese Heimsuchung kann sich in äußeren historischen oder politischen Verhältnissen manifestieren, aber auch in eigenen Erinnerungen oder inneren Dämonen, welche die Figur plagen und nicht mehr loslassen. Die allen gemeinsame Sehnsucht nach einem glücklichen Leben in Harmonie mit der Natur entpuppt sich in jedem Einzelfall als trügerische Illusion. Sie kann dauerhaft nur der Gärtner realisieren, der als geschichtslose Figur außerhalb der Zeit zu leben scheint (Aufgabe 2).

- *Was haben alle Figuren des Romans gemein? Welche Rolle spielt dabei das Haus am märkischen See?*
- *„Ohne Heimat sein heißt leiden." Erläutern Sie, inwiefern das Zitat[2] des russischen Dichters Fjodor Dostojewski (1821 – 1881) auf viele Figuren des Romans „Heimsuchung" zutrifft.*

Das Figurenarsenal des Romans „Heimsuchung"

Sehnsucht, Verlust, Unvollkommenheit, Heimatsuche, Entfremdung, Isolation		Figur des Glücks + der Harmonie
Großbauer und seine vier Töchter Architekt und seine Frau Tuchfabrikant Das Mädchen Doris Rotarmist Schriftstellerin Besucherin Unterpächter Kinderfreund Unberechtigte Eigenbesitzerin	➡	Gärtner als Bewahrer der Natur als Schutzraum des Menschen

---

[1] Kathrin Schuchmann: „Die Zeit scheint ihr zur Verfügung zu stehen wie ein Haus." Zagreber Germanistische Beiträge 22 (2013), S. 53 – 69, hier: 59

[2] Zit. nach: www.gutzitiert.de/zitate_sprueche-heimat.html (Aufruf: 06.07.2023)

Ein nachbereitender **Schreibauftrag**, z. B. in Form einer **Hausaufgabe**, kann die Sequenz beschließen (Aufgabe 3).

> ■ *Charakterisieren Sie mehrere Figuren des multiperspektivischen Romans als Heimatlose. Begründen Sie Ihre Einschätzung schriftlich und veranschaulichen Sie diese mit konkreten Textverweisen (Zitaten).*

2.2 Exemplarische Analyse ausgewählter Figuren des Romans

Erpenbecks multiperspektivischer Roman erzählt von der Suche zahlreicher Menschen, in den politischen Wirren des 20. Jahrhunderts in Deutschland Heimat zu finden. Dabei spielt das Geschehen überwiegend am selben Ort, wird jedoch streng aus der personalen Perspektive ganz verschiedener Gestalten erzählt, was an das Ensemble eines Orchesters erinnert, das ein vielstimmiges Stück zu Gehör bringt. Diese Stimmen in Gänze abzubilden, stellt für den unterrichtlichen Kontext auch in der Sekundarstufe II eine nicht nur zeitliche Überforderung dar. Aus diesem Grund gehen die folgenden sechs Sequenzen exemplarisch vor. Sie konzentrieren sich auf die für das Gesamtverständnis des Romans zentralen Figuren. Mit Ausnahme des Gärtners beziehungsweise der Schriftstellerin, in deren Figur unschwer Jenny Erpenbecks Großmutter Hedda Zinner zu erkennen ist, stammen sie aus der ersten Hälfte des Romans, die mit dem traurigen Schicksal des Mädchens Doris und der historischen, aber auch moralischen Zäsur des Holocausts endet.

2.2.1 Der Großbauer und seine vier Töchter

Das erste Kapitel des Romans präsentiert die ersten Bewohner und Bewohnerinnen des in der Eiszeit geologisch geformten Gebiets am märkischen See; das den Handlungsablauf räumlich strukturierende Haus selbst ist noch nicht gebaut. Die Handlung spielt sich jedoch bereits auf Teilen der Grundstücke ab, die dem folgenden Geschehen den notwendigen Raum bieten.

Der Protagonist des expositorischen Kapitels ist ein vermögender Großbauer, dessen Frau bei der Geburt der vierten Tochter verstorben ist und der nun als alleinerziehender Vater seine Kinder in einer von Traditionen, Gebräuchen und überkommenen Sitten geprägten, namenlosen Dorfgemeinschaft erzieht. Den Verlust der Mutter seiner Kinder scheint er mit emotionaler Härte und Gnadenlosigkeit kompensieren zu wollen. Die heranwachsenden Mädchen sind im Verlauf ihrer Adoleszenz einem ausgeprägten rituellen Aberglauben ausgesetzt, der ihren Alltag zunehmend prägt und kontrolliert. Dass sowohl die unhinterfragbare Autorität des Vaters als auch die Kontrollinstanzen der Dorfgemeinschaft funktionieren, wird insbesondere zu Beginn des Kapitels deutlich, in dem die Modalverben „muss" und „darf nicht" besonders häufig wiederholt werden und damit deutlich werden lassen, dass für individuelle Freiräume und außergewöhnliche Wünsche in diesem Kontext kein Raum sein wird. Verstärkt werden diese die Töchter zunehmend bedrückenden Lebensverhältnisse durch die grausame, wenig empathische und selbstherrliche Figur des Großbauern Wurrach, der im Unterschied zu den meisten anderen Figuren des Romans einen individuellen Eigennamen trägt und damit mehr als nur ein überindividueller Funktionsträger einer Rolle oder eines Typus zu sein scheint. Er übernimmt die überlieferten Traditionen, ohne sie in ihrer Funktion zu hinterfragen, weil er selbst davon in erster Linie profitiert: Patriarchalisch, klassenbewusst und sozial scheinbar triumphierend präsentiert er sich der Dorfgemeinschaft, wenn er mit der Kutsche durch das Dorf reitet und „den Pferden weiße Strümpfe" (S. 16/S. 14) als Symbol seiner Machtposition als Schulze überzieht. Dass diese Strümpfe jedoch nicht sauber bleiben, sondern „bespritzt" (S. 17/S. 15), also verschmutzt werden, kann als Vorausdeutung auf den Verlust der Macht und Autorität des herrischen Despoten gedeutet werden.

Sinnvoll ist es, wenn die Schülerinnen und Schüler in häuslicher Vorarbeit noch einmal das Kapitel „Der Großbauer und seine vier Töchter" (S. 14 – 26/S. 12 – 24) lesen.

■ *Bereiten Sie die folgende Erarbeitungsphase vor, indem Sie noch einmal das Kapitel „Der Großbauer und seine vier Töchter" (S. 14 – 26/S. 12 – 24) lesen.*

Im **Einstieg** wird der Lerngruppe das Szenenbild aus einer Theateraufführung des Schauspiels Gera (2010) zu Erpenbecks Roman „Heimsuchung" präsentiert, z. B. digital oder mithilfe einer Dokumentenkamera (vgl. **Arbeitsblatt 8**, S. 95, Webcode WES-109677-962). Die Abbildung zeigt im Zentrum eine junge Braut, der ein sehr voluminöses weißes Kleid angezogen wird.

Fünf Nebenfiguren – drei Männer und zwei Frauen – kümmern sich eifrig und unterwürfig um die etwas steif stehende Braut, die den Akt der Einkleidung für ihre anstehende Hochzeit passiv und nahezu resigniert mit sich geschehen lässt. Das Standbild passt in idealer Weise zum Auftakt des ersten Kapitels (Aufgabe 1).

■ *Beschreiben Sie das Szenenbild aus einer Theateraufführung des Schauspiels Gera 2010. Welche Rolle spielt die Braut bei ihrer Hochzeit? (Vgl. S. 14 – 16/S. 12 – 24) Welche Bedeutung haben Tradition, Rituale und Aberglaube in der Dorfgemeinschaft?*

Hier wird deutlich, dass der Akt des Heiratens nicht etwa die Konsequenz einer individuellen Entscheidung und eines romantischen Gefühls – der Liebe zu einem anderen Menschen – ist, sondern ein gesellschaftlicher Vorgang, in dem es um Integration und Kontrolle geht: „Wenn eine heiratet, darf sie sich ihr Brautkleid nicht selbst nähen." (S. 14/S. 12) Der Vorgang des Heiratens, eigentlich ein persönlicher Ausdruck romantischen Glücksempfindens, gerät in dieser von Ritualen und Traditionen geprägten Dorfgemeinschaft zu einem Akt gesellschaftlicher Kontrolle, ausgedrückt durch die vielfältigen Tätigkeiten der am Kleid der Braut arbeitenden Menschen. Die Braut wirkt nicht – wie zu erwarten wäre – glücklich und befreit, sondern passiv und angestrengt, was an ihrer steifen Körperhaltung und der maskenartigen Mimik deutlich wird. Mit der Hochzeit, so wird klar, gewinnt der Mensch keine Freiheit, sondern wird zu einem kontrollierbaren Teil der Gesellschaft: „Die zwei Worte, die bei einer Heirat am wichtigsten sind, lauten: Darf und muss, und darf, und muss, und darf, und muss. Die erste Arbeit der jungen Frau in der neuen Wohnung ist es, Wasser zu holen." (S. 16/S. 14)

Die anschließende erste **Erarbeitungsphase** zielt auf die Folgen, die das traditionsreiche Leben in der Dorfgemeinschaft für die vier heranwachsenden Töchter des Großbauern Wurrach hat. Sie kann gut in **Kleingruppen** absolviert werden (Aufgaben 2 und 3). In der **Präsentationsphase** können die Biografien der vier Töchter sukzessive von einzelnen Gruppen vorgestellt und über eine Dokumentenkamera oder digital sichtbar gemacht werden. Die Einschätzungen sollten dabei in aller Regel textnah belegt werden.

Baustein 2: „Heimgesucht": Zwölf Menschen auf der Suche nach Heimat – Die Figuren des Romans

■ *Wie glücklich sind die vier Töchter des Großbauern? Notieren Sie deren Eigennamen im „Glücksbarometer" (+3 = sehr glücklich; -3 = sehr unglücklich). Erläutern Sie Ihre Einordnung textnah.*

(-3)	(-2)	(-1)	(0)	(+1)	(+2)	(+3)
Klara	Hedwig Grete	Emma				

■ *Arbeiten Sie heraus, wie sich die vier Töchter des Großbauern entwickeln. Suchen Sie gemeinsam nach Gründen für diese Entwicklung. Ziehen Sie ein abschließendes Resümee.*

Name	Entwicklung	Mögliche Begründung
Grete	Sie würde gerne ihrem Stand nach heiraten, tut dies aber nicht.	Aufgrund von Komplikationen mit Grundstück und Erbe verschwindet ihr Verlobter in Richtung Australien und lässt sie im Stich.
Hedwig	Sie lässt sich mit einem Handwerker ein und wird von diesem unehelich schwanger. Ihr Vater verjagt den Übeltäter und sperrt seine Tochter ein.	Der Handwerker entspricht als möglicher zukünftiger Schwiegersohn nicht den sozio-ökonomischen Ansprüchen des standesbewussten Vaters, er ermöglicht keinen gesellschaftlichen Aufstieg.
Emma	Sie wird aufgrund persönlicher Eigenschaften als nicht heiratenswert beurteilt.	Emma verfügt über angeblich „typisch männliche" Qualitäten, die sie als Schulze, aber nicht als Ehefrau benötigen würde.
Klara	Sie erkrankt psychisch, wird von den Dörflern verlacht und begeht am Ende Selbstmord, den die Kirche mit Exklusion bestrafen will.	Ihre Heirat ist laut Vater ökonomisch gesehen nicht notwendig, die Begegnung mit einem Fischer verwirrt sie. Sie ist offensichtlich psychisch erkrankt.

Die Familientradition des Schulzen findet ein abruptes Ende, weil die Gesellschaft inhuman, starr und frauenfeindlich ist; **feministische Gesellschaftskritik Erpenbecks an patriarchalischer Gesellschaftsstruktur.**

Zentral erscheint, dass keine der vier Töchter heiratet und für männliche Nachkommen sorgen kann. Damit endet die über Jahrhunderte andauernde Geschichte der Dorfschulzen Wurrach an dieser Stelle. Erpenbeck lässt keinen Zweifel daran, dass das Scheitern der Familie ihre Ursache in der Inhumanität der Beziehungen der Kinder zu ihrem Vater, aber auch in patriarchalischen Strukturen der Gesellschaft hat. Gerade in der Beschreibung Emmas zeigt sich die dezidiert feministische Gesellschaftskritik der Autorin, denn die drittälteste Tochter des mächtigen Vaters „hätte zum Schulzen getaugt, wenn sie als Mann auf die Welt gekommen wäre" (S. 19/S. 17). Doch weil die traditionsverhaftete Gesellschaft der Frau die

Rolle als Mutter und Ehefrau zuschreibt und sie damit determiniert, muss die Familie Wurrach an dieser Stelle ihr Ende finden, zu starr und unflexibel zeigen sich die Denk- und Verhaltensmuster aller Beteiligten, insbesondere des Vaters, der gar nicht auf die Idee kommt, dass Emma seine eigenen Amtsgeschäfte übernehmen könnte, obwohl sie sich ausdrücklich als fachlich kompetent erweist (vgl. ebd./ebd.).

Die zweite, vertiefende **Erarbeitungsphase** fragt daher genauer nach den Ursachen für das Unglück der vier bedauernswerten Mädchen, die einerseits in den Individualität verweigernden Ritualen, Sitten und Gebräuchen der Dorfgemeinschaft, vor allem aber in der rigiden, selbstherrlichen, strengen und grausamen Persönlichkeitsstruktur des Vaters zu finden sind (Aufgaben 4 und 5). Dabei dient die vierte Aufgabe der inhaltlichen Beschäftigung der Schülerinnen und Schüler im Rahmen einer Kleingruppenarbeit mit dem Kapitel.

■ *Charakterisieren Sie den Großbauern Wurrach, indem Sie treffende Adjektive auswählen. Begründen Sie Ihre Einschätzung.*

☐	jähzornig, launisch	☒	kontrollierend, steuernd	☒	gefühllos, grob
☐	freundlich, empathisch	☐	tapfer, mutig	☒	selbstherrlich, grausam
☐	unabhängig, frei	☒	geschäftstüchtig	☒	mächtig, strategisch
☐	liebevoll, zärtlich, sensibel	☒	herrisch, dominant	☒	klassenbewusst
☒	engstirnig, reaktionär	☐	verständnisvoll	☐	treu, charakterfest

Auf Grundlage einer intensiven Arbeit an den Charaktereigenschaften des Schulzen kann in einem zweiten Schritt die handlungsorientierte Umsetzung der Ergebnisse erfolgen, indem die Teilnehmenden aussagekräftige Standbilder zum Schulzen, seiner Beziehung zu den anderen Dorfbewohnern und -bewohnerinnen sowie zu seinen vier Töchtern stellen (Aufgabe 5).

■ *Bauen Sie Standbilder, an denen wesentliche Charakterzüge des Großbauern sowie das Verhältnis zu seinen Töchtern bzw. den Dorfbewohnern und -bewohnerinnen deutlich werden.*

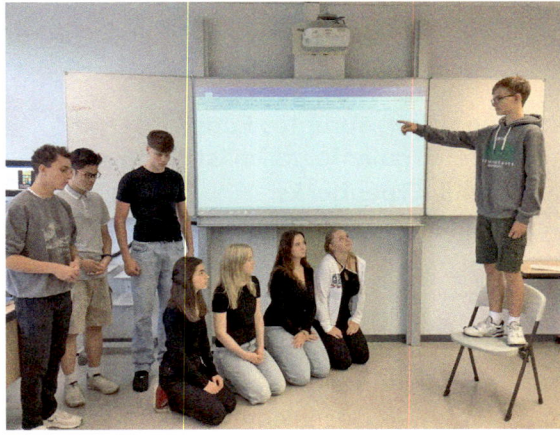

In der **Präsentationsphase** stellen die Gruppen ihre Teilergebnisse vor. Die Standbilder werden unter Bezug auf den Ausgangstext ausgewertet und auf ihre Schlüssigkeit und Aussagekraft hin überprüft. Dabei können die inhaltlichen Beiträge im Unterrichtsgespräch im Hinblick auf das Verhältnis des Großbauern zu den anderen Dorfbewohnern und

-bewohnerinnen beziehungsweise zu seinen vier Töchtern gegliedert und in einem **Tafelbild** zusammengefasst werden.

- *Beschreiben und deuten Sie das Verhalten des Großbauern gegenüber den Menschen im Dorf sowie seinen vier Töchtern.*
- *Welche Texthinweise kann man als erste Anzeichen der Auflösung der alten Familie verstehen?*

Das Verhalten des Großbauern gegenüber der Dorfgemeinschaft	Das Verhalten des Großbauern gegenüber seinen Töchtern
zeigt sich hochmütig und klassenbewusst beim sonntäglichen Kutschieren (vgl. S. 16 f./S. 14 f.)	kontrolliert seine Kinder mit Peitschenknallen (vgl. S. 17/S. 15)
hält keinen Mann im Dorf für gut genug für seine Kinder (vgl. S. 17/S. 15)	droht Hedwigs Liebhaber mit der Axt und dem Tod (vgl. S. 19/S. 17)
ruft seine Mitarbeiter mit Peitschenknallen zur Arbeit (vgl. ebd./ebd.)	lässt Klara entmündigen (vgl. S. 25/S. 23)

⬇

Die materialistische Weltanschauung und der Kampf um Position und Besitz sorgen für Mangel an Empathie und echtem Interesse an den Menschen.

Das Denken des Großbauern ist materialistisch geprägt. Gegenüber den Dörflern geht es ihm vor allem um die Darstellung von Besitz und Position. Auf der Kutschfahrt durch das Dorf zieht er selbst seinen Pferden „weiße Strümpfe" (S. 16/S. 14) an, um die Überlegenheit seiner Familie, die über Jahrhunderte andauert, zu demonstrieren. Dass diese von Dreck „bespritzt" (S. 17/S. 15) werden, ist ein Hinweis darauf, dass es ihm ohne männlichen Erben nicht anders gehen wird als anderen aussterbenden Familien, die sich aufgelöst haben. Ein echtes Interesse des Großbauern an einer glaubhaften Gemeinschaft mit den anderen Dorfbewohnern und -bewohnerinnen findet sich nicht. Ihm geht es darum, sein Territorium zu sichern.

- *Inwiefern kann man das Verhalten des Großbauern als Versuch verstehen, die eigene Heimat, Haus und Hof zu bewahren?*
- *Worin besteht die Heimsuchung Wurrachs? Was setzt ihn unter Druck?*

Der Widerspruch seiner Existenz besteht für den Großbauern darin, dass er einerseits in den Sitten, Gebräuchen und Traditionen des Dorfes Sicherheit und Geborgenheit findet. Gleichzeitig hält er jedoch emotional Abstand zu der Dorfgemeinschaft, weil ihm die Wahrung des familiären Erbes wichtiger ist als gleichberechtigte Kommunikation. Während seine drei Töchter Grete, Hedwig und Klara bereit sind, ihr altes Leben für eine neue, nicht standesgemäße Liebe zu riskieren, bleibt ihr Vater gefangen in Traditionen und alten Denkweisen, die paradoxerweise das Ende der Familie herbeiführen. Denn eine Weiterführung der Familientradition unter Wahrung der materiellen Besitzstände wäre durchaus möglich, wenn seine kompetente Tochter Emma die Geschäfte als Schulze hätte übernehmen dürfen, was ihr die patriarchalische Gesellschaftsformation versagt. Heimat und Heimatvorstellung wirken hier negativ bzw. zerstörerisch und engen die Menschen in ihrer Lebensgestaltung fundamental ein. Statt Freiheit und Autonomie dominieren Fremdbestimmung, Isolation und Wahnsinn.

In einem letzten Schritt kann die einführende Funktion des ersten Kapitels von „Heimsuchung" thematisiert werden (Aufgabe 6).

- „Hat ein Gott erst das Haus erschüttert, so häuft sich des Unheils volles Maß auf ferne Geschlechter." (Sophokles)[1] Erläutern Sie die expositorische Bedeutung des ersten Kapitels für die weitere Handlung des Romans. Inwiefern kann man von einem „bösen Omen" sprechen?

Das Auftaktkapitel wirkt wie ein böses Omen für die kommenden Bewohnerinnen und Bewohner des Grundstücks, das vom Dorfschulzen in drei Teile parzelliert und verkauft wird (vgl. S. 24 f./S. 22 f.). Auch deren Leben werden von diversen Heimsuchungen belastet. Einzig der Gärtner ist hiervon ausgenommen.

Eine nachbereitende analytische oder produktionsorientierte **Hausaufgabe** schließt die Sequenz ab:

- „Wenn das gesamte Dasein des Menschen nur noch aus Angst besteht, verwandeln sich alle Strukturen seiner kreatürlichen Existenz von Segen in Fluch, von Heil in Unheil, von Glück in Unglück."[2] (Eugen Drewermann) Erläutern Sie die Folgen, die das Verhalten des Großbauern gegenüber seinen vier Töchtern für diese hat.
- Schreiben Sie als drittälteste Tochter Emma, die „zum Schulzen getaugt" (S. 19/ S. 17) hätte, einen Tagebucheintrag, in dem Sie sich kritisch über die Chancen, die die damalige Gesellschaft qualifizierten und kompetenten Frauen bot, äußern.

2.2.2 Der Architekt

Eine bedeutende Sehnsuchtsfigur des Romans ist ohne Zweifel der Architekt. Sein Wunsch nach Heimat wird insbesondere durch seine detailreichen, fast zärtlich-liebevoll wirkenden Beschreibungen des Hauses deutlich, das er auf das Grundstück baut, welches er dem Großbauern abkauft (vgl. S. 24/S. 22). Kaum weniger Aufmerksamkeit widmet er darüber hinaus dem Grundstück selbst, das er mithilfe des Gärtners in einen gepflegten Garten verwandelt, der ihm als Rückzugsort dienen soll. Heimat ist für ihn zuvorderst eine räumliche Vorstellung, für die er als Architekt zuständig ist: „Heimat planen, das ist ein Beruf." (S. 38/S. 35) Diese Fähigkeit, auf die er selbst durchaus stolz ist, gilt dabei nicht nur für seine Kunden und Kundin-

---

[1] Zit. nach: www.gutzitiert.de/zitatebysearch.php?search=unheil (Aufruf: 30.06.2023)
[2] Eugen Drewermann, „An ihren Früchten sollt ihr sie erkennen". Antwort auf Rudolf Peschs und Gerhard Lohfinks „Tiefenpsychologie und keine Exegese", Walter-Verlag, Olten, 4. Aufl. 1992, S. 25

nen, sondern auch für ihn selbst: „Und das hier war sein Haus." (Ebd./Ebd.) Das Haus am See wächst ihm ans Herz und wird zu einer Heimat, die Geborgenheit, Sicherheit und Identität garantiert. Wie ein eifriger Nestbauer versucht er auch, den baulichen Wünschen seiner neuen Partnerin gerecht zu werden, ihr und sein Glück quasi zu erbauen. Damit ist allerdings schon zu Beginn des Kapitels Schluss, als der auf sein bisheriges Leben zurückblickende Architekt sein Hab und Gut „eingraben muss" (S. 34/S. 31), weil ihn die politischen Verhältnisse zur Flucht zwingen. Er muss aus ideologischen Gründen das mit viel Liebe zum Detail während der Weimarer Zeit (vgl. S. 27/S. 25) gebaute Haus verlassen und nach Westdeutschland ausreisen. Offenbar droht ihm im jungen kommunistischen Deutschland eine Gefängnisstrafe, weil er ein Gebäude für den DDR-Staat mit Material aus dem Westen errichtet hat. In großer Eile vergräbt der traurig-melancholische Mann einige wertvolle und nicht transportable Gegenstände seines Hausrats im Garten. Diese werden im Laufe der Romanhandlung von späteren Bewohnerinnen und Bewohnern des Hauses am Scharmützelsee wieder ausgegraben. Dass er nicht nur materielle Werte, sondern auch für ihn emotional bedeutsame Erinnerungsobjekte auf dem Seegrundstück vergräbt, kann als Versuch interpretiert werden, seine Identität zu schützen und die Illusion zu nähren, eines Tages in die Heimat zurückkehren zu können. Der Abschied vom Haus, dem er emotional sehr verbunden ist und das für ihn wie eine „dritte Haut" (S. 39/S. 35) wirkt, wird vom Architekten demnach als ein Verlust von Heimat und Identität empfunden. Sein Verschwinden korrespondiert mit dem arabischen Motto, das Erpenbeck ihrem Roman voranstellt: „Wenn das Haus fertig ist, kommt der Tod." (S. 7/S. 7)

Im **Einstieg** wird den Teilnehmenden Gelegenheit gegeben, die möglichen Bedeutungen des Romantitels zu erarbeiten. Dafür kann der Begriff an der Tafel notiert und mit einem Fragezeichen versehen werden (vgl. **Arbeitsblatt 9**, S. 96, Webcode WES-109677-166, Aufgabe 1).

■ *Erarbeiten Sie mithilfe des Lexikonauszugs zwei mögliche Bedeutungen des Romantitels.*

1) ein Schicksalsschlag, ein bedrohliches Ereignis oder eine Entwicklung, dem die Betroffenen ausgeliefert sind, eventuell als Strafe oder religiöse Prüfung gedeutet
2) *veraltet, allgemein:* Besuch, insbesondere der überraschend hereinbrechende „Besuch" beziehungsweise die Ankunft Gottes zu den Menschen, die normalerweise Erschrecken auslöst […]
4) *historisch, juristisch:* Form des Hausfriedensbruchs, schwere Störung des Hausfriedens
5) *süddeutsch:* Haussuchung, Hausdurchsuchung eines Verdächtigen durch die Polizei
Wortbedeutung.info, Wörterbuch, Dirk Moosbach, Dubai; www.wortbedeutung.info/Heimsuchung/ (Aufruf: 30.06.2023)

„Heimsuchung" – Ein mehrdeutiger Begriff

Bedeutung A	Bedeutung B
aktives Streben des Menschen und sein Versuch, sich ein Zuhause, eine Heimat zu schaffen	schicksalhafte Bedrohung, welcher der Mensch schutzlos ausgeliefert ist und der er nichts entgegensetzen kann

existenzielles Spannungsfeld zwischen individuellem Streben und schicksalhaftem Ausgeliefertsein

Erpenbecks semantisch mehrschichtiger Titel impliziert bewusst zwei gegensätzliche Interpretationsmöglichkeiten:

Seiner primären Bedeutung nach versteht man unter einer „Heimsuchung" einen als bedrohlich empfundenen Schicksalsschlag, der außerhalb der eigenen Verantwortung liegt. Dabei wird das Individuum gegen seinen Willen von der Außenwelt eingeholt, diese bricht in unfreundlicher Absicht in die private Sphäre des Menschen ein, der angesichts der Größe und Kraft der Bewegung dieser schutzlos ausgeliefert ist und ihr daher auch nichts entgegensetzen kann. Nahezu alle Eigentümergeschichten des Romans handeln von solch überfallartig auftretenden Heimsuchungen, beginnend mit der durch ihren gefühllosen Vater gewaltsam entmündigten und enteigneten Klara, die im Wahnsinn endet und den Freitod sucht. Katharina Granzin erinnert in diesem Kontext an die grundsätzliche „Geworfenheit des Menschen in die Welt"[1]. Der von Heidegger stammende Begriff zielt auf die prinzipielle Unausweichlichkeit des menschlichen Daseins. Ungefragt wird der Mensch zu einem ganz bestimmten Zeitpunkt in der Geschichte in eine bereits gestaltete Welt geworfen. Diese Geworfenheit bezeichnet dabei die willkürliche und für die Einzelnen häufig undurchschaubare Natur, die Tatsache des bloßen Daseins als wesentliche Bedingung menschlicher Existenz.

Auf der anderen Seite kann man den Begriff „Heimsuchung" auch als aktives Streben eines Menschen interpretieren, der eigenständig versucht, sich Heimat und ein Zuhause zu schaffen, indem er zum Beispiel ein Haus baut und auf diese Art und Weise versucht, sesshaft zu werden und seinem Leben damit Stetigkeit und Konstanz zu verleihen. Im Roman Erpenbecks zielt die je unterschiedliche Suche seiner Protagonisten und Protagonistinnen meist auf einen konkret lokalisierbaren Ort. Auch wenn für jede der Figuren Heimat etwas anderes bedeutet, so geht doch mit dieser Tatsache der Glaube einher, dass es möglich ist, durch aktive Auseinandersetzung mit der äußeren Welt Heimat zu schaffen und damit ein glückliches und von Sicherheit und Geborgenheit geprägtes Leben zu führen.

Zusammengenommen lässt sich zeigen, dass Erpenbecks Figuren sich allesamt in einem existenziellen Spannungsfeld zwischen schicksalhaftem Ausgeliefertsein und individuellem Streben nach Heimat bewegen. Im ersten Fall ist der Mensch zur Passivität gezwungen, im zweiten scheint es zumindest möglich, das Leben aktiv auszugestalten.

Die im Unterrichtsgespräch gesicherten allgemeinen Deutungsmöglichkeiten des Begriffs „Heimsuchung" werden in der folgenden **Erarbeitungsphase** auf die Figur des Architekten transferiert (Aufgabe 2). Das Kapitel sollte vorab als Hausaufgabe noch einmal gelesen werden.

■ *Versuchen Sie, beide Deutungen des Begriffs auf den Architekten (S. 34 – 45/S. 31 – 42) anzuwenden.*

Dafür ist konkrete Textarbeit notwendig, die in Abhängigkeit von den zeitlichen Ressourcen auch arbeitsteilig absolviert werden kann. Dies kann in Form eines **Lerntempoduetts** geschehen, einer aus dem kooperativen Lernen stammenden Methode des wechselseitigen Lernens und Lehrens. Kennzeichnend für die Methode ist das Arbeiten in individuellem Lerntempo sowie der Wechsel zwischen Einzel- und Partnerarbeit.

---

[1] Katharina Granzin: Zwischen Streben und Ausgeliefertsein, taz.de, 07.03.2008, Berlin; https://taz.de/Jenny-Erpenbecks-Roman-Heimsuchung/!5185475/ (Aufruf: 30.06.2023)

Steckbrief „Lerntempoduett"

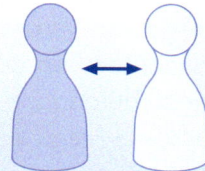

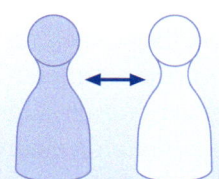

Aneignungsphase in Einzelarbeit	Austauschphase in Partner- oder Gruppenarbeit	Aneignungsphase in Einzelarbeit	Verarbeitungsphase in Partnerarbeit
Sich selbst zum Experten machen für einen Teil der Inhalte und Visualisierung der erarbeiteten Inhalte in Form von „Advance Organizer"	Wechselseitiges Präsentieren der „Advance Organizer"	Bearbeiten der komplementären Inhalte	Vertiefung der erworbenen Inhalte durch zahlreiche Aufgaben zu Festigung, Vernetzung, Transfer und kritischer Reflexion

Anne Huber (Hrsg.): Kooperatives Lernen - kein Problem © Friedrich Verlag GmbH, Seelze

In einer **ersten Phase** beschäftigen sich die Schülerinnen und Schüler in **Einzelarbeit** mit ihrer Arbeitsfrage und versetzen sich so in einen Expertenstatus. Mit Bezug auf die Figur des Architekten untersucht also ein Teil der Schülerinnen und Schüler, wie dieser aktiv versucht, in unruhigen Zeiten Heimat zu planen und regelrecht zu erbauen. Die Teil-Ergebnisse werden dafür in Stichpunkten in die linke Spalte der Tabelle eingetragen (Think-Phase).

> ▪ *Auf welche Art und Weise versucht der Architekt, Heim und Heimat zu finden?*

Der andere Teil der Lerngruppe macht sich auf die Suche nach den politischen und historischen Heimsuchungen, die dem Architekten im Laufe seines Lebens widerfahren und die im Text Erwähnung finden oder angedeutet werden. Diese Ereignisse werden in der rechten Spalte der Tabelle notiert.

> ▪ *Wodurch wird der Architekt heimgesucht? Welche äußeren Ereignisse prägen sein Leben?*

In der **nächsten Phase** kommt es zur Bildung von Lerntandems mit ähnlichen Lern- und Arbeitsgeschwindigkeiten. Hat ein Schüler/eine Schülerin seine/ihre Aufgabe beendet, verlässt er/sie seinen/ihren Arbeitsplatz und findet sich an einer als Haltestelle markierten Stelle im Kursraum ein, wo er/sie wartet, bis eine Mitschülerin oder ein Mitschüler, die bzw. der die Einzelarbeitsphase ebenfalls beendet hat, dort eintrifft. Dabei ist natürlich darauf zu achten, dass sich nur Partner finden dürfen, die unterschiedliche Aspekte bearbeitet haben. Vor Beginn sollte im Plenum besprochen werden, dass jeder/jede Teilnehmende ausschließlich nach dem individuellen Lerntempo ausgewählt werden sollte und nicht auf Freundinnen oder Freunde gewartet werden darf. Diese sich neu findenden Lerntempo-Partner tauschen sich nun über ihre unterschiedlichen Aufgaben beziehungsweise ihre Teil-Ergebnisse aus und ergänzen sie gegenseitig. Dabei bleibt die Präsentation oberflächlich, auf die gemeinsame Lektüre möglicher Textstellen wird hier noch verzichtet (Pair-Phase). Schnell arbeitende und leistungsstarke Teams können bereits an dieser Stelle einen weiteren herausfordernden Impuls erhalten:

> ▪ *Welche Deutungsoption des Begriffs „Heimsuchung" ist beim Architekten dominant? Kann er aktiv sein Leben gestalten und Heimat gewinnen? Oder wird er als Person durch die Geschichte überrollt?*

Baustein 2: „Heimgesucht": Zwölf Menschen auf der Suche nach Heimat – Die Figuren des Romans

 In der dritten **Aneignungsphase** wiederholt sich die Einzelarbeit aus der ersten Phase, nur dass nun die jeweils andere Teilaufgabe (rechte oder linke Tabellenspalte) bearbeitet werden muss. Alle bearbeiten also die komplementären Inhalte durch genaue Lektüre in Einzelarbeit. Die dafür notwendige Orientierung ist durch die vorhergehende Austauschphase sichergestellt, sodass diese zweite Einzelarbeitsphase häufig kürzer angelegt werden kann.

Die folgende **Verarbeitungsphase** kann der Vertiefung der erworbenen Inhalte dienen, etwa indem die Lernenden durch einige Aufgaben zu Festigung, Vernetzung, Transfer oder kritischer Reflexion angeregt werden. Diese Impulse könnten von der Lehrkraft vorab an der Tafel notiert und zu Beginn vorgestellt werden. Die Schülerinnen und Schüler können aus dem Fragenkatalog eigenständig eine für sie interessante Frage auswählen und diskutieren.

- *Vergleichen Sie die Figur des Architekten mit der des Großbauern. Auf welche Art und Weise versuchen beide, Heimat für sich zu gewinnen?*
- *Welchen Einfluss hat die Art und Weise, wie der Architekt Heim und Heimat „erbauen" will, auf seine Ehe? Überfliegen Sie dafür das Kapitel „Die Frau des Architekten" (vgl. S. 64 ff./S. 60 ff.) und beurteilen Sie deren Einschätzung ihres eigenen Lebens.*
- *Vergleichen Sie den letzten Absatz des Kapitels vom Architekten (vgl. S. 44 f./S. 42) mit der Schluss-Szene des Kapitels „Die unberechtigte Eigenbesitzerin" (vgl. S. 184 f./S. 179 f.). Erarbeiten Sie Unterschiede und Gemeinsamkeiten in der Art und Weise, wie beide Figuren in einem symbolischen Akt Abschied vom Haus am See nehmen.*

 Die abschließende Phase bietet den Teilnehmenden Raum, ihre Ergebnisse zu **präsentieren** und zur Diskussion zu stellen. Dafür sollten gemeinsam ausgewählte Textstellen im Plenum gelesen und ausgewertet werden.

Auf welche Art und Weise versucht der Architekt, Heim und Heimat zu finden?	Der Architekt und seine Suche nach Heimat	Wodurch wird der Architekt heimgesucht? Welche Ereignisse prägen sein Leben?
• Kauf des Grundstücks am See als Wunsch, aktiv ein Haus zu gestalten • Glaube an die Planbarkeit von Heimat: „Heimat planen, das ist sein Beruf." (S. 38/S. 35) • Notwendigkeit der Sesshaftwerdung im Prozess der Heimsuchung: „Wer baut, klebt nun einmal sein Leben an die Erde." (S. 42/S. 39) • Glaube an die Wirkungsmacht menschlichen Handelns in der Zeit: „Dem Leben Richtungen geben, den Gängen Boden unter den Füßen, den Augen einen Blick, der Stille Türen." (S. 38/S. 35)		• Das Leben des Architekten durchläuft drei Episoden deutscher Geschichte: Er baute das Haus in den 1930er-Jahren (vgl. S. 27 f./S. 25 f.), überlebt den Zweiten Weltkrieg (vgl. S. 39 ff./S. 36 ff.) und muss sich mit den neuen Machthabern der sowjetischen Besatzungszone arrangieren, was misslingt (vgl. S. 38/S. 35). • Die deutsche Teilung redet er sich als Chance schön, ein neues Leben beginnen zu können.

Der Architekt sieht sich zu Beginn des Kapitels als Opfer der Geschichte, die ihn ungerechtfertigterweise heimsucht. Die neuen kommunistischen Machthaber zwingen ihn „sechs Jahre nach Kriegsende" (S. 41/S. 38), also 1951, zur Flucht, indem sie ihm den fadenscheinigen Vorwurf machen, mit Schrauben aus dem Westen ein Gebäude für die neuen Machthaber im Osten gebaut zu haben: „Einen Bau für den Staat, der ihn jetzt davonjagt. Viel weniger weiß er, als er einmal wusste." (S. 38/S. 35) Insbesondere der zweite Satz präsentiert den Architekten an dieser Stelle als Opfer, dem etwas widerfährt. Gleichwohl ist die Heimsuchung in seiner Figur nicht dominant, denn der Architekt vergräbt Wertgegenstände auch als emotionale Erinnerungsobjekte, weil er versucht, seine Identität gegen die Macht der Geschichte zu schützen. Da er auf „seine Wiederkehr" (S. 34/S. 31) hoffen möchte, verschließt er das Tor zum Haus am Ende des Kapitels „für alle Fälle" mit einem „Zweitschlüssel" (S. 44/S. 42). Der Glaube an seine Rückkehr und die damit verbundene Erhaltung von Identität und Heimat ist auch in dieser offenkundig hoffnungslosen Lebenssituation lebendig. Das unterscheidet ihn von anderen Romanfiguren, insbesondere von der Erpenbeck selbst nachempfundenen Schriftstellerin, die am Ende des Romans das geliebte Haus in einem symbolischen Akt ausfegt und damit endgültig und abschließend Abschied nimmt.

- *Vergleichen Sie die Figur des Großbauern mit dem Architekten im Hinblick auf die Art und Weise, wie beide auf die Heimsuchungen reagieren.*
- *Welcher Zugang zur Welt beziehungsweise welche Einstellungen zu den Heimsuchungen zeichnet sie aus? Ähneln sich ihre Selbstkonzepte oder überwiegen eher die Unterschiede?*

Figurenvergleich: Unterschiedliche Zugriffe auf die Welt

Passivität: Der **Großbauer** ist in Traditionen, Aberglauben und Ritualen gefangen und lässt sein Leben geschehen.

Aktivität: Der **Architekt** baut sein Sommerhaus selbst und versucht so, für sich Heimat zu gewinnen.

Der Architekt ist in seinem Zugriff auf die Welt das Gegenteil des Großbauern, von dem er das Grundstück erwirbt. Ist dieser in Traditionen, Ritualen und dem Aberglauben gefangen und damit dem Schicksal passiv ergeben, so greift der Architekt aktiv in das Leben ein, um Heimat für sich und seine Partnerin zu gewinnen. Er glaubt daran, dass Heimat dem Menschen Wurzeln verleiht, die ihn und seine Frau an das neu gebaute Haus binden und damit das natürliche menschliche Bedürfnis nach Sicherheit, Geborgenheit und Identität erfüllen. Allein die symbolische Funktion seines Berufs macht deutlich, dass er durch Planen, Bauen und Gestalten des Hauses und das Anlegen des Gartens am See heimisch zu werden gedenkt. Dafür stellt der zur Anpassung bereite Mann sein Talent nacheinander in den Dienst äußerst unterschiedlicher deutscher Regierungen zu Zeiten der Weimarer Republik, der Herrschaft der Nationalsozialisten, in Zeiten des Krieges sowie in der unmittelbaren Nachkriegszeit der russischen Besatzung bzw. der Anfänge der DDR.

Baustein 2: „Heimgesucht": Zwölf Menschen auf der Suche nach Heimat – Die Figuren des Romans

Die Sequenz kann mit einem **nachbereitenden Schreibauftrag**, zum Beispiel in Form einer Hausaufgabe, beendet werden (Aufgabe 3).

■ *Welche der folgenden Aphorismen treffen Ihrer Ansicht nach auf den Architekten zu?*

☐	„Heimisch in der Welt wird man nur durch Arbeit. Wer nicht arbeitet, ist heimatlos." (Berthold Auerbach)
☐	„Der wackre Mann findet überall seine Heimat." (Friedrich Schiller)
☐	„Heimat ist immer etwas Verlorenes, eine Sehnsucht, die sich nie erfüllen lässt." (Edgar Reitz)[1]

Infrage kommen vor allem die erste und die dritte Spruchweisheit: Mehrfach betont der Architekt seinen Anspruch auf Heimat, da er sich diese durch Fleiß und Tätigkeit regelrecht erarbeitet habe: „Sein ganzes Leben hatte er dafür gearbeitet, das Geld in etwas Wirkliches umzuwandeln, hatte erst die eine Hälfte der Scholle gekauft, und das Haus darauf gebaut, [...], sein ganzes, schwer erarbeitetes Geld war hier festgewachsen, war buchstäblich als Eichen, Erlen und Kiefern hier verwurzelt [...]." (S. 41/S. 39) Das dritte Zitat lässt sich auf den Architekten beziehen, da er sowohl am Anfang des Kapitels das „Meißner Porzellan" (S. 34/S. 31) vergräbt, um es eines Tages wieder ausgraben zu können, als auch am Ende einen „Zweitschlüssel" (S. 44/S. 42) einsteckt, da er „für alle Fälle" (ebd./ebd.) gewappnet sein möchte und eine Rückkehr in die Heimat anstrebt, zu der es allerdings nicht kommt.

2.2.3 Der Tuchfabrikant

Dem jüdischen Tuchfabrikanten begegnen die Lesenden mit Beginn des Kapitels „Der Tuchfabrikant" nicht zum ersten Mal, denn er ist bereits in den 1930er-Jahren einer von drei Interessenten, die dem alten Wurrach einen Teil der begehrten Seegrundstücke abkaufen, die ursprünglich für die am Ende unverheiratet bleibenden Töchter des Dorfschulzen als Erbteil vorgesehen waren (vgl. S. 24/S. 22). Die tragische Geschichte der Familie des Tuchfabrikanten ist geprägt von der nationalsozialistischen Verfolgung der Juden und Jüdinnen und verweist bereits auf die Ermordung der Nichte des Tuchfabrikanten, Doris, die in dem für den Gesamtroman zentralen Kapitel „Das Mädchen" (S. 79 ff./S. 74 ff.) in den Blick genommen wird. Der Tuchfabrikant Ludwig und seine Familie sind die jüdischen Nachbarn des Architekten und dessen Frau, denen – im Gegensatz zu seinen in Deutschland den Tod findenden Eltern Hermine und Arthur – 1936 die Flucht nach Kapstadt in Südafrika gerade noch gelingt. Zu einem Spottpreis verkaufen sie ihr Hab und Gut an den Architekten, der dafür eine „Entjudungsgewinnabgabe" (S. 60/S. 57) an die Machthaber zahlen muss (vgl. S. 43/S. 40). Während den geliebten Eltern „die Heimat zur Falle" (S. 41/S. 38) wird, entkommen sie dem Holocaust und versuchen, sich eine neue Heimat auf dem fremden Kontinent aufzubauen. Im Kontrast dazu bleiben Ludwigs Schwester Elisabeth, ihr Mann Ernst und die gemeinsame Tochter Doris in Deutschland, wo Ernst als Zwangsarbeiter am Fleckfieber stirbt, während Elisabeth und Doris ins Warschauer Getto deportiert und ermordet werden. Ein Großteil der Handlung spielt sich in Südafrika ab. Damit unterscheidet sich das Kapitel „Der Tuchfabrikant" wesentlich von den meisten anderen des Romans, die schwerpunktmäßig alle am märkischen See in Brandenburg verortet sind. Die Lesenden haben teil an den Gedanken des Tuchfabrikanten und seinen Gesprächen mit Besuchern und Besucherinnen aus der Heimat. An diesen lässt sich zeigen, dass der Versuch, in Südafrika eine neue Heimat aufzubauen, von inneren Widersprüchen gekennzeichnet ist. Spricht Ludwigs Tochter von der „Vertreibung ins Paradies" (S. 55/S. 52), wird diese biblische Metaphorik gleich direkt im Anschluss dekonstruiert, wenn sich der Gärtner von einem Staatsdiener einen Bleistift „ins krause

---

[1] Zit. nach: gutzitiert.de, Kimberly Abjado Bueckart, Balclod City; www.gutzitiert.de/zitate_sprueche-heimat.html (Aufruf: 29.08.2023)

Haar" (ebd./ebd.) stecken lassen muss und diesem im Apartheid-Staat der „Eintritt in öffentliche Parks verboten" (S. 56/S. 53) wird. Auch die hybride Mischsprache des Tuchfabrikanten, der im Gegensatz zu seinen in Südafrika geborenen Kindern kein perfektes Englisch spricht, informiert über die innere Zerrissenheit Ludwigs, der mit dem schmerzhaften Verlust von Heimat durch die Machtübernahme der Nationalsozialisten in Deutschland innerlich keinesfalls abgeschlossen hat: „It is supposed to look as if der Baum in einem verschneiten Winterwald stünde, sagt er, Ludwig, ihr Vater." (S. 51/S. 48) Zwar verdankt Ludwig seiner Entscheidung, Deutschland den Rücken zu kehren und auszuwandern, sein Leben, und er kann die neue Sicherheit für seine Familie genießen. Auf der anderen Seite ist in den Erinnerungen und sprachlichen Handlungen des Tuchhändlers die Sehnsucht nach der alten Heimat immer eingeschrieben und als Identitätsverlust deutbar. Denn wenn Ludwig in Südafrika die ihm unbekannten Eukalyptusbäume wahrnimmt und wertschätzt, ist dies dennoch kein gleichwertiger und vor allem vertrauter Ersatz für die auf der nördlichen Erdhalbkugel beheimatete Weide, die der Tuchfabrikant in direktem Kontext am heimatlichen See nahe Berlins gemeinsam mit seinem Vater einpflanzt (vgl. S. 51 f./S. 48). Auch für diesen Akt findet Erpenbeck kleine Symbole, denn die Art des Baumes ist natürlich kein Zufall. Als Symbol der Trauer und des Verlustes der Heimat findet er sich in der Situation des hebräischen Exils bereits im Alten Testament: „An den Wassern zu Babel saßen wir und weinten, wenn wir an Zion gedachten. Unsere Harfen hingen wir an die Weide." (Psalm 137,1 f.) Dem in Deutschland im familiären und heimatlichen Rahmen gepflanzten Baum ist der kommende Abschied und die Flucht ins Exil somit bereits inhärent und für geübte Leserinnen und Leser erahnbar.

Im **Einstieg** wird im dialogischen Lesen der Kapitelbeginn (S. 48 – 49/S. 45 – 46) in **Partnerarbeit** rezipiert. Bei ausreichenden zeitlichen Ressourcen können die ersten Seiten des Kapitels unter den Lese-Tandems beziehungsweise Zweier-Teams aufgeteilt und in einer Vorbereitungsphase eingeübt werden (vgl. **Arbeitsblatt 10**, S. 97, Webcode WES-109677-311, Aufgabe 1).

> ■ *Erproben Sie die Lektüre einzelner Abschnitte des Kapitels in Lese-Tandems. Bei diesem dialogischen Lesen übernimmt immer ein Leser bzw. eine Leserin einen Abschnitt. Was wird durch diese Art der Lektüre im Hinblick auf die Erzähltechnik Erpenbecks deutlich? Inwiefern erfordert das Leser dieses Kapitels besondere Aufmerksamkeit und Aufnahmebereitschaft bei den Lesenden?*

Im Auswertungsgespräch sollte betont werden, dass die gewählte Erzähltechnik anfangs für Orientierungsprobleme beim Lesen oder Zuhören sorgen kann. Der Grund dafür liegt darin, dass Erpenbecks Erzählen lineare zeitliche Chronologie verweigert und stattdessen unterschiedliche Zeitebenen und Schauplätze ohne Übergänge miteinander verzahnt oder auch verschachtelt. Es kommt zu regelmäßigen Wechseln zwischen Deutschland und Südafrika.

> ■ *Erläutern Sie, an welchen Textsignalen man den Orts- bzw. Zeitwechsel erkennen kann. Markieren Sie entsprechende Textstellen.*

Beispielsweise wird im dritten Textabschnitt des Kapitels beschrieben, wie Hermine und Arthur, die Eltern des nach Südafrika ausgewanderten Ludwig, dessen Familie besuchen und mit einem deutschen Auto die afrikanische Küstenstraße entlangfahren (vgl. S. 48, Z. 17 ff./S. 45, Z. 17 ff.). Dann erfolgt übergangslos ein harter Schnitt in den vierten kürzeren Textabschnitt (vgl. S. 49, Z. 8 ff./S. 46, Z. 9 ff.): Hier befindet sich Ludwig, der Onkel von Doris, plötzlich am märkischen See bei Berlin und beobachtet Handwerksarbeiten auf dem Nachbargrundstück, die vom Architekten geleitet werden. Die Wörter „Heim" (ebd., Z. 8/ebd., Z. 1) und „Heil" (ebd., Z. 11/ebd., Z. 4), aber auch die Tatsache, dass der Architekt sich nicht in

Baustein 2: „Heimgesucht": Zwölf Menschen auf der Suche nach Heimat – Die Figuren des Romans

Südafrika aufhalten kann, verorten das Geschehen in der deutschen Heimat. Für Roman Bucheli führt Erpenbecks erzähltechnisches Verfahren zu einer „Durchdringung des Gegenwärtigen mit Vergangenem" und einer „Gleichzeitigkeit des Ungleichzeitigen".[1] Erpenbeck „springt [...] häufig voraus und wieder zurück, überblendet die verschiedenen Zeitebenen. Es entsteht dadurch sowohl der Eindruck der vergehenden wie auch der gestauten Zeit. Der erzählte Augenblick dehnt sich darin zur Dauer, in der das zeitlich Zurückliegende in der Gegenwart fortbesteht. Die Geschichte wird als geschichtete Zeit sichtbar"[2]. Erpenbecks Darstellungsform arbeitet hier mit Aussparungen, einem Vorausschauen in die Zukunft sowie Rückblenden. Nahezu ausnahmslos geschieht dies im Präsens, sodass sich Vergangenheit und Gegenwart überlagern und insbesondere das Vergangene präsent bleibt und nicht durch die Kraft der Gegenwart und der Zukunft überdeckt wird.

- Inwiefern lassen sich die räumlichen Verschiebungen mit dem Symbol eines Pendels vergleichen?
- Was wird auf diese Weise deutlich? Formulieren Sie ein Resümee.

Räumlich-örtliche Verschiebungen im Roman und ihre Funktion

Kontinent: Europa
Land: Deutschland
Ort: Scharmützelsee nahe Berlin
Alte Heimat
Bedrohung durch Holocaust
„Daheim hat er Klavier gespielt."
(S. 55/S. 52)

Kontinent: Afrika
Land: Südafrika
Ort: Kapstadt
Neues Heim
Sicherheit in der Fremde
„Hier hat er eine Autowerkstatt eröffnet." (S. 55/S. 52)

Das Pendeln zwischen alter und neuer Heimat zeigt die innere Zerrissenheit der geflüchteten Menschen.

„[D]ie Wasser des Indischen Ozeans sind warm und sanft, im Gegensatz zur Westküste, wo der Atlantische Ozean wütet." (S. 49/S. 46)

Die anschließende **Erarbeitungsphase** lässt sich zweiteilen und kann in **Partner- oder Kleingruppenarbeit** organisiert werden: Zuerst geht es dabei um das Aufbrechen der Dichotomie von schlechter und bedrohlicher alter Heimat beziehungsweise guter und lebenssichernder neuer Heimat. Dazu dient der zweite Arbeitsauftrag des Arbeitsblatts 10, der genaue und sorgfältige Textarbeit erfordert.

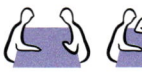

- Die kleine Tochter des Tuchfabrikanten, Elisabeth, hält die Flucht der Familie nach Kapstadt für eine „Vertreibung ins Paradies" (S. 55/S. 52). Erläutern Sie diese auffällige Formulierung. Überprüfen Sie textnah, ob sich das neue Leben der Familie tatsächlich „paradiesisch" (S. 49/S. 46) gestaltet oder ob es auch Nachteile hat. Nutzen Sie den Info-Kasten zum Begriff „Apartheid".

---

[1] Roman Bucheli: Am Ufer des Märkischen Meers. In: Neue Zürcher Zeitung online vom 02.02.2008, www.nzz.ch/am_ufer_des_maerkischen_meers-ld.461571 (Aufruf: 20.08.2023)
[2] Ebd.

Unter „Apartheid" (wörtlich: Getrenntheit) versteht man eine historische Periode staatlich festgelegter und organisierter Rassentrennung in Südafrika. Diese war vor allem durch die autoritäre und selbsterklärte Vorherrschaft der weißen, ursprünglich aus Europa stammenden Bevölkerungsgruppe über die vorwiegend Schwarze Mehrheit gekennzeichnet. Ihre Hochphase hatte die Apartheid zwischen 1940 und 1980. Sie fand 1994 nach einer Phase der Verständigung mit einem demokratischen Regierungswechsel ihr Ende, symbolisiert durch die Präsidentschaft des Freiheitskämpfers und Bürgerrechtlers Nelson Mandela.

In Abhängigkeit von den zur Verfügung stehenden zeitlichen Ressourcen kann es im Anschluss zu einer ersten **Präsentationsphase im Plenum** kommen, in welcher die Teilergebnisse der Schülerinnen und Schüler vorgestellt, diskutiert und in einem **Tafelbild** gesichert werden. Alternativ und zeitökonomischer können die Ergebnisse zur zweiten und dritten Aufgabe des Arbeitsblatts 10 auch in einer größeren Präsentationsphase am Ende vorgestellt und transparent gemacht werden.

Leben in Südafrika als neuer Heimat: Vorteile (Integration)	Leben in Südafrika als neuer Heimat: Nachteile (Desintegration)
Die Wärme des Indischen Ozeans steht für Sicherheit in der neuen Heimat (vgl. S. 49/S. 46).	Sehnsucht nach alter Heimat: Wahrnehmung fremder Eukalyptusbäume und Erinnerung an Weide am See (vgl. S. 51/S. 48)
Die Landschaft wirkt „paradiesisch" (S. 49/S. 46) auf Ludwigs Eltern.	Die Familie ist nicht freiwillig dort. Elisabeth spricht von der „Vertreibung ins Paradies" (S. 55/S. 52).
Die Verfolgung der Juden und Jüdinnen in Deutschland kann der Familie hier nichts mehr anhaben.	Den Zurückgebliebenen, wie z. B. Doris, kann aus der Ferne nicht geholfen werden, sie sterben.
Die Eltern Ludwigs sind für zwei Wochen zu Besuch (vgl. S. 49/S. 46) und für diese Zeit in Sicherheit.	Die Eltern reisen nach zwei Wochen zurück nach Deutschland, wo sie dann später im Vernichtungslager vergast werden (vgl. S. 60/S. 56).
Südafrika als deutschfreie Zone, in der ein sicherer Neubeginn möglich wird.	Spuren der deutschen Heimat auch hier: „Uns haben sie doch auch bis hierher geliefert." (S. 48f./S. 45)
Hoffnung auf Südafrika als rassismusfreie Zone	Das Apartheid-Regime diskriminiert den Gärtner der Familie, indem ein C (für „coloured") in seinen Pass gestempelt wird (vgl. S. 55f./S. 53).
Die neue Heimat bietet neue Erfahrungen und Eindrücke, wie z. B. Eukalyptusbäume (vgl. S. 52/S. 49).	Die Weihnachtsbaum-Tradition lässt sich nicht so einfach übernehmen, da die Kerzen am Baum schmelzen (vgl. S. 50/S. 48).

Ambivalenz (= Widersprüchlichkeit) **der neuen Heimat**

Südafrika ist keinesfalls ein Paradies, sondern ein rassistischer und diskriminierender Apartheid-Staat.

Die Ermordung Hermines und Arthurs wird in der Figur des Gärtners regelrecht prophezeit. Denn Ludwig muss erkennen, dass er Rassismus und Diskriminierung mit seiner Flucht ins südafrikanische Exil keinesfalls hinter sich gelassen hat und ihn diese Verwerfungen bis auf die Südhalbkugel verfolgen: „Hier muss sich sein Gärtner von einem Beamten einen Bleistift ins krause Haar stecken lassen. Der Bleistift hält. Daraufhin bekommt der Gärtner ein C in seinen Pass gestempelt, und ihm wird der Eintritt in öffentliche Parks verboten. Seit er, Ludwig, hier ist, hat er noch kein Klavier wieder angerührt." (S. 55 f./S. 53)

■ *Bestimmen Sie Gemeinsamkeiten von Deutschland und Südafrika.*

Erpenbeck zeigt hier beispielhaft Parallelen zwischen beiden Ländern, zwischen Deutschland und Südafrika, in denen Verfolgung und Diskriminierung an der Tagesordnung sind. So wie dem Gärtner im Apartheid-Regime der Eintritt in öffentliche Parks verboten wird, so werden auch Arthur und Hermine nach ihrer Rückkehr in die deutsche Heimat, die sich als tragischer Fehler herausstellt und schließlich den Tod bringt, diskriminiert: „Um diese Zeit etwa wird ihnen der Eintritt in öffentliche Parks verboten." (S. 60/S. 57) Es ist der gleiche Vorgang der Erniedrigung und Ausgrenzung – nur an unterschiedlichen Orten. Auch andere, scheinbar beiläufig erzählte Details dekonstruieren die Vorstellung von Südafrika als perfektem Rückzugsort, der eine neue Heimatwerdung ermöglicht: „Das Haus ist jetzt, mitten im Sommer, so aufgeheizt, dass die Kerzen am Weihnachtsbaum sich schon wieder verbiegen." (S. 50/S. 46) Das größte christliche Fest verliert an Wert und Bedeutung, weil es nicht so gefeiert werden kann, wie es erinnert wird. Diese Interpretation wird auch noch durch das Paradox verstärkt, dass es sich bei der Familie des Tuchfabrikanten um Juden und Jüdinnen handelt, die sich in Deutschland derart assimiliert haben, dass das christliche Ritual zum eigenen verinnerlichten Heimatsymbol wird. Genutzt hat diese Form der extremen Anpassung den deutschen Juden und Jüdinnen jedoch rein gar nichts. Sie werden grausam ermordet (vgl. S. 60/S. 58), da sie nicht rechtzeitig „nach Kapstadt ausgewandert" (S. 59/S. 56) sind.

Die verlassene alte Heimat lässt sich nicht auf Knopfdruck an einem anderen, menschlicheren Ort herstellen. Bevor der neue Ort zur Heimat werden kann, muss er mit neuen Inhalten gefüllt werden, die von positiven Erfahrungen abhängen. Das muss seinen in Südafrika geborenen Kindern zwangsläufig leichter fallen als dem Deutschen Ludwig, dessen Erinnerungsschatz eine spürbare Sehnsucht nach der alten Heimat auslöst. So wird das durchaus positiv erlebte Rauschen und Tosen der Eukalyptusbäume direkt mit dem der Bäume aus der alten Heimat, mit „Buchen, Linden oder Birken" (S. 52/S. 49) verglichen.

Die Einsicht, dass es Ludwig – im Gegensatz zu seinen in Südafrika geborenen Kindern – nicht gelingt, in Kapstadt wirklich heimisch zu werden, kann in einer **zweiten Erarbeitungsphase** vertieft werden, indem der Blick auf das sprachliche Verhalten der Figuren gelenkt wird (Aufgabe 3).

■ *Welche Hinweise gibt die Sprache der Figuren über das Ge- bzw. Misslingen der Integration in die neue Heimat Kapstadt? Untersuchen Sie das sprachliche Verhalten Ludwigs und seiner Kinder (vgl. S. 48, Z. 17 – S. 49, Z. 15, S. 51, Z. 14 ff./S. 45, Z. 18 – S. 46, Z. 8, S. 48, Z. 9 ff.). Deuten Sie in diesem Zusammenhang auch die Metaphorik der „Skatkarten" (S. 58/S. 55).*

Eine Intensivierung der Textarbeit kann erreicht werden, wenn die Schülerinnen und Schüler die kleinen, von ihnen ausgesuchten Sequenzen zu Beginn der **Präsentationsphase** im szenischen Spiel ad hoc vortragen. Zur Naivität und sprachlich durchaus gelungenen Integration seiner Kinder gesellt sich dann im Idealfall die innere Zerrissenheit und offenkundige

Heimatlosigkeit des Exilanten, der seiner neuen Heimat zu Dank verpflichtet ist, andererseits aber insbesondere in seinem sprachlichen Verhalten nicht souverän, sondern unbeholfen wirkt. Die Beiträge der Teilnehmenden werden im Unterrichtsgespräch ausgewertet und in einem **Tafelbild** gesichert.

Sprache und Heimat im Roman „Heimsuchung"

Formulierung		Aussage und Wirkung
„[…] uns haben sie doch auch bis hierher geliefert." (S. 48, Z. 17 ff./S. 45, Z. 21 f.)	metaphorischer Euphemismus (Verharmlosung)	Sarkasmus und Kritik an „deutscher Gründlichkeit"
„Heim. Auf dem Nachbargrundstück ist viel Betrieb. […] Heil." (S. 49, Z. 8 ff./ S. 46, Z. 1 ff.)	Assonanz (Gleichklang)	Verquickung von Heimat und Bedrohung bzw. Gewalt
„Why does Lametta hang on the tree?" (S. 51, Z. 14 f./S. 48, Z. 9)	Frage auf Englisch	ehrlicher Ausdruck von Unkenntnis christlich-deutscher Tradition
„It is supposed to look as if der Baum in einem verschneiten Winterwald stünde […]." (Ebd./Ebd., Z. 10 ff.)	Kombination aus Englisch und Deutsch	Hin- und Hergerissenheit Ludwigs zwischen zwei Orten, Sprachen, Denkweisen und Traditionen

zusammenmontierte Mischsprache Ludwigs als Ausdruck der Entfremdung von seiner Tochter bzw. Heimat/ Pendeln zwischen alter und neuer Heimat als Identitätsverlust

Der kleinen und quirligen Elisabeth, die in der neuen Heimat geboren und aufgewachsen ist, geht das Verständnis für die Erinnerungsobjekte ihres Vaters, die dieser nach Kapstadt mitgenommen hat, ab. Mit der Sitte, Lametta an einen Weihnachtsbaum zu hängen, kann sie nichts anfangen. In den kurzen Gesprächssequenzen mit ihrem Vater wird deutlich, wie eng die Sprache des Menschen mit der Vorstellung von Heimat verknüpft ist. Naiv und anrührend muss Elisabeth fragen: „What is a verschneiter Winterwald […]?" (S. 51/S. 48) Dem perfekten Englisch seines Kindes entgegnet ihr Vater Ludwig in einer Mischsprache aus Deutsch und Englisch, die Ausdruck seiner inneren Zerrissenheit und seines Pendelns zwischen alter und neuer Heimat ist. Da der „verschneite […] Winterwald" (ebd./ebd.), den Ludwig erinnert, im Vorstellungsvermögen seiner Tochter gar nicht vorkommt, weil ihr die Erfahrungen fehlen, kommt es zu keiner echten Verständigung. Ludwig muss erkennen, dass seine wirkliche Heimat jetzt in der Sprache liegt, die er verloren hat und die ihm in der englischsprachigen neuen Heimat zwangsläufig immer weiter verlorengehen wird. Diese Schlüsselstelle des Kapitels „Der Tuchhändler" erinnert an den Politikwissenschaftler Iring Fetscher (1922 – 2014), für den Heimat vor allem durch Sprache konstituiert wird: „In ihrer Sprache sind – das zeigt auch die Alltagserfahrung – die Menschen am tiefsten und entscheidendsten ‚daheim'; mehr noch als Dorf, Landschaft, Stadt ist die Muttersprache ‚Heimat'."[1]

---

[1] Iring Fetscher: Heimatliebe – Brauch und Missbrauch eines Begriffs. In: Rüdiger Görner: Heimat im Wort. iudicium Verlag: München 1992, S. 32

Das aufgezeigte Hin- und Herpendeln zwischen zwei Welten, zwischen alter verlorener und neugewonnener Heimat wird auf metaphorischer Ebene durch das Bild der „Skatkarten" (S. 58/S. 55) veranschaulicht: „Auf den Skatkarten von Ludwigs Eltern, Arthur und Hermine, gab es immer einen halben König auf der einen Seite der Linie, und einen zweiten halben auf der anderen. So ähnlich, könnte man meinen, spiegelt er sich, Ludwig, der wie sein Vater Tuchmacher war, nun am Äquator und wirft von hier aus das Bild eines Automonteurs zurück." (Ebd./Ebd.) Dabei stellen die zweigeteilten, spiegelbildlich verkehrt angeordneten Skatfiguren eine Analogie zu den verschiedenen familiären Lebensräumen dar.

Der Äquator fungiert hier als rigide Trennungslinie zwischen beiden fundamental unterschiedlichen Welten, und er stellt die geografische Trennung zwischen „Nord und Süd, Europa und Afrika, kalt und warm, Winter und Sommer, [...] Daheimgebliebene[n] und Ausgereiste[n], Verfolgte[n] und freie[n] Bürger[n]"[1] dar. Erpenbecks Metapher inszeniert symbolisch den Gegensatz von „Tod und Untergang auf der nördlichen und Freiheit und Wiedergeburt auf der südlichen Halbkugel der Erde" (ebd.).

■ *Ist die Flucht aus Deutschland für Ludwig und seine Familie insgesamt eine Erfolgsgeschichte oder eher ein Misserfolg? Diskutieren Sie.*

Bei allen Schwierigkeiten Ludwigs in Südafrika sollte im Unterrichtsgespräch dennoch deutlich werden, dass das neue Leben der Familie im Exil keinesfalls ein Misserfolg ist. Statt der Ermordung durch die Nationalsozialisten, wie sie den tragischerweise aus Südafrika nach Deutschland zurückgereisten Eltern geschieht, kann Ludwig zumindest mit einem Teil seiner Lieben weiterleben. In Südafrika ist er zudem dabei, sich eine neue, erfolgreiche berufliche Existenz aufzubauen. Sein neues Haus steht „am schönsten Ende der Welt" (S. 61/S. 58), er findet eine neue Arbeit als Automonteur (vgl. S. 55/S. 52) und liebt die Geräusche des Eukalyptusbaums (vgl. S. 52/S. 49). Am Ende bleibt er nicht unangetastet, bleibt auch das Haus in Afrika ein Erinnerungsort, doch kann er dort der Heimsuchung Widerstand entgegensetzen.

Ein zentraler Unterschied des Kapitels „Der Tuchfabrikant" zu den anderen besteht darin, dass die Sprache dazu genutzt wird, den Figuren einen Namen zu geben, sie zu individuellen Menschen zu machen. Eine Ausnahme stellt das Kapitel „Das Mädchen" dar, in der Doris – ebenfalls ein Opfer nationalsozialistischer Verfolgung – namentlich erwähnt wird. Der Architekt, die Schriftstellerin oder der Gärtner sind namenlose, oftmals nur schemenhafte Figuren und stehen – oft als Archetypen – symbolisch für eine bestimmte Form der Heimatsuche oder Heimsuchung. Die Opfer des Holocausts aber werden zu Menschen mit einem individuellen Schicksal. Das wird insbesondere an den mehrfach Erwähnung findenden Familientafeln deutlich.

■ *Zu Beginn (vgl. S. 48/S. 45), in der Mitte (vgl. S. 55/S. 52) und am Ende (vgl. S. 59/S. 56) des Kapitels findet sich die Familientafel der zwei Generationen Tuchfabrikanten. Welche Bedeutung kommt Ihrer Ansicht nach dieser Wiederholung von Personennamen vor dem Hintergrund der Tatsache zu, dass der ältere Teil der Familie im Holocaust ermordet wird?*

Die wiederkehrende Erwähnung der Eigennamen macht die fiktiven Figuren zu realen, authentischen Menschen, deren persönliches Schicksal im Gedächtnis der Lesenden verhaftet

---

[1] Hans-Georg Wendland: Der Roman „Heimsuchung" von Jenny Erpenbeck und die Suche nach der Heimat, GRIN Verlag, München 2021, S. 9

bleiben soll. Jenny Erpenbeck hat diese Erinnerungsfunktion von Namen selbst bestätigt: „Diejenigen, die nicht vergessen werden sollen, haben Namen bekommen."

Die Bedeutung von Namen im Roman „Heimsuchung"

Architekt, Gärtner, Rotarmist, Schriftstellerin, Besucherin, Unterpächter ...	Familie des Tuchfabrikanten (Hermine, Arthur, Ludwig, Elisabeth, Ernst, Anna, Doris)
... verkörpern stellvertretend Typen, sind überindividuelle, exemplarische Figuren und bleiben daher anonym und namenlos	... sollen als Einzelindividuen und Opfer des Holocausts nicht vergessen werden und erhalten daher persönliche Eigennamen

Ein **nachbereitender Schreibauftrag**, z. B. in Form einer **Hausaufgabe**, kann die Sequenz abschließen (Aufgabe 4).

■ „Die Sprache ist das Haus des Seins. In ihrer Behausung wohnt der Mensch."[1] Erläutern Sie das Zitat Martin Heideggers (1889 – 1976) und überprüfen Sie, ob beziehungsweise inwiefern der Tuchfabrikant im südafrikanischen Exil als „unbehaust" gelten kann. In welcher Weise kann man von einem Identitätsverlust Ludwigs sprechen?

Eine produktionsorientierte Alternative zum sprachphilosophischen Transfer:

■ Schreiben Sie als der Tuchfabrikant einen Brief an einen guten Freund in der deutschen Heimat. Erläutern Sie Ihre innere Zerrissenheit und stellen Sie dar, was Sie in der südafrikanischen Ferne erfreut, was Sie aber auch von Ihrer alten Heimat in Deutschland vermissen.

2.2.4 Das Mädchen

Das Kapitel „Das Mädchen" erzählt die Geschichte des viel zu kurzen Lebens des jüdischen Mädchens Doris, das im Alter von zwölf Jahren Opfer des antisemitischen Rassenwahns der Nationalsozialisten wird, zusammen mit ihrer Mutter ins Warschauer Getto deportiert und später ermordet wird. Das Kapitel ist Teil der vieldiskutierten Holocaust-Literatur (vgl. 3.6, S. 123 ff.) und kann als Anschlusstext an das Kapitel „Der Tuchfabrikant" gelesen werden, in dem Doris' Onkel Ludwig die Flucht nach Südafrika gelingt, während es bereits hier Anspielungen darauf gibt, dass seine Nichte ein anderes, schrecklicheres Schicksal ereilen wird. Jenny Erpenbeck hat den Roman diesem Mädchen gewidmet („Für Doris Kaplan.", S. 5/S. 5) und die besondere Bedeutung, die den namentragenden Figuren ihres Romans zukommt, selbst bestätigt: „Diejenigen, die nicht vergessen werden sollen, haben Namen bekommen."[2] In akribischer Recherchearbeit hat die Dichterin im Rahmen ihrer Vorbereitung für den Roman „Heimsuchung" die Biografie des bis dato unbekannten Mädchens erarbeitet. Erpenbeck stieß auf gefühlvolle „Sonntagsbriefe" (S. 86/S. 81) eines Kindes, das sich um seinen

---

[1] Martin Heidegger: Platons Lehre von der Wahrheit. Francke Verlag: Bern 1954, S. 53
[2] Ann Solbjørg Holum Hansen: Der Heimatbegriff in Jenny Erpenbecks „Heimsuchung" (2008), MA-Arbeit, Universität Oslo, Mai 2017; www.duo.uio.no/bitstream/handle/10852/57231/Holum-Hansen-Master-Pdf.pdf?sequence=1, S. 39 (Aufruf: 21.08.2023)

Vater sorgt, der an den Folgen brutaler Zwangsarbeit stirbt. Damit kontrastiert der eher zuversichtliche Tonfall der Briefe, die Doris an ihre Mutter verfasst und die von einer neutralen Erzählstimme präsentiert werden, was das Schicksal des Mädchens besonders erschütternd macht. Isoliert in ihrem dunklen Versteck im Getto träumt sich das Mädchen in ihren Erinnerungen an das kleine Paradies am märkischen See, wo sie mit ihrer Familie einige glückliche Sommer verbracht hat. Erpenbecks Roman wird somit zu einem Ort des Gedenkens.

Wesentliche Spuren ihres Lebens finden sich in die Romanhandlung eingewoben. Während die Geschichten der meisten Figuren reine Fiktion sind und man diese als überindividuelle Figuren lesen kann, deren Lebensläufe exemplarischen Charakter haben, erhält der Text mit der Figur Doris Kaplan eine dokumentarische Aufwertung. Schon allein das sorgt dafür, dass die Lesenden der Figur bei der Lektüre emotional sehr nahe kommen. Über die letzten Wochen im Leben von Doris Kaplan weiß man – wie bei so vielen Deportierten des Holocausts – recht wenig. Sicher ist, dass das 1931 in Guben geborene Mädchen im März 1940 mit neun Jahren allein nach Berlin kommt, um hier als Übergangslösung die Schule zu besuchen. Gleichzeitig bemühen sich ihre Eltern um die Ausreise. Doris wohnt in ihrer Berliner Zeit bei der befreundeten Familie Meissinger, ab Februar 1942 bei der Familie Schlome. Die berührenden Briefe an Eltern und Großeltern schreibt sie in diesem Zeitraum. Als gesichert gilt auch, dass das Mädchen gemeinsam mit seiner Mutter bis Ostern 1942 ins Warschauer Getto deportiert wird und beide ab Herbst 1942 als verschollen gelten. Erpenbeck vermutet, dass Mutter und Tochter im Vernichtungslager Treblinka ermordet wurden.[1]

Der **Einstieg** in die Sequenz kann über eine filmische Kurz-Dokumentation erfolgen. Dafür wird die erste Aufgabe des **Arbeitsblatts 11** (S. 98, Webcode WES-109677-667) herangezogen. Der eingesetzte **Film** (www.youtube.com/watch?v=OCDNKrj8HXA, Aufruf: 09.10.2023, Webcode WES-109677-110) ist im Rahmen der Dauerausstellung „Wir waren Nachbarn – 172 Biografien jüdischer Zeitzeugen" im Rathaus Berlin-Schöneberg[2] entstanden, für die Erpenbeck das biografische Album präsentierte und so die Geschichte der Doris Kaplan einer breiten Öffentlichkeit bekannt machte (Dauer: knapp 13 Minuten). Er präsentiert auch einige Originaltöne aus den Sonntagsbriefen, die von einer Mädchenstimme vorgetragen werden und auf diese Weise ein besonders hohes Maß an Authentizität erhalten.

■ *Schauen Sie sich die Dokumentation „Die Sonntagsbriefe der Doris Kaplan" an. Halten Sie wesentliche Informationen stichpunktartig rund um die Abbildung des Mädchens fest.*

In einer kurzen Austauschphase verständigen sich die Schülerinnen und Schüler im Anschluss über die von ihnen festgehaltenen Informationen, bevor es an den Vergleich zur Figur der Doris in „Heimsuchung" geht, der gut in **Partnerarbeit** geleistet werden kann (Aufgabe 2). Sinnvoll ist es, wenn die Schülerinnen und Schüler das Kapitel „Das Mädchen" (S. 79–92/S. 74–87) zuvor zu Hause noch einmal gelesen haben.

---

[1] Vgl. http://akustische-stolpersteine.de/doris-kaplan/ (Aufruf: 09.10.2023).
[2] Vgl. www.wirwarennachbarn.de/ (Aufruf: 09.10.2023).

- *Überprüfen Sie textnah, inwieweit die reale Doris Kaplan Jenny Erpenbeck als Vorlage für ihre Figur im Kapitel „Das Mädchen" gedient hat. Notieren Sie dafür mögliche Parallelen zu den Sachinformationen der Film-Dokumentation in einer Tabelle in Ihrem Kursheft.*

In einer **Präsentationsphase** werden einige – keinesfalls alle – Spuren des Lebens von Doris Kaplan im Romankapitel „Das Mädchen" zusammengetragen und festgehalten.

Spuren des Lebens von Doris Kaplan in „Heimsuchung"

Filminformation	Parallele im Roman
Deportation von Mutter und Kind ins Warschauer Getto im April 1942 (00:48 min)	Doris hält sich in der „Nowolipiestraße" (S. 81/S. 76) versteckt, die im Warschauer Getto liegt.
Onkel Heinz ist nach Südafrika geflohen. (1:00 min)	Vgl. das Kapitel „Der Tuchfabrikant" (S. 48 ff./S. 45 ff.), das auch von Ludwigs Nichte Doris (vgl. S. 48, Z. 4/S. 45, Z. 5) erzählt.
Die Eltern heißen Elisabeth und Ernst. (1:20 min)	Vgl. S. 48, Z. 3/S. 45, Z. 4.
Die Familie zieht nach Guben. (1:38 min)	„geboren in Guben" (S. 79/S. 74)
Ausreisewunsch des Vaters, z. B. nach Brasilien (2:06 min)	„Als die Ausreise nach Brasilien sich weiter verzögerte, […]." (S. 84/S. 79)
Die Eltern schicken Doris 1940 nach Berlin. (2:35 min)	„Im Herbst gaben die Eltern sie nach Berlin zu einer Tante […]." (S. 83/S. 78)
Doris schreibt jeden Sonntag sog. Sonntagsbriefe an ihre Eltern. (3:18 min)	„[…] die Adresse seiner Eltern, an die es seine Sonntagsbriefe schickte […]." (S. 86/S. 81)
Doris' Vater muss Zwangsarbeit als Krankenbehandler beim Autobahnbau in der Nähe von Guben leisten. (5:07 min)	„Als ihr Vater die Einberufung zur Zwangsarbeit beim Autobahnbau erhielt […]." (S. 86/S. 82)

Das Kapitel „Das Mädchen" **dokumentiert** das Leben und Sterben des jüdischen Mädchens Doris Kaplan (1931 – 1942) **in literarischer Form**.

- *Das Kapitel „Das Mädchen" erzählt von der kaum vorstellbaren und wohl extremsten Form von Heimsuchung im gesamten Roman. Welche Rolle spielt es für Sie dabei, dass seine Protagonistin keine fiktive, ausgedachte Figur ist? Macht das überhaupt einen Unterschied? Wenn ja, welchen?*

- *Erpenbeck hat das Kapitel nach intensiver Recherche über die Familie Kaplan verfasst. Dennoch gibt es natürlich auch fiktive Elemente. Ist es für Sie möglich, die Trennungslinie zwischen Fiktivem und Dokumentarischem zu identifizieren? Inwiefern ist dies möglicherweise problematisch?*

Die folgende **Erarbeitungsphase** sichert zunächst die zentralen W-Fragen der für jugendliche Leserinnen und Leser im Rahmen der ersten Lektüre sicher nicht leicht zu erschließenden Handlung (Aufgabe 3). In einem zweiten Schritt wird die für das Geschehen noch bedeutsamere innere Handlung – die Erinnerungen des Mädchens an seine alte Heimat am märkischen See – erschlossen (Aufgabe 4). Beide Aufgaben eignen sich für die Bearbeitung in **Kleingruppen**.

■ *Bestimmen Sie die äußere und die innere Situation des Mädchens. In welcher Situation befindet sie sich warum und was tut sie dabei?*

Äußere und innere Handlung im Kapitel „Das Mädchen"	
äußere Handlung (beobachtbare bzw. sinnlich wahrnehmbare Geschehnisse)	innere Handlung (nicht sichtbare Vorgänge, z. B. Gedanken oder Gefühle einer Figur)
Doris versteckt sich in einer engen, winzigen und stockdunklen Kammer in der Nowolipiestraße im Warschauer Getto vor SS-Suchtrupps.	Doris formuliert hoffnungsvolle, aber auch nüchtern-sachliche Gedanken. Sie ist allein mit ihren Erinnerungen an ein glückliches Leben mit ihrer Familie am märkischen See.

■ *Welche Rolle spielt die Erinnerung an ihre Heimat im Haus am See für Doris? Notieren Sie Inhalte ihrer Erinnerung und beschreiben Sie deren Entwicklung.*

S. 81/S. 76	S. 82, Z. 3–26/S. 77, Z. 3–23	S. 89, Z. 4–19/S. 84, Z. 13–29	S. 91, Z. 17– S. 92, Z. 4/S. 87, Z. 1–17
„Erinnerung an Tage, an denen das ganze Blickfeld mit Farben ausgefüllt war bis an die Ränder." → sinnlich-visuelle Wahrnehmung der Vielfalt und Buntheit der Natur	Während auf der Straße „alles still" ist, „hört das Mädchen alles, was es einmal gab: Das Rauschen von Blättern, das Plätschern von Wellen […]." → akustische Erinnerung	„So dunkel wie es hier ist, war es wahrscheinlich auch damals unter dem Boot […]. War dieser Junge noch da, wenn sie ihn nicht sah?" → Zweifel an Dauer und Stetigkeit der Erinnerung	„Nichts Schöneres, als mit offenen Augen zu tauchen." → Erinnerung an das Glück mit den Eltern und die Einheit mit der Natur im Augenblick des eigenen Todes

Bereits in ihrer ersten Erinnerung spricht die in eine „dunkle Kammer" (S. 79/S. 74) eingesperrte Doris davon, dass sie in der totalen Isolation, in der sie sich befindet, vor allem die farbige Vielfalt des Lebens vermisst: „Farbig ist nur noch das, woran sie sich erinnert, mitten in dieser Dunkelheit, die sie umgibt, deren Kern sie ist, farbige Erinnerungen hat sie in ihrem vom Licht vergessenen Kopf, Erinnerungen von jemand, der sie einmal war." (S. 80/ebd.) Es sind zu Beginn visuell wahrnehmbare Erinnerungen, die mit der Dunkelheit kontrastieren und eine glückliche Zeit memorieren, die „mit Farben ausgefüllt war bis an die Ränder" (S. 81/S. 76).

■ *Welche Funktion haben die Farben, an die sich Doris erinnert, für ihre Gegenwart im dunklen „Gefängnis" ihres Verstecks?*

Den Farben kommt vor dem Hintergrund der absoluten Dunkelheit der Gegenwart eine Symbolfunktion zu, sie erinnern an die verlorene glückliche Heimat am See und die unbeschwerten Tage, die Doris dort mit ihrer Familie verbracht hat.

Die zweite Textstelle legt den Inhalt der Erinnerung nicht auf „Wolken, Himmel und Blätter" (S. 81/S. 76), sondern auf die Bedeutung von Tönen. Auch hier arbeitet Erpenbeck stark mit

Kontrasten, indem zu Beginn die Stille und Abwesenheit von Menschen betont wird: „[N]iemand redet mehr, schreit oder weint, nicht einmal der Wind ist zu hören, kein Fenster schlägt zu, keine Tür." (S. 82/S. 77)

> ■ *Wie wirken die Gegensätze, mit denen die Dichterin an dieser Stelle arbeitet, auf Sie? Erläutern Sie, welche Aufgabe diesen zukommt.*

Die Kraft der Erinnerung gibt Doris die Möglichkeit, alles zu hören, „was es einmal gab: Das Rauschen von Blättern, das Plätschern von Wellen, das Hupen des Dampfers, das Eintauchen von Rudern ins Wasser" (ebd./ebd.). Die Fähigkeit, sich akustisch zu erinnern, gibt ihr Halt und Zuversicht, die sie im dunklen Versteck nicht finden kann.

Die dritte Textstelle präsentiert eine Veränderung in der Erinnerung Doris'. Zwar geht es auch hier wieder auf den ersten Blick um eine harmlose kindliche Sommererinnerung, doch das Geschehnis – ein Junge gerät in die Dunkelheit unter ein kenterndes Boot – hat nun im Gegensatz zu den anderen Erinnerungen anfangs einen bedrohlicheren Charakter.

> ■ *Erläutern Sie, wodurch sich diese Erinnerungssequenz von den beiden vorherigen unterscheidet.*

Zwar erinnert diese Sequenz Doris an ihre Harmonie mit der Natur, als sie schwimmend bemerkt, „dass das Wasser sie trug" (S. 89/S. 84). Aber gleichzeitig endet die erinnerte Sequenz mit kritischen Fragen: „War dieser Junge noch da, wenn sie ihn nicht sah? War außer ihr noch irgendwer auf der Welt?" (Ebd./Ebd.) Die Gedanken des Mädchens zielen also auf ein Verschwinden der Welt angesichts des Grauens ihrer nüchtern dargestellten Situation: „Wenn niemand mehr weiß, dass sie da ist, wenn sie nicht mehr da ist, wer weiß dann von der Welt?" (Ebd./Ebd.) Der Zweifel an der Stetigkeit und Dauer ihrer Erinnerung wird auf die Existenz der Welt erweitert.

Der letzte Ausschnitt erhält seine Wirkung ebenfalls durch die Kontrasttechnik Erpenbecks, da im Abschnitt zuvor die Ermordung des Mädchens auf introspektive und erschütternd nüchtern-sachliche Weise geschildert wird: „Zwei Minuten lang spürt sie den Sand unter den Schuhen, auch ein paar kleine Feuersteine und Kiesel aus Quarz oder Granit, bevor sie die Schuhe für immer auszieht und sich auf das Brett stellt, um sich erschießen zu lassen." (S. 91/S. 86) Im unmittelbaren Anschluss folgen sechs Zeilen der Erinnerung des Mädchens an das glückliche Einssein mit der Natur am märkischen See: „Nichts Schöneres, als mit offenen Augen zu tauchen. Hinzutauchen bis zu den schimmernden Beinen von Mutter und Vater. [...] Nichts Schöneres, als sie zu kitzeln und, durchs Wasser gedämpft, zu hören, wie sie kreischen, um ihrem Kind eine Freude zu machen." (Ebd./S. 87)

> ■ *Listen Sie weitere zentrale Kontraste auf, welche in diesem Kapitel enthalten sind. Welche Bedeutung kommt diesen Kontrasten zu, die das Kapitel prägen?*

Im Kapitel „Das Mädchen" lassen sich noch zahlreiche weitere Gegensätze finden: „Enge und Weite, Dunkelheit und Helligkeit, Eintönigkeit und Farbigkeit, Innen und Außen, Himmel und Erde, Gegenwart und Vergangenheit, Freude und Hoffnungslosigkeit, Geborgenheit und Todesangst, Leben und Tod."[1]

---

[1] Hans-Georg Wendland: Der Roman „Heimsuchung" von Jenny Erpenbeck und die Suche nach der Heimat, a. a. O., S. 10

Die Funktion der Kontraste im Kapitel „Das Mädchen"

Absolute Dunkelheit und Enge im Versteck sorgen für **Angst** und **Desorientierung** (vgl. S. 81, Z. 3 ff./S. 75, Z. 27 ff.).

Erinnerungen Doris' sind **bunt** und „**mit Farben ausgefüllt** bis an die Ränder" (S. 81/S. 76).

Insgesamt lässt sich zeigen, dass die Erinnerungen Doris' an ein glückliches Leben im Kreise ihrer Familie am märkischen See eine Entwicklung durchlaufen. Geht es anfangs um die Vorstellung eines glücklichen Lebens auf der Erde an einem wirklichen paradiesischen Ort, so entwickelt sich im Verlauf des kurzen Kapitels angesichts der Aussichtslosigkeit der Situation des Mädchens ein neues Heimatbild, das v. a. religiös und damit nicht mehr irdisch verankert ist.

- *Untersuchen Sie textnah, ob und inwiefern man von einer inhaltlichen Entwicklung der Heimatvorstellungen des Mädchens sprechen kann. Auf welche Weise antwortet Doris auf ihre irdische Heimatlosigkeit und Isolation? (Vgl. S. 90, Z. 4 f./S. 85, Z. 11 ff.; S. 91, Z. 11 f.,/S. 86, Z. 22 ff.; S. 80 ff., Z. 15 ff./S. 75, Z. 8 ff.)*

Die Entwicklung von der irdischen zur religiösen Heimatvorstellung von Doris

Vorstellung eines glücklichen Lebens auf der Erde (vgl. S. 81, Z. 3 ff./ S. 75, Z. 27 ff.)

Anspielungen auf die himmlische Heimat der göttlichen Ewigkeit (vgl. S. 90, Z. 4 f./ S. 85, Z. 11 ff.)

Die Heimatlosigkeit auf Erden erzwingt ein neues religiöses Heimatbild.

Einerseits wird die Möglichkeit einer neuen religiösen Heimat auch zu Beginn des Kapitels bereits angedeutet. Doris' Vision von der versunkenen Stadt wird zum symbolischen Bild ihres verschwundenen Lebens, das gleichzeitig eine Vorstellung davon vermittelt, dass dieses geliebte Leben in irgendeiner anderen Form weitergehen könnte. Sie stellt sich vor, dass die Menschen auf dem Boden des märkischen Sees weiterlaufen, ohne atmen zu müssen: „[…] im ewigen Leben nicht anders gingen, saßen oder standen als zuvor auf der Erde." (S. 80/S. 75) Dominanter werden die religiösen Konnotationen aber zum Ende ihres

Lebens, insbesondere nach ihrer Verhaftung und Abführung. Hier denkt sie: „[J]etzt gehen alle für immer heim." (S. 90/S. 85) Und vor ihrer Hinrichtung stellt sie sich die Frage: „Ist sie tatsächlich nach Hause gekommen?" (S. 91/S. 86)

Trotz des inneren Widerstands, mit dem Doris mithilfe der Kraft ihrer Erinnerungsfähigkeit der sie umgebenden Dunkelheit begegnet, wird sie durch ihre Situation in der beengenden Kammer zu Untätigkeit gezwungen.

> ■ *Doris ist in ihrem dunklen Gefängnis von der Außenwelt völlig isoliert. Womit beschäftigt sie sich gedanklich?*

Dieser Mangel an Aktivität ist mitverantwortlich für den erkennbaren Verlust an Identität. Diese ist nach Greverus[1] – zusammen mit den Aspekten der Sicherheit und Aktivität – die wesentliche Bedeutungskomponente des Heimatbegriffs. Wo Menschen aktiv und sicher sind, versuchen sie, Heimat als identitätsgewährenden Lebensraum für sich zu gewinnen. Aktivität ist demnach ein „menschliches Spezifikum der schöpferischen, gestaltenden Umweltaneignung und deshalb ein Identitätsmerkmal des Menschen, dessen Verlust zu Identitätsbeschädigung führen muss"[2]. Das biologische Bedürfnis des „Inbesitznehmens und Gestaltens eines Raums zur Heimat"[3] benötigt ein identitätsgewährendes Umfeld. Genau dieses geht Doris in ihrer spezifischen Situation völlig verloren. Auch die Sicherheit, die ihr ihre alte Heimat bieten konnte, ist im Getto natürlich nicht mehr gegeben. Und die Chance auf ein aktives Eingreifen in die Umwelt ist ihr als „Gefangene" ebenfalls genommen. Was bleibt, ist die Möglichkeit, sich gedanklich mit ihrem Dasein und den Erinnerungen an ihr kurzes Leben in Freiheit auseinanderzusetzen. Diese Gedanken kreisen um das Verschwinden der eigenen Identität: „Sie würde gern irgendeinen Beweis dafür haben, dass sie da ist, aber es gibt keinen Beweis." (S. 79/S. 74) Je näher ihr Ende kommt, umso mehr „geschrumpft war diese Welt" (S. 85/S. 80). Die sie umfassende Dunkelheit, das absolut Schwarze, symbolisiert daher nicht nur den Verlust der Heimat, sondern auch die abnehmende eigene Existenz und am Ende den Tod: „War außer ihr noch irgendwer auf der Welt? Jetzt wird ihr klar, was sie die ganze Zeit nicht bedacht hat: Wenn niemand mehr weiß, dass sie da ist, wenn sie nicht mehr da ist, wer weiß dann von der Welt?" (S. 89/S. 84) Sogar die unverwechselbare Geschichte des besonderen Mädchens wird durch die Unvorstellbarkeit des Verbrechens mit den letzten Sätzen des Romans zurückgenommen: Das Klavierspielen, ihr Rückwärtsüberschlag am Reck und das Greifen nach Krebsen, die Knotenkunde beim Segeln, „all das wird ins Unerfundene zurückgenommen, und schließlich, ganz zuletzt, auch der Name des Mädchens selbst, bei dem niemals mehr jemand es rufen wird: Doris" (S. 91 f./S. 87).

> ■ *An mehreren Stellen memoriert Doris ihren eigenen Namen (vgl. S. 79, Z. 7 f./ S. 74, Z. 7 f.; S. 84, Z. 19 f./S. 79, Z. 30 f.; S. 86, Z. 5 f./S. 81, Z. 8 ff.). Welche Funktion könnte diese Erinnerung und Betonung ihres Namens für sie selbst haben?*
>
> ■ *Am Kapitelende (vgl. S. 91, Z. 23 ff./S. 87, Z. 15 ff.) wird behauptet, dass das Mädchen „ins Unerfundene zurückgenommen" und ihr Name „niemals mehr" gerufen werden wird. Erläutern Sie, welche Bedeutung in diesem Zusammenhang der Entscheidung der Autorin zukommt, den gesamten Roman diesem Mädchen zu widmen („Für Doris Kaplan.", S. 5/S. 5).*

---

[1] Vgl. Ina-Maria Greverus: Auf der Suche nach Heimat. Beck: München 1979, S. 17.
[2] Ebd., S. 23
[3] Ebd.

Für Bettina Bannasch stellt die dem Roman vorangestellte Widmung („Für Doris Kaplan.") eine Art Widerstand Erpenbecks dar. Der Roman rufe das Mädchen durch diese drei Worte „bei seinem Namen. Es ist eine Anrufung, in der die ‚Zurücknahme' der Geschichte, die diesem Mädchen widerfahren ist, ihrerseits rückgängig gemacht werden soll"[1].

Ein nachbereitender **Schreib- oder Bastelauftrag** kann die Sequenz beschließen (Aufgabe 5).

■ *Jenny Erpenbeck hat ihrem Roman die drei Worte „Für Doris Kaplan." (S. 5/S. 5) vorangestellt, ein Akt des Widerstands gegen den letzten Satz des Kapitels. Gestalten Sie einen Text oder eine Collage, der bzw. die an das Leben und Sterben des Mädchens erinnert. Machen Sie auch deutlich, warum die Erinnerung an Doris heute noch wichtig ist.*

2.2.5 Die Schriftstellerin

Mit der Figur der Schriftstellerin stellt Erpenbeck die Frage, ob es möglich ist, die einmal verlorene Heimat wiederzugewinnen. Mit dem aus dem antifaschistischen sowjetischen Exil an den märkischen See nahe Berlin zurückgekehrten Ehepaar erinnert Erpenbeck zugleich an ihre eigenen Großeltern Hedda Zinner und Fritz Erpenbeck, die in der DDR zur intellektuellen Führungselite gehörten und die daran glaubten, die gesellschaftlichen Verhältnisse mittels Kunst verändern und gerechter ausgestalten zu können.

Die Handlung des Kapitels „Die Schriftstellerin" (S. 112 – 123/S. 107 – 118), das vorab von den Schülerinnen und Schülern noch einmal gelesen werden sollte, setzt „zwanzig Jahre" (S. 112/S. 107) nach dem Ende des Zweiten Weltkrieges ein. Im noch jungen Staat der DDR lebt eine jüdisch-kommunistische Schriftstellerin, die gemeinsam mit ihrem Ehemann vor der Schreckensherrschaft der Nationalsozialisten in die Sowjetunion geflohen war. Nun ist sie zurückgekehrt und versucht mit ihren Mitteln als Dichterin, ihren Beitrag beim Aufbau einer neuen gerechten und vor allem gleichen Gesellschaft zu leisten, die Heimat für alle Menschen sein kann und niemanden ausgrenzt. Sie möchte ihr Werkzeug – die Schreibmaschine – dazu nutzen, mithilfe von Sprache die unter Hitler zu Unmenschen und Barbaren gewordenen Deutschen in gute Menschen zurückzuverwandeln.

Auf dem von ihr gepachteten Seegrundstück des 1951 in den Westen geflohenen Architekten lebt ihre Familie ein glückliches Leben fernab der Stadt. Dabei führt die Dichterin über einen Briefwechsel einen desillusionierenden Kleinkrieg mit den Behörden. Diese haben es zu ihrer Enttäuschung gestattet, dass ein regimetreuer Arzt mit Verbindungen zu höheren Stellen (vgl. S. 113/S. 108) auf dem Nachbargrundstück ein großes neues Haus bauen und erwerben konnte. Offenbar, so muss sie einsehen, werden im neuen Deutschland doch Unterschiede zwischen den Menschen gemacht, und echte Gleichheit scheint es nur auf dem Papier und als Staatsdoktrin zu geben. Ihrem eigenen Antrag, ebenfalls zur Eigentümerin des Hauses zu werden, in dem sie seit zwanzig Jahren wohnt, wird am Ende stattgegeben. Trotzdem zeigt sich die Schriftstellerin über die tatsächlichen Lebensverhältnisse im neuen Staat, in den sie so große Hoffnungen gesetzt hat, enttäuscht und desillusioniert.

 Zum **Einstieg** erhalten die Schülerinnen und Schüler das **Arbeitsblatt 12** (S. 99, Webcode WES-109677-722). Nach der vorangegangenen Lektüre des Kapitels ermöglicht die erste Aufgabe den Lernenden eine subjektive Annäherung an die Figur der Schriftstellerin:

---

[1] Bettina Bannasch: Der Garten Eden in zwölf quadratischen Kapiteln, Universitätsbibliothek Augsburg, 2008; https://opus.bibliothek.uni-augsburg.de/opus4/frontdoor/deliver/index/docId/39413/file/39413.pdf, S. 42

>
>
> *Stellen Sie sich vor, der Roman „Heimsuchung" von Jenny Erpenbeck würde verfilmt werden und Sie als Regisseur/-in hätten die Aufgabe, die Figur der Schriftstellerin mit einer passenden, d. h. typgerechten Schauspielerin zu besetzen. Welche der folgenden Personen würden Sie wählen? Kreuzen Sie an und begründen Sie Ihre Besetzung.*

In einer **Spontanphase** im Plenum verbinden die Teilnehmenden ihre individuellen Vorstellungen von und die Assoziationen zu der Protagonistin mit einem der drei Fotos, die Hedda Zinner, Anna Seghers und Christa Wolf zeigen. Hedda Zinner (1904 – 1994) war die Großmutter Jenny Erpenbecks, die gemeinsam mit ihrem Mann Fritz Erpenbeck (1897 – 1975) als Schriftstellerehepaar zu öffentlichen Figuren in der DDR wurden und als Künstler galten, die tatsächlich an die ideelle Überlegenheit des jungen deutschen Staates gegenüber der saturierten kapitalistischen und daher ungerechten Bundesrepublik glaubten. Anna Seghers (1900 – 1983), Autorin weltberühmter antifaschistischer Romane wie „Transit" (1941) oder „Das siebte Kreuz" (1942), flüchtete ebenfalls vor den Verfolgungen des NS-Regimes, zuerst nach Frankreich, dann nach Mexiko. Nach dem Ende des Zweiten Weltkrieges kehrte sie wie Hedda Zinner in die DDR zurück, um dort am Aufbau eines neuen, menschenfreundlichen, friedlichen und sozialistischen Deutschlands als Literatin mitzuwirken. Als langjährige Präsidentin des Schriftstellerverbandes der DDR wurde sie zur Lichtgestalt des sich in eine Diktatur verwandelnden Regimes und ließ sich für dessen Zwecke missbrauchen. Christa Wolf (1929 – 2011) gilt heute als die wohl bedeutendste Dichterin der DDR („Kassandra", 1983), deren Werk mit dem angesehenen Georg-Büchner-Preis ausgezeichnet wurde und die auch im Westen großes Ansehen genoss und bis heute genießt. Allen drei Frauen ist gemeinsam, dass sie große Hoffnungen in den neuen deutschen Staat setzten und mit ihrer Kunst einen Beitrag zu einer gerechteren und friedlicheren Gesellschaft leisten wollten. Dieser glaubhafte Anspruch kollidierte jedoch – ganz wie im Kapitel „Die Schriftstellerin" – mit der zunehmend desillusionierenden Realität in der DDR, die sich entgegen der Hoffnungen vieler Künstler/-innen und Intellektueller bald zu einem totalitären Unrechtsstaat entwickeln sollte.

Die folgende **Erarbeitungsphase** dient dem Ziel, diesen Widerspruch zwischen ideellem Anspruch und tatsächlicher Wirklichkeit exemplarisch herauszuarbeiten (Aufgabe 2). Die Aufgabe lässt sich in **Partner- oder Kleingruppenarbeit** absolvieren.

>
>
> *Erarbeiten Sie die Ziele der Schriftstellerin nach ihrer Rückkehr in die DDR. Stellen Sie diesen ihre tatsächlichen Erlebnisse im Alltag gegenüber und ziehen Sie am Ende ein Fazit.*

Dabei werden die Teil-Ergebnisse in die tabellarische Vorlage des Arbeitsblattes 12 stichpunktartig eingetragen. In der **Präsentationsphase** können diese im Idealfall über eine Dokumentenkamera oder digital für alle sichtbar gemacht werden. Die von den Schülerinnen und Schülern vorgestellten Textstellen sollten textnah verarbeitet, also in der Regel gemeinsam im Plenum gelesen und ausgewertet werden.

Baustein 2: „Heimgesucht": Zwölf Menschen auf der Suche nach Heimat – Die Figuren des Romans

Ziele und Intentionen der Schriftstellerin Mögliche Textstellen: S. 114, 119, 121 f. / S. 109, 114, 116 ff.	Tatsächliche Lebensrealität im Alltag der DDR Mögliche Textstellen: S. 113 f., 117 f., 120 f., 122 f. / S. 108 f., 112 f., 115 f., 117 f.
• Hoffnung, mit „getippt[en]" Worten „die deutschen Barbaren zurückzuverwandeln" in Menschen „und die Heimat in Heimat" (S. 114/S. 109) • Ziel, trotz erwartbaren Widerstands eine neue, gerechtere und friedlichere Gesellschaft im neuen deutschen Staat, der DDR, zu errichten: „Die neue Welt soll die alte fressen, die alte wehrt sich." (S. 119/S. 114) • Bewusstsein, dass die Menschen nicht austauschbar sind und das Denken nicht völlig veränderbar ist: „Wo der neue Mensch anfangen soll, kann er nur aus dem alten wachsen." (Ebd./Ebd.) • Versuch, gemeinsam mit ihrem Mann eine neue Heimat für sich zu gewinnen: „Wollten sich aus den deutschen Trümmern endlich irgendeinen Boden unter die Füße ziehen, der nicht mehr trügerisch wäre." (S. 121/S. 116 f.) • „Hoffnung auf Erlösung der Menschheit von Habgier und Neid […]." (Ebd./S. 117)	• offensichtliche Ungerechtigkeit, dass einem jungen Arzt aus Berlin „praktisch über Nacht" (S. 113/S. 108) gestattet wird, „an Stelle des Bienenhauses ein großes Wohnhaus" (ebd./ebd.) zu bauen und zum Besitzer zu werden, der Arzt „bedient" (S. 121/S. 117) sich des Staates • Unfähigkeit, mit ihren Schuldgefühlen über ihr eigenes Fehlverhalten im Exil umzugehen und dieses aufzuarbeiten bzw. zu publizieren: „Sie schreibt nicht, dass sie Nein sagte […]." (S. 117/S. 112) • Erkenntnis, dass alte und falsche Verhaltensweisen überdauern und nicht einfach auszuradieren sind: „[D]as Neue und das Alte wohnen beieinander im selben Körper." (S. 119/S. 114) • Unfähigkeit, die passenden Worte für die Täter zu finden: „Den beiden Kommunisten fehlten die Worte […]." (Ebd./Ebd.) • Banalität des Familienalltags: „[D]ie Türklinke […] gibt ein metallenes Seufzen von sich […]." (S. 121/S. 116) • Unsicherheit und Zweifel, ob das Projekt der Dichterin nicht doch ein „Fehler" (S. 122/S. 118) war

Fazit:

Dem Wunsch der Schriftstellerin nach einer neuen, gerechteren Gesellschaftsformation steht der banale, in Teilen bereits ungerechte Alltag im neuen Staat, der DDR, gegenüber.

■ *Charakterisieren Sie das Verhältnis, das die Schriftstellerin zu ihrer neuen Heimat hat.*

■ *Erläutern Sie, inwiefern der Wunsch nach einer neuen, gerechten und für alle Menschen gleichen Heimat und die alltäglich erfahrene Realität in der DDR auseinanderklaffen.*

■ *Was bedeutet dies für das Heimatempfinden der Schriftstellerin?*

Insgesamt kann man von einem ambivalenten und gebrochenen Verhältnis der Protagonistin zum DDR-Staat, in den sie nach dem Ende der totalitären Schreckensherrschaft des NS-Regimes mit großen idealistischen Hoffnungen zurückgekehrt ist, sprechen. Es gelingt nicht, angesichts des sicht- und erfahrbaren Unrechts im neuen Staat wirklich heimisch zu werden, echte und dauerhafte Heimat zu gewinnen. Für die offensichtliche Bestechlichkeit des Staates hat sie am Ende nur noch Sarkasmus übrig: „Mit sozialistischem Gruß." (S. 123/S. 118) Die neue Wirklichkeit offeriert dem/der Einzelnen eine vom Staat kontrollierte Heimat, in der echte Freiheit, Identität, Entwicklung und Glück nicht möglich sind. Wo Dissidenten und Dissidentinnen verfolgt werden und die Redefreiheit nicht mehr existent ist, lebt es sich wie in einem überwachten Käfig, der sich „Volkseigentum" (S. 112/S. 107) nennt. Die Utopie von einer freien und gleichen Gesellschaft, in der alle für das eine Ziel arbeiten, hat sich aufgelöst.

> ■ *Deuten Sie den von der Schriftstellerin bedauerten Abriss des Bienenhauses auf dem Seegrundstück.*

Symbolisiert wird diese desillusionierende Einsicht durch den Abriss des Bienenhauses durch den jungen Berliner Arzt (vgl. S. 113/S. 108). Erpenbeck selbst hat im Gespräch mit Ann Hansen die Bienen als „Symbol einer idealen Gesellschaft"[1] beschrieben, die vom Aussterben bedroht sei. Dies lässt sich als Parallele zum kommunistischen Ideal des friedlichen Zusammenlebens der Menschen in einer Gesellschaft, in der die Individuen all ihre Kraft fleißig für das gemeinsame Ziel einsetzen, deuten.

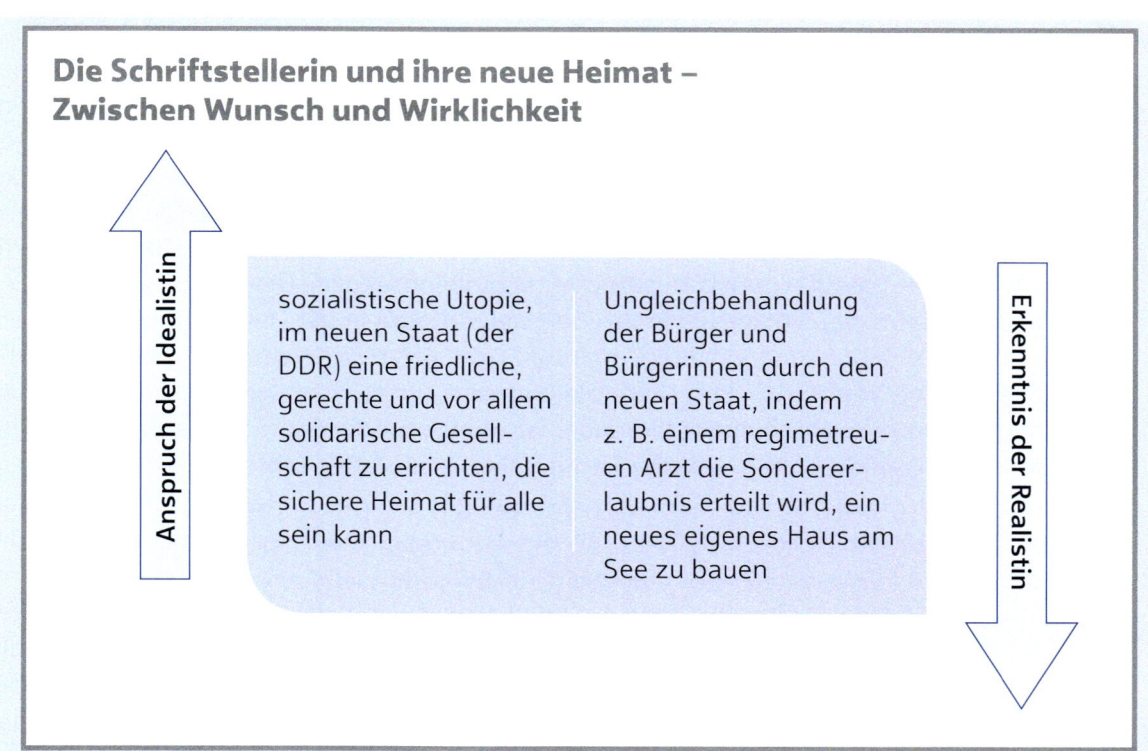

In der Folge kann die optimistische **Funktion der Sprache** bei der Inbesitznahme der neuen Heimat in den Blick genommen werden. Das Fremdheitsgefühl gegenüber dem eigenen Vaterland, das für die Zäsur Auschwitz verantwortlich gemacht werden muss, drückt sich exemplarisch in der Weigerung der Schriftstellerin aus, „Menschen, die sie nicht kannten, die Hand zu geben" (S. 119/S. 114). Zu groß erscheint das Risiko, auf diese Weise versehentlich einen symbolischen Pakt mit einem Menschen zu schließen, der sich am größten Verbrechen

---

[1] Vgl. Ann S. H. Hansen: Der Heimatbegriff in Jenny Erpenbecks „Heimsuchung", a. a. O., S. 72.

in der Geschichte schuldig gemacht haben könnte. Was bleibt, ist die Sprache. Die Hoffnung, mit ihrer Hilfe eine neue, unschuldige Heimat zu generieren, fokussiert die dritte Aufgabe des Arbeitsblatts 12. Sie kann gut in einer vertiefenden **Partnerarbeit** organisiert werden:

- *„I-c-h k-e-h-r-e h-e-i-m". Erläutern Sie die Bedeutung von Sprache und Literatur sowie die Funktion der Schreibmaschine für die Schriftstellerin im Hinblick auf ihr Projekt, in ihrer neuen Heimat eine gerechte Gesellschaftsformation herbeizuführen (vgl. S. 112, 114, 117/S. 107, 109, 112).*

Im Anschluss können sich die Zweierteams ihre Einzelergebnisse im Rahmen einer **Vermittlungsphase** vorstellen, dafür werden nach dem Zufallsprinzip Vierer-Gruppen gebildet. Anschließend kommt es zur **Präsentation** der Ergebnisse im Plenum. Auch hier ist darauf zu achten, dass die Detailergebnisse textnah präsentiert und diskutiert werden. Dafür sollte sukzessive vorgegangen werden.

Inhaltlich sollte die symbolische Funktion, die der Schreibmaschine zukommt, herausgearbeitet werden.

- *Fünf Mal wird der Satz „I-c-h k-e-h-r-e h-e-i-m." wiederholt. Wie lässt sich die besondere Schreibweise dieses Schlüsselsatzes für Sie erklären?*

Schon die einführenden drei, im Verlauf des Kapitels mehrfach wiederholten und typografisch hervorgehobenen Worte in das Kapitel („I-c-h k-e-h-r-e h-e-i-m", S. 112, 114, 117, 119, 121/S. 107, 109, 112, 114, 116) erinnern an das Drücken des einzelnen Buchstabens auf der Schreibmaschine. Den von der Tätergeneration verbrauchten und von den Ereignissen im Krieg vergifteten Worten setzt die Schriftstellerin die Kraft der einzelnen Buchstaben entgegen, um so dem Wort „Heimat" eine neue Bedeutung zu verleihen. Mit den Tasten dieser Schreibmaschine „hatte sie all die Worte getippt, die die deutschen Barbaren zurückverwandeln sollten in Menschen und die Heimat in Heimat" (S. 114/S. 109). Das technische Gerät wird zum Teil ihrer Identität und ist Ausdruck ihrer mobilen, aktiven Heimatvorstellung: „Diese Schreibmaschine hat sie auf vielen Straßen vieler Städte in der Hand getragen, in überfüllten Zügen auf dem Schoß gehalten, an ihrem Griff sich festgehalten […]. Diese Schreibmaschine war ihre Wand […]." (Ebd./Ebd.) Heimat kann überall sein, wenn es möglich ist zu schreiben. Wenn die Schreibmaschine dabei ist, fühlt sich die Schriftstellerin auch in der vermeintlichen Fremde sicher. Sprache ist hier also kein bloßes Mittel der Verständigung, sondern wird zur Heimat selbst. Dass dieser Vorgang in der neuen Heimat nicht erfolgreich ist, liegt nicht an der Sprache, sondern an der Korrumpiertheit des Systems: „Wenn die Schriftstellerin mit dem auf ihrer Schreibmaschine getippten Satz ‚I-c-h k-e-h-r-e h-e-i-m' versucht, Heimat heraufzubeschwören, so zeugt dieser Versuch mithin weniger von ihrer tatsächlichen Heimkehr als vielmehr vom Scheitern, mithilfe des Schreibens […] Heimat als Ort zu aktualisieren. Heimat verdichtet sich vielmehr zu einem Sehnsuchtsort: ‚Aber ihr, der kein Land mehr, sondern die Menschheit die Heimat sein sollte, blieb der Zweifel für immer als Heimweh.'"[1]

- *Beschreiben Sie die Funktion, die der Schreibmaschine für die Arbeit der Schriftstellerin im neuen Deutschland zukommt.*

- *Erläutern Sie zusammenfassend, welcher Zusammenhang zwischen Schreiben und Heimat besteht.*

---

[1] Kathrin Schuchmann, Universität Köln: „Die Zeit scheint ihr zur Verfügung zu stehen wie ein Haus." Heimat und Erinnerung in Jenny Erpenbecks „Heimsuchung". Zit. nach: Zagreber Germanistische Beiträge 22 (2013, S. 53 – 69, hier: S. 59); https://hrcak.srce.hr/file/188878 (Aufruf: 24.08.2023)

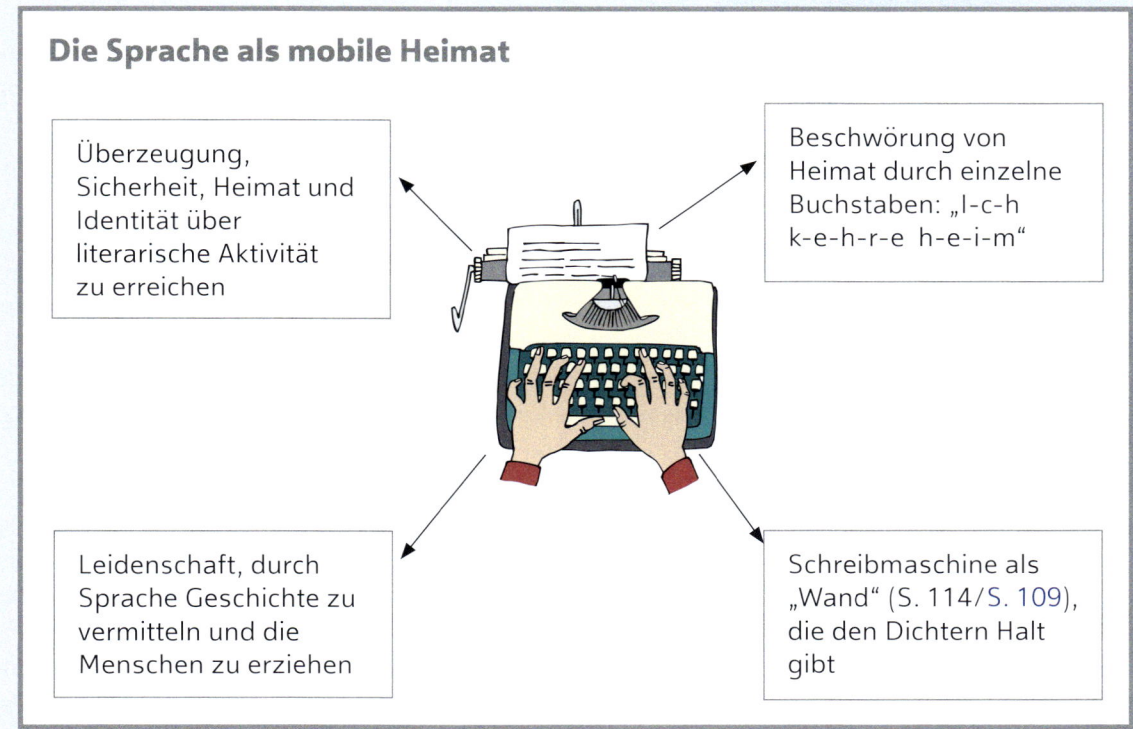

Die Lesart des Nationalsozialismus durch Erpenbecks Schriftstellerin kann als „repräsentativ für große Teile des faschistischen Regimes zwischen 1933 und 1945 und der neuen DDR-Führungselite nach 1949 gesehen werden: „Die Aufgabe, die durch den Nationalsozialismus ‚verschuldete' Selbstentfremdung der Deutschen nach 1945 mithilfe der Literatur wieder aufzuheben, bestimmt die gesellschaftliche Relevanz der Schriftsteller und Schriftstellerinnen in der DDR. Ziel ihrer Tätigkeit ist ein Akt der ‚Rückerstattung': Mithilfe der Literatur sollen die Deutschen sich selbst wieder zurückgegeben werden, sollen wieder ‚wahre' Deutsche aus ihnen werden."[1]

Ein weiterführender **Schreibauftrag**, z. B. in Form einer **Hausaufgabe**, kann die Sequenz abschließen (Aufgabe 4).

> *Erörtern Sie die Frage, ob und auf welche Weise Kunst, z. B. Popmusik oder Rap, die Gesellschaft verändern kann. Scrollen Sie dafür durch Ihre Playlist und überprüfen Sie, welche Songs einen solchen Anspruch formulieren. Präsentieren Sie Ihr Ergebnis.*

Für den Fall, dass die Unterrichtseinheit mit einer Klausur abgeschlossen werden soll, die die Interpretation eines epischen Textauszugs beinhaltet (vgl. **Zusatzmaterial 7**, S. 170 ff., Webcode WES-109677-952), kann alternativ die folgende Übungsaufgabe gestellt werden. Als methodische Hilfen eignen sich hierfür die **Zusatzmaterialien 1** und **2** (S. 163 f., Webcodes WES-109677-067, -554).

> *Interpretieren Sie den Auszug aus dem Kapitel „Die Schriftstellerin" (S. 114, Z. 7 – S. 118, Z. 13/S. 109, Z. 3 – S. 113, Z. 14) im Hinblick auf die Bedeutung von Sprache und Kunst für den Plan der Frau nach ihrer Rückkehr aus dem Exil. Gehen Sie dabei auch auf die Sprache und die Art des Erzählens ein.*

---

[1] Bettina Bannasch: Der Garten Eden in zwölf quadratischen Kapiteln, a. a. O., S. 40

Baustein 2: „Heimgesucht": Zwölf Menschen auf der Suche nach Heimat – Die Figuren des Romans

2.2.6 Der Gärtner

Eine Sonderrolle kommt im Roman „Heimsuchung" der Figur des Gärtners zu. Erpenbecks Text entspricht formal nicht der traditionellen epischen Erzählung mit einer einheitlichen Handlung. Vielmehr besteht der nur 181 Seiten umfassende Roman – eingerahmt durch Prolog und Epilog – aus 11 Kapiteln, die jeweils von der Heimatsuche und der Heimsuchung ganz spezifischer Menschen erzählen. Dieses eher fragmentarische Gewebe menschlicher Einzelschicksale wird ergänzt durch die kurzen Gärtnerkapitel, die jeweils zwischen den 11 Kapiteln stehen. Sie unterscheiden sich von diesen insbesondere dadurch, dass nahezu ausnahmslos die fachgerechte und mit der Natur und dem Wechsel der Jahreszeiten in Einklang stehende Arbeit des Gärtners im Garten des Hauses am märkischen See beschrieben wird. Die insgesamt 11 Gärtner-Kapitel bestehen daher aus nur ein bis sieben Seiten, während die 11 Hauptkapitel jeweils zwölf bis vierzehn Seiten umfassen. Sie können als eine Art Kommentar Erpenbecks zu den Handlungsverläufen ihrer Protagonisten und Protagonistinnen verstanden werden.

Während diese von Anpassung und sozialem Aufstieg, Flucht und Vertreibung, Hoffnung und Desillusionierung, Unstetigkeit, Fehlerhaftigkeit, Trauer, Abschied und Tod gekennzeichnet sind, bewegt sich der Gärtner ausschließlich im selben Kosmos, der Natur. Und dort gibt er sich den immer gleichen Vorgängen im Einklang mit dieser hin und macht es sich zur Aufgabe, die wilde Natur zu einem menschenfreundlichen Garten zu zivilisieren. Die Wirren, Gefahren und politischen Exzesse der Weimarer Republik, der Nazi-Herrschaft, des Zweiten Weltkrieges und das Grauen des Holocausts, die DDR-Zeit, der Mauerfall oder die Nachwendezeit, all diese großen historischen Umwälzungen wirken auf die elf Figuren der Hauptkapitel in meist destruktiver Weise ein; allein der Gärtner zeigt sich hiervon in seiner kleinen paradiesähnlichen Oase unberührt. Still, aber überaus zuverlässig und kompetent verrichtet die namenlose Gestalt die immer gleichen Gartenarbeiten abseits der Geschichte, was ihn zu einer nahezu mythischen, gottgleichen Figur macht, die in der Natur zu Hause ist und dort die Heimat findet, der die anderen, von sich selbst entfremdeten Figuren des Romans vergeblich hinterherjagen.

Der Gärtner ist gesellschaftlich gesehen ein Außenseiter, aber zugleich die einzige Konstante im Kontext aller Heimsuchungen und Schicksalsschläge. Er sorgt für erzählerische Kontinuität. Seine Außenseiterposition lässt sich zugleich als Ausdruck der menschlichen Sehnsucht nach der ursprünglichen, im Zeitalter der Moderne aber längst verlorengegangenen Einheit des Menschen mit der unberührten Natur interpretieren. Insofern kann die Gärtner-Figur auch als (neo-)romantischer Verweis Erpenbecks auf das, was dem Menschen der Moderne fehlt, verstanden werden. Inwiefern er als funktionales Vorbild für eine sinnhafte Lebensführung für junge Menschen im 21. Jahrhundert geeignet ist, kann Gegenstand der unterrichtlichen Beschäftigung mit der Figur sein.

Im **Einstieg** können im Blitzlicht die Assoziationen und spontanen Gedanken der Schülerinnen und Schüler zum Themenfeld „Garten und Gärtnern" abgerufen werden (vgl. **Arbeitsblatt 13**, S. 100, Webcode WES-109677-827). Bei Bedarf können die Teilnehmenden auch die inhaltlichen Impulse dreier Zitate nutzen, um sich dem Thema anzunähern.

> ■ *Ob jung oder alt, bei der Arbeit im heimischen Garten fühlen sich die meisten Menschen glücklich, ausgeglichen und zufrieden. Wie lässt sich dieses Glück beim Heimgärtnern erklären? Beziehen Sie eigene Erfahrungen mit ein. Nutzen Sie ggf. auch eines der folgenden Zitate.*

☐	To plant a garden is to believe in tomorrow. (Audrey Hepburn)[1]
☐	Wer einen Garten hat, lebt schon im Paradies. (Aba Assa)[2]
☒	Der Garten ist die beste Schule des Lebens. (Bernhard Steiner)[3]

---

[1] Zit. nach: Guyabouthome.com, 09.04.2021; www.guyabouthome.com/to-plant-a-garden-is-to-believe-in-tomorrow-audrey-hepburn/ (Aufruf: 19.10.2023) [2] Zit. nach: Verein Stadtmarketing & Tourismus Klosterneuburg, Österreich; www.klosterneuburg.net/gaerten-1 (Aufruf: 19.10.2023) [3] Zit. nach: Plantopedia.de, 27.01.2023, Zwickau; www.plantopedia.de/blumen-und-garten-sprueche/ (Aufruf: 19.10.2023)

Baustein 2: „Heimgesucht": Zwölf Menschen auf der Suche nach Heimat – Die Figuren des Romans

In einem aktuellen Garten-Blog wird die anhaltende Beliebtheit des Gartens beziehungsweise Gärtnerns auch im 21. Jahrhundert wie folgt erklärt:

„Ein Grund ist, dass man sich beim Gärtnern ganz im Moment befindet. Man denkt nicht an Morgen oder an andere Dinge, sondern ist ganz konzentriert beim Jäten, Schneiden und Graben. Das kommt in unserer heutigen Zeit recht selten vor. Meist sind wir nicht bei der Sache, die wir gerade tun. Wir denken an die Arbeit, was noch erledigt werden muss und was wir gleich erledigen wollen. Das kann auf Dauer krank machen. Ein weiterer Grund ist, dass wir beim Gärtnern oft belohnt werden. Wenn die Saat aufgeht, die Stauden im Frühjahr wiederkommen oder das Beet gut geplant ist, erleben wir ein Glücksgefühl – das Belohnungssystem springt an. Genau das möchte unser Gehirn wieder erleben und wir gärtnern und gärtnern und gärtnern weiter. Und erleben immer mehr glückliche Momente. Und dann sind da die Natur oder auch sogenannte ‚Grüne Räume', die es schaffen, unsere Herzfrequenz, die Adrenalinausschüttung und den Blutdruck zu senken. Der Körper kommt in eine Art entspannten Zustand. Stress wird gemindert. Dies hilft Körper und Seele, zu gesunden bzw. gesund zu bleiben."[1]

Der **Transfer zur Figur des Gärtners** im Roman „Heimsuchung" lässt sich im Anschluss an die Spontanphase durch die gemeinsame Lektüre der ersten beiden Gärtner-Kapitel im Plenum erarbeiten.

> *Werten Sie die ersten beiden Gärtner-Kapitel (S. 13/S. 11 und S. 27 – 33/ S. 25 – 30) im Hinblick auf die Figur des Gärtners aus. Was erfahren die Lesenden über seine Herkunft, sein Verhalten, die Einstellung der Umwelt zu ihm sowie seine Interessen beziehungsweise seine Tätigkeiten?*

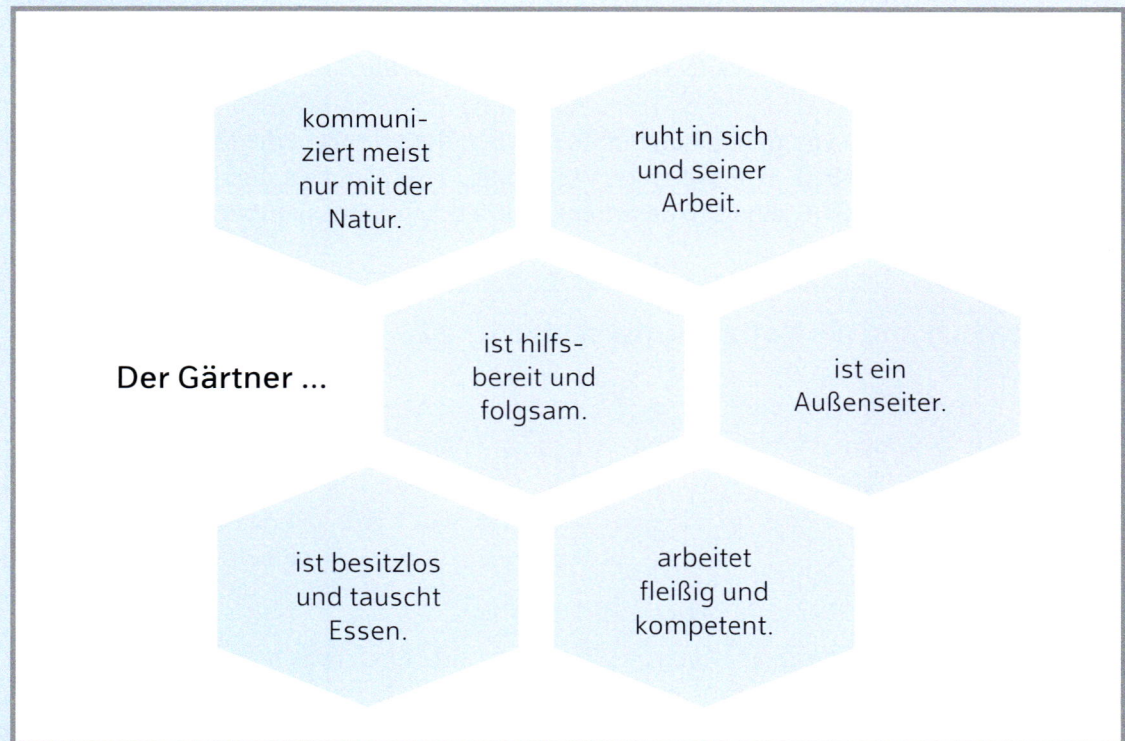

---

[1] berlingarten.de, 22.04.2022, Berlin; www.berlingarten.de/interview-gaertnern-krisenzeiten/ (Aufruf: 13.07.2023)

Bereits mit dem ersten Satz wird der mythologische, gottähnliche Charakter der Figur deutlich: „Woher er gekommen ist, weiß im Dorf niemand. Vielleicht war er schon immer da." (S. 13/S. 11) Den Dorfbewohnern und Bauern hilft er in allen Belangen der Gartenarbeit, dabei zeichnet er sich durch eine besondere fachliche Exzellenz aus und zeigt „ungewöhnliches Geschick" (S. 27/S. 25). Als antikapitalistischer Reflex lässt sich seine Besitzlosigkeit deuten: „Ihm selbst gehört kein Grund- und auch kein Waldstück, allein wohnt er in einer verlassenen Hütte am Rande des Waldes." (S. 13/S. 11) Während sich die Protagonisten und Protagonistinnen der Hauptkapitel als Eigentümer und Eigentümerinnen der Sesshaftigkeit verpflichten und in der Folge mit zahlreichen Problemen konfrontiert sind, lebt der namenlose Gärtner (vgl. ebd./ebd.) zufrieden und anspruchslos im Einklang mit der Natur, weitab von gesellschaftlichen oder politischen Geschehnissen. Dazu trägt bei, dass er kaum kommuniziert: „Der Gärtner spricht wenig, und zu den Ereignissen im Dorf äußert er sich überhaupt nie […]." (S. 27/S. 25) Stattdessen scheint er nur mit der Natur selbst zu kommunizieren, da die Dorfbewohner ihn dabei beobachten, „wie er fortwährend die Lippen bewegte, während er harkte, grub, jätete oder die Pflanzen beschnitt und begoss – er plaudere nun einmal lieber mit dem Grünzeug" (S. 28/S. 26).

Die folgende **Erarbeitungsphase** fokussiert die von Respekt, Vertrauen und Rücksicht geprägte Einstellung des Gärtners zur Natur, indem diese mit dem von Nützlichkeitsdenken und Hass geprägten Verhaltensweisen des Architekten und der Rotarmisten verglichen werden. Dafür kann die zweite Aufgabe des Arbeitsblatts 13 in **Partner- oder Kleingruppenarbeit** bearbeitet werden.

■ *Interpretieren Sie die folgenden Textstellen im Hinblick auf den Umgang des Architekten, der Rotarmisten sowie des Gärtners mit der Natur. Notieren Sie Ihre Ergebnisse im folgenden Schaubild (Textstellen: S. 30, Z. 17 – S. 33/ S. 28, Z. 10 – S. 30; S. 94, Z. 1 – S. 95, Z. 8/S. 89, Z. 1 – S. 90, Z. 2).*

Die Ergebnisse können von den Schülerinnen und Schülern direkt in die tabellarische Vorlage des **Arbeitsblatts 13** (S. 101, Webcode WES-109677-827) notiert und in der **Präsentationsphase** über einen OHP, eine Dokumentenkamera oder digital sichtbar gemacht werden.

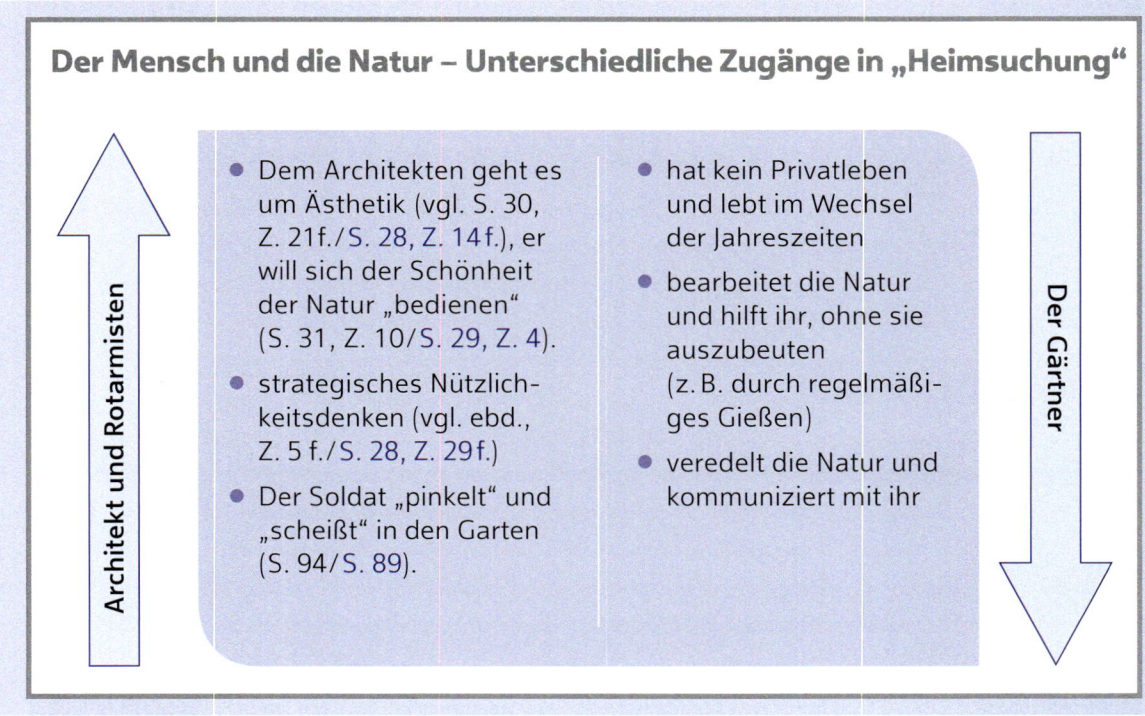

Insgesamt wird ein unterschiedliches Verhältnis der Figuren zur Natur deutlich.

Der Gärtner lebt im Einklang mit der Natur. Seine Arbeit im Garten ist kein Akt der Zerstörung, sondern der Veredelung der rauen, unbehauenen Natur. Sein Beschneiden der Büsche (vgl. S. 32/S. 30), das Gießen der Rosen, Sträucher und jungen Bäume und das Jäten des Unkrauts (vgl. ebd.) dienen dazu, die Existenz der Natur zu sichern und ihre Schönheit sichtbar werden zu lassen. Ihm geht es um die Bewahrung der Schönheit der Natur. Seine segensreiche Tätigkeit ermöglicht deren Aufblühen und Erstrahlen.

Der ehrgeizige Architekt kann hingegen als Kontrastfigur zum Gärtner verstanden werden, da dessen planerisch klar definiertes Gartenkonzept den eigennützigen Anspruch des modernen Menschen repräsentiert, sich die Natur für eigene Zwecke zunutze zu machen und daraus persönlichen Gewinn zu ziehen. Er steht mit der Natur in einem ökonomischen Verwertungszusammenhang. Ihm geht es darum, einen möglichst ästhetischen Garten zu gestalten, mit dem er auf den Partys, die er im weiteren Verlauf mit seiner Frau gibt, glänzen kann. Er will „die Wildnis bändigen und sie dann mit der Kultur zusammenstoßen" (S. 31/S. 28) lassen.

Noch radikaler zeigt sich die Missachtung der Autonomie der Natur im Verhalten der von Rachegelüsten geprägten Rotarmisten, die im Frühjahr 1945 die deutsche Wehrmacht zurückdrängen und auf Berlin vorrücken. Ihnen geht es erkennbar um Verwüstung, Beschmutzen von Garten und Haus sowie Chaos: „Er selbst pinkelt vom Balkon und scheißt in den Garten […]." (S. 94/S. 89) Die Gegensätzlichkeit und Dichotomie des unterschiedlichen Zugangs oder auch das Verhältnis des Menschen zur Natur – Kultivieren und Veredeln versus Ausnutzen oder Zerstören – steht bei Jenny Erpenbeck sichtbar in romantischer Tradition.

In einer vertiefenden **Erarbeitungsphase** kann die Motivation des Gärtners, der unaufhörlich über nahezu ein ganzes Jahrhundert verlässlich, eifrig und ohne Zweifel an der Sinnhaftigkeit seines Tuns seine Gartenarbeit verrichtet, handlungsorientiert in den Blick genommen werden (Aufgabe 3, Arbeitsblatt 13). Dafür gilt es, die „Schweigsamkeit" (S. 28/S. 25) als Leerstelle für ein fiktives, in **Partnerarbeit** zu erstellendes Schülerinterview zu nutzen und die Figur auf diese kreative Weise „zum Sprechen zu bewegen" (ebd./ebd.).

> ■ *Der Gärtner ist eine nahezu stumme Figur im Roman. Statt zu reden, handelt er. Bringen Sie ihn zum Sprechen, indem Sie mit ihm ein Interview über sein langes Leben im Garten am See führen. Befragen Sie ihn u. a. über seine Motivation, sein Lebensglück, die wechselnden Bewohner und Bewohnerinnen im Haus sowie seine Einstellung zu den politischen Geschehnissen im 20. Jahrhundert. Präsentieren Sie Ihren Dialog im szenischen Spiel.*

Die Fragen und Antworten der Dialoge im **szenischen Spiel** sind in der **Präsentationsphase** auf ihre Passung mit der Textvorlage zu überprüfen. Deutlich werden sollte, dass der Gärtner den Sinn seines Lebens im praktischen Tätigwerden sieht. Er ist immer in Aktion. Dabei ist sein Handeln niemals egoistisch motiviert. Er baut, repariert und kultiviert das, was zu verwildern oder verfallen droht. Wie die Bienen – deren Leben bei Erpenbeck Ausdruck des perfekten Zusammenlebens sind – arbeitet er fleißig und emsig an der Kultivierung der Natur.

> ■ *Der Gärtner sucht häufig die Nähe zum „Bienenhaus" (S. 77/S. 73), das der Architekt errichten lässt. Deuten Sie dieses Verhalten unter Berücksichtigung der Arbeitsweise, die man Bienen im Allgemeinen zuschreibt.*

> ■ *Diskutieren Sie, inwiefern man den Gärtner als die einzige glückliche Figur im Roman „Heimsuchung" verstehen kann.*

- *„Der Unterschied zwischen Mensch und Gärtner: Der Gärtner greift nur da ein, wo es sinnvoll ist."¹ Stellen Sie dar, inwiefern sich das Zitat Wolfgang J. Reus' auf das Romangeschehen beziehen lässt.*

- *„Der Boden soll denen gehören, die ihn bearbeiten."² Beziehen Sie das Zitat Bertolt Brechts auf die Figur des Gärtners und seine Arbeit.*

Ein weiterführender **Schreibauftrag**, z. B. in Form einer **Hausaufgabe**, kann die Sequenz beschließen.

- *„Der Gärtner ist eine symbolische Figur. Vielleicht ist er gar kein Mensch, sondern Gott." Deuten Sie die Figur im Grenzbereich von Realität und Fiktion. Erklären Sie, inwiefern sie als Kommentar zu den Wirrnissen des menschlichen Lebens interpretiert werden kann.*

Zweifellos lässt sich mit Wendland sagen, dass es sich beim Gärtner um eine „mythologische Erhalterfigur"³ handelt. Den Wirrnissen der Heimsuchungen ist sie nicht ausgesetzt. Vielmehr lebt sie in einem geheimnisvollen Schutzraum, in dem die Menschen für einen kleinen Moment die Heimat finden können, die sie im gesellschaftlichen Leben auf Dauer vermissen. Insofern impliziert die Assoziationen an die Romantiker weckende Figur des Gärtners auch eine Kritik an den menschenfeindlichen, naturfernen Lebensbedingungen der modernen Gesellschaft.

- *Eines Tages bricht sich der Gärtner ein Bein und kann den Garten nicht mehr pflegen. Untersuchen Sie, welche Folgen dieses Ereignis für die Natur, aber auch für die Menschen und ihren Umgang miteinander hat. Deuten Sie diese Entwicklungen im Hinblick auf die Funktion des Gärtners im Romangeschehen.*

Die Deutung des Gärtners als einer Art Gottesfigur lässt sich in Teilen auch im Hinblick auf das Romanende aufrechterhalten. Denn als der Gärtner seiner Arbeit nicht mehr in vollem Umfang nachgehen kann, als er sich „ein Bein" bricht (S. 124/S. 119), verfällt auch der Garten, das von ihm für Menschen geschaffene Paradies, zusehends. Ein durch die verletzungsbedingte Abwesenheit des Gärtners bedingter Pilz sorgt dafür, dass „alle Äpfel und Birnen am Stamm" (ebd./ebd.) verdorren. Der Verfall der Natur beziehungsweise des Gartens geht einher mit dem der Moral: „Im Dorf wird erzählt, dass der Sohn der Hausherrin schon etliche Mädchen nach dem Tanz oder einer anderen Festivität ins Badehaus geführt habe, um mit ihnen die Nacht dort zu verbringen." (S. 125/S. 120) Kurze Zeit später wird der Betrug des jungen Arztes an seiner Frau geschildert, und zugleich wird ihm der Vorwurf gemacht, den Tod des Nachbarn absichtlich herbeigeführt zu haben, um seinen Seezugang verbreitern zu können (vgl. S. 140/S. 135). Am Ende verschwindet der angeblich Schnee essende Gärtner (vgl. S. 170) so geheimnisvoll, wie er zu Beginn im Roman erscheint: „Der Gärtner wird seitdem nicht wiedergesehen […]." (S. 171/S. 165)

- *Aus welchen Gründen könnte der Gärtner den Menschen die Welt überlassen haben?*

---

1. Zit. nach: www.aphorismen.de/zitat/70661 (Aufruf: 19.10.2023)
2. Zit. nach: https://amerker.de/int61.php (Aufruf: 29.08.2023)
3. Hans-Georg Wendland: Der Roman „Heimsuchung" von Jenny Erpenbeck und die Suche nach der Heimat, a. a. O., S. 11

Die Folgen des verletzungsbedingten Ausfalls des Gärtners	
Für die Natur und den Garten	Für die Menschen und die Gesellschaft
• Der Walnussbaum trägt keine Nüsse mehr (vgl. S. 124/S. 119). • Der unentdeckte Pilzbefall in Obstbäumen verhindert Apfel- und Birnenernte (vgl. ebd./ebd.). • Abriss des Bienenhauses als Ende perfekter Harmonie (vgl. S. 140/ S. 134)	• Der Sohn des Hausherrn verführt etliche Mädchen im Badehaus (vgl. S. 125/ S. 120). • Der Berliner Arzt betrügt seine Ehefrau und ermordet angeblich Patienten, um den eigenen Seezugang zu verbreitern (vgl. S. 140/S. 135).

Fazit:
Der Gärtner als den Menschen beschützende Figur;
sein Verschwinden führt zum moralischen Verfall.

2.3 Zusammenführung: Unterschiedliche Heimatkonzepte im Roman definieren

Erpenbecks Roman handelt von der Sehnsucht des Menschen nach einem glücklichen Leben in der Heimat, die eine stabile Ich-Identität ermöglicht. Auf die Frage jedoch, was genau unter dem Begriff „Heimat" zu verstehen ist, gibt der Roman keine letztgültige Antwort. Heim und Heimat, so lässt sich zusammenfassen, sind bei Jenny Erpenbeck keine stabilen Konzepte, sondern werden dezentriert und anhand ihrer biografischen Diskontinuitäten offengelegt.[1] Heimat bedeutet im Roman für jede Figur etwas anderes. Angesichts der unterschiedlichen Lebensläufe der Romanfiguren entzieht sich der für den Roman zentrale Begriff „Heimat" einer eindeutigen Festschreibung, wie die Autorin meint: „Ich habe versucht, in jedem Kapitel einen anderen Heimatbegriff zu entwickeln."[2] Gemeinsam ist den Figuren neben der Sehnsucht nach Heimat allein die Erkenntnis ihrer Bedeutung. So formuliert Erpenbeck selbst: „Heimat, das ist etwas, das man wahrscheinlich erst bemerkt, wenn man es verloren hat."[3] Sie sollte daher nicht als etwas Selbstverständliches hingenommen werden. Was Heimat dann konkret für das Individuum bedeutet, hängt mit den Auswirkungen der historischen Geschehnisse zusammen, denen es ausgesetzt ist und von denen es „heimgesucht" wird. So kommen in den verschiedenen Einzelgeschichten unterschiedliche Heimatvorstellungen zum Ausdruck, die am Ende dieses zentralen Bausteins zusammengefasst werden können.

Der **Einstieg** offeriert den Schülerinnen und Schülern die Möglichkeit einer assoziativen Annäherung an den Heimatbegriff, indem sie ein Akrostichon in **Einzelarbeit** ausfüllen und ihre Gedanken anschließend im Plenum darlegen (vgl. **Arbeitsblatt 14**, S. 101, Webcode WES-109677-771, Aufgabe 1).

---

[1] Vgl. Kathrin Schuchmann: „Die Zeit scheint ihr zur Verfügung zu stehen wie ein Haus.", a. a. O., S. 56.
[2] Jenny Erpenbeck im Gespräch mit Alfons Huckebrink und Frank Lingnau, in: Am Erker, Nr. 61, Münster, Juni 2011; https://amerker.de/int61.php (Aufruf: 19.10.2023)
[3] Kathrin Schuchmann, a. a. O., S. 53

Baustein 2: „Heimgesucht": Zwölf Menschen auf der Suche nach Heimat – Die Figuren des Romans

■ *Der Begriff „Heimat" entzieht sich naturgemäß einer allgemeingültigen Definition. Unter Heimat versteht jeder Mensch in Abhängigkeit von seiner persönlichen Lebenssituation, seinen biografischen Erfahrungen und Erlebnissen etwas anderes. Nähern Sie sich dem Begriff mithilfe des Akrostichons, indem Sie jeden Anfangsbuchstaben zu einer persönlichen Assoziation nutzen.*

H	
E	
I	
M	
A	
T	

Die folgende **Erarbeitungsphase** baut auf den individuellen Assoziationen der Lerngruppe auf und zielt darauf, die Heimatkonzepte der Romanfiguren zu systematisieren, indem sie auf je ein Schlagwort reduziert werden. Im Sinne des exemplarischen Vorgehens in diesem Baustein, der darauf verzichtet, alle zwölf Figuren im Unterrichtsgeschehen genauer zu betrachten, werden nur die sechs detailliert behandelten Figuren in **Partner- oder Kleingruppenarbeit** thematisiert (Aufgabe 2).

■ *Auch im Roman „Heimsuchung" von Jenny Erpenbeck gibt es nicht eine allgemein verbindliche Definition des Heimatbegriffs. Weisen Sie daher auf Grundlage Ihrer Lektürekenntnisse die folgenden Schlagwörter den einzelnen Romanfiguren zu und begründen Sie in Stichworten.*

Die Teilergebnisse werden in der **Präsentationsphase** sukzessive vorgestellt, textnah begründet und – im Idealfall – kontrovers erörtert. Abschließend können sie in Form eines **Tafelbildes** festgehalten und gesichert werden, wobei es durchaus unterschiedliche Zuordnungen geben kann.

Heimat als …							
1	Sprache	2	Kinderheimat	3	Paradies auf Erden	4	Sicherheit
5	Identität	6	sozialer Raum	7	Erbe und Territorium	8	Vaterland
9	Falle	10	im Herzen	11	Identitätsverlust	12	irdischer Ort

Nr.	Name	Begründung
7	Großbauer	Erbe und Territorium gehen dem Großbauern über alles. Er ist Traditionen und Ritualen so sehr verhaftet, dass er seinen Töchtern keine Freiheiten gewährt.
5	Architekt	Hin- und hergerissen zwischen drei politischen Systemen, weiß er genau: „Wer baut, klebt nun einmal sein Leben an die Erde." (S. 42/S. 39)
12	Tuchfabrikant	In Südafrika spricht der Tuchfabrikant eine Mischsprache. Anders als seine dort geborenen Kinder wird er wegen dieser Sprachlosigkeit nicht völlig heimisch.
9	Das Mädchen	In ihrem Versteck wandelt sich Doris' Heimatvorstellung von einem glücklichen Leben am See in ein neues, religiös konnotiertes Heimatbild.
8	Schriftstellerin	Verzweifelt kämpft die Schriftstellerin mit der Schreibmaschine als ihre „Wand" (S. 114/S. 109) darum, das kriegszerstörte deutsche Vaterland moralisch zu erneuern.
3	Gärtner	Der Gärtner beherrscht die Natur und fühlt sich in der Nähe des Bienenhauses heimisch. Glücklich ist er bei der Arbeit im natürlichen Wechsel der Jahreszeiten.

Mehrdimensionalität des Heimatbegriffs
jenseits einer bloß geografisch-räumlichen Verortung

Ein interessantes Zitat des bekannten Regisseurs und Autors Edgar Reitz, der sich in einer Film-Trilogie „Heimat" (1981 – 2012) filmisch mit dem Thema auseinandergesetzt hat, kann die Sequenz abschließen (Aufgabe 3).

Reitz geht es dabei darum, eine allzu unkritische Verherrlichung des Heimatbegriffs auszuschließen. Er betont die Notwendigkeit, sich vom Zufall der eigenen Heimat, die wie ein Gefängnis wirken kann, freizumachen. Im Roman gelingt dies vor allem der Besucherin (vgl. S. 127 ff./S. 122 ff.), die im Haus der Schwiegermutter ihrer jüngsten Enkeltochter „für den Rest ihres Lebens zu Besuch" (S. 133/S. 129) ist und der es gedanklich gelingt, sich von ihrer alten Heimatbindung zu lösen. Mehrfach wiederholt sie, im Berliner Umland nun „fast wie zu Hause" (S. 128/S. 123) zu sein. Sie hat sich aufgrund des polnisch-ukrainischen Kriegs von ihrer alten Heimat losreißen müssen und reflektiert, dass Heimat eher eine mobile Vorstellung sei, die man in sich trage: „Die Hauptsache ist, dass sie hier wieder schwimmen kann." (S. 127/S. 122)

■ *Deuten Sie den Heimatbegriff einiger Figuren unter Bezug auf das Zitat von Edgar Reitz.*

> „Heimat ist eine Haut, ein Gehäuse. Die Freiheit besteht darin, sich aus dieser Haut hinauszubegeben und dieses kleine Universum, das wir sozusagen von Geburt an wie einen Uterus mitbringen, zu verlassen. Wir müssen eine Distanz entwickeln, aus der heraus wir entscheiden können, ob wir die Verhältnisse so lassen oder nicht, ob wir uns fügen oder nicht fügen in die Traditionen und Verhältnisse. Heimat war immer eine Haut, aus der ich ausbreche."
>
> Edgar Reitz, Deutscher Kulturrat online, Hans Jessen, 26.02.2019, Berlin; www.kulturrat.de/themen/heimat/heimat-kunst/es-sind-immer-raum-und-zeit/ (Aufruf: 25.08.2023)

Bei ausreichenden zeitlichen Ressourcen kann ein interessantes **Video-Interview**[1] („Ausgefragt: Was ist Heimat?", Webcode WES-109677-255) mit der Landtagspräsidentin Baden-Württembergs, Frau Muhterem Aras, und dem bekannten deutschen Soziologen Hartmut Rosa die Sequenz abschließen. Rosa und Aras erweitern in ihrem zehnminütigen Dialog die traditionelle Vorstellung von Heimat als Erinnerungsort an das eigene Aufwachsen und die Kindheit. Ihr Ansatz ähnelt dabei der Kritik Edgar Reitz'. Die Gesprächspartner und -partnerinnen betonen die Gestaltbarkeit von Heimat, die auch kollektiv erfahren und aufgebaut werden müsse, statt sie einfach nur als gegeben oder schicksalhaft zu akzeptieren.

■ *Inwiefern unterscheidet sich Aras' und Rosas Vorstellung von Heimat vom traditionellen Verständnis?*

■ *Erläutern Sie, welche Romanfigur dem aktiven und prozessorientierten Heimatverständnis der beiden Dialogpartner bzw. -partnerinnen ähnelt.*

■ *Diskutieren Sie, welche Aufgabe nach Aras und Rosa jedem einzelnen Bürger beziehungsweise jeder einzelnen Bürgerin in einer multikulturellen Einwanderungsgesellschaft zukäme und auf welche Weise sich Heimat zukunftsorientiert gestalten ließe.*

Für Aras und Rosa ist Heimat mehr als nur ein Ort, der individualistisch besetzt werden kann, da sich die Kindheitserfahrungen eines jeden Menschen voneinander unterscheiden. Vielmehr müsse – so die Diskutanten – der bis dato statisch gedachte Begriff in einer modernen Gesellschaft für eine spezifische Haltung stehen, die man innerhalb der Gesellschaft einnehmen könne. Heimat wird so zu einem Projekt, an dem sich jedes Mitglied der Gesellschaft beteiligen kann, auch um einer gefährlichen Isolation und Vereinzelung entgegenzutreten: „[I]ch glaube, Heimat kann nicht nur individualistisch erfahren werden, es geht mir ja um die Art der Beziehung zwischen Menschen oder zum Beispiel auch zwischen Menschen und Dingen. Und diese Art der Beziehung, die stellen wir gemeinsam her, zum Beispiel in Institutionen, aber dann natürlich auch im politischen Raum. Heimat ist auch der Ort, wo ich sowas wie eine Stimme habe, an dem ich gehört werde. Und das kann natürlich bis hin zur EU gehen. Daran kann man ganz interessant sehen, dass ich zu jedem Raum eine Haltung, die tendenziell eine Heimathaltung ist, einnehmen kann, oder eine Entfremdungshaltung. Die Heimathaltung entsteht da, wo ich das Gefühl habe: ‚Das, was da passiert, geht mich was an und ich habe Anteil daran'. Also wenn ich zum Beispiel irgendwo hingehe und sage: ‚Wir in Europa versuchen jetzt was', dann hab ich tendenziell das Heimatgefühl: Wir in Europa, an dem ich Anteil habe. Nicht, weil ich es kontrolliere und übrigens auch nicht, weil wir da alle immer einer Meinung sind. Für mich gehört Streit ganz zentral zu Auseinandersetzung. Heimat ist auch ein Raum, in dem man sich auseinandersetzen kann, aber nicht in Form von: ‚Du bist ne blöde Gans.' Sondern in Form von: ‚Das interessiert mich, was du sagst. Lasst uns darum ringen.'"[2]

---

[1] Abrufbar unter: www.lpb-bw.de/ausgefragt-was-ist-heimat (Aufruf: 20.08.2023)

[2] Transkript des Videogesprächs; Landeszentrale für politische Bildung Baden-Württemberg online, Hartmut Rosa, Rebecca Beiter, Muterem Aras, 19.10.2020, Stuttgart, www.lpb-bw.de/ausgefragt-was-ist-heimat (Aufruf: 03.08.2023)

Ein Figurenporträt erstellen / Figurenkabinett

In ihrem Roman „Heimsuchung" leistet Jenny Erpenbeck ihren Beitrag zur großen Geschichtsschreibung, indem sie die kleinen, alltäglichen Geschichten ganz normaler Menschen erzählt, die in irgendeiner Weise mit einem Haus und dem Seegrundstück bei Berlin verbunden sind. Fast durch ein gesamtes Jahrhundert sind diese Menschen auf der Suche nach Heimat und werden dabei von Ereignissen heimgesucht.

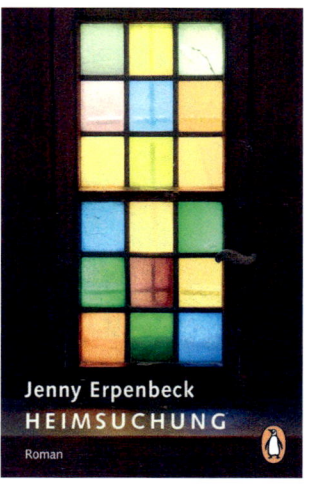

1. Werten Sie ein Kapitel zu *einer* Figur des Romans mithilfe der tabellarischen Vorlage aus.

2. Schlüpfen Sie im Anschluss in die Figur und stellen Sie sich als diese einer Mitschülerin oder einem Mitschüler vor. Falls möglich, bringen Sie ein symbolisches Requisit mit, das zu Ihrer Figur passt, und erläutern Sie seine Bedeutung für Sie.

Name der Figur: Buchkapitel: Seitenzahlen:	„Glücksbarometer" von (-5) für „sehr unglücklich" bis (+5) für „sehr glücklich" (begründet):
(Allgemeine oder berufliche) Tätigkeiten:	Verhältnis zu Mitmenschen:
Aktive Handlungen, die die Figur unternimmt, um ihr Leben selbst zu gestalten (Autonomie):	Geschehnisse, die der Figur „wie eine Heimsuchung" widerfahren, und ihre Folgen:
Vorstellung und Bedeutung von Heimat:	Alter, Herkunft und biografische Vorgeschichte:
Sonstiges:	

Was die Figuren verbindet – Den „roten Faden" finden

Peters, Anke; Wortwolke „Heimat". Quelle: Heimat in Literatur, Sprache und Kunst – Annäherungen an einen problematischen Begriff. Erkelenz (2015), S. 3 (Titelblatt, Graphik: Peters/Bechmann)

1. Setzen Sie sich mit Mitschülerinnen und Mitschülern zusammen, die andere Figuren des Romans erarbeitet haben. Werten Sie die „Wortwolke" aus, indem Sie sich darüber verständigen, welche der Schlagwörter auf mehrere oder auch sämtliche der Romanfiguren zutreffen. Begründen Sie Ihre Entscheidung textnah.

2. „Ohne Heimat sein heißt leiden." Erläutern Sie, inwiefern das Zitat[1] des russischen Dichters Fjodor Dostojewski (1821 – 1881) auf viele Figuren des Romans „Heimsuchung" zutrifft.

3. Charakterisieren Sie mehrere Figuren des multiperspektivischen Romans als Heimatlose. Begründen Sie Ihre Einschätzung schriftlich und veranschaulichen Sie diese mit konkreten Textverweisen (Zitaten).

---

[1] Zit. nach: www.gutzitiert.de/zitate_sprueche-heimat.html (Abruf: 06.07.2023)

Der Großbauer und seine vier Töchter

1. Beschreiben Sie das Szenenbild aus einer Theateraufführung des Schauspiels Gera 2010. Welche Rolle spielt die Braut bei ihrer Hochzeit? (Vgl. S. 14 – 16/S. 12 – 14) Welche Bedeutung haben Tradition, Rituale und Aberglaube in der Dorfgemeinschaft?

2. Wie glücklich sind die vier Töchter des Großbauern? Notieren Sie deren Eigennamen im „Glücksbarometer" (+3 = sehr glücklich; -3 = sehr unglücklich). Erläutern Sie Ihre Einordnung textnah.

(-3)	(-2)	(-1)	(0)	(+1)	(+2)	(+3)

3. Arbeiten Sie heraus, wie sich die vier Töchter des Großbauern entwickeln. Suchen Sie gemeinsam nach Gründen für diese Entwicklung. Ziehen Sie ein abschließendes Resümee.

Name	Entwicklung	Mögliche Begründung
Grete		
Hedwig		
Emma		
Klara		

4. Charakterisieren Sie den Großbauern Wurrach, indem Sie treffende Adjektive auswählen. Begründen Sie Ihre Einschätzung.

☐	jähzornig, launisch	☐	kontrollierend, steuernd	☐	gefühllos, grob
☐	freundlich, empathisch	☐	tapfer, mutig	☐	selbstherrlich, grausam
☐	unabhängig, frei	☐	geschäftstüchtig	☐	mächtig, strategisch
☐	liebevoll, zärtlich, sensibel	☐	herrisch, dominant	☐	klassenbewusst
☐	engstirnig, reaktionär	☐	verständnisvoll	☐	treu, charakterfest

5. Bauen Sie Standbilder, an denen wesentliche Charakterzüge des Großbauern sowie das Verhältnis zu seinen Töchtern bzw. den Dorfbewohnern und -bewohnerinnen deutlich werden.

6. „Hat ein Gott erst das Haus erschüttert, so häuft sich des Unheils volles Maß auf ferne Geschlechter."[1] (Sophokles) Erläutern Sie die expositorische Bedeutung des ersten Kapitels für die weitere Handlung des Romans. Inwiefern kann man von einem „bösen Omen" sprechen?

---

[1] Zit. nach: www.gutzitiert.de/zitatebysearch.php?search=unheil (Aufruf: 30.06.2023)

Der Architekt

Jenny Erpenbecks Romantitel beinhaltet ein doppeldeutiges Sprachspiel: Das Wort „Heimsuchung" ist eine Zusammensetzung, die sich in zwei Teile zerlegen lässt. Beide Teile lassen sich in unterschiedlicher Weise auf ihre Romanfiguren, wie z. B. den Architekten, beziehen.

Heimsuchung
deutsch
Wortart: Substantiv
(weiblich)

1. Erarbeiten Sie mithilfe des Lexikonauszugs zwei mögliche Bedeutungen des Romantitels.

1) ein Schicksalsschlag, ein bedrohliches Ereignis oder eine Entwicklung, dem die Betroffenen ausgeliefert sind, eventuell als Strafe oder religiöse Prüfung gedeutet
2) *veraltet, allgemein:* Besuch, insbesondere der überraschend hereinbrechende „Besuch" beziehungsweise die Ankunft Gottes zu den Menschen, die normalerweise Erschrecken auslöst [...]
4) *historisch, juristisch:* eine Form des Hausfriedensbruchs, schwere Störung des Hausfriedens
5) *süddeutsch:* Haussuchung, Hausdurchsuchung eines Verdächtigen durch die Polizei

Wortbedeutung.info, Wörterbuch, Dirk Moosbach, Dubai; www.wortbedeutung.info/Heimsuchung/ (Aufruf: 30.06.2023)

Bedeutung A: _____

Bedeutung B: _____

2. Versuchen Sie, beide Deutungen des Begriffs auf den Architekten (S. 34 – 45/S. 31 – 42) anzuwenden.

Auf welche Art und Weise versucht der Architekt, Heim und Heimat zu finden?	Der Architekt und seine Suche nach Heimat	Wodurch wird der Architekt heimgesucht? Welche äußeren Ereignisse prägen sein Leben?

3. Welche der folgenden Aphorismen treffen Ihrer Ansicht nach auf den Architekten zu?

☐	„Heimisch in der Welt wird man nur durch Arbeit. Wer nicht arbeitet, ist heimatlos." (Berthold Auerbach)
☐	„Der wackre Mann findet überall seine Heimat." (Friedrich Schiller)
☐	„Heimat ist immer etwas Verlorenes, eine Sehnsucht, die sich nie erfüllen lässt." (Edgar Reitz)[1]

[1] Zit. nach: gutzitiert.de, Kimberly Alojado Bueckart, Bacolod City; www.gutzitiert.de/zitate_sprueche-heimat.html (Aufruf: 29.08.2023)

Der Tuchfabrikant

Das Kapitel „Der Tuchfabrikant" erzählt die traurige Geschichte einer jüdischen Familie, der die Flucht aus der alten Heimat nach Südafrika gelingt und die so – im Gegensatz zu den Eltern und der Nichte Doris – der Ermordung im Holocaust entgeht.

1. *Erproben Sie die Lektüre einzelner Abschnitte des Kapitels in Lese-Tandems. Bei diesem dialogischen Lesen übernimmt immer ein Leser bzw. eine Leserin einen Abschnitt. Was wird durch diese Art der Lektüre im Hinblick auf die Erzähltechnik Erpenbecks deutlich? Inwiefern erfordert das Lesen dieses Kapitels besondere Aufmerksamkeit und Aufnahmebereitschaft bei den Lesenden?*

2. *Die kleine Tochter des Tuchfabrikanten, Elisabeth, hält die Flucht der Familie nach Kapstadt für eine „Vertreibung ins Paradies" (S. 55/S. 52). Erläutern Sie diese auffällige Formulierung. Überprüfen Sie textnah, ob sich das neue Leben der Familie tatsächlich „paradiesisch" (S. 49/S. 46) gestaltet oder ob es auch Nachteile hat. Nutzen Sie den Info-Kasten zum Begriff „Apartheid".*

Unter „Apartheid" (wörtlich: Getrenntheit) versteht man eine historische Periode staatlich festgelegter und organisierter Rassentrennung in Südafrika. Diese war vor allem durch die autoritäre und selbsterklärte Vorherrschaft der weißen, ursprünglich aus Europa stammenden Bevölkerungsgruppe über die vorwiegend Schwarze Mehrheit gekennzeichnet. Ihre Hochphase hatte die Apartheid zwischen 1940 und 1980. Sie fand 1994 nach einer Phase der Verständigung mit einem demokratischen Regierungswechsel ihr Ende, symbolisiert durch die Präsidentschaft des Freiheitskämpfers und Bürgerrechtlers Nelson Mandela.

Leben in Südafrika als neuer Heimat: Vorteile	Leben in Südafrika als neuer Heimat: Nachteile

3. *Welche Hinweise gibt die Sprache der Figuren über das Ge- bzw. Misslingen der Integration in die neue Heimat Kapstadt? Untersuchen Sie das sprachliche Verhalten Ludwigs und seiner Kinder (vgl. S. 48, Z. 17 – S. 49, Z. 15/S. 51, Z. 14 ff./S. 45, Z. 18 – S. 46, Z. 8, S. 48, Z. 9 ff.). Deuten Sie in diesem Zusammenhang auch die Metaphorik der „Skatkarten" (S. 58/S. 55).*

4. *„Die Sprache ist das Haus des Seins. In ihrer Behausung wohnt der Mensch."[1] Erläutern Sie das Zitat Martin Heideggers (1889 – 1976) und überprüfen Sie, ob beziehungsweise inwiefern der Tuchfabrikant im südafrikanischen Exil als „unbehaust" gelten kann. In welcher Weise kann man von einem Identitätsverlust Ludwigs sprechen?*

---

[1] Martin Heidegger: Platons Lehre von der Wahrheit. Francke Verlag: Bern 1954, S. 53

© Westermann
Best.-Nr. 109677

Das Mädchen

1. Schauen Sie sich die Dokumentation „Die Sonntagsbriefe der Doris Kaplan" an. Halten Sie wesentliche Informationen stichpunktartig rund um die Abbildung des Mädchens fest.

Projekt Wir waren Nachbarn

2. Überprüfen Sie textnah, inwiefern die reale Doris Kaplan Jenny Erpenbeck als Vorlage für ihre Figur im Kapitel „Das Mädchen" gedient hat. Notieren Sie dafür mögliche Parallelen zu den Sachinformationen der Film-Dokumentation in einer Tabelle in Ihrem Kursheft.

3. Bestimmen Sie die äußere und die innere Situation des Mädchens. In welcher Situation befindet sie sich warum und was tut sie dabei?

4. Welche Rolle spielt die Erinnerung an ihre Heimat im Haus am See für Doris? Notieren Sie Inhalte ihrer Erinnerung und beschreiben Sie deren Entwicklung.

S. 81/ S. 76	S. 82, Z. 3–26/ S. 77, Z. 3–23	S. 89, Z. 4–19/ S. 84, Z. 13–29	S. 91, Z. 17 – S. 92, Z. 4/ S. 87, Z. 1–17

5. Jenny Erpenbeck hat ihrem Roman die drei Worte „Für Doris Kaplan." (S. 5/S. 5) vorangestellt, ein Akt des Widerstands gegen den letzten Satz des Kapitels. Gestalten Sie einen Text oder eine Collage, der bzw. die an das Leben und Sterben des Mädchens erinnert. Machen Sie auch deutlich, warum die Erinnerung an Doris Kaplan heute noch wichtig ist.

Die Schriftstellerin

1. Stellen Sie sich vor, der Roman „Heimsuchung" von Jenny Erpenbeck würde verfilmt werden und Sie als Regisseur/-in hätten die Aufgabe, die Figur der Schriftstellerin mit einer passenden, d. h. typgerechten Schauspielerin zu besetzen. Welche der folgenden Personen würden Sie wählen? Kreuzen Sie an und begründen Sie Ihre Besetzung.

Hedda Zinner   Anna Seghers   Christa Wolf

> Im Kapitel „Die Schriftstellerin" erinnert Jenny Erpenbeck an zahlreiche Künstler und Intellektuelle, die nach der Machtergreifung der Nationalsozialisten 1933 flohen und ins Exil emigrierten. Den Verlust der Heimat versuchten viele von ihnen, z. B. die Dichterin Anna Seghers oder Erpenbecks Großmutter Hedda Zinner, damit zu kompensieren, dass sie im Ausland aktiv gegen das NS-Regime anschrieben. Nach dem Ende des Zweiten Weltkrieges kehrten viele von ihnen in ihre alte Heimat zurück, die nun allerdings in zwei deutsche Staaten aufgeteilt war. Sie versuchten vor allem in der DDR, mithilfe ihrer Kunst eine sozialistische und humane Gesellschaft aufzubauen und aus den ehemaligen Anhängern Hitlers gute, d. h. zivilisierte und solidarische Menschen zu machen.

2. Erarbeiten Sie die Ziele der Schriftstellerin nach ihrer Rückkehr in die DDR. Stellen Sie diesen ihre tatsächlichen Erlebnisse im Alltag gegenüber und ziehen Sie am Ende ein Fazit.

Ziele und Intentionen der Schriftstellerin Mögliche Textstellen: S. 114, 119, 121 f./ S. 109, 114, 116 f.	Tatsächliche Lebensrealität im Alltag der DDR Mögliche Textstellen: S. 113 f., 117 f., 120 f., 122 f./ S. 108 f., 112 f., 115 f., 117 f.

Fazit:

3. „I-c-h k-e-h-r-e h-e-i-m". Erläutern Sie die Bedeutung von Sprache und Literatur sowie die Funktion der Schreibmaschine für die Schriftstellerin im Hinblick auf ihr Projekt, in ihrer neuen Heimat eine gerechte Gesellschaftsformation herbeizuführen (vgl. S. 112, 114, 117/S. 107, 109, 112).

4. Erörtern Sie die Frage, ob und auf welche Weise Kunst, z. B. Popmusik oder Rap, die Gesellschaft verändern kann. Scrollen Sie dafür durch Ihre Playlist und überprüfen Sie, welche Songs einen solchen Anspruch formulieren. Präsentieren Sie Ihr Ergebnis.

Abb.: l.: Alfred Klahr Gesellschaft/Bildarchiv der KPÖ; M.: ullstein bild/Atelier Jacobi; r.: ullstein bild/Schiffer-Fuchs

© Westermann
Best.-Nr. 109677

Der Gärtner

1. Ob jung oder alt, bei der Arbeit im heimischen Garten fühlen sich die meisten Menschen glücklich, ausgeglichen und zufrieden. Wie lässt sich das Glück beim Heimgärtnern erklären? Beziehen Sie eigene Erfahrungen mit ein. Nutzen Sie ggf. auch eines der folgenden Zitate.

☐	To plant a garden is to believe in tomorrow. (Audrey Hepburn)[1]
☐	Wer einen Garten hat, lebt schon im Paradies. (Aba Assa)[2]
☐	Der Garten ist die beste Schule des Lebens. (Bernhard Steiner)[3]

2. Interpretieren Sie die folgenden Textstellen im Hinblick auf den Umgang des Architekten, der Rotarmisten sowie des Gärtners mit der Natur. Notieren Sie Ihre Ergebnisse im folgenden Schaubild (Textstellen: S. 30, Z. 17 – S. 33/S. 28, Z. 10 – S. 30; S. 94, Z. 1 – S. 95, Z. 8/S. 89, Z. 1 – S. 90, Z. 2).

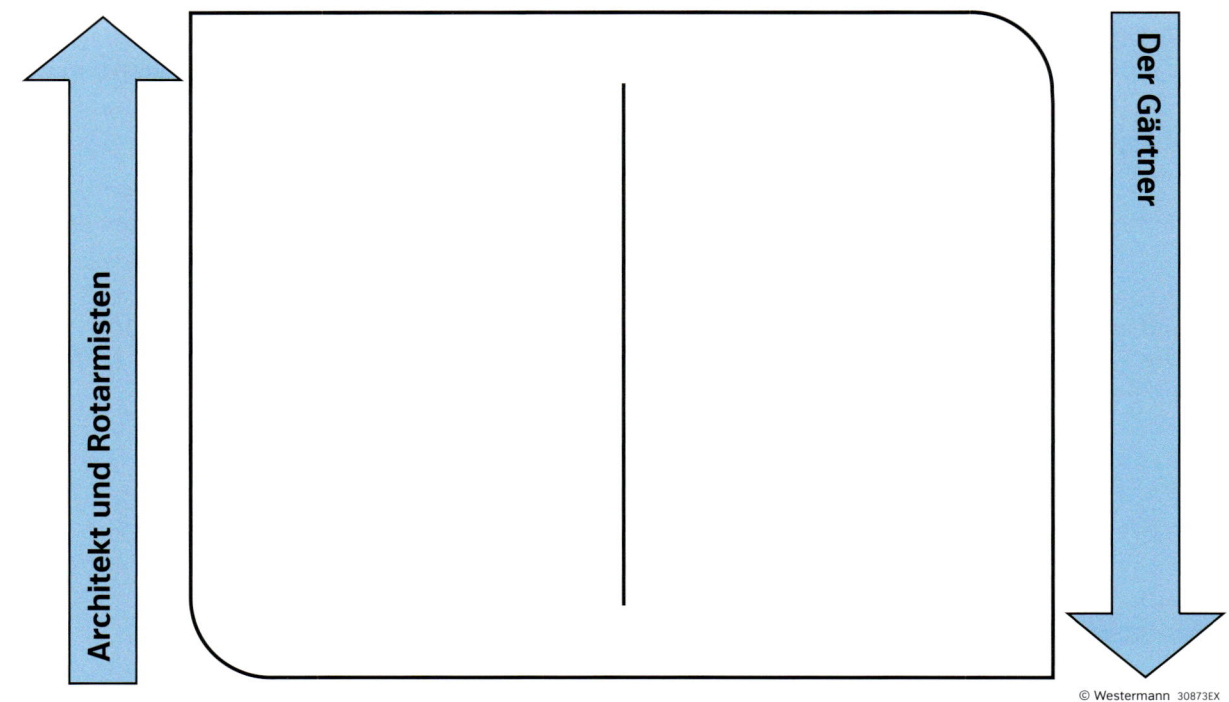

3. Der Gärtner ist eine nahezu stumme Figur im Roman. Statt zu reden, handelt er. Bringen Sie ihn zum Sprechen, indem Sie mit ihm ein Interview über sein langes Leben im Garten am See führen. Befragen Sie ihn u. a. über seine Motivation, sein Lebensglück, die wechselnden Bewohner und Bewohnerinnen im Haus sowie seine Einstellung zu den politischen Geschehnissen im 20. Jahrhundert. Präsentieren Sie Ihren Dialog im szenischen Spiel.

---

[1] Zit. nach: Guyabouthome.com, 09.04.2021; www.guyabouthome.com/to-plant-a-garden-is-to-believe-in-tomorrow-audrey-hepburn/ (Aufruf: 19.10.2023) [2] Zit. nach: Verein Stadtmarketing & Tourismus Klosterneuburg, Österreich; www.klosterneuburg.net/gaerten-1 (Aufruf: 19.10.2023) [3] Zit. nach: Plantopedia.de, 27.01.2023, Zwickau; www.plantopedia.de/blumen-und-garten sprueche/ (Aufruf: 19.10.2023)

Heimatkonzepte in „Heimsuchung" definieren

1. Der Begriff „Heimat" entzieht sich naturgemäß einer allgemeingültigen Definition. Unter Heimat versteht jeder Mensch in Abhängigkeit von seiner persönlichen Lebenssituation, seinen biografischen Erfahrungen und Erlebnissen etwas anderes. Nähern Sie sich dem Begriff mithilfe des Akrostichons, indem Sie jeden Anfangsbuchstaben zu einer persönlichen Assoziation nutzen.

H	
E	
I	
M	
A	
T	

2. Auch im Roman „Heimsuchung" von Jenny Erpenbeck gibt es nicht eine allgemein verbindliche Definition des Heimatbegriffs. Weisen Sie daher auf Grundlage Ihrer Lektürekenntnisse die folgenden Schlagwörter den einzelnen Romanfiguren zu und begründen Sie in Stichworten.

Heimat als …							
1	Sprache	2	Kinderheimat	3	Paradies auf Erden	4	Sicherheit
5	Identität	6	sozialer Raum	7	Erbe und Territorium	8	Vaterland
9	Falle	10	im Herzen	11	Identitätsverlust	12	irdischer Ort

Nr.	Name	Begründung
	Großbauer	
	Architekt	
	Tuchfabrikant	
	Das Mädchen	
	Schriftstellerin	
	Gärtner	

3. Deuten Sie den Heimatbegriff einiger Figuren unter Bezug auf das Zitat von Edgar Reitz.

> „Heimat ist eine Haut, ein Gehäuse. Die Freiheit besteht darin, sich aus dieser Haut hinauszubegeben und dieses kleine Universum, das wir sozusagen von Geburt an wie einen Uterus mitbringen, zu verlassen. Wir müssen eine Distanz entwickeln, aus der heraus wir entscheiden können, ob wir die Verhältnisse so lassen oder nicht, ob wir uns fügen oder nicht fügen in die Traditionen und Verhältnisse. Heimat war immer eine Haut, aus der ich ausbreche."
>
> Edgar Reitz, Deutscher Kulturrat online, Hans Jessen, 26.02.2019, Berlin; www.kulturrat.de/themen/heimat/heimat-kunst/es-sind-immer-raum-und-zeit/ (Aufruf: 25.08.2023)

Baustein 3

Rund um Form, Sprache und Erzählen in „Heimsuchung"

Während es im für dieses Unterrichtsmodell zentralen zweiten Baustein um die inhaltliche Annäherung an die Figuren des Romans „Heimsuchung" von Jenny Erpenbeck geht, nimmt der vorliegende dritte Baustein vor allem formale, sprachliche und erzählerische Aspekte in den Blick.

Zu Beginn erarbeiten die Schülerinnen und Schüler die rahmende Funktion, die Pro- und Epilog im Gesamtkonzept des Textes zukommt und die eine Relativierung des Binnengeschehens impliziert. Die Spuren des Individuums verlieren sich angesichts der Größe des Makrokosmos. Einzig die Figur des Gärtners bildet hier eine Ausnahme (3.1).

Im Anschluss wird die häufig dokumentarisch-nüchterne Sprache des Romans, der auch von fachsprachlichen Elementen durchsetzt ist, analysiert. Die Lernenden erkennen die Funktion elliptischer Auslassungen, Verknappungen und Andeutungen für die Textaussage. Handlungsorientiert erarbeiten sie eine eigene kurze Theatersequenz zum Roman (3.2).

In 3.3 kommen die Schülerinnen und Schüler mit den erzähltechnischen Begriffen der Erzählform, -perspektive und des Erzählverhaltens in Berührung und wenden sie auf den Roman an. Aus strikt personaler Sichtweise nehmen die Lesenden an den individuell erfahrenen und verarbeiteten Heimsuchungen der jeweiligen Figur Anteil (3.3).

Im nächsten Kapitel steht die Frage im Raum, welcher Gattung der Roman „Heimsuchung" zuzurechnen ist. Die Schülerinnen und Schüler erarbeiten spezifische Merkmale modernen Erzählens und weisen sie textbasiert nach. Vor diesem Hintergrund begreifen sie den Roman als „Antiheimatliteratur", die Heimat als sehnsuchtsvolle Vorstellung und weniger als topografisch verortet versteht. Sesshaftigkeit im Haus am märkischen See wird für keine der Erpenbeck'schen Figuren dauerhaft möglich (3.4).

Daran knüpft die Erarbeitung der Symbolik des Romans an. Räume und Orte werden von den Figuren nicht dauerhaft besetzt, weil die Bedrohungen von außen, die Heimsuchungen, dies nicht zulassen. Das Haus am See als topografisches Zentrum der Romanhandlung dient vielmehr als Ort der Erinnerung an das verlorengegangene Paradies, in dem dauerhaft nur der Gärtner leben kann. Symbolisch wird das vom Architekten erbaute Haus zum Speicher der Erinnerung, der sein Ende mit dem Abriss findet. Nur die wiedergefundenen oder ausgegrabenen Gegenstände aus dem Leben einzelner Figuren geben noch Zeugnis von ihrer Existenz ab (3.5).

Die letzte Sequenz, die sich vor allem für Schülerinnen und Schüler im Leistungskurs eignet, stellt eine kurze Einführung in die poetologische Debatte um die Frage der poetischen Darstellbarkeit der Geschehnisse des Holocausts dar. Am Beispiel des Kapitels „Das Mädchen" erarbeiten die Lernenden in deduktiver Form die Antwort Erpenbecks auf die Herausforderung, in angemessener Form über das eigentlich Nichtdarstellbare zu sprechen (3.6).

3.1 Der Mensch in der Geschichte – Prolog und Epilog des Romans deuten

Erpenbecks Roman ist eine Auseinandersetzung mit der häufig verzweifelt geratenden Suche des Menschen nach Heimat vor dem Hintergrund politisch-gesellschaftlicher Heimsuchungen und Schicksalsschläge im Deutschland des 20. Jahrhunderts. In „Heimsuchung" mischt sich die „große Geschichte" – von der Weimarer Republik, der NS-Terrorherrschaft, dem Zweiten Weltkrieg, der Nachkriegszeit, der Koexistenz zweier deutscher Staaten bis hin zu Mauerfall und Wiedervereinigung – mit den individuellen Biografien einzelner Figuren. Dabei werden die epochalen politischen Ereignisse nur am Rande berührt. Das ist kein Zufall, wie Erpenbeck selbst verrät: „Mich interessiert Geschichte wahrscheinlich eher als Individualgeschichte, weil ich glaube, dass Geschichte nicht wirklich von Menschen wahrzunehmen ist. Sowohl im Leben als auch in der Theorie interessiert es mich, wie Geschichte konkret wird, wo die Umbrüche wirklich zu sehen sind."[1] Dass diese von der Autorin präferierten alltäglichen Schicksale des „kleinen Mannes" vor allem von Leiderfahrungen des Menschen im Räderwerk der Geschichte geprägt sind, ist Teil der hochphilosophischen Auseinandersetzung des Romans mit der Bedeutung menschlichen Lebens im Kontext der Zeit. Indem die Autorin dem Handlungsgeschehen der kurzen und ausschnitthaft erzählten Episoden ihrer Figuren mit Pro- und Epilog einen Rahmen verleiht, kommentiert sie das menschliche Streben nach Glück, Identität und Heimat. Die Geschichten des Tuchfabrikanten, des Architekten oder der Schriftstellerin spielen sich alle in einem letztlich kleinen Mikrokosmos ab, dem die am Leben hängenden Menschen selbst eine überragend große Bedeutung verleihen. Die menschliche Existenz relativierend, stellt Erpenbeck diesem Mikrokosmos des Alltäglichen einen Makrokosmos an die Seite: Pro- und Epilog konstituieren einen Gegensatz zwischen der geringen Dauer eines Menschenlebens und der weitaus zäheren und dauerhafteren Natur: „Die vermeintlich individuellen Geschichten dieser Menschen erweisen sich in *Heimsuchung* als zyklisches Geschehen innerhalb des narrativen Reigens: Immer neue Besitzer des Sommerhauses am See kommen an, wollen heimisch werden, bleiben eine Weile und müssen wieder gehen."[2]

In dieser Sequenz erhalten die Schülerinnen und Schüler daher Gelegenheit, sich mit dem Geschichts- und Zeitkonzept des Romans am Beispiel von Pro- und Epilog auseinanderzusetzen. An ihnen kann die Flüchtigkeit, wenn nicht sogar die Bedeutungslosigkeit der menschlichen Existenz im poetischen Existenzialismus Erpenbecks herausgearbeitet werden.

Im **Einstieg** wird den Lernenden als thematische Hinführung und Motivation die Abbildung einer urzeitlichen, von Menschen unberührten Landschaft präsentiert (vgl. **Arbeitsblatt 15**, S. 127, Webcode WES-109677-999, Aufgabe 1).

> ■ *Beschreiben Sie die Abbildung. Charakterisieren Sie die Stimmung, die ausgedrückt wird.*

Die Abbildung erinnert an die menschenferne und -feindliche unberührte Naturlandschaft, wie sie der Prolog beschreibt. Mit wissenschaftlichem Fachvokabular der Geologie wird hier nüchtern und sachlich die evolutionäre und langsame Entwicklung der Natur beschrieben, in welcher sich im weiteren Verlauf des Romans die biografischen Episoden abspielen. Gemeinsam kann es nun im Plenum zur Begegnung mit dem Text kommen. Aufgrund der Kürze von Pro- und Epilog ist es möglich und sinnvoll, diese gemeinsam im **Plenum** zu lesen. In einem kurzen Spontangespräch wird den Teilnehmenden Gelegenheit gegeben, auf beide

---

[1] Planet Interview online, 01.09.2008, Berlin; www.planet-interview.de/interviews/jenny-erpenbeck/34662/ (Aufruf: 19.10.2023)

[2] Julia Schöll: Wörter und Dinge. Jenny Erpenbecks Text- und Objektästhetik. In: Friedhelm Marx/Julia Schöll (Hg.): Wahrheit und Täuschung. Wallstein Verlag: Göttingen 2014, S. 37–53, hier: 43

Baustein 3: Rund um Form, Sprache und Erzählen in „Heimsuchung"

exotisch anmutende Texte zu reagieren. Ebenfalls können Verständnisfragen geklärt sowie eine Suchrichtung beziehungsweise ein Arbeitsziel vereinbart werden (Aufgabe 2).

■ *Lesen Sie den Prolog (S. 9ff./S. 9f.) sowie den Epilog (S. 186ff./S. 181ff.) des Romans. Stellen Sie dann eine Verbindung zur Abbildung her und erläutern Sie die Rolle der Natur.*

Die **Erarbeitungsphase** zielt auf die eigenständige Erarbeitung des Gesamtkonzepts Erpenbecks, indem der Aufbau des Romans untersucht wird. Dafür kann in einem ersten Schritt das Verhältnis von Mensch und Natur interpretiert werden. Die Schülerinnen und Schüler diskutieren in einem **Kleingruppengespräch** die vier Visualisierungsoptionen, die ihnen die dritte Aufgabe offeriert. Sinnvoll erscheinen die zweite und die dritte Skizze, da sie den Konflikt zwischen Natur und Mensch beziehungsweise dessen Exklusion implizieren.

■ *Deuten Sie das Verhältnis von Mensch (M) und Natur (N) in beiden Texten, indem Sie sich für eine der folgenden Skizzen entscheiden.*

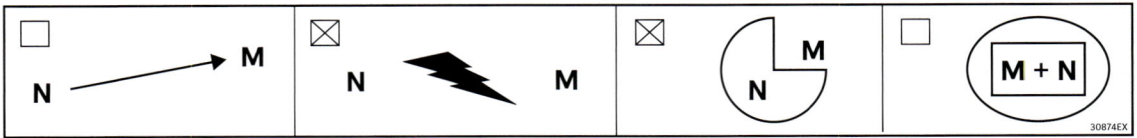

Auf dieser Grundlage kann der Fokus auf den besonderen Aufbau des Romans gelegt werden, der die Einbettung der menschlichen Schicksale in einen vielfach größeren zeitlichen Rahmen vorsieht (Aufgabe 4).

■ *Welches Konzept verfolgt Erpenbeck mit der formalen Anlage ihres Romans? Fertigen Sie eine Zeichnung an, die den Gesamtaufbau des Romans visualisiert. Erläutern Sie im Anschluss mithilfe Ihrer Skizze sowie der drei Eingangszitate (vgl. S. 7/S. 7), die die Autorin ihrem Text voranstellt, die Einstellung Erpenbecks zur Bedeutung des Menschen und der Natur.*

In der **Präsentationsphase** werden ausgewählte Skizzen durch die jeweiligen Gruppen im Plenum vorgestellt, z. B. mithilfe einer Dokumentenkamera oder digital. Zentrale Erkenntnis sollte die Rahmenkonstruktion sein, die sich aus Pro- und Epilog ergibt.

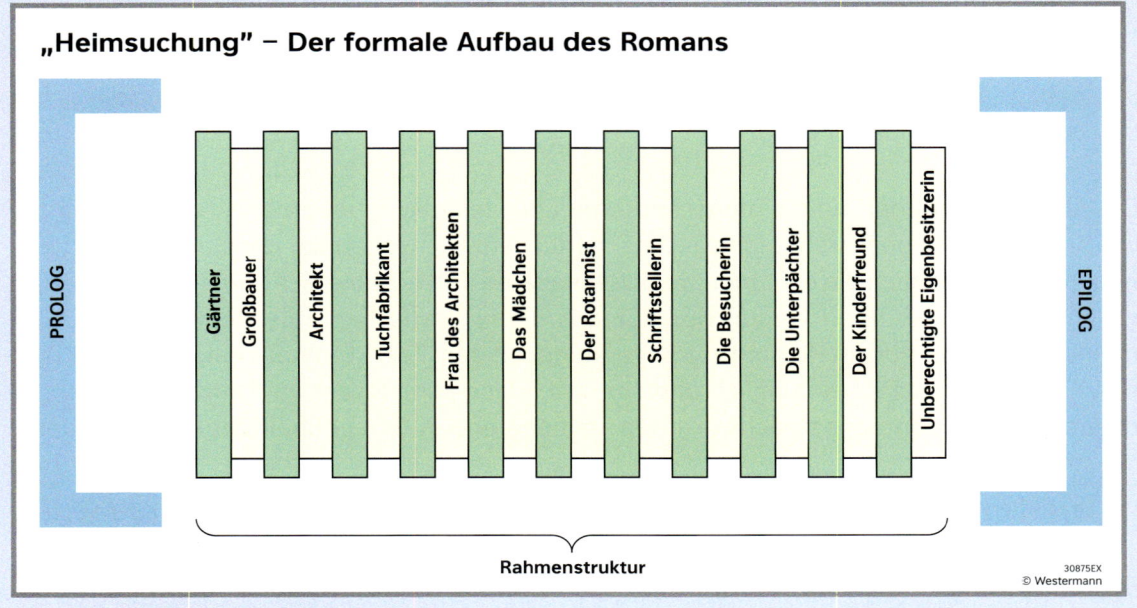

Prolog und Epilog bilden einen Rahmen für die biografischen Episoden des eigentlichen Romangeschehens. Sie spannen den Bogen von der bis ins kleinste geologische Detail beschriebenen Entstehungsgeschichte der märkischen Landschaft bis hin zum Abriss des Hauses, der fachsprachlich-nüchtern, ohne jegliches Bedauern und ohne Sentimentalität beschrieben wird. Die knapp hundert Jahre, die das Handlungsgeschehen selbst umfasst, finden ihre Relativierung in der zeitlich weit umfassenderen Entstehungsgeschichte der Landschaft während der Eiszeit: *„Bis zum Felsmassiv, das inzwischen nur noch als sanfter Hügel oberhalb des Hauses zu sehen ist, schob sich vor ungefähr vierundzwanzigtausend Jahren das Eis vor."* (S. 9/S. 9) Dabei werden die Landschaftsformation und die Materie selbst überaus dynamisch beschrieben: denn „wie jeder See, war auch dieser See nur etwas Zeitweiliges, wie jede Hohlform war auch diese Rinne nur dazu da, irgendwann wieder ganz und gar zugeschüttet zu werden" (S. 10f./S. 10). Dieser dynamisch-zyklische Moment der Geschichte wird durch den die Entkernung und den anschließenden Abriss des Hauses beschreibenden Epilog noch verstärkt, wie der letzte Satz des Romans deutlich werden lässt: *„Bevor auf demselben Platz ein anderes Haus gebaut werden wird, gleicht die Landschaft für einen kurzen Moment wieder sich selbst."* (S. 188/S. 183) Dieser Schlusssatz formuliert den Rückbezug zum Anfang, „Prolog und Epilog verweisen somit auf eine Zeitlichkeit, die über die Geschichte des Hauses hinausgeht"[1].

■ *Die Heimsuchungen der Romanfiguren vollziehen sich im Laufe des 20. Jahrhunderts. Der Prolog hingegen evoziert einen gewaltigen Zeitrahmen. Wie lassen sich die Erlebnisse der Menschen vor diesem enormen zeitlichen Hintergrund beurteilen? Welche Bedeutung kommt ihnen noch zu?*

Die Bedeutung der Menschheitsereignisse im Kontext von Zeit und Natur

Prolog (S. 9ff./S. 9)	Epilog (S. 186f./S. 181ff.)
Entstehung der Landschaft durch natürlich-geologische Prozesse im Laufe von Jahrtausenden ohne Einwirkung oder gar Mithilfe des Menschen	Der technisch saubere und perfekte Abriss des Hauses stellt die zeitweilige Einheit der Natur mit sich selbst fern des störenden Menschen wieder her.

Relativierung der Menschheitsereignisse + Bedeutungslosigkeit menschlichen Strebens

Insgesamt legt die Gesamtkonstruktion des Romans die Deutung nahe, dass die Spuren des Individuums sich angesichts der Größe des Makrokosmos verlieren werden. Die Bedeutung des Einzelschicksals wird damit relativiert. Eine Ausnahme bildet hier der Gärtner, der außerhalb der Zeit zu leben scheint und in der Natur seinen natürlichen Platz hat, den er ohne Widerspruch annimmt. Seine Existenzform ermöglicht die Arbeit in einem kleinen Gartenparadies. Sie ist der Grund für die Vermutung, dass er unter allen Romanfiguren als der einzige glückliche Mensch gelten kann.

■ *„So wichtig sind die menschlichen Schicksale gar nicht. Alles wird vergehen und die Natur bleibt."*[2] *Nehmen Sie zur Aussage Jenny Erpenbecks Stellung.*

---

1 Kathrin Schuchmann: „Die Zeit scheint ihr zur Verfügung zu stehen wie ein Haus", a.a.O., S. 67
2 Planet Interview online, 01.09.2008, Berlin; www.planet-interview.de/interviews/jenny-erpenbeck/34662/ (Aufruf: 19.10.2023)

Die dem Roman implizite Relativierung des menschlichen Strebens und die unterstellte Bedeutungslosigkeit menschlicher Existenz angesichts der Erdgeschichte beinhalten ein pessimistisches Weltbild, es ist „kein Trost, sondern nur ein Schrecken. Erschreckend ist, dass die Dinge, die für einen Menschen so existenziell wichtig sind, die eine Frage auf Leben und Tod stellen, von der Erdgeschichte so unberührt bleiben"[1].

Der Skeptizismus und Pessimismus Erpenbecks muss im Kontext der unterrichtlichen Arbeit mit jungen Heranwachsenden nicht unwidersprochen hingenommen werden. Ein nachbereitender **Schreibauftrag**, z. B. in Form einer **Hausaufgabe**, kann den für Widerspruch notwendigen Raum für Schülerinnen und Schüler auftun (Aufgabe 5).

■ *„Doch was ist Geschichte? Ist sie etwas, in dem man sich bewegt wie die Fische im Wasser? Oder ist sie ein Werkstoff, der sich bearbeiten lässt, etwas von Menschen Gemachtes? Erpenbeck legt schon durch ihren geologischen Prolog die erste Lesart nahe. Geschichte aus der Gartenperspektive handelt vom Entstehen und Vergehen, von Eiszeiten und Tauwetter."[2] Schreiben Sie unter Bezug auf das Zitat Jörg Magenaus einen kritischen Brief an die Autorin.*

■ *Der letzte Satz des Romans ermöglicht einen kleinen Hoffnungsschimmer, indem er von einem neuen Haus spricht, das an dieser Stelle eines Tages gebaut werden könnte. Würden Sie selbst dieses Haus beziehen? Und auf welche Art und Weise würden Sie dort leben, um glücklich zu sein?*

Mithilfe des **Arbeitsblatts 16** (S. 128, Webcode WES-109677-440) kann die allgemein bedeutsamste Heimsuchung, der heutige Schülerinnen und Schüler in ihrem bisherigen Leben ausgesetzt waren, dazu genutzt werden, eine **Gegengeschichte** zu Erpenbecks Roman zu verfassen. Die produktionsorientierte Aufgabe zielt auf Encouragement, indem sie die individuellen Resilienzfaktoren bewusst macht, die dabei helfen können, persönliche Krisen zu meistern und den eigenen Optimismus und Lebensmut und den gerade für junge Menschen wichtigen Glauben an Autonomie und Selbstwirksamkeit zu bewahren:

■ *Stellen Sie sich vor, an die Stelle des abgerissenen Hauses am See wäre ein neues Sommerhaus gebaut worden, in dem Sie gemeinsam mit Freunden und Familie viel Zeit verbringen konnten, bis Ihr bis dato schönes Leben plötzlich von der Corona-Pandemie ab dem Jahr 2020 heimgesucht wird. Alles ist nun anders, Ihr Leben eingeschränkt und die Aussichten schlecht. Überlegen Sie, wie Sie selbst es geschafft haben, dieser realen Heimsuchung zu widerstehen. Notieren Sie im folgenden Schreibplan, wer und was Ihnen dabei geholfen hat. Schreiben Sie dann eine eigene, positive „Haus-am-See"-Geschichte, die ein gutes Ende findet und als optimistischer Gegenentwurf zum Skeptizismus Erpenbecks gelesen werden kann.*

3.2 Die Sprache des Romans

Diese Sequenz beschäftigt sich mit der außergewöhnlichen Sprache des Romans. Während am möglicherweise überambitionierten Sujet des Textes, an seiner vermeintlich aufdringlichen Symbolik oder der gewollten Konstruktion des Romans durchaus Kritik geübt wurde, ist sich

---

[1] Planet Interview online, 01.09.2008, Berlin; www.planet-interview.de/interviews/jenny-erpenbeck/34662/ (Aufruf: 19.10.2023)

[2] Jörg Magenau: Fremd bin ich eingezogen. In: Tagesspiegel online, 03.02.2008, Berlin; www.tagesspiegel.de/kultur/literatur/fremd-bin-ich-eingezogen-1606282.html (Aufruf: 04.10.2023)

die Literaturkritik in ihrer Einschätzung der sprachlichen Qualität des Romans einig. Der „Meisterin der Prosapräzision"[1], so Andreas Platthaus in einer Lobrede auf Jenny Erpenbeck, gelinge es durch die Art ihres sachlich-nüchternen, oftmals dokumentarisch anmutenden Erzählens, das fast ohne Dialoge auskommt und den klassischen roten Faden vermissen lässt, eine starke innere Spannung aufzubauen, die zum Weiterlesen des manchmal sperrigen Romans anrege. Martin Halter schätzt Erpenbecks „hochkonzentrierte lyrische Prosa, nacktes Gerippe ohne episches Fett", die durch Wiederholungen, Wortspiele und Leitmotive „geschickt verklammert und rhythmisch strukturiert"[2] sei. Katharina Granzin sieht die sprachliche Meisterschaft Erpenbecks bereits in der Wahl des Romantitels, der das „existenzielle Spannungsfeld zwischen individuellem Streben und schicksalhaftem Ausgeliefertsein" impliziere. In seiner „semantischen Mehrschichtigkeit"[3] zeige der mit romantischen Anklängen versehene Roman, was die Dichterin als Prosa-Autorin auszeichne: „[E]ine poetische Genauigkeit und doch Offenheit der Sprache, die bewirkt, dass sich jedem einzelnen Wort hinterherlauschen lässt, als enthalte es eine ganze Welt. Folgen viele solcher Worte aufeinander, entsteht etwas, das am ehesten als eine Art assoziativer Klangraum bezeichnet werden könnte, ein schwer zu fassendes Phänomen, das eng mit der offensten aller Künste, der Musik, verwandt ist. Lese-Musik im Kopf. Das ist ein seltenes Erlebnis, vielleicht sogar ein echtes Wunder. Und so berührt dieser Roman rein sprachlich auf eine so intime Art, dass die Unbedingtheit, ja Unerbittlichkeit, mit der er seinen existenzialistischen Grundton hält, dadurch gewissermaßen ausgeglichen wird."[4]

Der besondere Ton des Romans dürfte bei der Erstlektüre auch den Schülerinnen und Schülern aufgefallen sein. Daher erhalten sie im **Einstieg** die Gelegenheit, ihre Leseerfahrung zu reflektieren und eine sprachliche Äußerung aus dem Text herauszusuchen, die sie besonders beeindruckt hat und die ihnen in Erinnerung geblieben ist.

- *Blättern Sie für einige Minuten durch den Roman. Suchen Sie sich eine Formulierung aus „Heimsuchung" heraus, die ihnen noch in Erinnerung ist und die Sie sprachlich beeindruckt hat.*
- *Präsentieren Sie Ihre Zitate, indem Sie sie nacheinander laut vortragen.*

Teilt man den Lernenden einzelne Kapitel zu, kann in der anschließenden **Präsentation** im **Zitatenteppich** die ganze Breite des Textes abgedeckt und zum Klingen gebracht werden. Die Schülerinnen und Schüler tragen den von ihnen ausgewählten Satz zuerst laut vor, ohne ihn zu kommentieren. Auf diese Weise entsteht ein besonderer Klangraum, der den Eindruck vermitteln kann, dass Erpenbecks Figuren jeweils in einer ihnen ganz eigenen, individuellen Sprache sprechen, die sich aus ihrer Lebenssituation, den persönlichen Einstellungen und biografischen Erfahrungen ergibt. Erst in einem zweiten Schritt erhalten die Lernenden Gelegenheit, ihre Auswahl und Eindrücke zu begründen.

- *Welche Zitate haben Sie beeindruckt? Begründen Sie Ihre Einschätzung.*
- *Welche sprachliche Äußerung haben Sie selbst ausgewählt? Begründen Sie Ihre Auswahl.*

Die folgende **Erarbeitungsphase** zielt darauf, die subjektiven Eindrücke zu systematisieren und am Ende zu einer kriterienorientierten Einschätzung der Sprache Erpenbecks zu gelangen. Dafür erhalten die Schülerinnen und Schüler das **Arbeitsblatt 17** (S. 129, Webcode WES-109677-337), das sich gut in **Partnerarbeit** bearbeiten lässt (Aufgabe 1).

---

[1] FAZ.NET, 04.10.2013; www.faz.net/aktuell/feuilleton/bilder-und-zeiten/lobrede-auf-jenny-erpenbeck-die-heimsucherin-12599765.html (Aufruf: 13.10.2023)

[2] FAZ.NET, 22.02.2008; www.faz.net/aktuell/feuilleton/buecher/rezensionen/belletristik/literatur-das-haus-am-scharmuetzelsee-1515514.html (Aufruf: 13.10.2023)

[3] taz.de, 07.03.2008, Berlin; https://taz.de/Jenny-Erpenbecks-Roman-Heimsuchung/!5185475/ (Aufruf: 13.10.2023)

[4] Ebd.

Baustein 3: Rund um Form, Sprache und Erzählen in „Heimsuchung"

- *Analysieren Sie die Sprache Jenny Erpenbecks in „Heimsuchung" mithilfe der Tabelle. Falls erforderlich, kontextualisieren Sie ein Zitat, indem Sie es im Roman nachschlagen.*

Bei zeitlich ausreichenden Ressourcen kann den Schülerinnen und Schülern Gelegenheit gegeben werden, sich ihre Ergebnisse in Vierer-Gruppen gegenseitig zu vermitteln beziehungsweise offene Fragen gemeinsam im Austausch zu klären. In der **Präsentationphase** stellen die Zweier-Teams ihre Ergebnisse vor, die nicht der Chronologie des Arbeitsblatts 17 folgen müssen (Aufgaben 2 und 3). Im Unterrichtsgespräch sollte der Fokus auf die dritte Spalte des Arbeitsblatts gelegt werden (vgl. **Arbeitsblatt 17, Lösung**, S. 130, Webcode WES-109677-337).

- *Beschreiben Sie, welche Wirkung von dem Zitat ausgeht.*
- *Erläutern Sie, welche Aussageabsicht damit verbunden sein könnte.*

In der Verarbeitung der ggf. zu präzisierenden Einzelergebnisse im vertiefenden **Plenumsgespräch** geht es nun darum, Bezüge zwischen diesen herzustellen und sie in einen gemeinsamen Zusammenhang zu bringen (Aufgaben 4 und 5).

- *Deuten Sie Ihre Ergebnisse zusammenfassend: Die Sprache Erpenbecks ist …*

☐ pathetisch-kitschig	☒ sachlich-nüchtern	☒ dokumentarisch	☐ ausufernd-plaudernd

- *„Folgen viele […] Worte aufeinander, entsteht etwas, das […] als eine Art Klangraum bezeichnet werden könnte, ein schwer zu fassendes Phänomen, das eng mit der offensten aller Künste, der Musik, verwandt ist. Lese-Musik im Kopf."[1] Erläutern Sie die Aussage Katharina Granzins (taz.de, 07.03.2008) und überprüfen Sie sie anhand ausgewählter Zitate.*

- *Welche weiteren, für Erpenbecks Stil typische sprachliche Formulierungen sind Ihnen aufgefallen, weil sie sich regelmäßig wiederholen?*

Sprache in „Heimsuchung"

- **dokumentarisch-protokollierender Stil** (vgl. S. 16, S. 55, Z. 11 ff/S. 14, S. 52, Z. 10 ff.)
- **Fachsprache** (geologisch: vgl. S. 9/S. 9, botanisch: vgl. S. 31 f., S. 62 f./S. 29 f., S. 59, juristisch: vgl. S. 172/S. 166, bautechnisch: vgl. S. 29, S. 187 f./S. 27, S. 181 f.)
- **elliptische Auslassungen, Verknappungen + Andeutungen** (vgl. S. 49, Z. 8 – 11; S. 50, Z. 11 ff.; S. 55, Z. 9 f./S. 46, Z. 1 – 8; S. 47, Z. 1 ff.; S. 52, Z. 8 f.)
- **Anklänge an lyrische Poesie: „Lese-Musik im Kopf"** (vgl. S. 21, S. 23, Z. 21 – 26; S. 119, Z. 1, Z. 8/S. 19, S. 21, Z. 24 – 29, S. 114, Z. 4 – 11)

---

[1] taz.de, 07.03.2008, Berlin; https://taz.de/Jenny-Erpenbecks-Roman-Heimsuchung/!5185475/ (Aufruf: 13.10.2023)

Baustein 3: Rund um Form, Sprache und Erzählen in „Heimsuchung"

Eine **handlungs- und produktionsorientierte Vertiefung** im Rahmen der Beschäftigung mit der Sprachkunst Erpenbecks kann mithilfe des **Arbeitsblatts 18**, S. 131 (Webcode WES-109677-187) erfolgen. Dieses nutzt die Tatsache, dass einige Theater in Deutschland „Heimsuchung" auf die Bühne gebracht haben, obwohl es keine verbindliche Bühnenfassung gibt. Den die Stoffrechte erwerbenden Schauspielhäusern kommt hingegen die Aufgabe zu, Erpenbecks Roman eigenständig zu dramatisieren, also eine Theaterfassung zu schreiben. Der didaktische Reiz, diese Aufgabe für den Literaturunterricht zu adaptieren, liegt insbesondere darin, dass der Roman selbst nur wenige dialogische Sequenzen beinhaltet und so ein Experimentieren mit verschiedenen Sprachvariationen ermöglicht. Diese gilt es in einer schülereigenen Theaterfassung, also selbstschreibend, zu produzieren. Ob die Schülerinnen und Schüler sich dabei an den Sprachstil Erpenbecks anlehnen oder aber eigenständiger sprachlich inszenieren, ist dabei nachrangig. Auch gerade abweichende Perspektiven, zum Beispiel Ironisierungen, können ausprobiert und gestaltet werden. Durch die Entgegensetzungen und Differenzen von Schülertexten zur originalen Sprache Erpenbecks können im Stilvergleich wichtige Einsichten in die Funktionalität der Sprache des Romans gewonnen werden, auch wenn die Erfahrung zeigt, dass ein großer Teil der Lernenden ihre eigenen Theaterfassungen nach dem sprachlichen Muster der literarischen Vorlage produziert.

Im Hinblick auf den Umfang dieser Aufgabe, die mindestens eine Doppelstunde umfasst, geht es natürlich allein darum, eine kürzere Sequenz zu entwickeln, und nicht darum, den gesamten Roman auf die Bühne zu bringen (Aufgabe 1).

> ■ *Entwickeln Sie in Gruppenarbeit zu einem für Sie interessanten Kapitel eine kurze Theatersequenz, die sich aus dem Kapitelinhalt ergibt. Lassen Sie dabei zentrale Figuren zu Wort kommen und knüpfen Sie inhaltlich an die Themen des jeweiligen Kapitels an. Sie können auch neue Figuren hinzuerfinden. Planen Sie mithilfe der folgenden Tabelle Ihre Szene. Halten Sie diese im Anschluss schriftlich fest, erproben Sie sie im Spiel und tragen Sie sie im Plenum vor. Begründen Sie im Nachgespräch Ihre Inszenierungsideen.*

Planungshilfe für eine Theatersequenz zu „Heimsuchung"	
Mögliche Themen und Inhalte der Szene:	Figuren:
Sprache/Kommunikation (z. B. Gestik, Mimik):	Aussage und Wirkungsabsicht:

Die Theatersequenzen der Lernenden sind kein Selbstzweck. Auf der Folie der **Schülerpräsentationen** im **szenischen Spiel** kann im Anschluss der notwendige Vergleich mit der Sprache in „Heimsuchung" vorgenommen und die Unterschiede beziehungsweise Gemeinsamkeiten können herausgearbeitet werden, auch indem unterschiedliche Sprechweisen erprobt werden (Aufgaben 2 und 3).

109

Baustein 3: Rund um Form, Sprache und Erzählen in „Heimsuchung"

- *Vergleichen Sie die Dialoge Ihres Kurses mit der Sprache Jenny Erpenbecks und beschreiben Sie mögliche Wirkungsunterschiede.*
- *Diskutieren Sie die folgende These: „Der Roman Erpenbecks lässt sich nicht verfilmen."*

3.3 Die Erzähltechnik des Romans

Die in elf kurzen und kursorischen Kapiteln angelegten Geschichten der Bewohnerinnen und Bewohner des Hauses am märkischen See nahe Berlin sind zwar literarisch miteinander verwoben, dennoch kann man auf den ersten Blick nur bedingt von einem erkennbaren „roten Faden" sprechen, der die Geschichten des multiperspektivischen oder auch polyphonen Romans zusammenhält. So meint die Autorin selbst: „Am Anfang stand die Entscheidung, den Figuren voneinander getrennte Geschichten zu geben. Aber dann habe ich zunächst nur versucht, in jedem Kapitel den gedanklichen Kern einzukreisen, um den es mir ging. Die Bezüge ergaben sich dann während des Wachsens des Buches [...]."[1] Geschichte wird für Erpenbeck also vor allem als Individualgeschichte erfahrbar. Sie interessiert sich für die Momente, in denen Geschichte für die Biografie des/der Einzelnen relevant und konkret wird: „Das ist so wie mit den Akten, die in meinem Buch vorkommen. Man sieht hinter den Akten gar keine Inhalte. Man sieht nur eine Liste, und wenn man nicht weiß, unter welchen Umständen diese Liste entstanden ist, wer sie gemacht hat und warum, nicht weiß, welche Biografien dahinterstecken, dann bleibt die Liste stumm. [...] Ich versuche [...] zuerst einmal genau hinzuschauen, und am Konkreten die große Geschichte abzulesen. Die Frage, was einer einpackt, der sich auf die Flucht begibt – so etwas finde ich spannend."[2]

Ihre starke innere Spannung erhält jede Episode dabei einerseits durch die Herausforderung der spezifischen Heimsuchung, der sich die jeweilige Figur stellen muss, sowie andererseits durch die Art und Weise des Erzählens. Was Geschichte für den Menschen bedeutet und welche Folgen sie für das Individuum hat, wird in „Heimsuchung" nicht durch eine objektive Erzählerinstanz vermittelt, sondern streng aus der Sicht der Figuren des Romans. Auf ihre personale Perspektive gilt es sich mit der Lektüre jedes Kapitels neu einzustellen. Das bedeutet eine enorme Herausforderung gerade für jugendliche Leserinnen und Leser, die auf eine die zum Teil verwirrenden Geschehnisse kommentierende und erklärende Instanz vergeblich hoffen. Diese Sequenz setzt es sich zum Ziel, den Lernenden einen Einblick in die Erzähltechnik des Romans zu ermöglichen, um die beschriebene Poetologie Erpenbecks und die Konstruktionsweise des Textes nachvollziehen zu können.

Im **Einstieg** können die Schülerinnen und Schüler mit einem Zitat konfrontiert werden, das sie mit ihren eigenen Leseerfahrungen in Beziehung setzen sollen (vgl. **Arbeitsblatt 19**, S. 132, Webcode WES-109677-855, Aufgabe 1).

- *Nehmen Sie zu folgender These eines Schülers Stellung und begründen Sie Ihre Entscheidung.*

„Richtig mitgefiebert habe ich eigentlich mit kaum einer Figur des Romans. Niemand ist mir wirklich ans Herz gewachsen."		
☐ stimme zu	☐ stimme zum Teil zu	☐ lehne ab

---
[1] Am Erker, Nr. 61, Münster, Juni 2011; https://amerker.de/int61.php (Aufruf: 19.10.2023)
[2] Planet Interview online, 01.09.2008, Berlin; www.planet-interview.de/interviews/jenny-erpenbeck/34662/ (Aufruf: 19.10.2023)

Baustein 3: Rund um Form, Sprache und Erzählen in „Heimsuchung"

In einer Spontanphase äußern sich die Teilnehmenden zu ihren persönlichen Lektüreerfahrungen und stellen erste Vermutungen über die Ursachen ihrer Einschätzung und die Lenkung ihres Leseprozesses an. Erwartbar sind Beiträge zur Kürze der einzelnen Episoden, zu der häufig sperrigen, lyrischen und für ungeübte Leserinnen und Leser schwer verständlichen Sprache sowie zur Schwierigkeit, das Handlungsgeschehen historisch einzuordnen, weil es externes historisches Wissen über die politischen Ereignisse des 20. Jahrhunderts einfordert.

Im Unterrichtsgespräch gilt es nun, eine für die Schülerinnen und Schüler nachvollziehbare Aufgabenstellung zu entwickeln, die auf die Analyse der Erzähltechnik Erpenbecks abzielt und diese als zentralen Faktor für die Rezeptionsleistung der Lesenden benennt (Aufgabe 2).

■ *Bestimmen Sie die Erzählform, -perspektive und das -verhalten im Kapitel „Der Architekt" anhand eigenständig ausgewählter Textstellen. Beschreiben Sie deren Wirkung und notieren Sie ggf. offene Fragen.*

Erzähltechnik	Textstelle	Wirkung/Kommentar/offene Fragen
Erzählform		
Erzählperspektive		
Erzählverhalten		

Beispielhaft sollen an dem interessanten und für den weiteren Romanverlauf bedeutsamen Kapitel „Der Architekt" (S. 34 – 45/S. 31 – 42) zentrale erzähltechnische Aspekte kompetenzorientiert in den Blick genommen werden. Obwohl in den beiden letzten Unterrichtsjahren am Gymnasium ein Grundwissen über die allgemeinen Fachtermini vorhanden sein dürfte, empfiehlt es sich, den Informationskasten, den das Arbeitsblatt 19 anbietet, gemeinsam im Plenum zu lesen und im Anschluss mögliche offene Fragen zu klären. Die Aufgabe 2 zielt auf die exemplarische erzähltechnische Analyse des für den weiteren Handlungsverlauf zentralen Kapitels vom Architekten, der als Tatmensch stolz auf seine eigene berufliche Leistung ist und fälschlicherweise meint, sein Leben im Griff zu haben und sich und seiner neuen Frau durch den Bau des Wochenendhauses am See selbstbewusst Heimat schaffen zu können. In der Realität muss er dann jedoch erfahren, dass er den zahlreichen politischen Heimsuchungen nichts entgegenzusetzen hat und die Flucht ergreifen muss. Der schöne Schein, den er auf seinen Gartenpartys mit seiner Frau inszeniert, kann nicht verhindern, dass sein Leben aus dem Ruder läuft.

Selbstverständlich ist es möglich – die vorgestellte Aufgabenstellung bei entsprechenden zeitlichen Ressourcen erweiternd –, die Schülerinnen und Schüler an dieser Stelle arbeitsteilig vorgehen zu lassen, um die Parallelen des Erzählens deutlich zu machen. So könnte die eine Hälfte der Lerngruppe in **Partnerarbeit** wie vorgeschlagen das Kapitel „Der Architekt" unter die Lupe nehmen, während sich die andere Hälfte das Kapitel „Die Frau des Architekten" (S. 64 – 76/S. 60 – 72) vornimmt. Während er von der „Freude" (S. 38/S. 35) spricht, gemeinsam mit seiner Frau im Sommerhaus Gäste zu empfangen, wird die Bedeutungslosigkeit der Partys für die Frau in deren Ausführungen mehr als deutlich: „So vertreiben der Architekt und seine Frau sich selbst und ihren Gästen die Zeit." (S. 68/S. 64) Von dem „Loch" (S. 75/S. 71) in der Existenz seiner Frau, die ihr eigenes Selbst ihrem Ehemann zuliebe unterdrückt, weiß der Architekt nichts, und er scheint sich auch nicht dafür zu interessieren, zu selbstfixiert geht er seinen eigenen Plänen nach. Durch die Art des strikt personalen Erzählens fallen den Lesenden die unterschiedlichen Wahrnehmungen des Ehepaares, ihre Lebenslügen und Enttäuschungen umso klarer ins Auge. In einer Vermittlungsphase würden sich die Partnerteams in diesem Fall ihre Ergebnisse in einer neu zu bildenden **Vierer-Gruppe** vorstellen und sie anschließend im Plenum im Kontext der **Präsentationsphase** zur Diskussion stellen.

Erzähltechnik	Textstelle	Wirkung/Kommentar/offene Fragen
Erzählform ☒ Er-/Sie-Erzählung ☐ Ich-Erzählung	S. 34, Z. 1/ S. 31, Z. 1	Die Erzählerfigur, vor deren Augen sich die Handlung abspielt, protokolliert und berichtet die sachlich wirkenden Ereignisse, ohne sie zu kommentieren.
Erzählperspektive ☒ Innensicht ☒ Außensicht	S. 34, Z. 1/ S. 31, Z. 1 S. 35, Z. 3–5/ S. 31, Z. 25–28	Der Architekt empfindet seine erzwungene Flucht als „bitter" und gibt seine Gefühle preis.
		Das Eingraben der wertvollen Gegenstände „gleich beim Haus" ist von außen sichtbar und wirkt als symbolischer Akt des Versteckens/Vergrabens der Spuren des bisherigen Lebens.
Erzählverhalten ☐ auktorial ☒ personal ☐ neutral	S. 39, S. 5 ff./ S. 36, Z. 6 ff.	Der Architekt befindet sich in einem gedanklichen und ganz persönlichen Dialog mit den Lesenden („Wenn du dich …"), berichtet erinnernd von seinen Kriegserlebnissen an der Front: „So knapp dürfte es nie wieder ausgehen, hatte <u>er</u> damals gelernt."

Die Erlebnisse des Architekten durch die verschiedenen politischen Epochen (Weimarer Republik, NS-Herrschaft, Zweiten Weltkrieg, Aufbau der DDR und der BRD) werden rückblickartig aus dessen Sicht erzählt. Dabei werden seine selbstbewussten Überzeugungen, insbesondere die von der aktiven Plan- und Machbarkeit der eigenen Heimat, vom Geschehen selbst, aber auch von den späteren Ausführungen seiner vom Leben enttäuschten Frau dekonstruiert.

- *Der Architekt steckt, als er das Haus verlässt, den „Zweitschlüssel" (S. 44/ S. 42) ein, weil er hofft, eines Tages zurückkehren zu können. Für wie glaubwürdig halten Sie diesen Plan?*

- *Vergleichen Sie die persönlichen Einschätzungen des Architekten mit denen seiner vom Leben enttäuschten Frau. Welche Rückschlüsse lassen sich aus dem Vergleich im Hinblick auf die Glaubwürdigkeit des Architekten ziehen?*

Insbesondere das **personale Erzählverhalten** sorgt dafür, dass die Figuren oftmals nicht glaubwürdig sind. Das lässt sich durch die Erzählerfigur, vor deren Augen sich die Handlung abspielt, jedoch nicht erschließen, denn diese hält sich mit Kommentaren und Einschätzungen zurück, indem ihre Ausführungen protokollierenden und sachlich-berichtenden Charakter haben. Dass das offen zur Schau getragene Selbstbewusstsein in Wirklichkeit bloße Hybris ist, müssen die Leserinnen und Leser selbst erschließen, was eine aktive Rolle im Rezeptionsprozess voraussetzt. Nur so lassen sich auch die zahlreichen Leerstellen füllen, die durch die episodenhafte Kürze der Kapitel entstehen. Denn die wie ein interessierte Beobachterin mitten im Geschehen zu stehen scheinende Erzählinstanz ist zwar um sachliche Genauigkeit bemüht, bricht aus ihrer Rolle als neutrale Berichterstatterin in ihren Reportagen nicht aus, sondern erzählt betont nüchtern, kühl und emotionslos ohne jedes Pathos. Dabei kommt es auch zu Aussparungen. Gerade diese Weglassungen stellen eine besondere Herausforderung für den Lektüreprozess dar, gilt es doch, die dabei entstehenden Leerstellen inhaltlich zu füllen. Zusätzliche Distanz erzeugt der Text auch dadurch, dass die Erzählinstanz selbst immer wieder hinter die Figur des Gärtners zurücktritt, dessen Auftritte das Geschehen häufig indirekt kommentieren.

- *An welchen Stellen haben Sie bei der Lektüre des Kapitels Mitleid mit dem Architekten empfunden?*

Damit einher geht eine um Sachlichkeit bemühte **Erzählhaltung**, die unterkühlt und in den meisten Fällen empathielos wirkt: „Schönes und Unschönes wird emotionslos aneinandergereiht. Hier und da schimmert ein Ton leichter Melancholie durch."[1]

- *Schreiben Sie die ersten sieben Sätze des Kapitels vom Architekten (vgl. S. 34/S. 31) in eine Ich-Erzählung um. Vergleichen Sie die veränderte Fassung mit dem Ausgangstext. Was verändert sich im Hinblick auf die Wahrnehmung der Figur durch die Lesenden?*

- *Erläutern Sie, welche Folgen die von Erpenbeck gewählte Erzähltechnik insgesamt für die Lesenden hat. Lässt sie Nähe zu oder bleiben die Lesenden auf Distanz?*

- *Jenny Erpenbeck ist auch eine anerkannte Opernregisseurin. Inwiefern ähnelt ihr Erzählen aus der Sicht völlig unterschiedlicher Figuren dem Ensemble eines Orchesters, welches ein vielstimmiges Stück aufführt? Führt ihr Erzählen eher zu Harmonien oder zu Dissonanzen? Begründen Sie Ihre Einschätzung.*

Zur Rolle der Lesenden im Rezeptionsprozess des Romans

personales Erzählverhalten **+** Dominanz der Innensicht/Introspektion **=** Aktiv Lesende müssen Leerstellen füllen.

Ein **kreativer Schreibauftrag** kann die Sequenz abschließen (Aufgabe 3).

- *Stellen Sie sich vor, der Architekt hätte das Kapitel „Die Frau des Architekten" lesen können. Schreiben Sie nun einen selbstkritischen Brief des Architekten an seine Ehefrau. Gehen Sie darin auf seine Lebenslügen und ihre Enttäuschungen ein.*

- *Erläutern Sie, was durch die neu hinzugewonnene Perspektive deutlich wird (Aufgabe 4).*

Eine Ausnahme stellt das Schicksal der kleinen Doris (vgl. 2.2.4) dar, deren stiller Widerstand, der ihren sinnlosen Tod im Vernichtungslager nicht verhindern kann, die Lesenden weitaus stärker berührt als die biografischen Ausschnitte aller anderen Figuren. In ihren Erinnerungen an die glückliche Sommerzeit im Haus am märkischen See begleitet sie der erschütterte Rezipient bis in den Tod. Diese auch durch das Erzählen hervorgerufene Differenz kann durch einen abschließenden Analyse- und Schreibauftrag eingeholt werden. Darauf kann verzichtet werden, wenn 3.6 behandelt wird, in dem die poetologische Debatte um ein angemessenes Schreiben nach Auschwitz thematisiert wird. In diesem Fall kann der folgende Arbeitsauftrag die Sequenz beenden.

---

[1] Hans-Georg Wendland: Der Roman „Heimsuchung" von Jenny Erpenbeck und die Suche nach der Heimat, a. a. O., S. 13

Baustein 3: Rund um Form, Sprache und Erzählen in „Heimsuchung"

„Das Schicksal der kleinen Doris, vom Umfang her nicht mehr als eine Episode, fällt deutlich aus dem Rahmen. Die Autorin gestattet ihrer Erzählung hier, sehr nah heranzukommen an die Figur, stellt ihren lyrischen Ton ganz in den Dienst auch der kleinsten Wahrnehmungen des dem Tod geweihten Kindes."[1]
Überprüfen Sie das Zitat Katharina Granzins, indem Sie die Erzähltechnik im Kapitel „Das Mädchen" (vgl. S. 79 ff./S. 74 ff.) analysieren und mit der im Kapitel „Der Architekt" vergleichen.

3.4 „Heimsuchung" – Ein Antiheimatroman?

„Heimsuchung" ist im Hinblick auf seine Erzählweise und sein Erscheinungsdatum ein durch und durch moderner Roman. Dessen Erzählweisen lassen sich durch die „transzendentale Obdachlosigkeit" (Georg Lukácz, 1885–1976, s. AB 20a) erklären. Diese impliziert, dass dem Individuum die Welt, in der es lebt, fremd geworden ist. Damit einher geht die Entfremdung von sich selbst, die viele literarische Figuren der Moderne kennzeichnet: „Alle traditionelle Ordnung und Sinngebung des Daseins ist fragwürdig, zweifelhaft geworden. Die fundamentale Entfremdung schafft Probleme des Erzählens. Denn eine Geschichte erzählen heißt zunächst nichts anderes, als etwas, was geschehen ist, so zu erzählen, dass es im Nachhinein verständlich wird, Sinn für sich und andere macht. Erzählen ist grob gesagt der Versuch, das Wirkliche, das einen tendenziell immer überrumpelt, im Nachhinein zu bewältigen, indem man es in einen Sinn- und Verständnishorizont einbettet. Wo der zerbrochen ist, etablieren sich moderne Erzähltechniken."[2] In Erpenbecks Roman zerbrechen die Kontinuität und familiäre Verbundenheit garantierenden Heimatvorstellungen nicht erst mit dem im Zentrum des Romans stehenden Schicksal der im Holocaust ermordeten Doris. Bereits im ersten Kapitel vom Großbauern und seinen vier Töchtern verorten die noch archaisch anmutenden Traditionen die Handlung im dörflichen Milieu am Anfang des 20. Jahrhunderts. Nach diesen gilt es in der dörflichen Gemeinschaft zu leben und sich anzupassen. Doch spätestens als die jüngste Tochter Klara „ins graue Wasser" (S. 25/S. 23) geht, kann die vormoderne Ordnung der ländlichen Idylle nicht mehr aufrechterhalten werden. Der Großbauer muss, da er keinen männlichen Nachfolger hat, seinen Besitz verkaufen, und die von nun an durch und durch moderne Geschichte vom Haus am märkischen See wird mit seinem Bau durch den Architekten in Gang gesetzt. Ab diesem Zeitpunkt kann sich keine der Erpenbeck'schen Figuren mehr sicher sein, in ihrer Heimat einen sicheren Hafen zu finden; zu gewaltig holen die zahlreichen Heimsuchungen die Menschen gegen ihren Willen ein. An diesen schicksalhaften Bedrohungen – an Nazi-Terror, Krieg, Unrechtserfahrungen im totalitären DDR-Regime – zerbrechen sie. Eine Lösung findet sich für sie und ihre Sehnsucht nach Heimat selten, und wenn doch, dann ist sie nicht von Dauer. Den Romanfiguren ist es nicht mehr möglich, Heimat als Ort festzuschreiben: „Geschildert wird vielmehr ein Prozess, eine Suchbewegung mit ungewissem Ausgang. Es ist immerhin möglich, dass es das, was gesucht wird, gar nicht gibt, nie gegeben hat oder doch zumindest *so* nie gegeben hat: Für jede der Figuren im Roman bedeutet Heimat etwas anderes."[3]
Kein Wunder, dass Erpenbecks moderner Roman aus wechselnden Erzählperspektiven in fragmentarischer und episodenhafter Form erzählt. Zu einem harmonischen Gesamtkonzept von Heimat lassen sich die subjektiven Einzelausschnitte des Geschehens nicht mehr integrieren. Damit einher geht ein Wechsel von Erzählstil und Erzählhaltung. Die Erzählsituation wandelt sich alle zwölf Seiten und fordert von den Lesenden höchste Aufmerksamkeit. Auf

---

[1] taz.de, 07.03.2008, Berlin; https://taz.de/Jenny-Erpenbeck-Roman-Heimsuchung/!5185475/ (Aufruf: 13.10.2023)
[2] BR telekolleg Deutsch – Literatur, 03.01.2013, München; www.br.de/telekolleg/faecher/deutsch/literatur/03-literatur-fakten-100.html (Aufruf: 20.07.2023)
[3] Bettina Bannasch: Der Garten Eden in zwölf quadratischen Kapiteln, a. a. O., S. 35 f.

der anderen Seite hat das Thema des Romans seinen Ursprung in der Heimatliteratur des 19. Jahrhunderts. Deren Entwicklung verlief von der realistischen Dorfgeschichte und dem Bauernroman des 19. Jahrhunderts (Jeremias Gotthelf) über Idyllisierungen der bäuerlichen Lebenswelt. Sie mündeten in zivilisationskritischen und zum Teil bereits präfaschistischen Romanen (Hermann Löns), die die Blut-und-Boden-Literatur der NS-Epoche vorbereiteten. Nach Ende des Zweiten Weltkrieges wurde weitaus nüchterner der Verlust der Heimat beschrieben, bald jedoch wieder ein harmonisierend-sentimentaler Tonfall gepflegt, der durch populäre Heimatfilme unterstützt wurde: „In den 1960er- und 1970er-Jahren entstand eine sogenannte Antiheimatliteratur, die ironisch-sozialkritisch auf die Topoi der konventionellen Heimatliteratur zurückgriff (Thomas Bernhard, Franz Xaver Kroetz); diese Form erlebte zu Beginn des 21. Jahrhunderts eine Renaissance (Andreas Maier, Andrea Maria Schenkel)."[1] Auch „Heimsuchung" ist Teil der Wiedergeburt des im Literaturgeschehen lange Zeit belächelten, vernachlässigten und verdächtigten Sujets der Heimat.

Diese Sequenz hat das Ziel, die interessante gattungstypologische Frage zu thematisieren, wie sich „Heimsuchung" literaturwissenschaftlich kategorisieren lässt. Die Schülerinnen und Schüler erarbeiten dabei Merkmale moderner Literatur und lernen den Begriff „Heimatliteratur" kennen. Am Ende sollen sie kriteriengestützt zu einer eigenständigen Einordnung des Romans gelangen. Vorgeschlagen wird an dieser Stelle, die Schülerinnen und Schüler in Form eines **Partnerpuzzles** weitgehend selbstständig erarbeiten zu lassen. Dafür wird die Lerngruppe in zwei gleich große Hälften aufgeteilt. Die eine Teilgruppe erhält das **Arbeitsblatt 20a** (S. 133, Webcode WES-109677-617), die andere das **Arbeitsblatt 20b** (S. 134, Webcode WES-109677-222). Der Kurs wird im **Einstieg** von der Lehrkraft über den methodischen Ablauf der Unterrichtsstunde aufgeklärt:

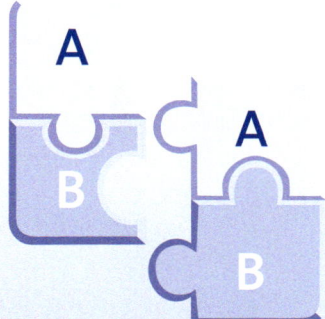

Steckbrief Partnerpuzzle-Methode

Erste Lernphase (Aneignungsphase)	Zweite Lernphase (Vermittlungsphase)	Dritte Lernphase (Verarbeitungsphase)
Die Expertenpaare **AA** und **BB** erarbeiten jeweils ihren Teil des Lernstoffs.	Die Experten **A** und **B** geben in den Puzzlepaaren (**AB, AB**) ihr Expertenwissen weiter.	In den Puzzlepaaren wird die Verarbeitung des vermittelten Wissens angeregt und überwacht.
(Unterstützung durch geeignete Lernstrategien, z.B. Erklären mit Schlüsselbegriffskärtchen)	(Unterstützung durch geeignete Lernstrategien, z.B. Erklären mit Schlüsselbegriffskärtchen)	(Unterstützung durch geeignete Lernstrategien, z.B. Fragenstellen, Sortieraufgabe, Struktur-Lege-Technik)

Nach: Anne Huber (Hrsg.): Kooperatives Lernen - kein Problem © Friedrich Verlag GmbH, Seelze

---
[1] wissen.de, Leinfelden-Echterdingen; www.wissen.de/lexikon/heimatliteratur (Aufruf: 19.10.2023)

Baustein 3: Rund um Form, Sprache und Erzählen in „Heimsuchung"

Ein Teil der Lerngruppe erarbeitet die Merkmale modernen Erzählens (AB 20a), der andere die ambivalente Gattung der Heimatliteratur (AB 20b). Die Grundidee der aus dem kooperativen Lernen stammenden Methode ist ein möglichst eigenständiges Erarbeiten des Lernstoffs durch vorbereitete Schülerinnen und Schüler, die auf diese Weise in ihrem eigenen individuellen Lerntempo arbeiten können und den Sinn kooperativen Zusammenarbeitens am eigenen Leib erfahren. Das Partnerpuzzle kann also durchaus als eine Form innerer Differenzierung verstanden werden. Es eignet sich an dieser Stelle, weil der Lernstoff gut in zwei annähernd große Teile aufgeteilt und bearbeitet werden kann. Die Lernenden arbeiten zu Beginn in Experten- und dann in Puzzlepaaren, also jeweils in **Zweier-Teams** zusammen. Idealerweise bildet man Viergruppen, innerhalb derer sich zuerst die Expertenpaare und dann die Puzzlepaare bilden. Die Methode ist in **drei Phasen** unterteilbar:

Die erste **Aneignungsphase** („Konstruktion") fordert von den Expertenpaaren zunächst die aspektorientierte Lektüre des Sachtextes beziehungsweise des Lexikonartikels (Aufgabe 1). Die Expertenpaare erarbeiten sich ihren Lernstoff nun zuerst in Einzelarbeit („Konstruktion": Aufgabe 1), dann zusammen mit ihrem Teampartner/ihrer Teampartnerin („Co.-Konstruktion", Aufgabe 2).

- *Lesen Sie den Sachtext und markieren Sie zentrale Aussagen über die Merkmale der modernen Literatur. (20a)*

- *Schreiben Sie diese Merkmale heraus und überprüfen Sie, ob und inwiefern diese Merkmale durch Jenny Erpenbecks Roman „Heimsuchung" erfüllt werden. (20a)*

Merkmale modernen Erzählens	Roman „Heimsuchung"
„transzendentale Obdachlosigkeit"	Die Figuren sind oft isoliert, allein und können auf Gottes Hilfe nicht hoffen.
Sinngebung des Daseins ist fragwürdig	Doris' Ermordung spricht für den „Tod Gottes" (Nietzsche).
Wechsel der Erzählperspektiven	12 Romanfiguren, die z. T. nichts voneinander wissen, erzählen episodenhaft von sich.
Wechsel von Erzählstil und -haltung	Der Tonfall ändert sich mit jedem Kapitel: Der Rotarmist erzählt völlig anders als die Frau des Architekten während des Gewaltaktes.
Innerer Monolog	Viele Kapitel sind reflexive Erinnerungen der Figur, z. B. blicken die Schriftstellerin und die Frau des Architekten auf ihr Leben, indem sie mit sich selbst sprechen.

Der Inhalt und die Form belegen die Modernität des Romans.

- *Lesen Sie den Lexikonartikel und markieren Sie zentrale Aussagen über die Merkmale der Heimatliteratur. (20b)*

- *Schreiben Sie diese Merkmale heraus und überprüfen Sie, ob und inwiefern diese Merkmale durch Jenny Erpenbecks Roman „Heimsuchung" erfüllt werden. (20b)*

Baustein 3: Rund um Form, Sprache und Erzählen in „Heimsuchung"

Merkmale der Heimatliteratur	Roman „Heimsuchung"[1]
bestimmter landschaftlicher Raum	Haus am See als topografisches Zentrum
Die Heimat dominiert alle anderen Werte.	Die Sehnsucht nach Heimat, Sicherheit und Identität findet sich bei allen Figuren.
Heimat als zeitlos-mythische Sphäre	Der Gärtner scheint außerhalb der Zeit in seinem Gartenparadies zu leben.
stereotype, pseudoproblematische und banale Handlungen	**individuelle, inhaltsvolle und relevante Probleme der Romanfiguren**
Landflucht als eine Ursache	Der Architekt arbeitet erfolgreich in der Stadt und möchte dieser am Wochenende in seinem Sommerhaus entfliehen.
Wunsch nach Rückzug ins einfache Leben	**Das Verhältnis der Figuren zur Heimat ist aus unterschiedlichen Gründen gebrochen.**
Heimat als Ort festgefügter gemeinschaftlicher Werte und Normen	**Die Wertvorstellungen der Figuren unterscheiden sich, z. B. möchte der Architekt anders als seine Frau keine Kinder.**
Angst vor Bedrohung des heimatlichen Lebensraums	**Das Haus ist auch ein Ort der Gewalt, z. B. durch die Vergewaltigung der Frau des Architekten.**
Heimat als Fluchtraum für den Menschen	**Das Haus am See bietet keinen dauerhaften Schutz, es wird nur noch traurig erinnert (Doris) oder zum Abschied symbolisch ausgefegt (unberechtigte Eigenbesitzerin).**

„Heimsuchung" bricht mit dem Idealtypus des traditionellen Heimatromans und ist eher als „Antiheimatroman" zu definieren.

In der **zweiten Lernphase** („Instruktion") werden nun Puzzlepaare gebildet, die aus jeweils einem Experten/einer Expertin für jeden Teil des Lernstoffs (AB 20a + AB 20b) bestehen. Wechselseitig vermitteln sich die neuen Puzzlepartner/-innen ihr Expertenwissen, indem sie sich mithilfe ihrer tabellarischen Aufzeichnungen den Lernstoff vorstellen und anschließend mögliche Fragen beantworten. Die Unterrichtsforschung konnte zeigen, dass nachhaltiges Lernen vor allem in dieser zweiten Phase stattfindet, in welcher die Lernenden eine aktive Lehrerrolle („Lernen durch Lehren") zugewiesen bekommen und sich selbst als kompetent und wichtig erleben[2] (Aufgabe 3).

■ *Stellen Sie Ihre Ergebnisse in Form eines Kurzreferates vor.*

Auf diese Vermittlungsphase folgt im Anschluss die **dritte Lernphase** („Verarbeitung"). In ihr soll das neue Wissen gemeinsam verarbeitet werden. Hier sollten jeweils die Experten/Expertinnen in den Puzzlepaaren dazu angehalten werden, Verarbeitungsaktivitäten für das vermittelte Wissen anzuregen und diese zu überwachen. Am einfachsten geschieht dies

---

[1] Der Fettdruck dokumentiert die Unterschiede.
[2] Vgl. Anne A. Huber: Kooperatives Lernen – kein Problem. Klett: Leipzig 2004, S. 42.

durch Verständnisfragen des Experten/der Expertin. Zudem kann der Versuch unternommen werden, die Ergebnisse aus den beiden Teilschaubildern in ein gemeinsames Schaubild zu übertragen und auf diese Weise zu einer Synthese der Ergebnisse zu kommen.

- *Entwerfen Sie nun auf der Grundlage Ihrer Teilergebnisse ein Gesamtschaubild, das Aspekte beider Sachtexte funktional integriert.*

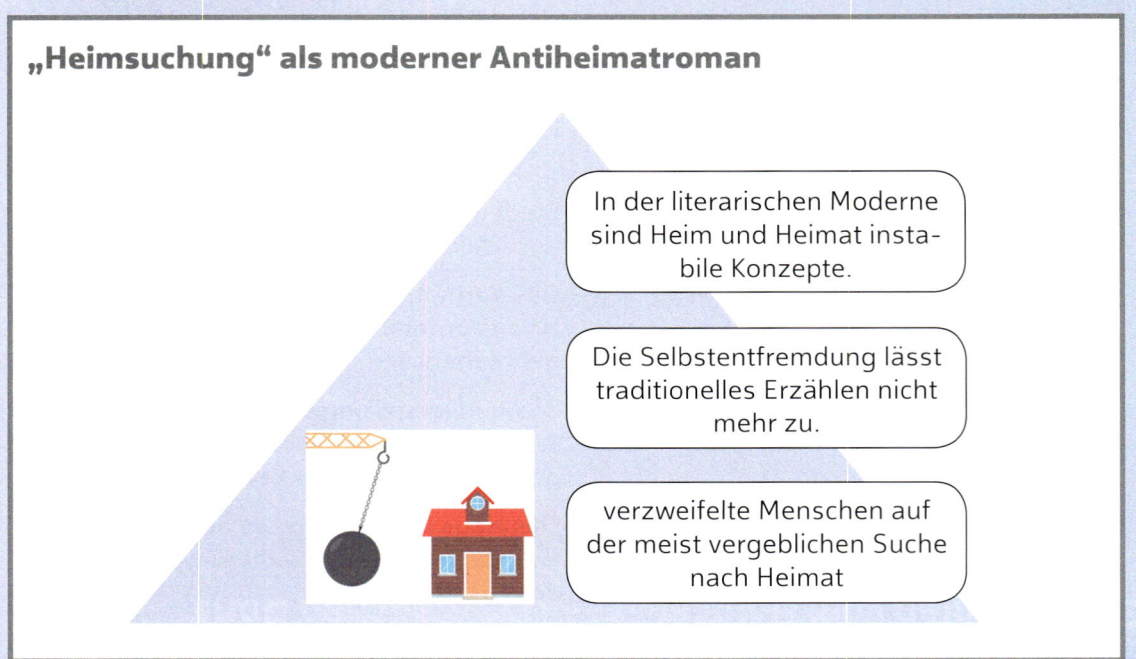

Selbstverständlich ist auch eine **vierte Phase** im Plenum möglich und in den meisten Fällen auch erforderlich. Diese kann dann z. B. der gemeinsamen Sicherung der Ergebnisse dienen, die im Kursheft festgehalten werden sollten. Für ein gemeinsames Auswertungsgespräch im Plenum sind folgende Impulse denkbar:

- *Setzen Sie beide Sachtexte miteinander in Beziehung und charakterisieren Sie „Heimsuchung" als typisch modernen Roman.*
- *Überprüfen Sie, inwiefern man „Heimsuchung" als Antiheimatroman deuten kann.*
- *Inwiefern könnte man „Heimsuchung" auch als modernen Heimatroman begreifen?*

„Heimsuchung" streift durchaus einige Aspekte des traditionellen Heimatromans. Erpenbeck erzählt von Menschen, die ihre Heimat verloren haben (Tuchfabrikant, Doris), neu heimisch werden (Besucherin) oder feststellen, dass sich in ihr die eigenen Ziele nicht verwirklichen lassen (Schriftstellerin). Nahezu sämtliche Figuren zeichnet die Sehnsucht nach einem unverwechselbaren Ort als Schutzraum vor den Zumutungen der Gegenwart aus. In idealer Weise verkörpert die Symbolfigur des Gärtners diesen Wunsch nach einem Leben in Harmonie mit der Natur. Doch anders als im trivialen Heimatroman entpuppt sich diese Sehnsucht als Illusion. Ein harmonisches Miteinander mit der Familie und Freunden im Haus am See ist auf Dauer bei keiner Figur realisierbar, der Mensch „findet keinen Raum, in dem er wirklich heimisch werden würde – die Heimsuchung läuft ins Leere"[1]. Wie der Architekt möchten sich die Figuren zumindest symbolisch ein „Haus maßschneidern" (S. 38/S. 35) und „Heimat pla-

---

[1] Julia Schöll: Wörter und Dinge. Jenny Erpenbecks Text- und Objektkritik. In: F. Marx/J. Schöll (Hg.): Wahrheit und Täuschung. Beiträge zum Werk Jenny Erpenbecks. Wallstein Verlag: Göttingen 2024, S. 37–53, hier: 44

nen" (ebd./ebd.), doch diese Versuche der Heimsuchung scheitern in Gänze, Heimat wird „zur Falle" (S. 41/S. 38) und dauert – anders als die Frau des Architekten hofft – eben nicht „bis in alle Ewigkeit" (S. 65/S. 61). Insofern lässt sich mit Blick auf den Roman von einer „Umkehrung des Heimatbegriffs"[1] traditioneller Heimatliteratur sprechen. Ihren traurigen Höhepunkt findet diese Umkehrung im Epilog, der die endgültige Zerstörung des Hauses am See und damit der Heimat als Ort beinhaltet: *„Bevor auf demselben Platz ein anderes Haus gebaut werden wird, gleicht die Landschaft für einen kurzen Moment wieder sich selbst."* (S. 188/S. 183)

- *Inwiefern macht der letzte Satz des Romans Hoffnung auf neue Heimat?*

Ein **nachbereitender Schreibauftrag**, z. B. als **Hausaufgabe**, kann die Sequenz beschließen.

- *In den letzten Jahren hat das von vielen Schriftstellerinnen und Schriftstellern lange Zeit vernachlässigte Thema „Heimat" wieder einen sichtbaren Platz in der literarischen Landschaft eingenommen. Saša Stanišić („Herkunft"), Arno Geiger („Unter der Drachenwand"), Dörte Hansen („Altes Land") oder eben auch Jenny Erpenbeck schreiben über Menschen, die ihre Heimat verlassen mussten oder auf der Suche nach ihr sind. Setzen Sie sich in einem zusammenhängenden Text schriftlich mit der aktuellen literarischen Popularität des Themas „Heimat" auseinander und erläutern Sie mögliche Gründe für diesen Trend. Berücksichtigen Sie dabei auch politische, gesellschaftliche und soziale Krisen der letzten Jahre.*

- *Möchten Sie in dem Haus am Scharmützelsee leben? Was würden Sie tun? Worauf würden Sie vor dem Hintergrund der Romanhandlung eher verzichten? Gestalten Sie ein mögliches Szenario, malen Sie ein Bild oder entwerfen Sie eine Collage.*

3.5 Die Symbolik des Romans: Haus, Garten und See

In ihrem Roman begleitet Jenny Erpenbeck zwölf Menschen, die im Laufe eines Jahrhunderts in einem Haus an einem See im Umland Berlins leben. Jedes ihrer Kapitel ist dabei ausschnitthaft auf den einzelnen Bewohner und Besitzer ausgerichtet und wird streng aus der Sicht der jeweils in den Blick genommenen Figur erzählt. Dadurch ergeben sich ergänzende (z. B. in den Kapiteln „Das Mädchen" und „Der Tuchfabrikant"), oftmals aber auch sich widersprechende Perspektiven (z. B. in den Kapiteln „Die Frau des Architekten" und „Der Rotarmist"). Oftmals wissen die Figuren nur teilweise voneinander. Es ist insbesondere die Figur des Gärtners, die für inhaltliche Kohärenz sorgt, indem ihr meist stummes Verhalten die Geschehnisse kommentiert und so den nur lose verbundenen Geschichten Zusammenhalt verleiht. Die Besitzer und Bewohner des Sommerhauses am See kommen und gehen, der Gärtner bleibt. Da er sich stetig um Haus und Garten kümmert, erhält der multiperspektivische Roman ein topografisches Zentrum: Das Haus am See, vom Architekten in der 1930er-Jahren als eine Art Sommerresidenz erbaut, wird in den Episoden des Romans zum zentralen Ort von Identität und Erinnerung. Das Haus wächst den Menschen ans Herz, es wird zu einem Raum der Vertrautheit, Stabilität und Sicherheit in Zeiten diverser Heimsuchungen. Selbst in der Fremde und in einem Moment völliger Isolation sorgen „farbige Erinnerungen" (S. 80/S. 74) des Mädchens Doris noch für Hoffnung: „Der einzige Ort, der seit damals sich ähnlich geblieben sein wird, und über den das Mädchen sogar von hier aus, von ihrer dunk-

---

[1] Hans-Georg Wendland: Der Roman „Heimsuchung" von Jenny Erpenbeck und die Suche nach der Heimat, a. a. O., S. 14

len Kammer aus, noch immer sagen könnte, wie er zur Stunde aussieht, ist das Grundstück von Onkel Ludwig." (S. 87/S. 82) Doch der romantische Topos von einem idyllischen Haus am See, das einen Schutzraum gegenüber der kalten, prosaischen und politischen Welt bildet, kann nicht aufrechterhalten werden. Denn gleichzeitig zeigen sich deutliche Widersprüche und Gegensätze im Erlebnis der Heimat: Das Haus geht entweder verloren (Der Architekt, Der Tuchfabrikant) oder wird gar zum Ort der Gewalt (Die Frau des Architekten, Der Rotarmist, Der Kinderfreund). Am Ende wird es von Abrissbaggern in technischer Perfektion dem Erdboden gleichgemacht (Die unberechtigte Eigenbesitzerin). Die Sehnsucht des Menschen nach einem unverwechselbaren Ort und Schutzraum vor den Widrigkeiten des Lebens ist – wenn überhaupt – bei Erpenbeck nur auf Zeit möglich. Am Ende wird der Mensch auf sich selbst zurückgeworfen. Doch die Hoffnung auf ein gutes Ende und den Wiedergewinn neuer Heimat – symbolisiert durch ein neues Haus – bleibt. So lässt der Architekt bei seinem Abschied vom Haus „den Schlüssel stecken" (S. 37/S. 34) und nimmt einen „Zweitschlüssel" (S. 44/S. 42) für den Fall seiner erhofften Rückkehr mit. Und mit seinem letzten symbolischen Satz macht der Roman Hoffnung auf den Neubau eines anderen Hauses, in dem eines Tages neue Heimatfindung möglich werden könnte (vgl. S. 188/S. 183).

In dieser Sequenz beschäftigen sich die Schülerinnen und Schüler mit der den Roman zusammenhaltenden Symbolik. Im Zentrum steht dabei der Symbolwert des Hauses, aber auch die Wiederholungen von einmal verschwundenen, dann wieder auftauchenden Gegenständen werden in den Blick genommen. Im **Einstieg** wird der Fokus auf die Bedeutung von Eigentum und Besitz auch in der Lebenswirklichkeit junger Menschen gelenkt:

- *In einer aktuellen Umfrage geben 92 % der 18- bis 29-Jährigen an, dass sie den Wunsch haben, eine eigene Immobilie zu kaufen, vor allem aus emotionalen Gründen.[1] Wie denken Sie selbst darüber? Möchten Sie auch einmal ein Haus besitzen? Welche Emotionen sind für Sie damit verbunden?*

- *Der Wunsch nach einem eigenen Haus hat sich bei jungen Menschen seit 2015 deutlich verstärkt. Diskutieren Sie mögliche Gründe für diesen Trend.*

Im Anschluss an das Spontangespräch geht es in Anbahnung der Erarbeitungsphase um die Ableitung des Themas beziehungsweise die gemeinsame Entwicklung eines Arbeitsziels:

- *Welche Rolle spielt das Haus am See in „Heimsuchung"? Formulieren Sie eine Arbeitshypothese.*

Zu Beginn der **Erarbeitungsphase** erhalten die Schülerinnen und Schüler das **Arbeitsblatt 21** (S. 135, Webcode WES-109677-079) und bearbeiten die ersten beiden Aufgaben in **Partnerarbeit**. Das Arbeitsblatt bietet den Lernenden eine Auswahl an Zitaten aus dem Roman, die aus der Perspektive unterschiedlicher Figuren formuliert sind und sich auf die persönliche Bedeutung des Hauses am See für ihre eigenen Leben beziehen. Ergänzend erhalten sie einen kurzen Lexikonartikel zur Bedeutung von Leitsymbolen beziehungsweise -motiven.

- *Untersuchen Sie, welche Bedeutung das Haus am See für die Figuren des Romans „Heimsuchung" sowie im Gesamtkontext hat. Werten Sie dafür die angegebenen Textstellen aus. Ziehen Sie auch weitere selbst ausgewählte Textstellen heran. Notieren Sie stichwortartig.*

- *Überprüfen Sie mithilfe des Info-Kastens, ob und in welcher Weise es sich bei dem Haus am See um ein Symbol handelt.*

---

[1] Vgl. AssCompact.de, 04.11.2022, Bayreuth; www.asscompact.de/nachrichten/%C3%BCber-90-der-jungen-menschen-m%C3%B6chten-ein-eigenheim (Aufruf: 19.10.2023).

> Das **Leitmotiv** ist ein Stilmittel, das in der Epik oft verwendet wird, damit der Eindruck entsteht, dass die einzelnen Textteile zusammengehören. Dies „schaffen" die Leitmotive, da sie wiederholt werden und so ein Netz von Beziehungen knüpfen können.
> Die vier häufigsten Arten sind wiederkehrende Handlungselemente, wiederholt verwendete sprachliche Bilder, sich wiederholende Redewendungen und Gesten sowie Gegenstände (Dingsymbole) oder Lebewesen, die an bedeutsamer Stelle wiederkehren.
> Fachbegriffe: Leitmotiv – Definition © 2023 Literatur[handbuch]; www.literaturhandbuch.de/fachbegriffe-leitmotiv (Aufruf: 11.10.2023)

In der **Präsentationsphase** stellen ausgewählte Zweier-Teams ihre Teilergebnisse vor. Dabei sollte konkret auf die jeweiligen Zitate Bezug genommen werden. Im Idealfall erfolgt eine Kontextualisierung des Zitats, indem gemeinsam nachgeschlagen und -gelesen wird. Um dem Auswertungsgespräch eine sinnvolle Struktur zu geben, empfiehlt sich eine Qualifizierung der Zitate:

> ■ *Welche Zitate implizieren eine positive Bedeutung des Hauses beziehungsweise der Heimat?*

Es ist vor allem der Architekt, der Haus und Heimat noch als ein stabiles Konzept denken kann. Der Techniker glaubt daran, Heimat durch den Bau des Hauses aktiv konstruieren zu können: „Dem Leben Richtungen geben, den Gängen Boden unter den Füßen, den Augen einen Blick, der Stille Türen." (S. 38/S. 35) Selbstbewusst möchte er seiner neuen, jungen Frau eine Heimat bieten: „Wer baut, klebt nun einmal sein Leben an die Erde." (S. 42/S. 39) Ihm geht es darum, Heimat zu „planen, das ist sein Beruf" (S. 38/S. 35). Das Haus als Raum des Vertrauten hat hier eine positive, identitätsbildende und für den von äußeren wie inneren Heimsuchungen bedrohten Menschen stabilisierende Funktion. Auch für das Mädchen Doris ist in ihrer hoffnungslosen Lage in ihrem Versteck im Warschauer Getto die Erinnerung an Seegrundstück und Haus eine Stütze: „Der einzige Ort, der seit damals sich ähnlich geblieben sein wird, und über den das Mädchen sogar von hier aus, von ihrer dunklen Kammer aus, noch immer sagen könnte, wie er zur Stunde aussieht, ist das Grundstück von Onkel Ludwig." (S. 87/S. 82) Der vom Leben enttäuschten Frau des Architekten, die so gerne Mutter geworden wäre, ist das Haus eine metaphorische Stütze bei der Reflexion über ihr Leben: „Die Zeit scheint ihr zur Verfügung zu stehen wie ein Haus, in dem sie mal dieses, mal jenes Zimmer betreten kann." (S. 70/S. 66)

> ■ *Inwiefern ist das Haus für seine Bewohnerinnen und Bewohner nicht nur positiv konnotiert? Beschreiben Sie, wie die meisten Episoden der Heimat suchenden Menschen enden.*

Die Erarbeitung der Widersprüchlichkeit der Haus-Symbolik erfolgt über die Kontextualisierung der Zitate, die Textkenntnis voraussetzt. Der zu Beginn noch selbstbewusste und sich aktiv Heimat erbauende Architekt muss das Haus verlassen, ihm droht die Verhaftung im DDR-Staat: „Und jetzt musste er froh sein, das blanke Leben zu retten, die dritte Haut sich abziehen zu lassen [...]." (S. 39/S. 36) Die sehnsuchtsvollen Erinnerungen des Mädchens Doris „an Tage, an denen das ganze Blickfeld mit Farben ausgefüllt war bis an die Ränder" (S. 81/S. 76), ändern nichts daran, dass sie sich „auf das Brett stellt, um sich erschießen zu lassen" (S. 91/S. 86). Und die Frau des Architekten verlässt am Ende ihres Lebens das Haus am See und verbringt ihre letzten Jahre „in einem Altersheim in der Nähe des Bahnhofs Zoo" (S. 76/S. 72): „Durch Heimat-Verlust und forcierte Mobilität formuliert der Roman auf der

Folie des Hauses als vermeintlich stabiler Wohnort die Sesshaftigkeit des Menschen eher als Frage. Die dauerhafte Verortung im Haus als Ort der Generationen wird durch das zeitweilige Wohnen ersetzt."[1] Seine Bedeutung erhält das Symbol des Hauses daher eher als Ort, der Erinnerung ermöglicht. Als vermeintliches Idyll wird es hingegen „demaskiert"[2].

■ *Erläutern Sie, inwiefern sich das Haus am See als gebrochenes oder zwiespältiges Symbol deuten lässt.*

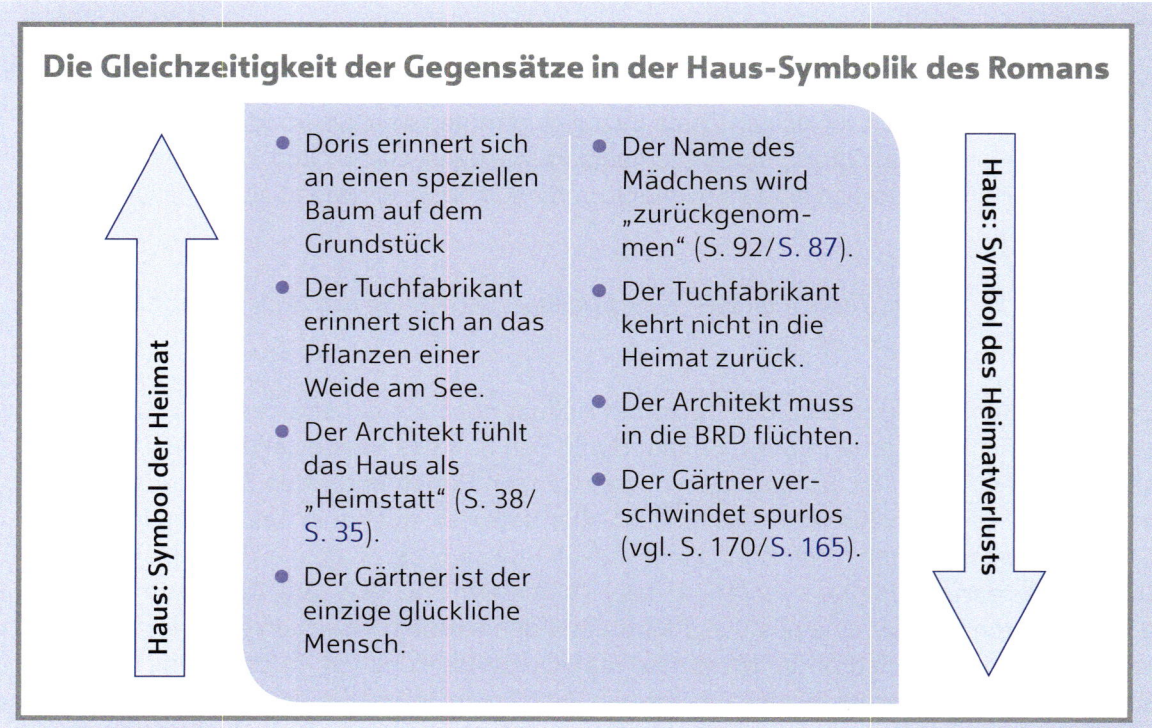

Eine **Vertiefung** kann über den dritten Arbeitsauftrag des Arbeitsblattes 21 erfolgen. Nicht nur durch den Ort sind die Figuren der nur lose miteinander gekoppelten Episoden miteinander verbunden. Die Schülerinnen und Schüler erarbeiten die Bedeutung, die viele oft nur beiläufig erwähnte Gegenstände für den motivischen Zusammenhalt des Romangeschehens haben. Als der Architekt beispielsweise in den Westen flüchten muss, um seiner drohenden Verhaftung zu entgehen, vergräbt er das „Meißner Porzellan, seine Zinnkrüge und das Silberbesteck" (S. 34/S. 31) im Garten. Jahrzehnte später findet der Berliner Arzt „eine Kiste mit Silberbesteck. Er nimmt das Besteck heraus und ordnet es im großen Haus in den Besteckkasten ein" (S. 139/S. 134). Noch später finden die Unterpächter beim Aufräumen im Garten „eine Kiste mit Porzellan" (S. 155/S. 150).

■ *Erarbeiten Sie die Bedeutung des Silberbestecks und des Porzellans (vgl. S. 34, 139, 155/S. 31, 134, 150) sowie des Geruchs nach Pfefferminz und Kampfer (vgl. S. 36, 75, 99, 177/S. 33, 72, 94, 171). Welche Funktion kommt den Gegenständen bzw. dem Geruch zu?*

---

[1] Kathrin Schuchmann: Die Zeit scheint ihr zur Verfügung zu stehen wie ein Haus, a. a. O., S. 63
[2] Ebd., S. 69

Die Wiederholungen der vergessenen Gegenstände

I. Der Architekt vergräbt das wertvolle Porzellan und das Silberbesteck (vgl. S. 34/S. 31).

II. Der Berliner Arzt findet die „Kiste mit Silberbesteck" (S. 139/S. 134) und nutzt es für sich selbst.

III. Der neue Hausherr findet die „Kiste mit Porzellan" (S. 155/S. 150) und bringt sie zum Auto (vgl. ebd./ebd.).

Die Gegenstände machen das Haus zum topografischen **Speicher der Erinnerung**.

Auch der Geruch „nach Pfefferminz und nach Kampfer" (vgl. S. 36/S. 33) überdauert den Menschen. So nimmt ihn der Architekt bei seinem wehmütigen Abschiedsrundgang durch das Haus (vgl. ebd./S. 33f.) ebenso wahr wie seine Frau, die ihre Beine mit einer entsprechenden Salbe einreibt (vgl. S. 75/S. 72). Dieser Vorgang der Körperpflege scheint der Ursprung für den über Jahrzehnte wahrnehmbaren Geruch zu sein. Für den Rotarmisten, der die Frau im Wandschrank findet und vergewaltigen will, ist der Geruch widersprüchlich. Einerseits erinnert er ihn an „Krankheiten" (S. 99/S. 94), andererseits an „Reife und Frieden" (ebd./ebd.). Am Ende des Romans nimmt die unberechtigte Eigenbesitzerin ebenfalls den Geruch „wie zu Lebzeiten ihrer Großmutter" (S. 177/S. 171) wahr und nimmt ihn zum Anlass für einen von Trauer geprägten Rückblick auf die im Haus am See verbrachten glücklichen Jahre. Wie bei der Symbolik der Gegenstände sorgen auch die Wiederholungen der Gerüche dafür, dass Erinnerungen als konstitutiver Kern menschlicher Identität nicht verlorengehen.

Die Sequenz kann mit einem weiterführenden **Schreibauftrag**, z. B. als **Hausaufgabe**, ihr Ende finden (Aufgabe 4).

> ■ „*Jeder Hausbau ist nur eine Episode im ewigen Kreislauf von Werden und Vergehen.*"¹ *Verfassen Sie mithilfe des Info-Kastens und des Zitates von Martin Halter einen informierenden Artikel für ein Schülerlexikon über die Symbolik des Romans. Beziehen Sie sich auf das Haus und auf ausgewählte Gegenstände.*

3.6 Erzählen vom Holocaust? – Das Mädchen Doris

In ihrem Kapitel „Das Mädchen" erzählt Jenny Erpenbeck von Doris, der Enkelin des alten Tuchfabrikanten. Bereits im Kapitel vom jungen jüdischen Tuchfabrikanten, der mit seiner Frau gerade noch rechtzeitig dem NS-Terror durch seine Auswanderung ins südafrikanische Exil entkommen kann, findet sie Erwähnung. Die Lesenden lernen sie in einer ausweglosen Situation kennen, aus der es kein Entkommen mehr geben wird. Sie hält sich – nach dem Abtransport der Großeltern, dem Tod des Vaters, dem für sie unerklärlichen Verschwinden

---

[1] FAZ.NET, 22.02.2008; www.faz.net/aktuell/feuilleton/buecher/rezensionen/belletristik/literatur-das-haus-am-scharmuetzelsee-1515514.html (Aufruf: 22.07.2023)

der geliebten Mutter und der Leerung des Gettos – dort in einer winzigen dunklen Kammer versteckt. Die Lesenden haben Teil an den Gedanken des Kindes, das sich an das glückliche Leben im Kreise seiner Familie in den Sommern im Haus am märkischen See erinnert. In der absoluten Dunkelheit, die das Mädchen in seinem Versteck umgibt, symbolisiert das Schwarze den Heimatverlust, den das Mädchen mithilfe der farbenfrohen Erinnerung an das schöne Leben, das es einmal hatte, zu kompensieren versucht. Das von den anderen vergessene Mädchen versucht, sich im Akt der Erinnerung seiner eigenen Existenz und Identität zu vergewissern. Grauenvolle Details der Judenverfolgung und -vernichtung wechseln sich dabei abschnittsweise mit Erinnerungen an die glückliche Heimat ab und sorgen damit für einen erschütternden Kontrast. Der Prozess der abnehmenden Existenz findet sein Ende in der sachlich-neutral geschilderten Ermordung des Mädchens: „Zwei Minuten lang spürt sie den Sand unter den Schuhen, auch ein paar kleine Feuersteine und Kiesel aus Quarz oder Granit, bevor sie die Schuhe für immer auszieht und sich auf das Brett stellt, um sich erschießen zu lassen." (S. 91/S. 86)

Mit dem Kapitel „Das Mädchen" (vgl. S. 79 ff./S. 74 ff.) wird „Heimsuchung" zum Teil der Holocaustliteratur. Der Roman tangiert damit die seit Adornos berühmtem Diktum „Nach Auschwitz noch ein Gedicht zu schreiben, ist barbarisch" (Kulturkritik und Gesellschaft, 1949) geführte Debatte um die Frage der poetischen Darstellbarkeit der Geschehnisse des Holocausts. In diesem Kontext stand insbesondere die Lyrik, aber auch das Erzählen unter dem „Vorbehalt, mit der glättenden Rede über den Schrecken einer Transformation des blutigen Geschehens in schöne Verse zu dienen und zugleich eine unerhörte Menschheits-Katastrophe zum Zwecke des schaurig-schönen Konsums zu idyllisieren"[1]. Adornos Warnung zielt auf die Gefahr der Banalisierung der Schrecken durch schöne Worte, die nicht nur als verbraucht, sondern auch als „von den Verbrechern kontaminiert"[2] galten. Sie zeugt von der grundsätzlichen Skepsis, mit Sprache überhaupt über das Unvorstellbare schreiben zu können. Gleichzeitig steht außer Frage, dass vom Holocaust zu sprechen sein muss, wenn er nicht in Vergessenheit geraten soll. Damit ist der zentrale Widerspruch zwischen einem ethisch begründbaren Zeugnisgebot und einem ästhetisch eingeforderten Darstellungsverbot benannt, der in den letzten Jahrzehnten in vielfältiger Weise von den Autorinnen und Autoren bearbeitet worden ist.

Diese Sequenz eignet sich insbesondere für Lerngruppen im Leistungskurs und führt die Schülerinnen und Schüler in eine hochkomplexe poetologische Auseinandersetzung über Chancen und Grenzen von Literatur angesichts eines historisch einmaligen Menschheitsverbrechens ein.

Zu **Beginn** kommen die Lernenden über zwei Zitate mit der Thematik in Kontakt. Die erste Aufgabe des **Arbeitsblatts 22**, S. 136 (Webcode WES-109677-483) beinhaltet das berühmte Diktum Adornos sowie ein kurzes Gedicht Wolf-Dietrich Schnurres, das der klassischen Dichtung nach den Gräueltaten des Zweiten Weltkrieges ebenfalls eine radikale Absage erteilt. Verbunden wird dieser Einstieg mit einer Abbildung, die einige im Frühjahr 1945 befreite Kinder im Konzentrationslager Auschwitz zeigt (Aufgaben 1 und 2).

■ *Formulieren Sie Ihre Eindrücke zu den Zitaten. Stellen Sie Vermutungen an, wie Dichter und Philosophen zu derartigen Aussagen gekommen sein könnten.*

■ *Vor welchen Schwierigkeiten im Hinblick auf die Art des Schreibens standen die Literaten/Literatinnen nach der Terrorherrschaft des Nationalsozialismus und dem Holocaust möglicherweise?*

---

[1] Lernen aus der Geschichte online, 25.02.2015, Berlin; http://lernen-aus-der-geschichte.de/Lernen-und-Lehren/content/12284 (Aufruf: 19.10.2023)

[2] Ebd.

Baustein 3: Rund um Form, Sprache und Erzählen in „Heimsuchung"

Im Anschluss an die inhaltliche Annäherung im Spontangespräch gilt es, den Bezug zum Roman Erpenbecks herzustellen und gemeinsam eine explizite, auf „Heimsuchung" bezogene Problem- oder Fragestellung zu formulieren.

> ■ *Inwiefern spielt die Frage nach der literarischen Darstellbarkeit der Vernichtung der jüdischen Bevölkerung auch in Erpenbecks Roman eine Rolle?*

Neben dem zentralen Kapitel um das Mädchen Doris, mit dem Erpenbeck an das Schicksal des jüdischen Mädchens Doris Kaplan erinnert, kann auch das Kapitel vom Tuchfabrikanten genannt werden, dessen Eltern nach ihrem zweiwöchigen Besuch in Südafrika zurück in die deutsche Heimat und damit in den Tod reisen. Auch die Auseinandersetzung der Schriftstellerin nach ihrer Rückkehr aus dem Exil schwelt um die Frage, ob sich mit den Mitteln der Dichtung nach der Katastrophe eine „neue Welt" (S. 119/S. 114) aufbauen lässt. In der **Erarbeitungsphase** analysieren die Schülerinnen und Schüler in **Einzel- oder Partnerarbeit** einen Sachtext der Literaturwissenschaftlerin Bettina Bannasch, die sich mit der sprachlichen Strategie Erpenbecks im Kontext der Debatte um die Darstellbarkeit des Undarstellbaren beschäftigt. Der Stil der Dichterin zeichne sich durch eine explizit nüchterne Sachlichkeit und äußerst distanzierte Erzählweise, wie sie sich z. B. auch im unmenschlich anmutenden Juristendeutsch des letzten Kapitels zeige, aus. Statt aus der Sicht einer allwissenden Erzählerinstanz das grauenvolle Geschehen zu kommentieren oder auch nur zu beschreiben, lasse Erpenbeck die Dinge für sich sprechen, indem die Gedanken Doris' wiedergegeben würden. Die Erzählinstanz trete „ganz hinter seinen Gegenstand zurück" (AB 22, Z. 20) und präsentiere die Sachverhalte, ohne sie zu bewerten oder ästhetisch zu inszenieren (Aufgaben 3 und 4).

> ■ *Wie schreibt Jenny Erpenbeck über den Holocaust bzw. die Shoa? Erarbeiten Sie die Kerngedanken Bettina Bannaschs und halten Sie diese thesenartig fest.*
>
> ■ *Überprüfen Sie exemplarisch die Thesen der Autorin, indem Sie das Kapitel „Das Mädchen" (vgl. S. 79 ff./S. 74 ff.) sprachlich analysieren. Nehmen Sie dabei u. a. auch den Schluss (vgl. S. 89, Z. 20 – S. 92/S. 85, Z. 1 – 87) in den Blick Ihrer Untersuchung.*

Die **Präsentationsphase** lässt sich zweiteilen: Zuerst geht es um die Sicherung der Thesen Bannaschs, die im linken Teil des folgenden **Tafelbilds** festgehalten werden können, anschließend werden die Textverweise zugeordnet:

Thesen Bettina Bannaschs	Schreiben im Kapitel „Das Mädchen"
„Rhetorik nüchterner Sachlichkeit" (Z. 3)	„Von den 120 Menschen im Waggon ersticken während der zweistündigen Fahrt ungefähr dreißig." (S. 90, Z. 27 f./S. 86, Z. 9 f.)
Dinge sprechen „für sich" (Z. 19), Redner tritt hinter seinen Gegenstand zurück ohne jede wertende Kommentierung	„Nackliger, muss sie denken, und erinnert sich an ihr eigenes Lächeln, das sie damals gelächelt hat […]." (S. 91, Z. 4 f./ebd., Z. 16 f.)
schmuckloser, dokumentarisch anmutender Stil	Aufzählung der Käufer des Eigentums der Familie von Doris (vgl. S. 88/S. 83 f.)
neutrale Erzählstimme	„Drei Jahre hat das Mädchen Klavierspielen gelernt, aber jetzt, während sein toter Körper in die Grube hinunterrutscht, wird das Wort Klavier von den Menschen zurückgenommen […]." (S. 91/S. 87)

125

Baustein 3: Rund um Form, Sprache und Erzählen in „Heimsuchung"

■ „Das Mädchen Doris ist eigentlich die einzige Figur im gesamten Roman, die mir wirklich nahegekommen ist und deren Schicksal mich sehr berührt hat." Nehmen Sie zu der Aussage einer Schülerin Stellung und erläutern Sie diese.

Warum das Schicksal von Doris so berührt: Das Nebeneinander von erinnerter Alltagsidylle und dem realen Grauen

rührende Erinnerungen an ein harmlos-alltägliches Gespräch über den Boxer Schmeling am märkischen See (vgl. S. 90/S. 85)

im sachlich-neutralen, fast buchhalterischen Ton wiedergegebene Beschreibung des Erstickungstods von 30 Menschen im Waggon (vgl. ebd./S. 86)

Dem Schreiben des Romans ging laut Jenny Erpenbecks Aussage ein sehr langer Rechercheprozess voraus. In ihrem Kapitel „Das Mädchen" mischt sie nachgewiesene biografische Fakten aus dem viel zu kurzen Leben der Doris Kaplan mit imaginierten Gedanken des Mädchens. Auch die genauen Details ihres Todes sind nicht bekannt. Die Kombination von Dokumentation und Fiktion hält Wendland für „fragwürdig"[1], weil das Fiktive, also das, was von der Autorin hinzuerfunden wurde, zum Nachteil des Dokumentarischen „zwangsläufig den größeren Raum einnehmen"[2] muss.

■ *In diesem Kapitel mischt die Autorin Dokumentation mit Fiktion. Viele Dinge sind im Leben der Doris Kaplan tatsächlich passiert, andere sind hinzuerfunden. Halten Sie dieses Vorgehen für legitim oder sollte man streng auf eine Trennung zwischen Dokumentation und Fiktion achten?*

■ *Jenny Erpenbeck gibt die intimsten und letzten Gedanken des Mädchens im Moment seiner Hinrichtung wieder. Sie beschreibt sogar, was Doris riecht und was sie unter ihren Füßen spürt (vgl. S. 91, Z. 4 ff./S. 86, Z. 24 ff.). Ihre introspektive Erzähltechnik versucht also, aus der Psyche eines Kindes herauszulesen, was sich im Augenblick absoluter Todesangst in ihm abspielt. Erörtern Sie die Legitimität dieses Ansatzes. Welche Alternativen fallen Ihnen ein?*

Ein **nachbereitender Arbeitsauftrag** bringt die Sequenz zu ihrem Abschluss:

■ *Recherchieren Sie im Internet alternative Formen der Erinnerung an den Holocaust. Besuchen Sie dabei u. a. die Seiten www.yadvashem.org/de.html und www.stiftung-denkmal.de/ und stellen Sie eines dieser Museumskonzepte vor.*

---

[1] Hans-Georg Wendland: Der Roman „Heimsuchung" von Jenny Erpenbeck und die Suche nach der Heimat, a.a.O., S. 10
[2] Ebd.

Den Anfang und das Ende des Romans interpretieren

1. Beschreiben Sie die Abbildung. Charakterisieren Sie die Stimmung, die ausgedrückt wird.

2. Lesen Sie den Prolog (S. 9 ff./S. 9 f.) sowie den Epilog (S. 186 ff./ S. 181 ff.) des Romans. Stellen Sie dann eine Verbindung zur Abbildung her und erläutern Sie die Rolle der Natur.

3. Deuten Sie das Verhältnis von Mensch (M) und Natur (N) in beiden Texten, indem Sie sich für eine der folgenden Skizzen entscheiden.

   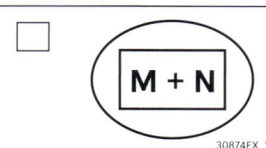

4. Welches Konzept verfolgt Erpenbeck mit der formalen Anlage ihres Romans? Fertigen Sie eine Zeichnung an, die den Gesamtaufbau des Romans visualisiert. Erläutern Sie im Anschluss mithilfe Ihrer Skizze sowie der drei Eingangszitate (vgl. S. 7/S. 7), die die Autorin ihrem Text voranstellt, die Einstellung Erpenbecks zur Bedeutung des Menschen und der Natur.

5. „Doch was ist Geschichte? Ist sie etwas, in dem man sich bewegt wie die Fische im Wasser? Oder ist sie ein Werkstoff, der sich bearbeiten lässt, etwas von Menschen Gemachtes? Erpenbeck legt schon durch ihren geologischen Prolog die erste Lesart nahe. Geschichte aus der Gartenperspektive handelt vom Entstehen und Vergehen, von Eiszeiten und Tauwetter."[1] Schreiben Sie unter Bezug auf das Zitat Jörg Magenaus einen kritischen Brief an die Autorin.

---

[1] Jörg Magenau: Fremd bin ich eingezogen. In: Tagesspiegel online, 03.02.2008, Berlin; www.tagesspiegel.de/kultur/literatur/fremd-bin-ich-eingezogen-1606282.html (Aufruf: 04.10.2023)

„Heimsuchung Corona" – Eine Gegengeschichte verfassen

In Jenny Erpenbecks Roman „Heimsuchung" versuchen unterschiedliche Menschen, für sich selbst Heimat zu gewinnen und ein glückliches Leben zu führen. Das Streben nach Glück – die amerikanische Verfassung spricht von „pursuit of happiness" – wird jedoch durch zahlreiche Ereignisse, die von außen und ohne Zutun der Figuren auf sie einwirken, unmöglich gemacht. Diese Heimsuchungen wirken wie Schicksalsschläge, denen die Menschen machtlos gegenüberstehen und sie als passive Opfer dem Lauf der Dinge ausliefern. Das ist eine pessimistische Botschaft, weil ihr der Glaube an die Autonomie des Menschen bei seiner Jagd nach dem Lebensglück fehlt.

■ *Stellen Sie sich vor, an die Stelle des abgerissenen Hauses am See wäre ein neues Sommerhaus gebaut worden, in dem Sie gemeinsam mit Familie und Freunden viel Zeit verbringen konnten, bis Ihr bis dato schönes Leben plötzlich von der Corona-Pandemie ab dem Jahr 2020 heimgesucht wird. Alles ist nun anders, Ihr Leben eingeschränkt und die Aussichten schlecht. Überlegen Sie, wie Sie selbst es geschafft haben, dieser realen Heimsuchung zu widerstehen. Notieren Sie im folgenden Schreibplan, wer und was Ihnen dabei geholfen hat. Schreiben Sie dann eine eigene, positive „Haus-am-See"-Geschichte, die ein gutes Ende findet und als optimistischer Gegenentwurf zum Skeptizismus Erpenbecks gelesen werden kann.*

Titel meiner Hausgeschichte	
Was mir während Corona geholfen hat (Erfahrungen, Tätigkeiten, Interessen ...)	
Wer mir während Corona geholfen hat (Freunde, Verwandte, Familie ...)	
Plot: Anfang meiner Haus-Geschichte	
Plot: Verlauf meiner Haus-Geschichte	
Plot: Ende meiner Haus-Geschichte	

Die Sprache Jenny Erpenbecks untersuchen

1. Analysieren Sie die Sprache Jenny Erpenbecks in „Heimsuchung" mithilfe der Tabelle. Falls erforderlich, kontextualisieren Sie ein Zitat, indem Sie es im Roman nachschlagen.
2. Beschreiben Sie, welche Wirkung von dem Zitat ausgeht.
3. Erläutern Sie, welche Aussageabsicht damit verbunden sein könnte.

Formulierung im Roman „Heimsuchung"	Definition: sprachliche Mittel	Aussage, Intention + Wirkung
„Wer baut, klebt nun einmal sein Leben an die Erde." (S. 42/S. 39)		
„Vier Wände um ein Stück Luft […] sich mit steinerner Kralle aus allem, was wächst und wabert, herausreißen, und dingfest machen." (S. 38/S. 35)		
„Das Haus sollte aussehen, als sei es hier gewachsen, wie etwas Lebendiges." (S. 42/S. 39)		
„Fremde Handtücher. Tuchfabrikanten, die Juden. Frottee. Erste Qualität. Möcht sein." (S. 43/S. 40)		
„Die zwei Worte […] lauten: Darf und muss, und darf, und muss, und darf, und muss." (S. 16/S. 14)		
„It is supposed to look as if der Baum in einem verschneiten Winterwald stünde […]." (S. 51/S. 48)		
„Die Vertreibung ins Paradies." (S. 55/S. 52)		
„[V]or ihrem Zimmer ließ er ein eisernes Vögelchen anschmieden." (S. 67/S. 63)		
„Und immer noch mehr geschrumpft war diese Welt […]." (S. 85/S. 80)		
„Gibt es in Brasilien auch Seen?" (S. 85/S. 81)		
„Die neue Welt soll die alte fressen, die alte wehrt sich […]." (S. 119/S. 114)		
„Während sie zurückschaut, verschwistert sich die Zeit mit sich selbst und wird flach." (S. 131/S. 126)		

alle Zitate: Jenny Erpenbeck: Heimsuchung. 3. Auflage. Penguin Verlag: München 2018. Penguin Random House Verlagsgruppe

4. Deuten Sie Ihre Ergebnisse zusammenfassend: Die Sprache Erpenbecks ist …

☐ pathetisch-kitschig	☐ sachlich-nüchtern	☐ dokumentarisch	☐ ausufernd-plaudernd

5. „Folgen viele […] Worte aufeinander, entsteht etwas, das […] als eine Art Klangraum bezeichnet werden könnte, ein schwer zu fassendes Phänomen, das eng mit der offensten aller Künste, der Musik, verwandt ist. Lese-Musik im Kopf."[1] Erläutern Sie die Aussage Katharina Granzins (taz.de, 07.03.2008) und überprüfen Sie sie anhand ausgewählter Zitate.

---

[1] taz.de, 07.03.2008, Berlin; https://taz.de/Jenny-Erpenbecks-Roman-Heimsuchung/!5185475/ (Aufruf: 13.10.2023)

Die Sprache Erpenbecks untersuchen (Lösung)

Formulierung im Roman „Heimsuchung"	Definition: sprachliche Mittel	Aussage, Intention + Wirkung
„Wer baut, klebt nun einmal sein Leben an die Erde." (S. 42/S. 39)	Metapher	Wunsch nach Heimat, Sesshaftigkeit u. Konstanz
„Vier Wände um ein Stück Luft [...] sich mit steinerner Kralle aus allem, was wächst und wabert, herausreißen, und dingfest machen." (S. 38/S. 35)	Metapher	Heimat ist planbar und kann ortsunabhängig entstehen, gebaut werden
„Das Haus sollte aussehen, als sei es hier gewachsen, wie etwas Lebendiges." (S. 42/S. 39)	Vergleich	Versuch des Architekten, Heimat natürlich zu gestalten
„Fremde Handtücher. Tuchfabrikanten, die Juden. Frottee. Erste Qualität. Möcht sein." (S. 43/S. 40)	Ellipse (Fragmentierung)	Auslassungen als Hinweise auf Schuldigwerden des Architekten in der Zeit des Nationalsozialismus
„Die zwei Worte [...] lauten: Darf und muss, und darf, und muss, und darf, und muss." (S. 16/S. 14)	Wiederholung/ Repetitio	Betonung der Unfreiheit und Eingebundenheit der Braut in die Zwänge der Ehe
„It is supposed to look as if der Baum in einem verschneiten Winterwald stünde [...]." (S. 51/S. 48)	Sprachmischung (Englisch/Deutsch)	Ausdruck der Zwiegespaltenheit und Heimatlosigkeit Ludwigs in Südafrika
„Die Vertreibung ins Paradies." (S. 55/S. 52)	Wortspiel/Analogie	Ambivalenz der neuen und sicheren Heimat im Exil
„[V]or ihrem Zimmer ließ er ein eisernes Vögelchen anschmieden." (S. 67/S. 63)	Symbol	Ausdruck der vergeblichen Sehnsucht der Frau nach Freiheit
„Und immer noch mehr geschrumpft war diese Welt [...]." (S. 85/S. 80)	Metapher	totale Isolation und Einsamkeit im Versteck Doris'
„Gibt es in Brasilien auch Seen?" (S. 85/S. 81)	rhetorische Frage	Hoffnung auf Rettung und Überleben im Exil
„Die neue Welt soll die alte fressen, die alte wehrt sich [...]." (S. 119/S. 114)	Personifikation	Wunsch, in der DDR eine neue Heimat zu gewinnen
„Während sie zurückschaut, verschwistert sich die Zeit mit sich selbst und wird flach." (S. 131/S. 126)	paradoxe Metapher	Ausdruck eines anderen Zeitempfindens im hohen Alter der Besucherin

alle Zitate: Jenny Erpenbeck: Heimsuchung. 3. Auflage. Penguin Verlag: München 2018. Penguin Random House Verlagsgruppe

„Heimsuchung" – Wir spielen Theater!

Einige Theater in Deutschland haben Erpenbecks Roman auf die Bühne gebracht. Dabei gibt es keine verbindliche Bühnenfassung, sondern den Theatern, die die Stoffrechte erwerben, kommt die Aufgabe zu, das epische Werk eigenständig zu dramatisieren, also in ein Theaterstück umzuschreiben. Das ist reizvoll, weil es im Roman selbst nur wenige Gesprächssequenzen gibt.

Szenenbild aus dem Theaterstück „Heimsuchung" des Theaters Gera 2010

1. Entwickeln Sie in Gruppenarbeit zu einem für Sie interessanten Kapitel eine kurze Theatersequenz, die sich aus dem Kapitelinhalt ergibt. Lassen Sie dabei zentrale Figuren zu Wort kommen und knüpfen Sie inhaltlich an die Themen des jeweiligen Kapitels an. Sie können auch neue Figuren hinzuerfinden. Planen Sie mithilfe der folgenden Tabelle Ihre Szene. Halten Sie diese im Anschluss schriftlich fest, erproben Sie sie im Spiel und tragen Sie sie im Plenum vor. Begründen Sie im Nachgespräch Ihre Inszenierungsideen.

Planungshilfe für eine Theatersequenz zu „Heimsuchung"	
Mögliche Themen und Inhalte der Szene:	**Figuren:**
Sprache/Kommunikation (z. B. Gestik, Mimik):	**Aussage und Wirkungsabsicht:**

2. Vergleichen Sie die Dialoge Ihres Kurses mit der Sprache Jenny Erpenbecks und beschreiben Sie mögliche Wirkungsunterschiede.

3. Diskutieren Sie die folgende These: „Der Roman Erpenbecks lässt sich nicht verfilmen."

Erzähltechnik: So erzählt Jenny Erpenbeck ihre Geschichte

1. Nehmen Sie zu folgender These eines Schülers Stellung und begründen Sie Ihre Entscheidung.

> „Richtig mitgefiebert habe ich eigentlich mit kaum einer Figur des Romans.
> Niemand ist mir wirklich ans Herz gewachsen."

☐ stimme zu ☐ stimme zum Teil zu ☐ lehne ab

Der Erzähler kann zwei **Erzählformen** nutzen: Bei der **Ich-Erzählung** tritt der Erzähler selbst in Erscheinung, spricht von sich und nutzt das Personalpronomen der 1. Person Singular. Bei der **Er-/Sie-Erzählung** berichtet der Erzähler über andere und nutzt in der Regel das Personalpronomen der 3. Person Singular. Nur ganz selten nutzen Erzähler die Du-Erzählform.

Im Hinblick auf die **Erzählperspektive** unterscheidet man zwischen **Innen-** und **Außensicht**. Bei der *Außensicht* beschränkt sich der Erzähler auf das, was er als Betrachter von außen erkennen kann. Wenn er auch in die Figuren hineinblickt, ihre Gedanken, Gefühle und Wahrnehmungen mitteilt, spricht man erzählperspektivisch von der *Innensicht*.

Beim **Erzählverhalten** unterscheidet man zwischen drei Grundformen: Eine Erzählerfigur verhält sich **auktorial**, wenn sie die erzählte Handlung arrangiert und kommentiert und sich dabei auch direkt an die Lesenden wendet. Der auktoriale Erzähler verfügt i. d. R. über mehr Informationen als seine Figuren, er hat einen Überblick über das Geschehen und charakterisiert die Figuren direkt. Oft gibt er dem Leser bzw. der Leserin Hinweise über Vergangenes oder deutet an, was in der Zukunft passieren wird. Von **personalem Erzählverhalten** spricht man, wenn sich der Erzähler auf die Sichtweise einer oder mehrerer Figuren beschränkt. Die Lesenden vollziehen das Geschehen, die Wahrnehmungen, Emotionen und Gedanken der Figuren dann scheinbar unmittelbar aus deren Sicht nach. Liegt ein personales Erzählverhalten vor, tritt der Erzähler weitgehend hinter die Figur(en) zurück. Manchmal wird das Geschehen vom Erzähler wie von einem unbeteiligten Beobachter geschildert. Dann spricht man von **neutralem Erzählverhalten**. Der Erzähler wird dann von den Lesenden oft gar nicht bemerkt, weil er sich auf die äußerlich erkennbaren Vorgänge beschränkt.

---

2. Bestimmen Sie die Erzählform, -perspektive und das Erzählverhalten im Kapitel „Der Architekt" (S. 34 ff./S. 31 ff.) anhand eigenständig ausgewählter Textstellen. Beschreiben Sie deren Wirkung und notieren Sie ggf. offene Fragen.

Erzähltechnik	Textstelle	Wirkung/Kommentar/offene Fragen
Erzählform: ☐ Er-/Sie-Erzählung ☐ Ich-Erzählung		
Erzählperspektive ☐ Innensicht ☐ Außensicht		
Erzählverhalten ☐ auktorial ☐ personal ☐ neutral		

3. Stellen Sie sich vor, der Architekt hätte das Kapitel „Die Frau des Architekten" lesen können. Schreiben Sie nun einen selbstkritischen Brief des Architekten an seine Ehefrau. Gehen Sie darin auf seine Lebenslügen und ihre Enttäuschungen ein.

4. Erläutern Sie, was durch die neu hinzugewonnene Perspektive deutlich wird.

„Heimsuchung" als moderne Literatur?

Die Erzählweisen des modernen Romans lassen sich aus der *„transzendentalen Obdachlosigkeit"* (Georg Lukács 1885–1976) erklären. Die bedeutet: Dem Einzelnen ist die Welt, in der er lebt, fremd geworden und er ist sich selbst und den anderen in ihr fremd geworden. Alle traditionelle Ordnung und Sinngebung des Daseins sind fragwürdig, zweifelhaft geworden. Die fundamentale Entfremdung schafft Probleme des Erzählens. Denn eine Geschichte erzählen heißt zunächst nichts anderes, als etwas, was geschehen ist, so zu erzählen, dass es im Nachhinein verständlich wird, Sinn für sich selbst und andere macht. Erzählen ist grob gesagt der Versuch, das Wirkliche, das einen tendenziell immer überrumpelt, im Nachhinein zu bewältigen, indem man es in einen Sinn- und Verständnishorizont einbettet. Wo der zerbrochen ist, etablieren sich moderne Erzähltechniken:

- **Wechsel der Erzählperspektiven**: Die Romanhandlung wird nur noch aus fragmentarischen Perspektiven der Einzelnen geschildert, wobei im Extrem kein Abbild einer pluralistischen Welt erzeugt wird, sondern die totale Fragmentarisierung[1] des Wirklichen. In diesem Fall lassen sich die subjektiven Einzelausschnitte des Geschehens nicht mehr wie ein Puzzle zu einem Gesamtbild zusammensetzen. Vielmehr spiegeln sie, dass es eine allen gemeinsame (d.h. allgemeine) Welt/Wirklichkeit und ein verbindliches Werte- und Normensystem als Verständigungsbasis nicht mehr gibt. Auf harmlose Weise bediente sich bereits der traditionelle Briefroman dieser multiperspektivischen Erzählweise, die zugleich vertiefte psychologische Einblicke erlaubt. [...]
- **Wechsel von Erzählstil und -haltung**: Nicht mehr eine Erzählhaltung wird als dominante durchgehalten, stattdessen ein ständiger Wechsel der Erzählsituation und -haltung vollzogen. In dem Roman der Moderne, im *Ulysses* von James Joyce (1922), findet ein solcher Wechsel von Kapitel zu Kapitel statt: Joyce erzählt ebenso virtuos aus der objektiven Außensicht (Er-Form) wie aus den verschiedenen Innenperspektiven seiner drei Helden mit ihren inneren Monologen.
- **Der innere Monolog:** Diese Ende des 19. Jahrhunderts entwickelte Erzähltechnik verzichtet auf den souveränen, das erzählte Geschehen steuernden/deutenden Erzähler. Stattdessen gibt sie (scheinbar) unvermittelt in der ersten Person Präsens all das wieder, was die Figuren denken, fühlen, träumen, erinnern und assoziieren. So erlaubt der innere Monolog tiefe Einblicke in die geistigen und seelischen (Ab-)Gründe des Romanpersonals. Alfred Döblin wendet diese Erzähltechnik z.B. in *„Berlin Alexanderplatz"* an, Thomas Mann in *„Lotte in Weimar"*, Arthur Schnitzler in *„Fräulein Else"*, Uwe Johnson in *„Mutmaßungen über Jakob"*. Als innerer Monolog wird auch die extreme Darstellung innerer Vorgänge dargestellt, der sogenannte Bewusstseinsstrom, *„Stream of Consciousness"*. Das ist die extrem ungeordnete Abfolge von tendenziell unterbewussten wie unbewussten und bewussten inneren Vorgängen, die unvermittelte wie irritierende Einblicke in die Abgründe der Seele geben. Prominentestes Beispiel des *„Stream of Consciousness"* ist der große Monolog der Molly Bloom am Ende des *„Ulysses"* von James Joyce (1922). [...]

Der Roman im 20. Jahrhundert, BR telekolleg Deutsch – Literatur, 03.01.2013, München; www.br.de/telekolleg/faecher/deutsch/literatur/03-literatur-fakten-100.html (Abruf: 20.07.2023)

[1] Aufspaltung, Zergliederung in Einzelteile

1. Lesen Sie den Sachtext und markieren Sie zentrale Aussagen über die Merkmale der modernen Literatur.

2. Schreiben Sie diese Merkmale heraus und überprüfen Sie, ob und inwiefern diese Merkmale durch Jenny Erpenbecks Roman „Heimsuchung" erfüllt werden.

Merkmal modernen Erzählens	Roman „Heimsuchung"

3. Stellen Sie Ihre Ergebnisse in Form eines Kurzreferates vor.

„Heimsuchung" als Heimatroman?

> **Heimatliteratur,** im 19. Jahrhundert entstandener inhaltlich definierter Literaturtypus, bei dem ‚Heimat' (verstanden als ein bestimmter landschaftlicher Raum und eine meist ländlich-bäuerliche Daseinsform) zum darstellerischen Zentrum wird. Heimat dominiert hierbei (ebenso wie ‚Heimweh', ‚Heimatliebe' usw.) als Wert alle anderen Werte. Sie wird scheinbar wirklichkeitsgetreu geschildert, indem regionale Bezüge hergestellt, Details realistisch genau beschrieben werden, Mundartformen (besonders in Dialogen) eingeflochten werden. Tatsächlich wird sie jedoch nicht als realer gesellschaftlich-ökonomischer Raum gesehen, sondern als idealisierte, oft auch sentimental und emotional aufgeladene und zeitlos-mythische Sphäre; insbesondere das bäuerliche Dasein wird als einfach-natürliche, von erd- und traditionsgebundenen Gesetzen geregelte Lebensform dargestellt. Oft wird ihre Schilderung zum brauchtumsorientierten Selbstzweck, zum ‚Sittengemälde', oft erstarrt Heimat aber auch zur topisch[1]-idyllischen Kulisse, vor der stereotype (im Motivvorrat beschränkte), pseudoproblematische oder schwankhaft banale Handlungen ablaufen. Heimatliteratur ist somit zum größten Teil der Trivialliteratur zuzurechnen. Sie ist zumeist Bauern- oder sogenannte Berg- oder Hochlanddichtung; sie umfasst vorwiegend Romane, aber auch Heimatstücke und -filme, Verserzählungen und Lyrik. Teilbereiche sind die Dorfgeschichte und zum Teil die Mundartdichtung. Voraussetzungen für die Entstehung der Heimatliteratur waren einmal die Entdeckung der Landschaft als neuem Erfahrungs- und Identifikationsraum seit der Romantik und seine literarisch-ästhetische Erfassung mit realistischen Sprachmitteln, zum anderen die zunehmenden ökonomischen und sozialen Veränderungen durch die beginnende Industrialisierung (Verstädterung, Landflucht [...]), welche althergebrachte Werte und Ordnungen zu zerstören drohten. Daraus resultierten einerseits ein Interesse am volkstümlich-ländlichen Milieu, andererseits der Wunsch nach Rückzug ins einfache Leben, eine neue Auffassung der Heimat als einem Ort festgefügter gemeinschaftlicher Werte und Normen, aber auch die Angst vor der Bedrohung dieses Lebensraums. Diese Tendenzen und Stimmungen griff die Heimatliteratur auf, zunächst mit pädagogisch-didaktischer, zum Teil auch mit reformerischer und zeitkritischer Tendenz. Aber die anfänglichen Versuche, lokale und gesellschaftliche Zustände auch des ländlichen Raums zu beschreiben und seine ökonomischen, sozialen und politischen Verhältnisse aufzudecken [...], wichen bald dem Bedürfnis nach Identifikationsmöglichkeiten und bequemeren, einschichtigen (Schein-)Lösungen der Gegenwartsproblematik, wie sie ein poetisch verklärter Heimatbegriff anbot. Die Heimatliteratur lieferte mit einer harmonisch-heimatlichen Scheinwelt einen Fluchtraum, der allzu leicht für Ideologisierungen genutzt werden konnte (‚rettende' Gegenwelt zur Stadt, zur Zivilisation); eine Implikation, die [...] zur Heimatkunst und Blut- und Bodendichtung führte. [...] In jüngster Zeit ist ein neues Interesse am Regionalen zu beobachten. Nach dem Vorbild der distanziert-kritischen Heimatdarstellung bei O. M. Graf [...] oder Anna Seghers werden in neuen Formen die bislang von der Trivialliteratur besetzten Heimatstoffe und -motive genutzt [...].
>
> Günther und Irmgard Schweikle (Hg.): Metzler Literatur Lexikon. 2. Aufl. J. B. Metzler: Stuttgart 1990, S. 191 f.

[1] örtlich, räumlich

> **1.** Lesen Sie den Lexikonartikel und markieren Sie zentrale Aussagen über die Merkmale der Heimatliteratur.
>
> **2.** Schreiben Sie diese Merkmale heraus und überprüfen Sie, ob und inwiefern diese Merkmale durch Jenny Erpenbecks Roman „Heimsuchung" erfüllt werden.

Merkmal der Heimatliteratur	Roman „Heimsuchung"

> **3.** Stellen Sie Ihre Ergebnisse in Form eines Kurzreferates vor.

Die Symbolik des Ortes – Haus, Garten und See

1. Untersuchen Sie, welche Bedeutung das Haus am See für die Figuren des Romans „Heimsuchung" sowie im Gesamtkontext hat. Werten Sie dafür die angegebenen Textstellen aus. Ziehen Sie auch weitere selbst ausgewählte Textstellen heran. Notieren Sie stichwortartig.

„Und jetzt musste er froh sein, das blanke Leben zu retten, die dritte Haut sich abziehen zu lassen […]." (S. 39/S. 36)

„Dem Leben Richtungen geben, den Gängen Boden unter den Füßen, den Augen einen Blick, der Stille Türen." (S. 38/S. 35)

„Wer baut, klebt nun einmal sein Leben an die Erde." (S. 42/S. 39)

„Abschließen und den Schlüssel steckenlassen. Sie sollen ihm keinen Knochen zerbrechen. Die Tür nicht zerbrechen […]." (S. 37/S. 34)

„Ein Haus, die dritte Haut, nach der Haut aus Fleisch und der Kleidung. Heimstatt." (S. 38/S. 35)

Reinhild Kassing

„Der einzige Ort, der seit damals sich ähnlich geblieben sein wird, und über den das Mädchen sogar von hier aus […] noch sagen könnte, wie er zur Stunde aussieht, ist das Grundstück von Onkel Ludwig." (S. 87/S. 82)

„Die Zeit scheint ihr zur Verfügung zu stehen wie ein Haus, in dem sie mal dieses, mal jenes Zimmer betreten kann." (S. 70/S. 66)

„Der Schrank, durch den sie ins Schrankzimmer hinaustritt, riecht, wie zu Lebzeiten ihrer Großmutter, noch immer nach Pfefferminz und Kampfer." (S. 177/S. 171)

alle Zitate: Jenny Erpenbeck: Heimsuchung. 3. Auflage. Penguin Verlag: München 2018. Penguin Random House Verlagsgruppe

> Das **Leitmotiv** ist ein Stilmittel, das in der Epik oft verwendet wird, damit der Eindruck entsteht, dass die einzelnen Textteile zusammengehören. Dies „schaffen" die Leitmotive, da sie wiederholt werden und so ein Netz von Beziehungen knüpfen können. Die vier häufigsten Arten sind wiederkehrende Handlungselemente, wiederholt verwendete sprachliche Bilder, sich wiederholende Redewendungen und Gesten sowie Gegenstände (Dingsymbole) oder Lebewesen, die an bedeutsamer Stelle wiederkehren.
> Fachbegriffe: Leitmotiv – Definition © 2023 Literatur[handbuch]; www.literaturhandbuch.de/fachbegriffe-leitmotiv (Abruf: 13.10.2023)

2. Überprüfen Sie mithilfe des Info-Kastens, ob und in welcher Weise es sich bei dem Haus am See um ein Symbol handelt.

3. Erarbeiten Sie die Bedeutung des Silberbestecks und des Porzellans (vgl. S. 34, 139, 155/S. 31, 134, 150) sowie des Geruchs nach Pfefferminz und Kampfer (vgl. S. 36, 75, 99, 177/S. 33, 72, 94, 171). Welche Funktion kommt den Gegenständen bzw. dem Geruch zu?

4. „Jeder Hausbau ist nur eine Episode im ewigen Kreislauf von Werden und Vergehen."[1] Verfassen Sie mithilfe des Info-Kastens und des Zitates von Martin Halter einen informierenden Artikel für ein Schülerlexikon über die Symbolik des Romans. Beziehen Sie sich auf das Haus und auf ausgewählte Gegenstände.

[1] FAZ.NET, 22.02.2008; www.faz.net/aktuell/feuilleton/buecher/rezensionen/belletristik/literatur-das-haus-am-scharmuetzelsee-1515514.html (Aufruf: 13.10.2023)

Schreiben nach Auschwitz? – Das Mädchen Doris

„Nach Auschwitz ein Gedicht zu schreiben, ist barbarisch."[1] (T. W. Adorno, 1949)

„Zerschlagt eure Lieder
verbrennt eure Verse
sagt nackt
was ihr müsst."[2] (W. Schnurre, 1948)

Kinder im KZ Auschwitz nach ihrer Befreiung 1945

1. Formulieren Sie Ihre Eindrücke zu den Zitaten. Stellen Sie Vermutungen an, wie Dichter und Philosophen zu derartigen Aussagen gekommen sein könnten.

2. Vor welchen Schwierigkeiten im Hinblick auf die Art des Schreibens standen die Literaten/Literatinnen nach der Terrorherrschaft des Nationalsozialismus und dem Holocaust möglicherweise?

3. Wie schreibt Jenny Erpenbeck über den Holocaust bzw. die Shoa? Erarbeiten Sie die Kerngedanken Bettina Bannaschs und halten Sie diese thesenartig fest.

4. Überprüfen Sie exemplarisch die Thesen der Autorin, indem Sie das Kapitel „Das Mädchen" (vgl. S. 79 ff./S. 74 ff.) sprachlich analysieren. Nehmen Sie dabei u. a. auch den Schluss (vgl. S. 89, Z. 20 – S. 92/S. 85, Z. 1 – S. 87) in den Blick Ihrer Untersuchung.

Der Roman berührt [...] eines der grundlegenden Probleme, das die Frage nach sämtlichem künstlerischem Darstellen der Shoa betrifft: die Frage nach der Wahl eines ‚angemessenen' Stils für ein Ereignis, das ‚angemessen' nicht zu beschreiben ist. Die Rhetorik nüchterner Sachlichkeit stellt eine Lösungsmöglichkeit unter anderen dar, in der deutschsprachigen Literatur ist es vielleicht die am häufigsten gewählte. Sie hat ein eigenes, besonders nachdrückliches Pathos. In Erpenbecks ‚Heimsuchung' beschränkt sich der Einsatz der nüchternen Sprache jedoch nicht auf Darstellungen von Verfolgung, Exil und Ermordung. Im letzten Kapitel des Romans etwa wird in akribischem Juristendeutsch von den Rückerstattungsforderungen der Erbengemeinschaft berichtet. Diese distanzierte Erzählweise steigert die Empfindung der Empörung, die sich darüber einstellt, dass die mit dem Haus und dem Grundstück so eng verbundene ‚uneigentliche Eigenbesitzerin' ausgerechnet von Leuten vertrieben wird, die keinen wirklichen Bezug zu diesem Seegrundstück haben. Das ‚unmenschliche' Juristendeutsch treibt gerade die ‚menschliche' Seite der Verlusterfahrung noch einmal stärker hervor und macht sie nicht nur nach-, sondern geradezu mitvollziehbar. Der Prolog ist ebenfalls in einer betont nüchternen Sprache gehalten, die noch einmal eine weitere Spielart des schmucklosen Stils einsetzt, die Sprache der Naturwissenschaften. Der Verdacht, der Roman unternehme eine naturmystisch-verklärende Bezugnahme auf ‚die Natur', scheint sich in der Nüchternheit der Wissenschaftssprache ‚von selbst' zu erledigen. Gleichwohl ist der schmucklose Stil, der genus humile, wichtiger Bestandteil der antiken Rhetorik. Er wird vor allem dann eingesetzt, wenn der Eindruck vermittelt werden soll, dass die Dinge ‚für sich' sprechen. Er erzeugt den Eindruck, der Redner trete ganz hinter seinen Gegenstand zurück und vermittle Sachverhalte ohne jede wertende Kommentierung und Einfluss nehmende Inszenierung. Dieser sprachliche Gestus bestimmt den Roman ‚Heimsuchung'. [...] Die Erschießung des jüdischen Mädchens schließlich beschreibt eine neutrale Erzählstimme als einen Akt der Zurücknahme seiner [...] unverwechselbaren Geschichte.

Bettina Bannasch: Der Garten Eden in zwölf quadratischen Kapiteln, Universitätsbibliothek Augsburg, 2008, S. 37 ff., https://opus.bibliothek.uni-augsburg.de/opus4/frontdoor/deliver/index/docId/39413/file/39413.pdf (Aufruf: 11.10.2023)

---

[1] Kultur nach Auschwitz, Sine Maier-Bode, planet-wissen.de, 22.11.2019, WDR, Köln [2] Unfreiwillige Verwandte – Über Nachkriegsliteratur und -politik in Deutschland, Hans Maier, Die Politische Meinung, Nr. 563, Juli/August 2020, 65. Jg., S. 116

Baustein 4

Ist „Heimsuchung" ein guter Roman? – Die Frage der Wertung

Im Literaturunterricht der gymnasialen Oberstufe spielt die interessante und seit Jahrhunderten kontrovers diskutierte Frage nach der literarischen Qualität von epischen, lyrischen und dramatischen Texten eine besondere Rolle. Sie findet sich sowohl in vielen Lehrplänen und Richtlinien der Länder als auch in Aufgabenstellungen des (Zentral-)Abiturs wieder. Häufig steht sie am Ende einer Unterrichtseinheit. Dabei zeigt sich das Problem der Wertung von literarischen Texten im Unterrichtsalltag darin, dass den Schülerinnen und Schülern sinnvolle Beurteilungskriterien fehlen und einer solchen eingeforderten Einschätzung oftmals nur subjektiver Charakter zugesprochen werden kann. Dem einen gefällt Erpenbecks Roman aufgrund seiner sachlich-nüchternen Prosa und der detailreichen und genauen Schilderung der sich wiederholenden Arbeiten des Gärtners. Dem anderen fehlt hingegen aufgrund der fragmentartigen Aneinanderreihung von ausschnitthaften Episoden unterschiedlicher Menschen der notwendige Spannungsaufbau und ein nachvollziehbarer „roter Faden", der dem Handlungsgeschehen ein alles umfassendes und für die Lesenden erkennbares Thema bietet. Dabei sollte fachspezifisches, wissenschaftspropädeutisches Grundlagenwissen die Schülerinnen und Schüler durchaus in die Lage versetzen, einen Gegenwartsroman wie Jenny Erpenbecks „Heimsuchung" (2008) in seiner literarischen Qualität und literarhistorischen Bedeutung zu beurteilen. Mit Blick auf die eingeforderte ästhetische Kompetenz sollen die Lernenden im Oberstufenunterricht „Voraussetzungen für eine angemessene ästhetische Rezeption"[1] erlangen. Aus diesem Grund stehen in dem folgenden Baustein v. a. Fragestellungen der Wertung des Romans im Mittelpunkt:

In der ersten Sequenz erhalten die Schülerinnen und Schüler die Gelegenheit, ihre subjektiven Eindrücke, die sie während der Lektüre des Romans aufgebaut haben, öffentlich zu machen. Im Austausch mit den anderen Kursteilnehmern und -teilnehmerinnen erarbeiten sie erste Kriterien, die bei der Bewertung von Literatur herangezogen werden können. Produktionsorientiert können sie ihre anfangs nur subjektiven, jetzt kriterienorientierten Einschätzungen in einem Brief zum Ausdruck bringen (4.1).

Alternativ oder ergänzend zur ersten Sequenz liegt der Schwerpunkt im Folgenden auf der mündlichen Kommunikation. Auf der Grundlage von kurzen, den Roman wertenden Textauszügen diskutieren die Lernenden im Rahmen einer Debatte über Erpenbecks Roman (4.2).

Schreibprozessorientiert arbeiten die Lernenden in der dritten Sequenz, in der die inhaltliche, formale und sprachliche Analyse einer Rezension im Mittelpunkt steht. Dabei werden wesentliche Aspekte vor dem eigentlichen Schreibprozess eigenverantwortlich in Kleingruppen erarbeitet. Im Anschluss an die Phase der Textproduktion können Methoden der Textüberarbeitung eingeführt werden, die den Prozesscharakter des Schreibens betonen (4.3).

---

[1] Ministerium für Schule und Weiterbildung NRW (Hg.): Richtlinien und Lehrpläne. Deutsch. Sekundarstufe II. Gymnasium/Gesamtschule. Frechen 1999, S. 6

Baustein 4: Ist „Heimsuchung" ein guter Roman? – Die Frage der Wertung

Ausgehend von ihren persönlichen schulischen Lektüreerfahrungen geht es in der vierten Sequenz um die Frage, ob in der Schule zu viele männliche Autoren gelesen werden. Auf Grundlage eines Sachtextes erarbeiten die Schülerinnen und Schüler hier kriterienorientiert eine textgebundene Erörterung (4.4).

4.1 Ist „Heimsuchung" ein guter Roman? – Literarische Texte bewerten

Die folgende Sequenz zielt darauf, die Schülerinnen und Schüler in die Lage zu versetzen, literarische Texte über das eigene, subjektive Spontanurteil hinaus kriterienorientiert und sachgerecht zu bewerten. Sie steht am Anfang dieses Bausteins, um den Lernenden vor dem (notwendigen) Kontakt mit Rezensionen und Sachtexten zum Roman Erpenbecks die Möglichkeit einzuräumen, sich „ungefiltert" und ohne externe Vorab-Beeinflussung wertend zum Roman zu äußern. Die Aufgabe, die literarische Qualität eines oder mehrerer Texte zu beurteilen, findet sich in nahezu allen Lehrplänen der gymnasialen Oberstufen der Länder. Sie ist auch deshalb von Interesse, weil sie die Möglichkeit bietet, die professionelle Perspektive der die Unterrichtstexte in aller Regel auswählenden Lehrkraft mit den persönlichen Urteilen der Schülerinnen und Schüler zu vergleichen und so mehr über die Kriterien zu erfahren, welche die Lernenden heutzutage an eben diese Texte stellen. Die methodische Anlage der Sequenz orientiert sich am aus dem kooperativen Lernen nach Norm Green stammenden Think-Pair-Share-Dreischritt.

Im **Einstieg** wird in Einzelarbeit („Think") die individuelle und subjektive Einschätzung des Romans durch die Lernenden eingeholt. Dafür wird die folgende Tabelle des **Arbeitsblattes 23**, S. 154 (Webcode WES-109677-323) in Stillarbeit und ohne vorherigen Austausch mit anderen ausgefüllt (Aufgabe 1).

■ *Was hat Ihnen an Erpenbecks Roman „Heimsuchung" gefallen bzw. missfallen? Notieren Sie Ihre positiven wie negativen Leseeindrücke stichwortartig in der Tabelle.*

Das hat mir an „Heimsuchung" gut gefallen	Das hat mir an „Heimsuchung" missfallen
• …	• …

Auf diese Weise wird den Teilnehmenden Gelegenheit gegeben, sich an dieser Stelle ohne inhaltliche oder formale Wertungskriterien zu äußern. Es geht zudem darum, dass sich die Lernenden dessen bewusst werden, aus welchen Gründen ihnen der Text „besser" gefällt als anderen. Das kann im zweiten Schritt („Pair") erfolgen, indem einzelne Lernende ihre Einschätzung mithilfe der Tabelle im Schonraum der Kleingruppe vortragen und im Idealfall auch am Text begründen (Aufgabe 2).

■ *Tauschen Sie sich in der Gruppe über Ihre Einschätzungen aus. Begründen Sie Ihre eigene Wertung, indem Sie konkrete Textstellen aus dem Roman heranziehen.*

Die Schülerinnen und Schüler verständigen sich nun im Kleingruppengespräch über ihre jeweiligen Wertungen des Romans. Dabei werden in aller Regel sowohl Pro- als auch Kontra-Argumente genannt. Diese gilt es in einem nächsten Schritt zu systematisieren. Die von den Teilnehmenden vorgestellten Wertungen können mit Blick auf das diesen zugrunde liegende

Kriterium kategorisiert werden. Durch diese Zusammenschau soll den Schülerinnen und Schülern bewusst werden, welche Wertungskriterien sie selbst an literarische Texte im Unterricht heranziehen. Die Systematisierung der Schülermaßstäbe als eine Art Einführung in die Wertungstypologie kann mithilfe der auf dem Arbeitsblatt abgebildeten Tabelle unterstützt werden (Aufgabe 3).

■ *Überlegen Sie gemeinsam, welche Kriterien jeweils von den Gruppenmitgliedern zur Bewertung des Textes herangezogen worden sind. Notieren und vergleichen Sie mit den folgenden Kriterien.*

Kriterien zur Wertung von literarischen Texten[1]

Kriterien zur Wertung der Wirkung	Kriterien zur Wertung des Inhalts
Ist der Text interessant, spannend oder langweilig?	Gibt es interessante Figuren in der Geschichte? Inwiefern ist das so?
Welche Gefühle löst er bei dem Leser und der Leserin aus? Woran liegt das?	Gibt es einen Konflikt, der die Handlung vorantreibt? Worin besteht er?
Wirft der Text eine neue Frage auf oder fördert er eine neue Einsicht?	Kann man den Text auf die Realität beziehen? Inwiefern?
Kriterium zur Wertung von Relationen	**Kriterien zur Wertung der Form**
Entspricht die erzählte Geschichte dem, was man schon kennt, oder sind Figuren, Konflikt bzw. Verlauf ungewohnt? Inwiefern? Ist das positiv oder negativ zu bewerten?	Ist die sprachliche Gestaltung anschaulich oder verwirrend, klar oder unklar?
	Ist die Geschichte kompliziert oder einfach geschrieben? Woran lässt sich das festmachen? Ist das positiv oder negativ zu sehen?
Entspricht die Form des Textes dem, was man bereits kennt, oder gibt es ungewohnte Formen der Darstellung? Welche? Ist dies eher positiv oder eher negativ zu sehen?	Ist es offensichtlich, welchen Sinn der Text hat, oder scheint er mehrdeutig zu sein? Woran kann man das festmachen?

Die Lernenden nehmen nun gemeinsam eine Einordnung ihrer Beiträge mit Blick auf die vier wesentlichen Kriterien der Wirkung, des Inhalts, der Form und Relation vor und erhalten anschließend die Möglichkeit, ihre Einschätzungen in Form eines kreativen Schreibauftrags zu verarbeiten. Die Schülerinnen und Schüler halten hier in aller Regel die Ergebnisse der vorangegangenen Gruppenarbeit fest. Dennoch bietet die Aufgabe abweichenden Teilnehmenden auch die Möglichkeit, sich von der Gesamteinschätzung zu emanzipieren und auf ihrer eigenen (Minderheiten-)Meinung zu bestehen (Aufgabe 4).

■ *Das „Institut zur Qualitätsentwicklung im Bildungswesen" (IQB) hat im Auftrag der Kultusministerkonferenz entschieden, dass der Roman „Heimsuchung" zur verpflichtenden Abiturlektüre im Fach Deutsch werden soll. Schreiben Sie dem IQB einen Brief und nehmen Sie darin begründet Stellung, wie Sie diese Entscheidung beurteilen.*

Die Texte werden in einer gemeinsamen **Präsentations- und Vermittlungsphase** im Plenum vorgetragen („Share"). Wird die Tabelle mit den vier wesentlichen Wertungskriterien an

---

[1] Angelehnt an: Christian Müller: Ist das Buch gut? In: Praxis Deutsch 241/2013, Friedrich Verlag, S. 41–45, hier: 45

Baustein 4: Ist „Heimsuchung" ein guter Roman? – Die Frage der Wertung

die Wand des Kursraums projiziert, z. B. über einen OHP, eine Dokumentenkamera oder digital, kann direkt nach dem Vortragen der Briefe der Schülerinnen und Schüler auf die genannten Kriterien transparent Bezug genommen werden.

- *Welches Kriterium ist für Sie am bedeutsamsten? Begründen Sie.*

Zentrale Argumente beziehungsweise ausgewählte Thesen können im Verlauf des Auswertungsgesprächs gesammelt und in einem **Tafelbild** zusammengefasst werden:

„Heimsuchung" ...

+
- zeigt, welche Bedeutung Heimat für den Menschen hat.
- präsentiert die Auswirkungen der „großen Geschichte" auf das Individuum.
- stiftet zu einer Debatte über Heimat im 21. Jh. an.
- fordert durch die Multiperspektivität zum genauen und langsamen Lesen heraus.

−
- ist für jugendliche Leserinnen und Leser selten unterhaltsam.
- überfordert die Lesenden durch die Multiperspektivität.
- ist wenig optimistisch und eine pessimistische Chronik der Versehrungen und des Leids.
- besitzt zu viele offene Leerstellen, die die Lesenden für sich selten füllen können.

Ein **nachbereitender Schreibauftrag**, z. B. in Form einer **Hausaufgabe**, kann die Einstiegssequenz abschließen:

- *Erläutern Sie schriftlich das Zitat des Schriftstellers Raoul Schrott und beziehen Sie es nachvollziehbar auf Ihre persönliche Einschätzung des Romans „Heimsuchung" von Jenny Erpenbeck: „Das ausschlaggebendste Kriterium eines Textes ist deshalb die Irritation, die er auszulösen vermag. Je heftiger und kontroverser die Reaktionen ausfallen, desto ehrenvoller; je milder und einstimmiger, desto beschämender letztlich. [...] Die Widerständigkeit der Literatur ist den Applaus wert, die Bocksbeinigkeit, mit der sie alle Schrebergärtner auf die Hörner nimmt."*[1]

Eine Alternative mit produktionsorientiertem Schwerpunkt:

- *Gestalten Sie am PC oder per Hand einen Buchumschlag für den Roman Erpenbecks, der insbesondere junge Menschen auf den Text neugierig machen soll. Stellen Sie Ihr Ergebnis im Kurs vor und begründen Sie Ihre ästhetischen Entscheidungen. Erläutern Sie Ihr Cover auch im Vergleich zum realen Buchtitel.*

[1] Deutschlandfunk online, 25.06.2006, Köln; www.deutschlandfunk.de/kritik-ohne-kriterien.911.de.html?dram:article_id=127984 (Aufruf: 20.10.2023)

4.2 Über Literatur streiten – Debatte

Alternativ zu der v. a. auf den Ideen und Lektüreerfahrungen der Lernenden beruhenden Sequenz zur Wertung von Literatur (vgl. 4.1) wird an dieser Stelle ein Ablauf vorgestellt, der den Schülerinnen und Schülern mehr inhaltliches Material zur Verfügung stellt, um angemessen und auf einem guten Niveau über den Roman „Heimsuchung" streiten zu können. Ein solches Vorgehen eignet sich insbesondere für leistungsheterogene Lerngruppen. Für den Fall, dass das Material ergänzend zu 4.1 eingesetzt werden soll, kann auf den in der Folge beschriebenen Einstieg verzichtet werden, um Dopplungen zu vermeiden.

Angeboten werden zahlreiche kurze Auszüge aus Rezensionen zum Roman, die von den Teilnehmenden aufbereitet und im Rahmen einer Plenumsdebatte („Fish-Bowl") genutzt werden sollen. Erpenbecks Roman ist von der professionellen Literaturkritik und dem Feuilleton weitgehend positiv rezipiert und als ein „Meisterwerk"[1] gefeiert worden. Roman Bucheli lobt die Fähigkeit der Autorin, im Kleinen Geschichte erfahrbar und anschaulich zu machen: „Die große Geschichte mischt sich mit den Schicksalen einzelner Figuren, Weltkriege mit den Kleinkriegen an der Gartenhecke, das Glück idyllischer Kindheitstage mit der Trauer um immer neue Verluste und Vertreibungen aus dem Garten Eden."[2]

Kritische Stimmen richten sich auf die vermeintlich überambitionierte Konstruktion des Textes: „Man spürt die Anspannung, um nicht zu sagen: Anstrengung, alle Facetten deutscher Geschichte im zwanzigsten Jahrhundert an einem stillen Ort, weit weg von Berlin und vom klassischen Familienroman, zur Sprache zu bringen."[3]

Der **Einstieg** kann methodisch ähnlich wie in 4.1 gestaltet werden. Die Schülerinnen und Schüler werden zu Beginn nach ihren persönlichen Leseeindrücken befragt:

■ *Was hat Ihnen am Roman „Heimsuchung" gefallen, was eher weniger? Notieren Sie Ihre Eindrücke in einer Tabelle.*

Was mir gut gefallen hat	Was mir nicht so gut gefallen hat
• …	• …

Im Anschluss an diese kurz zu haltende Einzelarbeit können ausgewählte Lektüreeindrücke im **Plenum** vorgestellt werden. Daran schließt sich die für die Sequenz zentrale **Erarbeitungsphase** an, die arbeitsteilig angelegt ist. Ein Teil der Lerngruppe erhält das **Arbeitsblatt 24a**, S. 155 (Webcode WES-109677-599), und beschäftigt sich mit den positiven Stimmen, der andere Teil erarbeitet mithilfe des **Arbeitsblatts 24b**, S. 156 (Webcode WES-109677-911), die kritischen Bewertungen (Aufgaben 1 und 2).

■ *Sammeln Sie in einer Stichwortliste Aspekte, die Ihnen an dem Roman gut/ weniger gut gefallen haben.*

■ *Markieren Sie in den obigen Textauszügen weitere positive/kritische Argumente und ergänzen Sie diese im Anschluss in Ihrer Stichwortliste.*

---

[1] SPIEGEL Online, 12.03.2008, Hamburg; www.spiegel.de/spiegel/a-540988.html (Aufruf: 20.10.2023)
[2] Neue Zürcher Zeitung online, 02.02.2008; www.nzz.ch/am_ufer_des_maerkischen_meers-ld.461571 (Aufruf: 20.10.2023)
[3] FAZ.NET, 22.02.2008; www.faz.net/aktuell/feuilleton/buecher/rezensionen/belletristik/literatur-das-haus-am-scharmuetzelsee-1515514-p2.html (Aufruf: 20.10.2023)

Baustein 4: Ist „Heimsuchung" ein guter Roman? – Die Frage der Wertung

Vor der Bearbeitung der beiden Aufgaben sollte den Schülerinnen und Schülern deutlich gemacht werden, dass die Auszüge aus den Rezensionen stark verkürzt sind und daher in der Regel bloße Behauptungen darstellen. Es ist die Aufgabe der Lernenden, aus diesen bloßen Behauptungen echte Argumente zu machen, indem sie beispielsweise im Roman nach passenden Textstellen suchen, mit denen sie in der anschließenden literarischen Debatte argumentieren können. Die Erarbeitungsphase zielt also im Wesentlichen auf echte Textarbeit und die gezielte Suche nach Belegen.

Um in der **Präsentationsphase** möglichst vielen Schülerinnen und Schülern die Möglichkeit zur Meinungsäußerung über den Roman „Heimsuchung" zu geben, bietet sich im Anschluss an die Erarbeitungsphase eine **Fish-Bowl-Diskussion** als Alternative zur üblichen Plenumsarbeit an. Hier diskutiert eine Gruppe von etwa fünf Schülern und Schülerinnen vor oder in der Mitte des Kursraums miteinander, während der Rest des Kurses die Diskutierenden solange beobachtet, bis jemand selbst aktiv einwirken kann (Aufgabe 3).

■ *Treten Sie in einer Debatte als „Advocatus angeli" auf. Versuchen Sie also, Ihr Gegenüber argumentativ von Ihrer positiven Wertung des Romans „Heimsuchung" zu überzeugen. (24a)*

oder

■ *Treten Sie in einer Debatte als „Advocatus diaboli" auf. Versuchen Sie, Ihr Gegenüber argumentativ von Ihrer kritischen Position gegenüber dem Roman „Heimsuchung" zu überzeugen. (24b)*

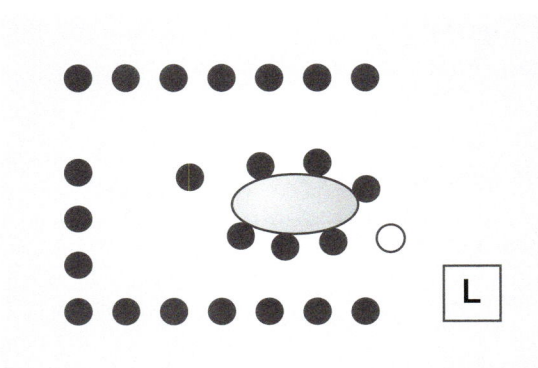

Bei der Fish-Bowl-Diskussion bleibt innerhalb der Diskussionsgruppe zu Beginn ein Platz unbesetzt. Lernende aus der Beobachtergruppe können dort Platz nehmen und einen neuen Beitrag in die Diskussion einbringen, indem sie etwa auf eine vorherige Äußerung inhaltlich reagieren oder eine Frage bzw. Kritik formulieren. Kommt nun ein neuer Schüler oder eine neue Schülerin in die Fish-Bowl hinein, verlässt derjenige/diejenige den Diskussionskreis, der/die die letzte Aussage getätigt hat, sodass ein neuer Stuhl frei wird. Dieser sollte schnellstmöglich wieder besetzt werden. Auf diese Weise können viele Schülerinnen und Schüler an der Diskussion teilnehmen, denn jeder/jede Einzelne ist sowohl Beobachter/Beobachterin als auch Teilnehmer/-in. Je nach Erfahrung und Diskussionsfähigkeit kann die Fish-Bowl-Diskussion von der Lehrkraft moderiert oder aber auch nur beobachtet werden. In diesem Fall übernimmt ein/eine (leistungsstarker/leistungsstarke) Lernender/Lernende die Moderationsrolle.

In Abhängigkeit von den zeitlichen Ressourcen kann im Anschluss an die Diskussion ein **Plenumsgespräch** geführt werden, in dem zentrale Argumente der positiven wie negativen Kritik für alle Schülerinnen und Schüler transparent und verständlich gemacht werden. Diese können in einem zusammenfassenden **Tafelbild** gesichert werden.

Rezensionen: „Heimsuchung" aus Sicht der Literaturkritik

- Sprache als „Lese-Musik" ist von großer poetischer Kraft und berührt die Lesenden auf intime Art.
- Das offene Ende lässt Hoffnung auf „Neubau" eines Hauses und Gewinnung von Heimat durchscheinen.
- Erpenbeck schreibt mit großem Respekt vor ihren bemitleidenswerten Figuren und bevormundet die Lesenden nicht durch zu viel Dominanz seitens der Autorin.

- Die Figuren stehen nicht für sich selbst, sondern werden als Symbol für etwas ausgenutzt.
- Erpenbeck überfrachtet ihre Figuren mit zu viel Bedeutung.
- Die anstrengende Sprache überkleistert und überfrachtet die eigentliche Botschaft des Textes.
- Die Romankonstruktion wirkt etwas angestrengt und lässt daher die Leichtigkeit beim Lesen vermissen.

Die Ergebnisse können in einer weiterführenden Schreibaufgabe, z. B. in Form einer **Hausaufgabe**, verarbeitet werden. Dafür können die Schülerinnen und Schüler aufgefordert werden, einen Leserbrief zu verfassen (Aufgabe 4).

■ *Verfassen Sie einen kritischen Leserbrief, indem Sie Ihre eigene Position verdeutlichen, ein Gegenargument entkräften und am Ende eine Empfehlung aussprechen.*

Bei mit der Textsorte unerfahrenen Lerngruppen ist eine kurze gemeinsame Erarbeitung eines Merkmalskatalogs sinnvoll. Da Schülerinnen und Schüler der Oberstufe in der Regel bereits über Wissen zur Textsorte Rezension verfügen, beispielsweise über Besprechungen von Filmen in Tageszeitungen oder Online-Empfehlungen von Büchern oder Videospielen auf Webportalen, kann dieses Vorwissen über ein **Blitzlicht** oder **Brainstorming** abgerufen werden:

■ *Erklären Sie, was man unter einer Rezension versteht. Erläutern Sie den möglichen Aufbau.*

■ *Welche Erfahrungen haben Sie bereits mit Rezensionen gemacht?*

■ *Erklären Sie die Funktionen einer Rezension. Wozu dient sie?*

Die Ergebnisse können als **Tafelanschrieb** wie folgt gesichert und von den Schülern und Schülerinnen notiert werden. Diese können dann in der (häuslichen) Schreibphase als Orientierung und Leitfaden dienen.

> **Die Rezension eines Romans soll …**
>
> … den Inhalt des Romans knapp wiedergeben, ohne zu viel zu verraten
> … auf ein gelungenes Buch aufmerksam und neugierig machen
> … das Thema des Romans benennen, z. B. über das Zitieren einer Kernstelle
> … die Einstellung/Meinung des Autors/der Autorin zum dargestellten Problem beleuchten
> … die sprachlich-formale Machart des Romans beschreiben (Figuren, Sprache, Stil …)
> … auf mögliche Besonderheiten des Romans aspektorientiert eingehen
> … die Lektüre des Romans empfehlen oder von ihr abraten
> … die Meinung des Rezensenten/der Rezensentin begründet und nachvollziehbar deutlich werden lassen
> … öffentlich sein
>
>
>
> Aufgabe bzw. Funktion der Rezension:
> **Information und Meinungsbildung**

Als abschließender **produktiver Schreibauftrag**, z. B. in Form einer **Hausaufgabe**, ist folgender Impuls denkbar:

- *Führen Sie aus, warum der Roman „Heimsuchung" in eine Kapsel eingeschlossen und für die Nachwelt in einhundert Jahren bewahrt werden sollte.*

- *Wählen Sie ein aktuelles gesellschaftliches Thema, wie z. B. die Flüchtlingskrise, aus. Formulieren Sie dann eine Rede, die eine der Figuren aus dem Roman, z. B. der Tuchfabrikant, heute zu diesem Thema halten würde. Berücksichtigen Sie die literarische Biografie beziehungsweise den Charakter und die Überzeugungen der von Ihnen ausgewählten Figur.*

4.3 „Heimsuchung" als Jahrhundertroman? – Sachtexte auswerten und analysieren

Die kriterienorientierte Analyse von Sachtexten findet sich in allen Lehrplänen der Länder. Sie ist ein klassisches Aufgabenformat in der gymnasialen Oberstufe und ist regelmäßig in den Aufgabenstellungen der Zentralen Abschlussprüfungen und dem Abitur vertreten. Die Schülerinnen und Schüler sollen – so exemplarisch formuliert im Kernlehrplan NRW – „komplexe kontinuierliche und diskontinuierliche Sachtexte unter besonderer Berücksichtigung der jeweiligen Erscheinungsform und der unterschiedlichen Modi (argumentativ, deskriptiv, narrativ) analysieren"[1].

Auch für den Fall, dass die Unterrichtseinheit zu Erpenbecks Roman mit einer Klausur abgeschlossen wird, die eine derartige Sachtextanalyse einfordert (vgl. **Zusatzmaterial 3**, S. 165, Webcode WES-109677-681), ist eine vorbereitende Einführung in die Methodik der Textsorte sinnvoll.

---

[1] www.schulentwicklung.nrw.de/lehrplaene/lehrplannavigator-s-ii/gymnasiale-oberstufe/deutsch/deutsch-klp/kompetenzen/kompetenzen.html (Aufruf: 15.07.2023)

Baustein 4: Ist „Heimsuchung" ein guter Roman? – Die Frage der Wertung

Im Mittelpunkt dieser **schreibprozessorientierten** Sequenz steht daher die Analyse der Rezension von Verena Auffermann mit dem Titel „Wenn das Haus fertig ist, kommt der Tod"[1], ein arabisches Sprichwort, das Erpenbeck selbst ihrem Roman vorangestellt hat (vgl. S. 7/ S. 7). Die Schülerinnen und Schüler erhalten zum **Einstieg** das **Arbeitsblatt 25**, S. 157 f. (Webcode WES-109677-798). Der Text kann gemeinsam im Plenum gelesen werden, anschließend können Verständnisfragen gestellt und geklärt werden. Die inhaltliche und formale Durchdringung des Sachtextes erfolgt in der nachfolgenden **Erarbeitungsphase** weitgehend selbstständig in **Einzel- oder Partnerarbeit**. Dafür werden auf dem Arbeitsblatt zentrale formale wie inhaltliche Aufgaben gestellt, die die systematische Sachtextanalyse, die im Anschluss erfolgen soll, vorbereitet. Arbeiten die Schülerinnen und Schüler alleinverantwortlich, kann ihnen noch vor der Präsentationsphase die Möglichkeit eingeräumt werden, ihre Ergebnisse mit einigen Mitschülerinnen und Mitschülern zu vergleichen. Im Anschluss werden die Ergebnisse im Rahmen der **Präsentationsphase** im Plenum vorgestellt und besprochen (Aufgaben 1 – 6).

■ *Bestimmen Sie die **Textsorte** des vorliegenden Sachtextes.*

☐ Glosse	☐ Kommentar	☐ Bericht	☐ Filmkritik	☐ Satire	☒ Rezension	☐ Reportage

■ *Benennen Sie das **Thema** des Sachtextes und formulieren Sie im Anschluss einen Einleitungssatz, der auch die äußeren Textdaten umfasst.*

☐ Vergleich eines alten mit einem neuen Roman	☐ Rezension des Romans von Jenny Erpenbeck	☐ beschwerliches Leben im Krieg und in der Wendezeit	☒ Auswirkungen der Wechselfälle des Lebens auf den Menschen

Bei der Besprechung dieser zweiten Aufgabe empfiehlt es sich, mehrere von ausgewählten Schülerinnen und Schülern formulierte Einleitungssätze vorzustellen und auf ihre Schlüssigkeit beziehungsweise Funktionalität hin zu überprüfen.

■ *Beschreiben Sie den **Aufbau** des Textes, indem Sie die folgenden Teilüberschriften den Sinnabschnitten chronologisch zuordnen. Verfassen Sie dann eine nach Sinnabschnitten geordnete Inhaltszusammenfassung im Präsens, in eigenen Worten und in indirekter Rede.*

3	Der Roman als erzählerische Suche nach dem Ursprung menschlicher Verhaltensweisen
4	Inhaltliche Erläuterung von Erpenbecks sachlich-nüchternem Sprachstil
5	Positive Wertung des Textes und Beschreibung des Themas mit einem Zitat
1	Darstellung von Zeitgeschichte durch Vermittlung von Alltagsgeschichten
2	Haus am See als Fix- und Sammelpunkt für die zwölf geschilderten Einzelschicksale

Im Rahmen der Besprechung der dritten Aufgabe kommt es zu der notwendigen inhaltlichen Sicherung der einzelnen Sinnabschnitte, die die Basis einer jeden Sachtextanalyse darstellt.

■ *Bestimmen Sie die **Argumentationsstruktur** des Textes und begründen Sie textnah.*

---

[1] Deutschlandfunk Kultur online, 05.03.2008, Köln; www.deutschlandfunkkultur.de/wenn-das-haus-fertig-ist-kommt-der-tod-102.html (Aufruf: 20.10.2023)

Baustein 4: Ist „Heimsuchung" ein guter Roman? – Die Frage der Wertung

☒ **linear-thetische Argumentationsstruktur:** Die Tendenz des Textes ist einseitig	☐ **antithetisch-dialektische Arg.-Struktur:** Es werden auch Gegenargumente genannt

Auffermanns Rezension ist durch und durch positiv formuliert. Bereits die Einleitung spricht von einem „klugen Roman". Die ersten Sinnabschnitte dienen überwiegend der inhaltlichen Orientierung der Lesenden mithilfe einer Zusammenfassung, um im Anschluss einige sprachliche und formale Besonderheiten zu fokussieren. Insbesondere der Schlussabschnitt lässt dann keinen Zweifel an der einseitig positiven Meinung der Rezensentin. Auffermann hält den Roman Erpenbecks für „beeindruckend, konsequent und schnörkellos erzählt" (Z. 56 f.) (Aufgabe 5).

■ *Welche **Intention** (= Absicht) verfolgt die Autorin mit ihrem Text?*

☐ Sie rät von der Lektüre ab.	☐ Sie warnt vor dem zu detaillierten historischen Roman.	☐ Sie will neutral informieren.	☒ Sie will den Lesenden das Buch empfehlen.

Zum Abschluss kann die Sprache Auffermanns in den Blick genommen werden, um den Text „unter spezifischen Fragestellungen zu Inhalt, Gestaltungsweise und Wirkung kriteriengeleitet beurteilen"[1] zu können, wie es der Kernlehrplan NRW formuliert (Aufgabe 6).

■ *Benennen Sie die folgenden **sprachlich-rhetorischen Stilmittel** und erläutern Sie anschließend in Ihrem Kursheft deren Wirkungsabsicht.*

Formulierung	**Sprachliches Mittel**
„Wenn das Haus fertig ist, kommt der Tod." (Z. 6 f.)	Sprichwort, Personifikation
„‚Heimsuchung' ist eine archetypische Untersuchung." (Z. 20 f.)	Fachsprache
„Schweigen der Dinge" (Z. 40)	Metapher
„Besitzansprüche sind Rechtsansprüche." (Z. 50)	Ellipse
„[…] Roman über das Haben und Verlieren, über materiellen und immateriellen Besitz, über den Krieg und seine Folgen, über die Natur und die Wende […]." (Z. 52 ff.)	Akkumulation

An die die eigene Textproduktion vorbereitende Beschäftigung mit zentralen inhaltlichen, formalen und sprachlichen Aspekten der Sachtextanalyse und ihrer Planung schließt sich die Phase der **Textproduktion** an:

■ *Analysieren Sie den Sachtext von Verena Auffermann insbesondere im Hinblick auf den Argumentationsgang, die Sprache sowie die Intention der Autorin.*

Dafür wird das **Zusatzmaterial 3**, S. 165 (Webcode WES-109677-681) bereitgestellt, das den genauen Aufbau der eingeforderten Sachtextanalyse verständlich und schülernah beschreibt. Das Methodenblatt sollte im Idealfall vor der Schreibphase, die sich zeitsparend auch als Hausaufgabe aus dem Unterrichtsgeschehen ausgliedern lässt, besprochen wer-

---

[1] www.schulentwicklung.nrw.de/lehrplaene/lehrplannavigator-s-ii/gymnasiale-oberstufe/deutsch/deutsch-klp/kompetenzen/kompetenzen.html (Aufruf: 14.7.2023)

den. Es bietet am Ende zusätzlich einige sprachliche Formulierungshilfen an, die insbesondere von leistungsschwächeren Schülerinnen und Schülern genutzt werden können.
Verfassen die Teilnehmenden ihre Sachtextanalyse am PC, lässt sich in der Phase der Redaktion mit dem **Zusatzmaterial 4**, S. 166 (Webcode WES-109677-491) arbeiten, das methodische Möglichkeiten der digitalen und kriterienorientierten Textüberarbeitung mithilfe der **ESAU-Methode** vorstellt. Damit orientiert sich die produktionsorientierte Sequenz an dem von der Schreibprozessforschung empfohlenen Dreischritt der Planung, Produktion und Redaktion eines Textes. Haben die Schülerinnen und Schüler ihre Texte am PC verfasst und sind die für die Methode erforderlichen infrastrukturellen Voraussetzungen erfüllt – jeder/jede Teilnehmende kann an einem PC arbeiten –, kann die Überarbeitungsphase in Form einer digitalen Schreibkonferenz organisiert werden. Vorgeschlagen wird die Arbeit mit dem gängigen Textverarbeitungsprogramm „Word", das ein Großteil der Schülerinnen und Schüler kennt und nutzt.

Alternativ zum Vorgehen, wie es das Zusatzmaterial 4 skizziert, gibt es weitere Apps, die sich speziell für diese Form des gemeinsamen Arbeitens an einem Text eignen. Mit Google Docs beispielsweise können beliebig viele Nutzerinnen und Nutzer an einem Dokument arbeiten, das durch den einfachen Klick auf den großen „Freigeben"-Button für andere Teilnehmende geöffnet wird. Die Zusammenarbeit funktioniert dann in Echtzeit, indem alle vorgenommenen Änderungen direkt für alle sichtbar werden. Parallel können die aktiven Nutzerinnen und Nutzer in einem integrierten Chat kommunizieren und sich über die Änderungen bzw. Vorschläge austauschen.

In jedem Fall sollten die einzelnen Arbeitsschritte der digitalen Schreibkonferenz sowie die ESAU-Methode am konkreten Beispiel vor Beginn der **Textüberarbeitungsphase** besprochen werden und für die Teilnehmenden transparent, verständlich und nachvollziehbar sein, damit die Zielrichtung der Überarbeitungsphase klar ist (vgl. **Zusatzmaterial 4**, S. 166, Webcode WES-109677-491).

■ *Welche Verständnisfragen haben Sie zur ESAU-Methode? Welchen Vorteil bietet diese Methode?*

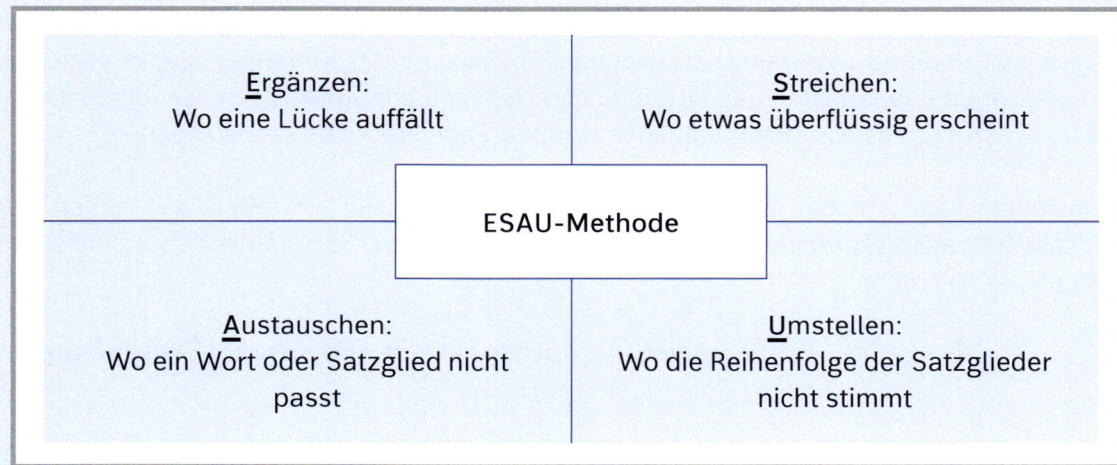

■ *Kennen Sie alternative Methoden der Textüberarbeitung? Stellen Sie diese kurz dar.*

Baustein 4: Ist „Heimsuchung" ein guter Roman? – Die Frage der Wertung

Diese Aufgabe kann ggf. als **Hausaufgabe** ausgelagert werden. Einige verbesserte Fassungen sollten am Ende präsentiert werden. Am ausgewählten Beispiel einer „Vorher-Nachher-Fassung" kann dann aufgezeigt werden, welche Wirkung die Textüberarbeitung hat.

- *Inwiefern ist die Sachtextanalyse an dieser Stelle verbessert worden? Woran kann man die Verbesserung festmachen? Wie wirkt sie auf Sie?*
- *Manchmal wird ein Text durch seine Überarbeitung nicht verbessert, sondern „verschlimmbessert". Finden Sie ein solches Negativ-Beispiel?*

Exkurs

Bei ausreichend zur Verfügung stehenden Zeitressourcen können die Schülerinnen und Schüler auch eigene Rezensionen verfassen. Dafür können z. B. **Audio-Podcasts** erstellt werden. Dies kann mittlerweile dank neuer Apps auf den gängigen Smartphones (iOS oder Android) oder auf dem iPad oder anderen Tablets niederschwellig organisiert und durchgeführt werden. Alternativ kann bei geplantem dauerhaftem Einsatz der Methode über das Projekt „Bücheralarm" ein Podcast-Koffer eingesetzt werden, der das notwendige technische Equipment enthält, das für Produktion und Postproduktion notwendig ist. Das anerkannte Projekt setzt sich für eine Leseförderung per Podcast ein und unterstützt – auch in Zusammenarbeit mit der Westermann Gruppe – die Integration neuer digitaler Medien in den Literaturunterricht.[1] Zugleich werden die Schülerinnen und Schüler in Form von Tutorials und Dokumentationen gefördert. Ihre Podcasts können nach Fertigstellung der Homepage des Projekts datenschutzkonform veröffentlicht werden.

Das **Arbeitsblatt 26**, S. 159 (Webcode WES-109677-266) informiert über ein mögliches Vorgehen bei der Erstellung einer Romanrezension als Audio-Podcast. Nicht mehr nur die digitalaffinen Schülerinnen und Schüler nehmen ein solches Arbeitsangebot erfahrungsgemäß gerne an und arbeiten ausdauernd an ihrem Produkt. Dabei werden zahlreiche Kompetenzen geschult: Auf fachlicher Ebene setzen sich die Schülerinnen und Schüler kriterienorientiert mit Erpenbecks Roman auseinander, sie denken sich ein Konzept für die mediale Verarbeitung aus und lösen dieses in einzelne Sequenzen/Szenen auf. Ihre Medienkompetenz schulen sie, indem sie eigenständig ausprobieren, wie man ein Audio als Podcast für das Internet gestaltet. Sie lernen also gängige Bearbeitungsprogramme (Apps) wie Anchor, Spreaker Studio oder andere kennen und anzuwenden. Sozialkompetenz erlangen sie, indem sie in Gruppen zusammenarbeiten und erfahren, dass bei Medienproduktionen bestimmte individuelle Fähigkeiten der Gruppenmitglieder akzeptiert und gefördert werden können.

Gemeinsam kann vor der eigenständigen Erarbeitungsphase ein möglicher Aufbau des Podcast-Beitrags besprochen und dieser zur Orientierung der Teilnehmenden als **Tafelbild** festgehalten werden.

- *Welche Erfahrungen haben Sie schon mit Podcasts gemacht? Welche hören oder sehen Sie selbst regelmäßig?*
- *Worin liegt der Reiz dieses immer beliebter werdenden Mediums?*
- *Erläutern Sie, wie ein eigener Podcast-Beitrag zum Roman „Heimsuchung" aufgebaut sein könnte.*

---

[1] www.bücheralarm.de/ (Aufruf: 20.10.2023)

Ein möglicher Aufbau des Podcast-Beitrags

- Intro mit Musik
- Einleitung (Anmoderation)
- Inhalt (z. B. als Interview mit einem Experten/einer Expertin ...)
- Abschied (Abmoderation)
- Outtro mit Musik

4.4 „Mehr weibliche Autoren in der Schule?" – Textgebunden erörtern

In zahlreichen Oberstufenlehrplänen der Länder findet sich neben der verpflichtenden Analyse eines Sachtextes der Aufgabentypus der sogenannten **textgebundenen Erörterung**. Dabei handelt es sich um eine komplexe und anspruchsvolle Schreibaufgabe, die man auch in zahlreichen Abituraufgaben der letzten Jahre wiederfinden kann.

Unter dem Format der textgebundenen Erörterung versteht man eine zweistufige Aufgabenart, bei der es zunächst darum geht, die Textvorlage in einem ersten Schritt inhaltlich zu erfassen, zu beschreiben und formal zu analysieren. Bis hierhin ähnelt diese Aufgabenart der klassischen Sachtextanalyse, wie sie in 4.3 (Eine Rezension analysieren, vgl. S. 144) beschrieben und angewandt wurde. In einem zweiten Schritt im Anschluss an die formale Analyse des Sachtextes geht es darüber hinaus darum, sich mit der Textvorlage argumentativ auseinanderzusetzen. Dies geschieht in Form einer Abwägung oder auch Erörterung. Pro- und Kontra-Argumente werden in systematischer Form im Hinblick auf eine oder mehrere Thesen des Sachtextes einander gegenübergestellt. Am Schluss geht es darum, zu einem begründeten und sich aus der Argumentation nachvollziehbar ergebenden Fazit zu gelangen. Dafür stehen den Schreibenden drei Optionen zur Verfügung: die völlige Zustimmung zu einer Ausgangsthese (Verifikation), die Ablehnung (Falsifikation) oder die Erweiterung (Modifikation). Insgesamt kann man unter einer textgebundenen Erörterung also eine Kombination aus der Textanalyse eines argumentierenden (Sach-)Textes und einer eigenständig entwickelten Argumentation verstehen.

Im **Einstieg** werden im **Blitzlicht** die Lektüreerfahrungen der Schülerinnen und Schüler spontan abgefragt und an der **Tafel** notiert.

> ■ *Welche literarischen Texte, die Sie in den letzten Jahren in der Schule gelesen haben, sind Ihnen noch in Erinnerung? Welche Autorinnen und Autoren sind Ihnen dabei im Deutschunterricht begegnet?*
>
> ■ *Bei welchen Texten sind Sie froh, sie gelesen zu haben? Welche haben Ihnen nicht gefallen? Erklären Sie.*

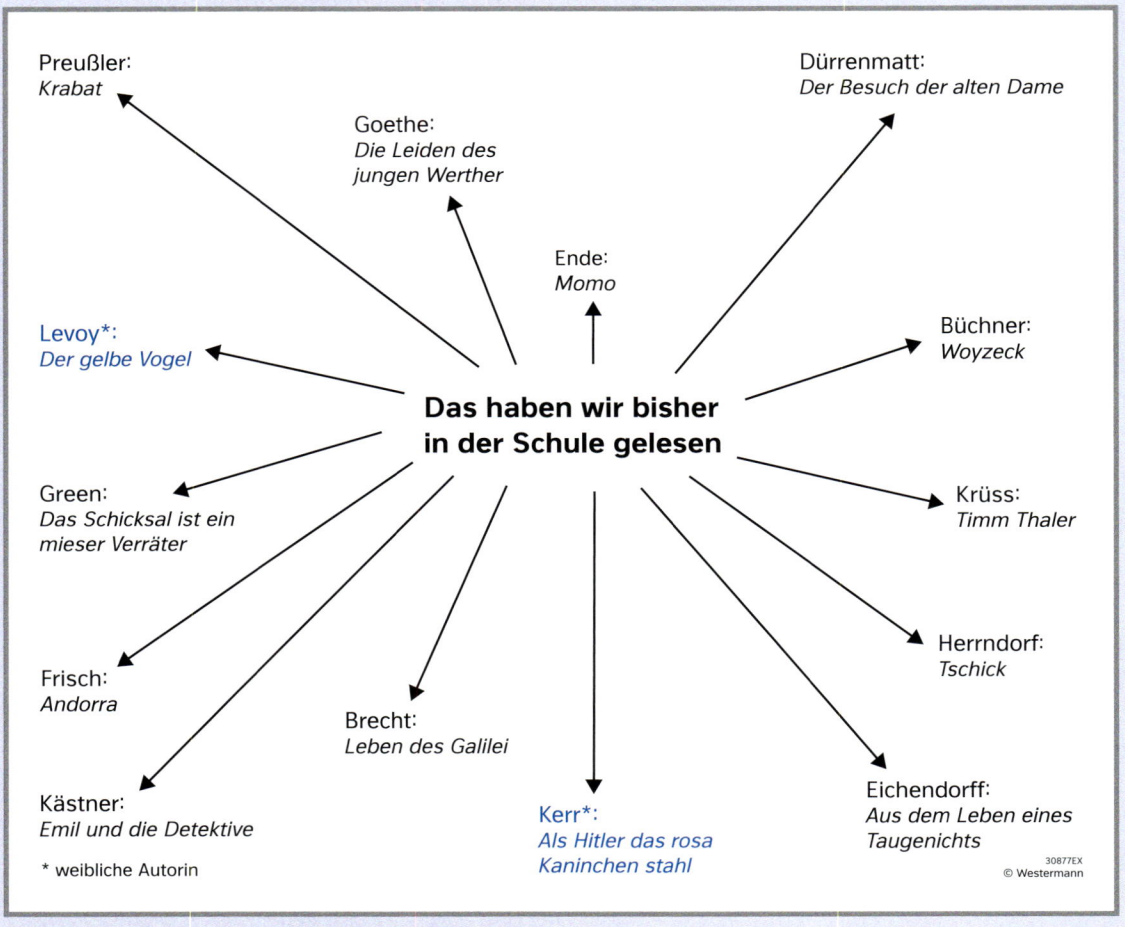

Ergebnis einer Stichprobe an einem Bonner Gymnasium, Jahrgangsstufe 12, im August 2023

In aller Regel decken sich die Nennungen der Schülerinnen und Schüler mit den Ergebnissen der empirischen Lese- und Unterrichtsforschung, die eine starke Dominanz männlicher Autoren nachgewiesen hat.[1] So macht die Empfehlungsliste für Gymnasien in Baden-Württemberg 219 Vorschläge zu Texten, die von Männern verfasst wurden. Dem stehen ganze 22 von Frauen geschriebene Texte gegenüber. Dieser Lektürewirklichkeit ist in den letzten Jahren eine grundlegende Kritik zuteilgeworden: „Das kulturelle Gedächtnis der Lesegemeinschaft, mit der unsere jungen Menschen geistig und emotional eingestimmt werden auf die Grundfragen des Lebens, beinhaltet vor allem die männliche Sicht auf Mann und Frau, auf Gesellschaft, Kultur und Rebellion. Mädchen lernen sich hauptsächlich in der Rolle der Begehrten, des Objekts männlicher Macht und Definition kennen. Wenn doch mal eine Frau Zentrum eines Romans oder Theaterstücks ist, so erscheint sie durch den männlichen Blick entfremdet, nicht rational, labil und zum tragischen Opfer bestimmt, kurz: als Mensch entwertet. Die Frauenbilder sind grotesk verzerrt zwischen Heiliger (Ignorantin sexueller Wünsche) und Hure (Verräterin, Verbrecherin). Dieses Menschen- und Kulturbild ist patriarchal durchtränkt."[2] Auch wenn die verantwortlichen Stellen in den letzten Jahren bei der Auswahl der verpflichtenden Lektüren für das Abitur eine entsprechende Reaktion gezeigt haben – man denke nur an Juli Zehs „Corpus Delicti" oder Jenny Erpenbecks „Heimsuchung" –, ist der quantitative Unterschied zwischen männlicher und weiblicher Literaturauswahl in den Schulen immer noch frappierend.

---

[1] Vgl. Herland online, 22.08.2019, Reken; https://herlandnews.com/2019/08/22/schullektuere-vom-patriarchat-durchtraenkt/ (Aufruf: 20.10.2023).
[2] Ebd.

- *Beschreiben Sie das Kursergebnis im Hinblick auf das Verhältnis von männlichen und weiblichen Autoren beziehungsweise Autorinnen. Wie lässt es sich erklären?*
- *Stellt das Ergebnis für Sie ein Problem dar? Inwiefern?*
- *Werden in Schulen zu viele männliche Autoren gelesen? Diskutieren Sie.*

Die folgende **Erarbeitungsphase** nutzt als Textvorlage für die von den Schülerinnen und Schülern zu verfassende textgebundene Erörterung den umfangreichen Sachtext von Lisa Welzhofer mit dem problemorientierten und die Teilnehmenden orientierenden Titel „Werden in Schulen zu viele männliche Autoren gelesen?"[1] (vgl. **Arbeitsblatt 27**, S. 160f., Webcode WES-109677-199). Vorgeschlagen wird, dass die Lernenden sich mit dem meinungsbildenden Sachtext der Autorin zuerst eigenständig auseinandersetzen und auf Lenkungen seitens der Lehrkraft zum Einstieg verzichtet wird. Gleichwohl kann es gerade in leistungsheterogenen Lerngruppen ohne Erfahrung mit der Aufgabenart sinnvoll sein, den Text zunächst gemeinsam im Plenum zu lesen.

Vor Beginn kann vorbereitend die 5-Schritt-Lesemethode besprochen werden, was in den meisten Lerngruppen eine Wiederholung darstellen dürfte. Die fünf Schritte können in einem **Tafelbild** visualisiert werden.

- *Lesen Sie den Text mithilfe der 5-Schritt-Lesemethode. Gehen Sie dafür wie folgt vor:*

Die 5-Schritt-Lesemethode

A Überfliegen Sie den Text und verschaffen Sie sich einen ersten Überblick über sein Thema.
B Formulieren Sie einige Fragen, auf die der Text eine Antwort geben könnte.
C Lesen Sie jetzt den Text genau. Klären Sie unbekannte Begriffe und markieren Sie unklare Passagen mit einem Fragezeichen. Markieren Sie im Anschluss die zentralen Aussagen des Textes sowie mögliche Schlüsselbegriffe.
D Gliedern Sie den Text, indem Sie für jeden (Sinn-)Abschnitt eine zusammenfassende Überschrift formulieren. Wenn möglich, können Sie einzelne Abschnitte zusammenfassen.
E Formulieren Sie die Hauptaussage des Textes in eigenen Worten.

Für das möglichst selbstständige Erarbeiten von Sachtexten hat sich in den letzten Jahren diese Lesemethode durchgesetzt, die in didaktischen Lehrwerken häufig auch schon in der Sekundarstufe I zum Einsatz kommt. Die bekannte Methode leitet die Schülerinnen und Schüler mehrschrittig zur eigenständigen und konzentrierten Informationsgewinnung an, indem sie insgesamt fünf Schritte durchlaufen:

In einem ersten Schritt geht es darum, sich einen Überblick über den Text zu verschaffen. Dafür wird er zunächst nur überflogen und die Schüler und Schülerinnen fokussieren die Überschriften und Zwischenüberschriften. Noch vor der eigentlichen genauen Lektüre formulieren sie in einem zweiten Schritt denkbare Fragen, auf welche der zu analysierende Text eine Antwort geben könnte. Erst im dritten Schritt wird der Text von den Schülern und Schülerinnen

---

[1] www.stuttgarter-zeitung.de/inhalt.deutschunterricht-am-gymnasium-werden-in-schulen-zu-viele-maennliche-autoren-gelesen.ed09a8b7-5a74-46be-b600-4b7ef8a6492f.html (Aufruf: 20.10.2023)

Baustein 4: Ist „Heimsuchung" ein guter Roman? – Die Frage der Wertung

detailgenau und langsam gelesen. Dabei werden zunächst unbekannte Wörter in einem (Online-)Lexikon nachgeschlagen und unverstandene Formulierungen am Textrand mit einem Fragezeichen versehen. Im Anschluss werden die Kernaussagen des Textes, also die zentralen Schlüsselbegriffe, von den Lernenden markiert bzw. unterstrichen. Der vorletzte Arbeitsschritt besteht darin, dass sie zu den einzelnen Sinnabschnitten der Textvorlage eine zusammenfassende Überschrift formulieren. Die 5-Schritt-Lese-Methode schließt in ihrem letzten Schritt damit, dass die Schüler und Schülerinnen dazu angehalten werden, die Hauptaussagen des Textes in eigenen Worten zu Papier zu bringen. Die Leseforschung hat vielfach nachgewiesen, dass diese naturgemäß zeitraubende Auseinandersetzung mit einem Sachtext der traditionellen Lektüre mit anschließender Bearbeitung im Hinblick auf die Ergebnisse weit überlegen ist. Dafür sollte die deutlich längere Bearbeitungszeit in Kauf genommen werden.

Lisa Welzhofer lässt ihre Ausführungen mit einem praxisorientierten Blick in das Unterrichtsgeschehen eines baden-württembergischen Gymnasiums beginnen. Eine Deutschlehrerin charakterisiert hier gemeinsam mit ihren Schülerinnen und Schülern Kafkas Figur Karl Roßmann aus dem Roman „Der Verschollene" (vgl. Z. 1 ff.). Im Anschluss äußert die Lehrerin ihre Kritik daran, dass sich ihre Abiturienten und Abiturientinnen vor allem mit männlichen Protagonisten beschäftigten; ein Trend, der sich für sie bereits in der Mittelstufe abzeichne, in der vor allem Dichter wie Kleist, Frisch oder Hesse gelesen würden.
Den weiblichen Blick auf die Welt, so die Kernthese, lernten die Schülerinnen und Schüler viel zu selten kennen (vgl. Z. 31 ff.). Im Folgenden wird die schulrechtliche Antwort auf die Tatsache eines vermännlichten Lesekanons geschildert: Mit Juli Zehs Roman „Corpus Delicti" und Jenny Erpenbecks „Heimsuchung" als zentrale Lesevorgaben für das Abitur sei eine erste Reaktion feststellbar, während es in der Mittelstufe weiterhin Nachholbedarf gebe (vgl. Z. 23 ff.). Ein Blick in die offizielle Empfehlungsliste des Ministeriums belegt in der Folge empirisch die Dominanz männlicher Autorenschaft (vgl. Z. 52 ff.). Den Hinweis eines Ministerialbeamten, die Lehrerinnen und Lehrer hätten viele Freiheiten bei der Auswahl ihrer Schullektüren, kontert die Lehrerin, indem sie auf fehlendes Unterrichtsmaterial verweist, denn die Schulbuchverlage konzentrierten sich bei ihrem Angebot vor allem auf traditionelle, sprich von männlichen Autoren verfasste kanonische Werke (vgl. Z. 84 ff.). In der Folge diskutiert Welzhofer genderorientiert die Ursachen für das Defizit weiblicher Autoren in der Unterrichtswirklichkeit. Sie entkräftet dabei das Argument, es gebe kaum geeignete Werke von Frauen, indem sie Forschungsergebnisse einer Literaturwissenschaftlerin darstellt. Diese habe in einer Untersuchung nachgewiesen, dass hochwertige Werke von Frauen im männlich dominierten Literaturbetrieb und in der Öffentlichkeit häufig abgewertet würden. So stehe Gabriele Reuters Roman „Aus guter Familie" (1895) Fontanes Werk „Effi Briest" (1894) sprachlich, formal und thematisch in nichts nach. Dennoch werde die „literarische Weltsicht aus Frauenhand" (Z. 119 f.) bewusst ausgeklammert, selbst wenn es – wie in diesem Fall – um das Schicksal einer jungen Frau im Kontext gesellschaftlicher Konventionen gehe. Dabei mache es durchaus einen Unterschied, ob ein männlicher Autor wie Theodor Fontane über existenzielle Probleme von Frauen schreibe oder ob dies aus der Perspektive einer Autorin geschehe. Dies gelte es sich bewusst zu machen, indem mehr Autorinnen gelesen würden (vgl. Z. 115 f.). Der zyklisch strukturierte Text findet am Ende den Weg zurück in das Klassenzimmer. Hier kommen die Lehrerin und ihre Schülerinnen und Schüler abschließend zu Wort und betonen die Bedeutung, die ihrer Ansicht nach der Lektüre von Werken von Autorinnen zukomme (vgl. Z. 136 ff.) (Aufgabe des Arbeitsblattes 27).

■ *Verfassen Sie zum Sachtext von Lisa Welzhofer eine textgebundene Erörterung, indem Sie den Text in einem ersten Schritt analysieren und in einem zweiten Schritt seine im Titel formulierte Frage erörtern, ob in der Schule „zu viele männliche Autoren gelesen" werden.*

Kommen die Schülerinnen und Schüler erstmalig mit dem Aufgabentypus der textgebundenen Erörterung in Kontext, empfiehlt sich deren Einführung über **Arbeitsblatt 28**, S. 162 (Webcode WES-109677-652). Das Methodenblatt führt die Lernenden systematisch sowohl in die Texterarbeitung als auch -erörterung ein und fungiert als sinnvoller Schreibplan während der Textproduktion. Erfahrungsgemäß orientieren sich insbesondere leistungsschwächere Schülerinnen und Schüler an solchen Schreibplan-Vorlagen. Angesichts geringer zeitlicher Ressourcen ist davon auszugehen, dass die Erörterungen der Schülerinnen und Schüler in der Regel zu Hause fertiggestellt werden müssen. Sie sollten in den Folgestunden im Unterricht im Rahmen einer **Präsentation** gewürdigt werden, indem mindestens ein Text vorgelesen und besprochen wird.

- *Schreiben Frauen anders als Männer? Begründen Sie vor dem Hintergrund eigener Lektüreerfahrungen.*

- *Haben Frauen einen anderen Blick auf die Welt? Schreiben Sie über andere Themen als männliche Autoren? Erläutern Sie.*

- *„Für die Auswahl der Schullektüre sollte allein die Frage im Raum stehen, ob ein Text gut oder schlecht, bedeutsam oder irrelevant ist. Die Frage des Geschlechts des Autors ist hingegen unwichtig." Diskutieren Sie die Aussage.*

- *Schreibt Jenny Erpenbeck „typisch weiblich"? Vergleichen Sie das Thema sowie Sprache und Stil Erpenbecks mit dem Text eines männlichen Autors, der ihnen noch in Erinnerung ist.*

- *Hätte ein männlicher Autor „Heimsuchung" anders geschrieben? Spekulieren Sie oder schreiben Sie einige Sätze Erpenbecks so um, dass sie von einem männlichen Autor stammen könnten.*

Ist „Heimsuchung" ein guter Roman? – Literarische Texte werten

1. Was hat Ihnen an Erpenbecks Roman „Heimsuchung" gefallen bzw. missfallen? Notieren Sie Ihre positiven wie negativen Leseeindrücke stichwortartig in der Tabelle.

Das hat mir an „Heimsuchung" gut gefallen	Das hat mir an „Heimsuchung" missfallen

2. Tauschen Sie sich in der Gruppe über Ihre Einschätzungen aus. Begründen Sie Ihre eigene Wertung, indem Sie konkrete Textstellen aus dem Roman heranziehen.

3. Überlegen Sie gemeinsam, welche Kriterien jeweils von den Gruppenmitgliedern zur Bewertung des Textes herangezogen worden sind. Notieren und vergleichen Sie mit den folgenden Kriterien.

_____
_____
_____
_____

Kriterien zur Wertung von literarischen Texten[1]	
Kriterien zur Wertung der Wirkung • Ist der Text interessant, spannend oder langweilig? • Welche Gefühle löst er bei dem Leser und der Leserin aus? Woran liegt das? • Wirft der Text eine neue Frage auf oder fördert er eine neue Einsicht?	**Kriterien zur Wertung des Inhalts** • Gibt es interessante Figuren in der Geschichte? Inwiefern ist das so? • Gibt es einen Konflikt, der die Handlung vorantreibt? Worin besteht er? • Kann man den Text auf die Realität beziehen? Inwiefern?
Kriterien zur Wertung von Relationen • Entspricht die erzählte Geschichte dem, was man schon kennt, oder sind Figuren, Konflikt bzw. Verlauf ungewohnt? Inwiefern? Ist das positiv oder negativ zu bewerten? • Entspricht die Form des Textes dem, was man bereits kennt, oder gibt es ungewohnte Formen der Darstellung? Welche? Ist dies eher positiv oder eher negativ zu sehen?	**Kriterien zur Wertung der Form** • Ist die sprachliche Gestaltung anschaulich oder verwirrend, klar oder unklar? • Ist die Geschichte kompliziert oder einfach geschrieben? Woran lässt sich das festmachen? Ist das positiv oder negativ zu sehen? • Ist es offensichtlich, welchen Sinn der Text hat, oder scheint er mehrdeutig zu sein? Woran kann man das festmachen?

4. Das „Institut zur Qualitätsentwicklung im Bildungswesen" (IQB) hat im Auftrag der Kultusministerkonferenz entschieden, dass der Roman „Heimsuchung" zur verpflichtenden Abiturlektüre im Fach Deutsch werden soll. Schreiben Sie dem IQB einen Brief und nehmen Sie darin begründet Stellung, wie Sie diese Entscheidung beurteilen.

---

[1] Angelehnt an: Christian Müller: Ist das Buch gut? In: Praxis Deutsch 241/2013, Friedrich Verlag, S. 41–45, hier: 45

Rezensionen: Positive Stimmen

„Bereits der Titel enthält das große existenzielle Spannungsfeld zwischen individuellem Streben und schicksalhaftem Ausgeliefertsein. In seiner semantischen Mehrschichtigkeit zeigt er zugleich exemplarisch, was Erpenbeck als Prosa-Autorin so heraushebt: eine poetische Genauigkeit und doch Offenheit der Sprache, die bewirkt, dass sich jedem einzelnen Wort hinterherlauschen lässt, als enthalte es eine ganze Welt. Folgen viele solcher Worte aufeinander, entsteht etwas, das am ehesten als eine Art assoziativer Klangraum bezeichnet werden könnte, ein schwer zu fassendes Phänomen, das eng mit der offensten aller Künste, der Musik, verwandt ist. Lese-Musik im Kopf. Das ist ein seltenes Erlebnis, vielleicht sogar ein echtes Wunder. Und so berührt dieser Roman rein sprachlich auf eine so intime Art, dass die Unbedingtheit, ja Unerbittlichkeit, mit der er seinen existenzialistischen Grundton hält, dadurch gewissermaßen ausgeglichen wird."

Katharina Granzin, Zwischen Streben und Ausgeliefertsein, taz.de, 07.03.2008, Berlin; https://taz.de/Jenny-Erpenbecks-Roman-Heimsuchung/!5185475/ (Aufruf: 20.10.2023)

„Dieses Ende ist traurig und offen zugleich. Etwas ist unwiderruflich vorüber. Doch jedes Ende, so zeigt der Gärtner in seinem nimmermüden Wirken, birgt auch den Anfang von etwas Neuem. Dass man sich den Gärtner als einen glücklichen Menschen vorstellen muss, versteht sich von selbst. Und wer kein Gärtner ist, kann doch immerhin wieder von vorne zu lesen beginnen."

Katharina Granzin, Zwischen Streben und Ausgeliefertsein, taz.de, 07.03.2008, Berlin; https://taz.de/Jenny-Erpenbecks-Roman-Heimsuchung/!5185475/ (Aufruf: 20.10.2023)

„Erpenbeck hat jahrelang recherchiert, vom Bauaktenarchiv Köpenick bis nach Südafrika, hat sich in die Fachsprachen von Geologie, Rosenzucht, Zivilrecht und natürlich Bautechnik eingearbeitet. Am Ende hat sie das Schreckliche wie das Schöne in dieselbe schlackenlose, poetisch beherrschte Sprachkunst gebannt, und selbst wo von Brüchen, Unglück, Terror und Wahn die Rede ist, geht alles perfekt auf. ‚Heimsuchung' ist ein kühnes Experiment, ein eindrucksvoller Roman. Aber wohnen möchte man in diesem radikal entkernten Haus am See eigentlich nicht. ‚Wer baut, klebt nun einmal sein Leben an die Erde': Jenny Erpenbeck hat ihres eher an Wörter und Sätze gehängt."

Martin Halter, Das Haus am Scharmützelsee, FAZ.NET, 22.02.2008, Frankfurt/Main; www.faz.net/aktuell/feuilleton/buecher/rezensionen/belletristik/literatur-das-haus-am-scharmuetzelsee-1515514-p2.html (Aufruf: 20.10.2023)

„Das ist der offenkundige Unterschied zwischen einem Heimatroman und einem Roman, der über Heimat nachdenkt. Einem Roman, der keine Heimat zu beanspruchen wagt aus Furcht, die Wahrheit zu verfehlen. Literatur besteht aus allem Möglichen, zu einem großen Teil aus Behauptungen. Jenny Erpenbecks neuer Roman besteht zum größten Teil aus Respekt: Respekt vor den wirklichen Menschen, vor den Figuren, vor all diesen Wahrheiten. Die eigene Wahrheit, die der Autorin, kommt darin zwar auch vor, aber sie wiegt nicht schwerer als die der anderen. ‚Mein Groll', sagt sie, ‚wäre literarisch unergiebig.' Und ob sie das Haus wiederhaben möchte nach all dem, was sie jetzt weiß, da sei sie nicht so sicher."

Katharina Döbler, Großmutters klein Häuschen, DIE ZEIT Nr. 23 vom 29.05.2008, Hamburg; www.zeit.de/2008/23/L-Erpenbeck-NL/komplettansicht (Aufruf: 20.10.2023)

1. Sammeln Sie in einer Stichwortliste Aspekte, die Ihnen an dem Roman gut gefallen haben.
2. Markieren Sie in den obigen Textauszügen weitere positive Argumente und ergänzen Sie diese im Anschluss in Ihrer Stichwortliste.
3. Treten Sie in einer Debatte als „Advocatus angeli" auf. Versuchen Sie also, Ihr Gegenüber argumentativ von Ihrer positiven Bewertung des Romans „Heimsuchung" zu überzeugen.
4. Verfassen Sie einen kritischen Leserbrief, indem Sie Ihre eigene Position verdeutlichen, ein Gegenargument entkräften und am Ende eine Empfehlung aussprechen.

Rezensionen: Kritische Stimmen

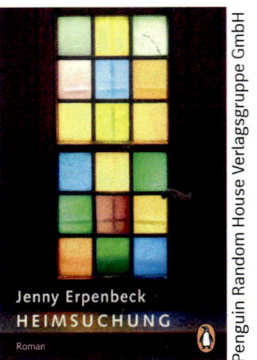

„In den meisten Besprechungen wird das Buch hoch gelobt und zunächst war ich auch ganz angetan. Zunehmend fühlte ich mich aber durch die allwissende Perspektive der Autorin und ihre permanenten Wiederholungen genervt, verärgert und geradezu zum Widerspruch provoziert. Dazu kommt, dass die Personen kein wirkliches Leben entwi-
5 ckeln, sondern immer symbolhaft für ein bestimmtes Schicksal stehen. Die Autorin benutzt sie wie Marionetten auf der Bühne und wenn's aus ist mit ihrer Funktion fürs Buch, dann sind sie futsch und die nächste Person taucht auf. So kommen einem die Personen und ihre Geschichte nie wirklich nahe, sondern sie werden einer – zugegeben kunstvoll gebauten – Struktur untergeordnet. Sie s i n d nicht – sie stehen f ü r etwas. Gleichzeitig
10 wird aber in einigen dramatischen Passagen das Mitgefühl des Lesers bis zur Schmerzgrenze und zum Kitsch angesprochen. Auch sind die im Subtext mitschwingenden Bedeutungen – alles vergeht, die Natur bleibt, jeder macht sich schuldig, auf diesem Stück Land hat sich schon Schlimmes und Dramatisches abgespielt – bei näherer Überprüfung recht banal. Fazit: Ein guter vielfältiger Stoff, an dem die Autorin sich aber gründlich verhoben hat. Statt einer bedeutungsschwange-
15 ren Litanei[1] wäre vielleicht ein Roman, der den Prozess des Recherchierens sichtbar macht, den Figuren eine Individualität gibt und sie nicht als Symbole für etwas benutzt, weitaus interessanter gewesen."

Rezension bei Amazon, Amazon-Kunde „reader", 14.03.2014

„Selten dringen Sonnenstrahlen durch die Bäume; trübe ist das Wasser des Scharmützelsees bei Jenny Erpenbeck. Doch ihr formal strenges, scheinbar gut austariertes Gebäude reißt die Architektin unfreiwillig wieder ein. Jenny Erpenbeck scheitert an der Innenausstattung. Wo sie nur kann, überlastet sie die Wände des armen Hauses mit tonnenschwerer Bedeutung. Zudem überkleistert sie es sprachlich mit derart triefenden Pinselstri-
5 chen, dass der gepeinigte Leser bald kaum mehr umblättern mag, weil er mit Recht fürchtet: Auf der nächsten Seite kommt es noch dicker. Zu viel gewollt?"

Alexander Cammann, Sommerhaus, früher, Frankfurter Rundschau online, 28.01.2019, Frankfurt/Main; www.fr.de/kultur/literatur/sommerhaus-frueher-11561270.html (Aufruf: 20.10.2023)

„,Die Wildnis bändigen und dann mit der Kultur zusammenstoßen lassen, das ist die Kunst', sagte der Architekt und Heimatplaner. Auch der Bau ‚Heimsuchung' wirkt manchmal wie am Reißbrett konstruiert: eine Blaupause aller inneren und äußeren Kriege. Der Rasen im Park ist zu kurz geschnitten, mit zu viel preziösen[2] und
5 sentenziösen[3] Rosen bepflanzt, als dass er noch atmen, wuchern, leben könnte. Man spürt die Anspannung, um nicht zu sagen: Anstrengung, alle Facetten deutscher Geschichte im zwanzigsten Jahrhundert an einem stillen Ort, weit weg von Berlin und vom klassischen Familienroman, zur Sprache zu bringen."

Martin Halter, Das Haus am Scharmützelsee, FAZ.NET, 22.02.2008, Frankfurt/Main; www.faz.net/aktuell/feuilleton/buecher/rezensionen/belletristik/literatur-das-haus-am-scharmuetzelsee-1515514-p2.html (Aufruf: 20.10.2023)

---

[1] Litanei: hier: endlose, monotone Aufzählung
[2] preziös: gekünstelt, unnatürlich
[3] sentenziös: zugespitzt, treffend

1. Sammeln Sie in einer Stichwortliste Aspekte, die Ihnen an dem Roman weniger gut gefallen haben.

2. Markieren Sie in den obigen Textauszügen weitere kritische Argumente und ergänzen Sie diese im Anschluss in Ihrer Stichwortliste.

3. Treten Sie in einer Debatte als „Advocatus diaboli" auf. Versuchen Sie also, Ihr Gegenüber argumentativ von Ihrer kritischen Bewertung des Romans „Heimsuchung" zu überzeugen.

4. Verfassen Sie einen kritischen Leserbrief, indem Sie Ihre eigene Position verdeutlichen, ein Gegenargument entkräften und am Ende eine Empfehlung aussprechen.

Verena Auffermann: „Wenn das Haus fertig ist, kommt der Tod"

Die Ostberliner Schriftstellerin Jenny Erpenbeck erzählt anhand eines Sommerhauses an einem märkischen See von politischen Umbrüchen der letzten hundert Jahre. Sie spiegeln sich in den Lebensläufen der verschiedenen Bewohner. „Heimsuchung" ist ein kluger Roman über das Haben und Verlieren, über den Krieg und die Wende.

Jenny Erpenbecks Roman „Heimsuchung" ist ein Geschichtsbuch. Die 41-jährige Ostberlinerin erzählt Zeitgeschichte durch die Lebensgeschichten, die sich in einem bestimmten Haus und auf dem dazugehörigen Grundstück ereignen. Sie hat dem Buch ein arabisches Sprichwort vorangestellt: „Wenn das Haus fertig ist, kommt der Tod".

Das Haus ist ein Sommerhaus an einem märkischen See mit Bootshaus, Steg und umliegendem Grundstück. Es ist das Zentrum für zwölf Lebensläufe während der vergangenen hundert Jahre. Das Haus ist Schauplatz und Metapher. Schauplatz für menschliches und politisches Schicksal, Metapher für das Vergehen der Zeit und der Spuren, die das Vergehen hinterlässt. Ein Gärtner, und durch ihn symbolisiert die Natur, sind die Konstanten. Der Gärtner lebt mit den berechenbaren Wiederholungen der Jahreszeiten, die Unberechenbarkeiten menschlichen Lebens und Handelns interessieren ihn nicht.

„Heimsuchung" ist eine archetypische[1] Untersuchung. Im Prolog beschäftigt sich Jenny Erpenbeck mit der geologischen Vorgeschichte der ostdeutschen Region. Die Lebensweisen der ersten Bewohner des Grundstücks erklärt Jenny Erpenbeck über Hochzeitsbräuche und Aberglauben. Gebunden an diese Vorstellungswelt wachsen die vier Töchter des Schulzen auf. Klara, der Jüngsten, steht als Erbe ein an den See angrenzendes Waldstück und eine Wiese zu. Aus Liebeskummer wird Klara verrückt und von ihrem Vater entmündigt. Der verkauft ihr Erbteil einem Berliner Architekten, der sich dort ein Sommerhaus baut. „Wer baut", kommentiert die Autorin den Beruf des Architekten, „klebt nun einmal sein Leben an die Erde." Als die Grundstücksnachbarn, Juden, 1939 ausreisen wollen, brauchen sie zur Überfahrt Geld und verkaufen dem Architekten das Land, und der Gärtner reißt die Zäune nieder.

Es ist bezeichnend für Jenny Erpenbecks protokollarischen Stil, die Drastik politischer und privater Umwälzungen mit dem Schweigen der Dinge und Landschaften in Verbindung zu bringen. Und mit den Personen: die Frau des Architekten, die sich während des Kriegsendes im Haus am See versteckt, die Schriftstellerin, die nach dem Krieg aus russischem Exil heimkehrt, die mithelfen will, die Deutsche Demokratische Republik auf- und auszubauen, und die Enkelin der Schriftstellerin, die hier die schönste Zeit ihrer Kindheit verbringt. Dann kommen die anderen, die an das verfallende Haus am See Besitzansprüche anmelden. Besitzansprüche sind Rechtsansprüche.

Jenny Erpenbecks neues Buch ist ein beeindruckender, klug und stringent konzipierter Roman über das Haben und Verlieren, über materiellen und immateriellen Besitz, über den Krieg und seine Folgen, über die Natur und die Wende, die neue Menschen mit neuen Besitzforderungen gebracht hat. Das sehr beeindruckende, konsequent und schnörkellos erzählte Buch endet mit dem Abriss des Hauses. Alles wird nach den neuen Emissions-Richtlinien entsorgt. „Bevor auf demselben Platz ein anderes Haus gebaut werden wird, gleicht die Landschaft für einen kurzen Moment wieder sich selbst."

Deutschlandfunk Kultur online, 05.03.2008, Köln; www.deutschlandfunkkultur.de/wenn-das-haus-fertig-ist-kommt-der-tod-102.html (Aufruf: 20.10.2023)

---
[1] archetypisch: einem Urtyp, Modell oder Urbild (Archetyp) entsprechend, urtümlich

1. Bestimmen Sie die **Textsorte** des vorliegenden Sachtextes.

| ☐ Glosse | ☐ Kommentar | ☐ Bericht | ☐ Filmkritik | ☐ Satire | ☐ Rezension | ☐ Reportage |

2. Benennen Sie das **Thema** des Sachtextes und formulieren Sie im Anschluss einen Einleitungssatz, der auch die äußeren Textdaten umfasst.

☐ Vergleich eines alten mit einem neuen Roman	☐ Rezension des Romans von Jenny Erpenbeck	☐ beschwerliches Leben im Krieg und in der Wendezeit	☐ Auswirkungen der Wechselfälle des Lebens auf den Menschen

_____

_____

_____

3. Beschreiben Sie den **Aufbau** des Textes, indem Sie die folgenden Teilüberschriften den Sinnabschnitten chronologisch zuordnen. Verfassen Sie dann eine nach Sinnabschnitten geordnete Inhaltszusammenfassung im Präsens, in eigenen Worten und in indirekter Rede.

	Der Roman als erzählerische Suche nach dem Ursprung menschlicher Verhaltensweisen
	Inhaltliche Erläuterung von Erpenbecks sachlich-nüchternem Sprachstil
	Positive Wertung des Textes und Beschreibung des Themas mit einem Zitat
	Darstellung von Zeitgeschichte durch Vermittlung von Alltagsgeschichten
	Haus am See als Fix- und Sammelpunkt für die zwölf geschilderten Einzelschicksale

4. Bestimmen Sie die **Argumentationsstruktur** des Textes und begründen Sie textnah.

☐ linear-thetische Argumentationsstruktur: Die Tendenz des Textes ist einseitig	☐ antithetisch-dialektische Arg.-Struktur: Es werden auch Gegenargumente genannt

_____

_____

_____

5. Welche **Intention** (= Absicht) verfolgt die Autorin mit ihrem Text?

☐ Sie rät von der Lektüre ab.	☐ Sie warnt vor einem zu detaillierten historischen Roman.	☐ Sie will neutral informieren.	☐ Sie will den Lesern das Buch empfehlen.

6. Benennen Sie die folgenden **sprachlich-rhetorischen Stilmittel** und erläutern Sie anschließend in Ihrem Kursheft deren Wirkungsabsicht.

Formulierung	Sprachliches Mittel
„Wenn das Haus fertig ist, kommt der Tod." (Z. 6 f.)	
„,Heimsuchung' ist eine archetypische Untersuchung." (Z. 20 f.)	
„Schweigen der Dinge" (Z. 40)	
„Besitzansprüche sind Rechtsansprüche." (Z. 50)	
„Roman über das Haben und Verlieren, über materiellen und immateriellen Besitz, über den Krieg und seine Folgen, über die Natur und die Wende" (Z. 52 f.).	

Verena Auffermann: „Wenn das Haus fertig ist, kommt der Tod", Deutschlandfunk Kultur online, 05.03.2008, Klön; www.deutschlandfunkkultur.de/wenn-das-haus-fertig-ist-kommt-der-tod-102.html (Aufruf: 20.10.2023)

Den Roman im Rahmen eines Podcast-Beitrags rezensieren

Unter einem Podcast versteht man eine regelmäßig erscheinende Audio- oder Video-Sendung im Internet, bei der die jeweiligen Beiträge oder Episoden zu jeder Zeit digital abgerufen werden können. Hierin besteht auch der zentrale Unterschied des neuen Mediums zum Radio, denn Podcasts haben keine festgelegte Sendezeit. Per Stream oder Download können die Hörenden ihre Lieblingspodcasts jederzeit und an jedem Ort auf ihrem Smartphone verfolgen. Der Begriff „Podcast" setzt sich aus zwei Wörtern zusammen: Zum einen aus der englischen Abkürzung „pod" (= playable on demand, dt.: auf Abruf abspielbar), zum anderen aus „cast" (broadcast = Rundfunksendung).

■ *Erstellen Sie als Junior-Journalist bzw. Junior-Journalistin einen eigenen Audio-Podcast zum Roman „Heimsuchung". In Ihrem Beitrag sollten Sie den Text Erpenbecks wie in einer Radiosendung vorstellen, also porträtieren, und rezensieren, also wertend besprechen. So können Sie vorgehen:*

I Planung des Podcast-Beitrags

Technik: Für die Aufnahme benötigen Sie Smartphones oder Tablets. Mikrofone steigern die Tonqualität. Suchen Sie sich eine geeignete App, mit der Sie Ihren Podcast-Beitrag aufnehmen und schneiden können. Für Android und iOS sind die kostenlosen Tools „Anchor" und „Spreaker Studio" empfehlenswert. Beide sind einfach aufgebaut und lassen sich nach kurzem Kennenlernen leicht bedienen.
Inhalt: Planen Sie den genauen Ablauf Ihrer Sendung, indem Sie ein sogenanntes Skript erstellen, also eine Art Drehbuch. Klären Sie, wer für welchen zu schreibenden Text verantwortlich ist.
Ideen: Grundsätzlich können Sie alles tun: vorlesen, analysieren, diskutieren und interviewen.

II Aufnahme und Veröffentlichung

Produktionsbedingungen: Im Augenblick der Aufnahme Ihres Podcast-Beitrags sollte im Raum absolute Ruhe herrschen. Vermeiden Sie daher jede Art von Störgeräuschen.
Moderne Podcast-Apps bieten Sound-Effekte und Musik an. Gehen Sie mit diesem Angebot sparsam um und prüfen Sie vor ihrem Einsatz, ob diese tatsächlich funktional und wirkungsvoll sind.
Achten Sie auf eine klar verständliche und laute Aussprache. Zögern Sie nicht, eine Aufnahme zu wiederholen, wenn Ihnen ein Fehler unterlaufen ist, z. B. ein unnötiges Räuspern („Äh"). In Ihrem Kurs können Sie die Beiträge untereinander austauschen. Geben Sie sich gegenseitiges Feedback.

III Nutzungs- und Persönlichkeitsrechte

Außerhalb des Kursraumes und im privaten Kontext können Sie Ihren Podcast-Beitrag nicht ohne Weiteres veröffentlichen. Bevor Sie den Podcast-Beitrag auf einer externen Plattform oder auf der Homepage der Schule veröffentlichen, müssen Sie Nutzungs- und Persönlichkeitsrechte klären:

a. Alle Beteiligten müssen mit der Veröffentlichung einverstanden sein. Auch die Art der Veröffentlichung (Homepage, Streamingplattform ...) muss dabei festgelegt werden.
b. Bei Textzitaten oder dem Einspielen von Musik nutzt man das geistige Eigentum Dritter. V. a. bei kommerzieller Nutzung außerhalb pädagogischer Kontexte benötigen Sie daher die Genehmigung der Rechteinhaber.

---

* Mit BÜCHERALARM@school können Sie mit Ihren Schülerinnen und Schülern professionell Podcasts produzieren. Weitere Informationen zur Leseförderung per Podcast finden Sie unter: www.bücheralarm.de.

Lisa Welzhofer: Werden in Schulen zu viele männliche Autoren gelesen? (Textgebunden erörtern)

Goethe, Schiller, Kafka, Mann – die Lektüren im Gymnasium kommen vor allem von männlichen Autoren. Warum das so ist und ob sich das ändern müsste.

Wie wirkt dieser Karl Roßmann? „Jung und naiv", sagt Anna. „Wenig markant", sagt Jasper. „Ein wenig dümmlich", sagt James. Lehrerin Birgit Hecht notiert die Begriffe auf der Folie, die ein Beamer an die Wand wirft. Auf dem Stundenplan ihres Deutsch-LK am Robert-Bosch-Gymnasium in Gerlingen steht Franz Kafkas „Der Verschollene". Heute charakterisieren sie die Hauptfigur: Aus Prag ist der junge Mann, bürgerliches Milieu, Klavierunterricht, hat kräftiges Haar und ein „ansprechendes Äußeres". Er ist inkonsequent, pflichtbewusst, hilfsbereit, aber es mangelt ihm auch an Selbstkritik. 17 Jahre ist er alt, so alt wie die meisten im Klassenzimmer. Damit erfüllt Karl Roßmann zumindest ein Kriterium, das Birgit Hecht an eine gute Schullektüre anlegt. Sie knüpft an die Lebenswelt der jungen Leser an.

Was der Deutschlehrerin weniger gefällt: Karl Roßmann ist schon die dritte männliche Hauptfigur in der dritten von einem Mann geschriebenen Pflichtlektüre, mit der sich ihre Abiturienten beschäftigen. Zuvor lasen sie „Die Bekenntnisse des Hochstaplers Felix Krull" von Thomas Mann und „Woyzeck" von Georg Büchner. Mit Juli Zehs „Corpus Delicti" immerhin auch eine Autorin. Sie ist die erste Frau unter den sogenannten Sternchenthemen in Baden-Württemberg seit mehreren Jahrzehnten. „Und das fängt ja nicht erst im Abitur an", sagt Birgit Hecht. Auch die Mittelstufe ist voller Männer wie Heinrich von Kleist, Theodor Fontane, Max Frisch, Heinrich Böll, Günter Grass oder Hermann Hesse. Wer das Gymnasium durchlaufe, lerne nur selten den weiblichen Blick aufs Leben und die Welt, aber auch weibliche Schaffenskraft, Formulierkunst und literarisches Vermögen kennen, sagt Birgit Hecht.

Jan Wohlgemuth vom Referat Allgemeinbildende Gymnasien im Kultusministerium kennt diese Klagen. Ihn erreichen immer wieder Briefe von Schülerinnen und Schülern, die fragen, warum sie nicht mehr Autorinnen kennenlernen. Bis zu den Abiturthemen für 2023 legte laut Wohlgemuth eine Kommission aus Lehrkräften die Sternchenthemen fest. Ab 2024 werden diese erstmals zentral für alle Bundesländer vom Institut zur Qualitätsentwicklung im Bildungswesen (IQB) in Berlin ausgewählt. Das IQB hat auch für die kommenden Abiturjahrgänge Juli Zeh mit „Corpus Delicti" auf die Liste gesetzt. 2026 wird diese von Jenny Erpenbeck mit dem Roman „Heimsuchung" abgelöst. Was die Lektüren in Unter- und Mittelstufe anbelangt, betont Jan Wohlgemuth, dass der Bildungsplan lediglich Epochen und Themen nenne. Welche Titel gelesen würden, entscheide die Lehrkraft. Allerdings weiß auch Wohlgemuth, dass eine Empfehlungsliste für die Gymnasien kursiert. Sie ist fast 20 Jahre alt und stammt vom damaligen Landesinstitut für Schulentwicklung Baden-Württemberg. Von den empfohlenen rund 240 Werken stammt nur knapp jedes zehnte von einer Frau.

Die Liste gliedert sich in verschiedene Themenbereiche. Unter der Kategorie „Versuche weiblicher Identitätsfindung" beispielsweise werden neun Bücher von Männern und sechs von Frauen empfohlen, in der Rubrik „Von Söhnen und Töchtern: Familienverhältnisse" taucht mit Birgit Vanderbeke eine Schriftstellerin auf. Unter den Überschriften „Recht und Gerechtigkeit", „Alltag und Abenteuer" oder „Zwischen Ernst und Komik" war für die Urheber kein Werk einer Frau empfehlenswert. Die Autorenliste solle Schülerinnen und Schüler mit Werken bekannt machen, die „das kulturelle Gedächtnis der Lesegemeinschaft ausmachen", heißt es in der Einführung. Nimmt man die Empfehlungen ernst, so scheint dieses kulturelle Gedächtnis fast ausschließlich von Männern geprägt zu sein. Ob eine neue Empfehlungsliste mit mehr Frauen geplant sei, dazu kann Wohlgemuth nichts sagen. Aber das Thema Geschlechtergerechtigkeit in der Lektüreauswahl sei durchaus im „Horizont des Referats".

Natürlich weiß auch Birgit Hecht, dass sie die Titel in der Unter- und Mittelstufe frei wählen und auch in der Kursstufe zusätzliche Bücher lesen könnte. Allerdings brauche sie dafür geeignete Ausgaben und Unterrichtsmaterial. Allein einen Roman für die Schule aufzubereiten sei zeitlich kaum zu leisten, sagt Hecht. Die Verlage für Schulmaterial allerdings bieten solches überwiegend zu dem in den Schulen seit je gelesenen Kanon an. Eine Art Teufelskreis.

Aber ist der Schulkanon nicht auch deshalb männlich dominiert, weil es keine geeigneten Werke von Frauen gibt? Diesem oft vorgebrachten Argument widerspricht die Literaturwissenschaftlerin Nicole Seifert. In ihrem 2021 erschienenen Buch „Frauenliteratur – abgewertet, vergessen, wiederentdeckt" weist sie nach, dass in jeder Epoche hochwertige Werke von Frauen vorlagen, diese aber teils vom männlichen Literaturbetrieb abgewertet und nicht weiter verlegt wurden. Sie zeigt das unter anderem am Roman „Aus guter Familie" von Gabriele Reuter, der 1895 und damit zeitgleich zu Theodor Fontanes Dauerbrenner „Effi Briest" erschien. Laut Seifert waren beide Romane große Verkaufserfolge, wurden in ihrer Zeit mehrfach nachgedruckt. Auch das Sujet glich sich. In beiden Büchern geht es um eine junge Frau, die gegen die Vorstellungen, wie eine Frau zu sein und sich zu verhalten habe, verstößt und ausgeschlossen wird. Dass Fontanes Spätwerk zum Klassiker avancierte, während die Geschichte der jungen Schriftstellerin Reuter ab den 1920er-Jahren nicht mehr verlegt wurde, liegt für Nicole Seifert auch in der damaligen Literaturkritik begründet. Reuters Roman sei als „von einer Frau über Frauen für Frauen" abgewertet worden, dabei sei die literarische Qualität des Textes unbestreitbar. Literaturwissenschaftlerinnen wie Seifert gehören zu einer Bewegung, die versucht, vergessene Werke von Frauen in die Gegenwart zu holen und zeitgenössische Autorinnen zu fördern. Unter dem Titel „Die Kanon" veröffentlicht eine Gruppe Autorinnen um Sibylle Berg Listen mit Werken von Frauen, die ihrer Meinung nach zum Kanon gehören sollten. Ihr zentrales Argument: Die literarische Weltsicht aus Frauenhand werde sonst ausgeklammert. Die Frage also, ob sich das Geschlecht in Inhalt und Sichtweise eines Werks widerspiegelt, beantworten sie klar mit Ja.

Auch Birgit Hecht tut das. Frauen würden nicht besser oder schlechter schreiben, aber anders, sagt die Vielleserin, vor allem übers Frausein. Und diesen Blick sollte man gerade Heranwachsenden nicht vorenthalten. Sie nennt als ein Beispiel den Roman „Streulicht" von Deniz Ohde. Diese beschreibe darin etwa, wie Männer ihrer Hauptfigur auf die Brüste starren und dieser Blick stundenlang an dieser Frau kleben bleibe. „Solche Beschreibungen begegnen mir bei Autoren eher nicht", sagt die Lehrerin. Vor allem in älteren Werken finde sie Frauen meist nur als Nebenfiguren, beschrieben als Dienende oder Objekt sexueller Begierde.

Auch ihre LK-Schülerinnen und -Schüler hätten sich gewünscht, im Laufe der Schulzeit mehr Autorinnen kennenzulernen – wobei sie schon zugeben, dass sie erst von ihrer Lehrerin auf die Problematik gestoßen wurden. Wie haben ihnen die Pflichtlektüren gefallen? Anika Rahn fand den „Woyzeck" einfach „weird", „Corpus Delicti" gefiel ihr, weil die Thematik zur Coronakrise passt. Jasper Oberwörder hat den „Hochstapler Felix Krull" gern gelesen, und James Höss fand es gut, „Woyzeck" kennenzulernen, weil er das sonst nie getan hätte. In ihrer Freizeit wählen die jungen Leute Bücher eher nach Genre und Interesse denn nach Geschlecht. Zum Beispiel die Fantasyreihe „Six of Crows", Biografien von Elon Musk und Michelle Obama, historische Romane, John Irvings „Garp", Liebesromane von Colleen Hoover, Sachbücher von Marietta Slomka. Alle lesen sie viel. Und das ist ja vielleicht ohnehin das Wichtigste.

Stuttgarter Zeitung online, 31.01.2023, Stuttgart; www.stuttgarter-zeitung.de/inhalt.deutschunterricht-am-gymnasium-werden-in-schulen-zu-viele-maennliche-autoren-gelesen.ed09a8b7-5a74-46be-b600-4b7ef8a6492f.html (Aufruf: 20.10.2023)

■ *Verfassen Sie zum Sachtext von Lisa Welzhofer eine textgebundene Erörterung, indem Sie den Text in einem ersten Schritt analysieren und in einem zweiten Schritt seine im Titel formulierte Frage erörtern, ob in der Schule „zu viele männliche Autoren gelesen" werden.*

Die textgebundene Erörterung

Unter einer textgebundenen Erörterung versteht man einen zweistufigen Aufgabentypus, bei dem es darum geht, sich argumentativ mit einem Text auseinanderzusetzen, dessen zentrale Aussagen und formaler Aufbau zu diesem Zweck vorab erfasst und beschrieben werden müssen. Man kann die textgebundene Erörterung daher auch als eine Verbindung von Textanalyse und Erörterung verstehen. Orientieren Sie sich beim Verfassen Ihrer textgebundenen Erörterung an folgendem **Aufbau**:

Einleitung	Nennen Sie die äußeren Textdaten (Autor/Autorin, Titel, Textsorte, Erscheinungsdaten) und das Thema des Sachtextes. Formulieren Sie auch die zu erörternde Fragestellung, das in dem Text behandelte Problem.
Hauptteil	**Teil I: Texterarbeitung** a. Verfassen Sie eine systematisch gegliederte Inhaltsangabe. Dafür geben Sie die zentrale Aussage in eigenen Worten, im Präsens und indirekter Rede wieder. b. Machen Sie den Argumentationsgang des Textes deutlich: Stützt der Autor/die Autorin seine/ihre These mit Argumenten, Belegen, Beispielen und Zitaten? Bezieht er/sie sich auf ein aktuelles Problem oder gar auf einen anderen Text oder ein gesellschaftliches Ereignis? Wenn ja, wie geht der Autor/die Autorin damit um? Wie ist der Schlussteil des Textes gestaltet? Endet der Text z. B. mit einem Fazit oder einer Aufforderung? c. Analysieren Sie auch die Sprache des Textes: Kann man einen bestimmten Schreibstil (z. B. ironisch-spöttisch, sachlich, satirisch etc.) erkennen? Ist die Sprache besonders bildhaft, z. B. aufgrund von Metaphern oder Vergleichen? Gibt es weitere rhetorische Strategien, die der Autor bzw. die Autorin verwendet? d. Bestimmen Sie abschließend die Intention (Absicht) des Textes. **Teil II: Erörterung** Hier geht es um Ihre eigene persönliche, kritische oder zustimmende Auseinandersetzung mit den Kernthesen der Textvorlage. Greifen Sie dafür einige Ihnen wichtig erscheinende Kernaussagen heraus und diskutieren Sie diese: a. Stellen Sie Ihre eigene Position klar heraus. b. Bekräftigen, ergänzen oder widerlegen Sie die in der Vorlage genannten Argumente. c. Formulieren Sie eigene Argumente, Belege und Beispiele, die in der Textvorlage selbst nicht vorkommen und die Ihnen geeignet erscheinen, um Ihre eigene Position zu untermauern. d. Gehen Sie systematisch vor, etwa indem Sie in einem Schreibplan (Skizze) den Aufbau Ihrer Erörterung vorzeichnen. Bekannt sind das sogenannte Sanduhr-Prinzip oder das Ping-Pong-Prinzip. Achten Sie auch auf Überleitungen zwischen den einzelnen Aspekten und nutzen Sie dafür entsprechende Formulierungshilfen (einerseits – andererseits; zwar …, aber …; dagegen spricht, dass …; obwohl …; daher …; zudem …; noch wichtiger erscheint mir, dass …; am bedeutsamsten jedoch ist …
Schlussteil	Ziehen Sie ein gut begründetes Fazit. Arbeiten Sie die gesellschaftliche, künstlerische oder aktuelle Relevanz des Themas heraus: Warum ist es überhaupt von Bedeutung, sich mit dem Thema auseinanderzusetzen? Sie können Ihren Text mit einer Aufforderung (Appell) an die Leserschaft abschließen.

In Anlehnung an: Johannes Diekhans/Michael Fuchs: PAUL D Oberstufe. Paderborn: Schöningh/Westermann 2013, S. 574 ff.

Einen Erzähltext interpretieren – So können Sie vorgehen

Nennen Sie in der **Einleitung** zuerst die Textsorte, den Titel des Textes/Textauszugs und den Namen des Autors/der Autorin sowie das Erscheinungsjahr. Ihr zweiter Satz sollte das Thema des Textes beschreiben.

> *Beispiel:* Der Roman „…" aus dem Jahre … wurde von … verfasst und ist … im Penguin Verlag 2008 veröffentlicht worden. Thema des Textes/Textauszugs ist die/das …

Zu Beginn des **Hauptteils** formulieren Sie eine zusammenhängende **Inhaltsangabe**, d. h., Sie geben das Geschehen chronologisch, in eigenen Worten, im Präsens, ggf. in indirekter Rede und ohne Zitate wieder. Orientieren Sie sich dabei an den sogenannten W-Fragen. (Wer? Was? Wo? Warum? Wie? Mit welchen Folgen?) Eine gute Inhaltsangabe bildet das Fundament für die folgende Interpretation.

> *Beispiel:* Im ersten Sinnabschnitt (vgl. Z. 12 – 27/S. 45, Z. 18 – 28) wird beschrieben, wie Ludwig seine ihn in Kapstadt besuchenden Eltern abholt. Der junge Tuchfabrikant schildert seine Eindrücke im Exil. Im Anschluss (vgl. Z. 28 – 35/S. 46, Z. 1 – 8) kommt es zu einem simultanen Ortswechsel und die Lesenden befinden sich plötzlich wieder auf dem Seegrundstück in Deutschland, auf dem Bauarbeiten stattfinden.

Im zweiten Teil des Hauptteils geht es um die Deutung/Interpretation des Geschehens. Haben Sie in der Inhaltsangabe erklärt, was passiert, geht es nun darum, die Gründe und Motive für das Geschehen zu erläutern, also um das „Warum". Gehen Sie dafür auch auf die sprachliche Gestaltung des Textes, auf seine Machart ein, also z. B. auf den Satzbau (Werden kurze, lange oder unvollständige Sätze verwendet? Welche Satzarten dominieren? Liegt eine hypo- oder parataktische Satzstruktur vor?) oder auf sprachliche Mittel, z. B. Metaphern („uns haben sie doch auch bis hierher geliefert" (S. 48/S. 45)), Alliterationen („Heim. […] Heil." (S. 49/S. 47)), Vergleiche („Das Haus sollte aussehen, als sei es hier gewachsen, wie etwas Lebendiges" (S. 42/S. 39)) oder Parallelismen („Die Hosen hochgekrempelt im märkischen Meer. Die Hosen hochgekrempelt im Indischen Ozean." (S. 50/S. 47)) Halten Sie bei Ihrer Deutung des Geschehens in der Regel den **Dreischritt „These/Behauptung", „Begründung/Argument"** und **„Beleg/Zitat"** ein. Beim **aspektorientierten Vorgehen** untersuchen Sie den Text jeweils auf bestimmte Aspekte. Welche das sind, müssen Sie entweder selbst entscheiden oder aber die Aufgabenstellung enthält Hinweise auf die zu untersuchenden Aspekte.

> *Beispiel:* Zu Beginn des Romans wird die Anonymität des geheimnisvoll anmutenden Gärtners deutlich. (These) Denn obwohl ihn jeder kennt, wissen die Menschen sehr wenig über ihn. (Argument) So heißt es: „Woher er gekommen ist, weiß im Dorf niemand. Vielleicht war er schon immer da." (S. 13/S. 11) (Beispiel/Beleg: Zitat)

In Ihrem **Schlussteil** fassen Sie die zentralen Aussagen zusammen, also z. B., was durch den Abschnitt/Textauszug besonders deutlich wird. Danach können Sie auch persönlich zu dem Text Stellung beziehen, etwa indem Sie erläutern, was Ihnen an dem Handeln einer Figur gefällt oder missfällt. Dafür können Sie die Kernaussage aktualisieren, z. B. indem Sie deutlich machen, welche Aspekte des Textes/Textauszugs auch heute noch wichtig für uns sein können.

> *Beispiel:* Zusammenfassend lässt sich sagen, dass durch die Interpretation des Gesprächs zwischen Ludwig und seiner Tochter Elisabeth die innere Zerrissenheit und Heimatlosigkeit des Tuchfabrikanten deutlich wird. Denn während seine im Exil geborene Tochter in perfektem Englisch parliert, antwortet ihr der Vater in einer Mischsprache, weil ihm wichtige Vokabeln fehlen.
> Abschließend lässt sich festhalten, dass der heutige Leser bzw. die heutige Leserin aus der Biografie des Tuchfabrikanten lernen kann, dass eine Auswanderung immer Folgen für die Identität eines Menschen mit sich bringt.

Formulieren Sie Ihren Aufsatz im **Präsens** und schreiben Sie **sachlich**. Vermeiden Sie also umgangssprachliche Formulierungen wie „Das Verhalten des Architekten finde ich echt krass".

Zusatzmaterial 2

Erzähltechniken untersuchen

Ein Merkmal erzählender Texte ist, dass in ihnen in aller Regel eine in der Zeit fortschreitende Handlung dargestellt wird. Verantwortlich dafür ist ein für den Leser bzw. die Leserin erkennbarer Erzähler, der vom Autor bzw. der Autorin geschaffen ist und nicht mit diesem verwechselt werden darf.

Der Erzähler kann zwei **Erzählformen** nutzen: Bei der **Ich-Erzählung** tritt der Erzähler selbst in Erscheinung, spricht von sich und nutzt das Personalpronomen der 1. Person Singular. Bei der **Er-/Sie-Erzählung** berichtet der Erzähler über andere und nutzt in der Regel das Personalpronomen der 3. Person Singular. Nur ganz selten nutzen Erzähler die Du-Erzählform.

Im Hinblick auf die **Erzählperspektive** unterscheidet man zwischen **Innen-** und **Außensicht**. Bei der *Außensicht* beschränkt sich der Erzähler auf das, was er als Betrachter von außen erkennen kann. Wenn er auch in die Figuren hineinblicken, ihre Gedanken, Gefühle und Wahrnehmungen mitteilen kann, spricht man erzählperspektivisch von der *Innensicht*.

In traditionell erzählten Texten nimmt der Erzähler häufig die Sichtweise einer Figur ein. In modernen Texten wechselt er auch häufig zwischen den Sichtweisen unterschiedlicher Figuren. Man spricht dann von **Multiperspektivität**. Ebenfalls von Bedeutung ist die Frage, welchen **Standort** der Erzähler zum Geschehen innehat („point of view"). Er kann außerhalb der erzählten Welt stehen und als Unbeteiligter aus der **Distanz** berichten. Dann verfügt er meist über einen souveränen Überblick über die gesamte Handlung, kennt deren Vorgeschichte und Fortgang. Man spricht von einem olympischen Standort des allwissenden Erzählers. Im Unterschied dazu kann der Erzähler aber auch Teil der von ihm erzählten Welt sein. In diesem Fall befindet er sich **nah am Geschehen**. Daher verfügt er auch nur über eine eingeschränkte Perspektive auf das Geschehen bzw. die Figuren.

Beim **Erzählverhalten** unterscheidet man zwischen drei Grundformen: Eine Erzählerfigur verhält sich **auktorial**, wenn sie die erzählte Handlung arrangiert und kommentiert und sich dabei auch direkt an den Leser bzw. die Leserin wenden kann. Der auktoriale Erzähler verfügt i. d. R. über mehr Informationen als seine Figuren, er hat einen Überblick über das Geschehen und charakterisiert die Figuren direkt. Oft gibt er dem Leser/der Leserin Hinweise über Vergangenes oder deutet an, was in der Zukunft passieren wird. Von **personalem Erzählverhalten** spricht man, wenn sich der Erzähler auf die Sichtweise einer oder mehrerer Figuren beschränkt. Der Leser bzw. die Leserin vollzieht das Geschehen, die Wahrnehmungen, Emotionen und Gedanken der Figuren dann scheinbar unmittelbar aus deren Sicht nach. Liegt ein personales Erzählverhalten vor, tritt der Erzähler weitgehend hinter die Figur(en) zurück. Manchmal wird das Geschehen vom Erzähler wie von einem unbeteiligten Beobachter geschildert. Dann spricht man von **neutralem Erzählverhalten**. Der Erzähler wird dann vom Leser oder der Leserin oft gar nicht bemerkt, weil er sich auf die äußerlich erkennbaren Vorgänge beschränkt.

Der Erzähler steht dem von ihm geschilderten Geschehen und seinen Figuren in einer bestimmten **Erzählhaltung** gegenüber. Verzichtet er auf jegliche Form der Wertung oder Leserlenkung, spricht man von einer **neutralen** Erzählhaltung. Oft nimmt er aber eine **wertende Einstellung** ein. Diese kann dann zustimmend-sympathisierend oder ablehnend-kritisch, ironisierend oder sarkastisch, humorvoll oder kopfschüttelnd-verständnislos sein.

Der Erzähler kann bei der Beschreibung der Handlung verschiedene **Darbietungsformen** nutzen: Im **Erzählerbericht** berichtet, beschreibt oder kommentiert er. Diese Textpassagen sind dann als Äußerungen des Erzählers identifizierbar. Als **Figurenrede** bezeichnet man Äußerungen einer Figur, dazu gehört die **direkte** oder **indirekte Rede** (Dialog) mit dem Charakter einer szenischen Darstellung. Ebenfalls zur Figurenrede gehört die Darstellung von Gedanken und Gefühlen, häufig in Form eines **inneren Monologs** (1. Pers. Sing. Präsens ohne Anführungszeichen). Eine Extremform des inneren Monologs ist der **Bewusstseinsstrom** („stream of consciousness"), bei dem oftmals auf eine zusammenhängende Gedankenführung und korrekte Syntax verzichtet wird. Die **erlebte Rede** unterscheidet sich vom inneren Monolog dadurch, dass sie in der 3. Person und in der Regel im Präteritum steht.

Methode – Einen argumentativen Sachtext analysieren

Die Analyse eines argumentativen Sachtextes ist eine anspruchsvolle Schreibaufgabe, die sich in zwei Teile untergliedern lässt. In einem ersten Teil geht es darum, den Leser bzw. die Leserin über den Inhalt des Textes systematisch zu informieren. Im Anschluss erfolgt die eigentliche Analyse, die darin besteht, zu bestimmen, auf welche Weise der Verfasser bzw. die Verfasserin den Text aufbaut und welche sprachlichen Strategien bzw. Argumente er/sie nutzt, um die Lesenden von seinem/ihrem Standpunkt zu überzeugen. Neben der inhaltlichen Analyse gewinnt also die Formanalyse an Bedeutung, neben das „Was" (Was sagt der Text aus?) eines Textes tritt also das „Wie" (Wie ist der Text gemacht?).

Einleitung

In der Einleitung nennt man den Verfasser bzw. die Verfasserin, den Titel, die Textsorte, das Thema sowie ggf. Erscheinungsort und -jahr des Sachtextes.

Hauptteil

Hier sollten die Informationen der einzelnen Textabschnitte zunächst knapp mit eigenen Worten, im Präsens und mithilfe indirekter Rede zusammengefasst werden. Dafür gliedert man den Text in Sinnabschnitte. Nach dieser rein inhaltlichen Arbeit geht es in einem zweiten Schritt in einer Detailanalyse darum, den **Aufbau** des Textes zu untersuchen. Verwendet der Autor/die Autorin im Text beispielsweise ausschließlich Argumente, die eine eigene These stützen, spricht man von einer linearen (thetischen) **Argumentationsstruktur**; nutzt er/sie auch Gegenargumente, bezeichnet man diese als dialektisch (antithetisch). Um die Strategie des Autors/der Autorin nachvollziehen zu können, benennt man auch die von ihm/ihr verwandten **Argumentationstypen**. Es gibt z. B. Autoritäts- oder Faktenargumente, normative Argumente. Es genügt jedoch nicht, ein bestimmtes Argument als z. B. normativ zu definieren, weil es sich auf gesellschaftliche Normen oder Gesetze bezieht. Man sollte zudem die **Funktion** der Argumente hinsichtlich der **Intention** (Absicht/Ziel) des Autors/der Autorin beschreiben.
Wichtig ist auch ein analytischer Blick auf die **Sprache** des Textes: Verwendet der Autor/die Autorin bestimmte sprachlich-rhetorische Figuren, wie z. B. Metaphern oder Symbole? Auch der **Satzbau** hat einen Einfluss auf den Stil und die Wirkung des Textes: Besteht der Text oft aus komplexen Satzgefügen mit vielen Einschüben, unter- oder nebengeordneten Nebensätzen, dann spricht man von einer hypotaktischen Satzstruktur. Einfache, meist klar verständliche Hauptsatzreihen nennt man parataktisch.

Schlussteil

Am Ende wird die Gesamtaussage des Textes kurz zusammengefasst. Danach kann der untersuchte Sachtext mit Bezug auf die Analyseergebnisse im Hauptteil hinsichtlich seiner Wirkung und der Intention des Autors/der Autorin **bewertet** werden. Neben der Einschätzung der Vorgehensweise des Autors/der Autorin kann im Schlussteil auch eine persönliche, gut begründete Einschätzung im Hinblick auf die Schlüssigkeit oder Verständlichkeit des Textes formuliert werden. Dieses **Fazit** kann dabei zustimmend, ablehnend oder ausgewogen ausfallen.

Formulierungshilfen

Der Autor/Die Autorin …
- informiert darüber, dass …/vertritt die These, dass …/verdeutlicht seine bzw. ihre These, indem …
- nutzt ein Beispiel, um … zu/beruft sich auf eine Autorität, sodass …/appelliert an …
- belegt seine bzw. ihre Position mithilfe von …/nutzt hier ein Faktenargument, um zu zeigen, dass …

Die ESAU-Methode – Texte am PC überarbeiten

Ergänzen:
Wo eine Lücke auffällt

Streichen:
Wo etwas überflüssig erscheint

ESAU-Methode

Austauschen:
Wo ein Wort oder Satzglied nicht passt

Umstellen:
Wo die Reihenfolge der Satzglieder nicht stimmt

So wie jeder professionelle Autor bzw. jede professionelle Autorin vor Abgabe des Manuskripts bei seinem/ihrem Verlag seinen/ihren Text wieder und wieder einer Korrektur unterzieht, so lassen sich auch selbst verfasste Texte am PC überarbeiten und die Textgestalt lässt sich sprachlich, formal wie inhaltlich verbessern und lesefreundlicher gestalten. Nutzen Sie dafür die **ESAU-Methode**. In der Schule klappt das gut im Rahmen einer **Schreibkonferenz**, in der jede/jeder einen Fremdtext liest und korrigiert.

Digitale Formen der gemeinsamen Textproduktion bzw. -überarbeitung bieten viele Vorteile. Markieren Sie in einem Word-Dokument dafür zuerst die Stelle, die Sie kommentieren wollen. Wenden Sie dann in der oberen Taskleiste die Befehle „Einfügen" und „Kommentar" an. Nun öffnet sich am rechten Rand des Dokuments ein rotes Feld, in das Sie Ihren Kommentar oder Verbesserungsvorschlag hineinschreiben können. Ein weiterer Teilnehmer/eine weitere Teilnehmerin kann diesen ersten Kommentar ebenfalls kommentieren, indem er oder sie mit der rechten Maustaste in diesem Randfeld auf das Feldsymbol oben rechts klickt und unter den Optionen „Auf Kommentar antworten", „Kommentar löschen" oder „Kommentar als erledigt markieren" auswählt. Wenn Sie am Ende Ihren vielfach kommentierten Beitrag zurückerhalten, können Sie eigenständig entscheiden, ob und wie Sie auf die Tipps und Beiträge reagieren möchten, und den Text umarbeiten. Mit dem Korrekturprogramm bei Word können Sie zusätzlich die richtige Rechtschreibung überprüfen. Der „Thesaurus" bietet eine Sammlung bedeutungsähnlicher Wörter an, die einen Text sprachlich abwechslungsreicher klingen lassen. Sie können ihn aktivieren, indem Sie in der Menüleiste „Überprüfen" anklicken und dann den „Thesaurus" auswählen.

Ein Beispiel zur Veranschaulichung:

Die Rezension von Verena Auffermann ist übelst einseitig, denn die Autorin ist echt voreingenommen. Sie findet wirklich alles gut an dem Roman „Heimsuchung" von Jenny Erpenbeck. Dabei habe ich mich selbst bei der Lektüre eigentlich nur gelangweilt. Da kommt wirklich nichts bei rüber. Die Kapitel sind einfach zu kurz, um mit den Figuren des Romans mitfühlen zu können. Das gehört zu einem guten Buch einfach dazu. Einige wenige Figuren tun mir ja sogar leid, so oft, wie die gedisst werden und ihr Haus bzw. ihre Heimat verlassen müssen.

Kommentiert [Ela1]: Streiche das Wort und ersetze es durch „überwiegend".

Kommentiert [Paul1]: Das ist ein Füllwort, das du nicht benötigst: Streichen!

Kommentiert [Ela2]: Persönliche Kommentare würde ich höchstens im Schlussteil äußern.

Kommentiert [Marie1]: Du übertreibst etwas, außerdem ist das Umgangssprache: Ersetzen!

Kommentiert [Paul2]: Auch dieses Wort solltest du ersetzen.

Katharina Döbler: Großmutters klein Häuschen

„Ich habe ein wunderbares Leben hier", sagt Jenny Erpenbeck. Eine Altbauwohnung in Berlin-Mitte. Vor den Fenstern ein weiter Platz im Sonnenschein. Hier, in diesem Viertel, ist sie aufgewachsen, und hier hat sie, von ein paar Lehr- und Wanderjahren in Österreich abgesehen, immer gewohnt. Manchmal trifft sie alte Schulkameraden auf der Straße, bald wird hier auch ihr Sohn zur Schule gehen. „Heimat", sagt sie, „das ist etwas, das man wahrscheinlich erst bemerkt, wenn man es verloren hat." Das Zimmer, in dem wir sitzen, macht nicht den Eindruck eines Provisoriums: Viele Sachen gibt es darin, die man nicht so ohne Weiteres woandershin bewegen könnte, alte Sachen. Regale bis zur Decke, Klavier, Krimskrams, mittendrin ein kleiner Vitrinentisch, in dem sich Figürchen und Muscheln und Steine tummeln. Jenny Erpenbeck hebt so etwas auf. „Wir hatten jetzt", sagt sie, „zwei Generationen ohne Zerstörungen und Verluste." Man sieht es diesem Zimmer an: Die 41-jährige Jenny Erpenbeck ist in ihrer Familie für Vergangenheit zuständig.

Sie ist auch in der Literatur für Vergangenheit zuständig – für die Kindheit, die einen einholt (im Roman *Das alte Kind*), für das Heranwachsen in einem totalitären System (im Roman *Wörterbuch*). Im Regal stehen die Ordner, und in denen ist ebenfalls eine Menge Vergangenheit aufgehoben. Ihr Inhalt betrifft ein Haus am märkischen Scharmützelsee: das Haus, dessen bunt verglaste Tür auf dem Umschlag ihres neuen Romans zu sehen ist. Das Haus, das ein Architekt in den 1930er-Jahren für seine zweite Ehefrau baute. Das Haus, das später Jenny Erpenbecks Großmutter gehörte und um das einer der üblichen Prozesse mit den Erben des Alteigentümers geführt wurde. Das Haus, das Jenny Erpenbeck verloren hat: der Anlass, in diesem vorwärtsgewandt schicken und hybriden Berlin-Mitte, in diesem wunderbaren Leben über Heimat nachzudenken.

Jenny Erpenbeck hat einen großen Teil ihrer Kindheit in diesem Haus verbracht, eine Kindheit, die, wie sie findet, „heil" war, vor allem die Ferien, vor allem die zwei Monate im Sommer, barfuß und ganze Tage auf dem Wasser und im Wald. Aus solchen Erfahrungen schöpft man, wenn man schreibt. „Ich hab mich gefragt, was ich verloren habe, weil – es lag ja auf der Hand, dass es dabei nicht um den Besitz ging." Es ging zunächst um Erinnerungen. Jenny Erpenbeck begann zusammenzutragen, zu recherchieren. Und so, während sich die Ordner mit Briefen, Listen, Katasterauszügen[1], Bauplänen und Fotos füllten, wurde aus dem Kindheitsidyll mit Badesteg und Garten ein Kreuzungspunkt vieler Geschichten und schließlich das Buch, das unter dem Titel *Heimsuchung* erschien.

Auf einem der Fotos im Ordner sieht man ein lächelndes Mädchen von etwa zehn Jahren mit einer dunklen Ponyfrisur. Auf einem anderen Leute in einem Garten mit Palmen. Der Garten liegt offensichtlich nicht im Märkischen Oderland, und das Mädchen ist nicht Jenny Erpenbeck. Die tatsächliche Geschichte des Hauses zog viel weitere Kreise als je vermutet, die Suche nach Heimat führte bis nach Warschau und Südafrika.

Das Buch beginnt noch ganz bodenständig: mit dem Scharmützelsee, den die Eiszeit hervorbrachte, mit einem Gärtner, der wie eine mythologische Figur stumm unter Pflanzen und Dingen lebt, und mit der Tochter des Dorfschulzen, die als Mitgift das Waldgrundstück am See bekommt. Das alles scheint zu einer Welt zu gehören, in der Brauchtum und jahrhundertealte Gewohnheiten – wie Jenny Erpenbeck sie mit anschaulichem Material aus dem Heimatmuseum dokumentiert – jedem einen festen Platz auf der Welt zuordnen. Eine heile Welt ist es trotzdem nicht. Die Schulzentochter wird verrückt, ihr Vater parzelliert das Grundstück und verkauft es an betuchte Leute, die gerade den Wert der Naherholung für sich entdeckt haben, wie den Architekten aus Berlin. Und einen Fabrikanten aus Guben.

Das Mädchen auf dem Foto im Ordner ist seine Nichte. Er kaufte seinen Teil des Wassergrundstücks und baute 1935 ein kleines Badehaus darauf. Er war Jude. Ein Jahr später emigrierte er mit seiner Frau nach Südafrika, sie legten dort einen idyllischen Garten an, bekamen drei Kinder und schufen sich eine neue Heimat. Falls es so etwas gibt. Der Rest der Familie schaffte die geplante Ausreise nicht mehr rechtzeitig. Das Mädchen auf dem Foto war zwölf, als es in Treblinka ermordet wurde. Der Architekt, der seiner jungen Ehefrau inzwischen ein schönes Haus mit märchenhaften Extras gebaut hatte, übernahm das Grundstück.

„Mein ganzes Leben kenne ich dieses Badehaus", sagt Jenny Erpenbeck, „und wir haben das nicht gewusst. Ich habe immer gedacht, das gehörte alles zusammen." Die Leute im Dorf erzählten, als sie fragte, die jüdische Familie sei nach Schweden emigriert. So

---
[1] Katasterauszug: Fachausdruck für Eigentümernachweise

macht sich jeder seine Wahrheit. Auch die Erpenbeck'sche Familienüberlieferung musste korrigiert werden. Es gab Feindbilder, es gab die Fakten, „durch die Recherchen haben sich die Dinge so quer kommentiert". Natürlich hätte man die Geschichte vom Haus am Scharmützelsee auch dokumentarisch behandeln können, aber es ging ja um mehr als um Fakten und Erinnerungen. Es ging um Heimat. „Was sucht man [...], wenn man nach einer Heimat sucht? Worin besteht das Sesshaftwerden? Und was ist einem daran so viel wert?" Solche Themen implantiert Jenny Erpenbeck ihren Romanfiguren: der Frau des Architekten, dem Textilfabrikanten, der aus dem sowjetischen Exil zurückgekehrten (ihrer Großmutter nachgebildeten) Schriftstellerin, dem verurteilten Republikflüchtling und Badehausbewohner, dem Jungen, der immer zum Spielen kommt.

Jede einzelne dieser sehr unterschiedlichen Personen spricht mit einer eigenen Stimme und erzählt ihren Teil der Geschichte, mit der ihr zugehörigen Biografie, mit ihren Plänen und Bindungen, mit ihren Vergnügungen am See, mit ihrer jeweiligen Weltanschauung und Blindheit – und der Sehnsucht nach einem Ort, wo man hingehört. So wird das Gerüst des dokumentarischen Materials, das als solches immer zu erkennen ist, mit dem Stoff der Imagination üppig gepolstert. Die Figuren nehmen Formen an, machen es sich gemütlich in ihrem Haus und ihren Vorstellungen vom Leben, von der Heimat, von der Welt. Frühstück, Mittagessen, Kaffee, Abendbrot. Sie erzählen Witze, beobachten Verbrechen, vergraben ihre Wertsachen. Wenn sie Glück haben, überleben sie Katastrophen.

Jenny Erpenbeck befleißigt sich dabei großer Objektivität. Es gibt keinen autobiografischen Groll, nicht einmal zwischen den Zeilen. Es gibt viel Empathie, das schon, aber keine offene Parteinahme. Manchmal gibt es Aussparungen, die – wie eine bloße Randbemerkung über die Segnungen der Kollektiverziehung im sowjetischen Kinderheim – ahnen lassen, dass hinter dem diszipliniert gehandhabten Material der Papiere und Erinnerungen und dessen behutsamer fiktiver Interpretation viel mehr an Geschichten verborgen ist, als dieses mit feinem Strich und großer Wirkung gearbeitete Buch preisgibt. Aus diesem Stoff, denkt man dann, hätte die Erpenbeck einen richtig üppigen Roman machen können, ein pralles, erinnerungsgesättigtes Epos aus dem Märkischen Oderland. Aber sie wollte diese Kleinteiligkeit, sie wollte nichts zusammenfügen, sondern „mit jeder Figur mitgehen und jede Figur gut kennen", sie wollte „die komplexe Wahrheit, die sich herstellen sollte über den Zusammenhang aller Geschichten".

Das ist der offenkundige Unterschied zwischen einem Heimatroman und einem Roman, der über Heimat nachdenkt. Einem Roman, der keine Heimat zu beanspruchen wagt aus Furcht, die Wahrheit zu verfehlen. Literatur besteht aus allem Möglichen, zu einem großen Teil aus Behauptungen. Jenny Erpenbecks neuer Roman besteht zum größten Teil aus Respekt: Respekt vor den wirklichen Menschen, vor den Figuren, vor all diesen Wahrheiten. Die eigene Wahrheit, die der Autorin, kommt darin zwar auch vor, aber sie wiegt nicht schwerer als die der anderen. „Mein Groll", sagt sie, „wäre literarisch unergiebig." Und ob sie das Haus wiederhaben möchte nach all dem, was sie jetzt weiß, da sei sie nicht so sicher. [...]

DIE ZEIT Nr. 23 vom 29.05.2008, Hamburg

■ *Stellen Sie den Zusammenhang von Leben und Werk bei Jenny Erpenbeck in einem informierenden Sachartikel dar.*

Facharbeitsthemen und Klausuraufgabenstellungen

A Facharbeitsthemen

1. Autobiografische Spuren der Jenny Erpenbeck in ihrem Roman „Heimsuchung" – Das Haus am See und seine persönliche Bedeutung für die Autorin als „unberechtigte Eigenbesitzerin"

2. Heimatkonzeptionen in modernen Romanen – Jenny Erpenbecks „Heimsuchung" und Dörte Hansens „Altes Land" im Vergleich

3. „Heimsuchung" als Jahrhundertroman – Spuren deutscher Geschichte des 20. Jahrhunderts im Spiegel ausgewählter Einzelschicksale des Romans

4. Die Figur der Schriftstellerin im Roman „Heimsuchung" – Ein Vergleich mit Anna Seghers und ihrem Exilroman „Transit"

5. Hedda Zinner und Fritz Erpenbeck – Den Großeltern Jenny Erpenbecks und ihrer Bedeutung für den Roman „Heimsuchung" auf der Spur

6. Die Bedeutung von Gegenständen in „Heimsuchung" – Eine Motivanalyse

7. Botanik, Rechtswissenschaft, Geologie und Bautechnik – Zur Bedeutung von Fachsprachen für die Handlung im Roman „Heimsuchung"

B Klausuraufgabenstellungen

- Interpretieren Sie das Kapitel „Der Großbauer und seine vier Töchter" unter besonderer Berücksichtigung der dort beschriebenen Gebräuche, Sitten und Traditionen für die Selbstverwirklichung der vier jungen Frauen. Stellen Sie abschließend dar, wieso Erpenbeck dieses Kapitel an den Anfang ihres Romans gestellt hat und man von einem „bösen Omen" sprechen kann.

- Interpretieren Sie das erste (vgl. S. 13/S. 11) und zweite (vgl. S. 27 – S. 30, Z. 16/S. 25 – S. 28, Z. 9) Gärtner-Kapitel unter besonderer Berücksichtigung der Herkunft, Kommunikations- und Arbeitsweise der Figur. Erläutern Sie abschließend die besondere Bedeutung, die die Figur ausmacht und von allen anderen Romanfiguren wesentlich unterscheidet.

- Interpretieren Sie den Textauszug (S. 36, Z. 4 – S. 38, Z. 4/S. 33, Z. 1 – S. 35, Z. 12) u. a. im Hinblick auf die aktuelle Lebenssituation des Architekten. Legen Sie in diesem Zusammenhang dessen Heimatkonzept dar. Machen Sie abschließend deutlich, wieso man sein Heimatkonzept als gescheitert ansehen kann, und beziehen Sie die Selbstreflexionen der Frau des Architekten (vgl. S. 64 ff./S. 60 ff.) in Ihre Überlegungen mit ein.

- Interpretieren Sie den Auszug aus dem Kapitel „Die unberechtigte Eigenbesitzerin" (vgl. S. 176, Z. 3 – S. 180, Z. 17/S. 170, Z. 1 – S. 174, Z. 21) unter besonderer Berücksichtigung der Sprache und Erzählweise sowie der Art des Abschiednehmens. Deuten Sie in diesem Zusammenhang mögliche Motive.

© Westermann
Best.-Nr. 109677

Klausurvorschlag I:
Interpretation eines epischen Textauszugs mit weiterführendem Schreibauftrag

Name:	Schule:	Fachlehrer/Fachlehrerin:
Kurs:	Arbeitszeit:	

Thema der Unterrichtsreihe: Jenny Erpenbeck: Heimsuchung (Roman 2008)

Aufgabenart: Interpretation eines epischen Textauszugs mit weiterführendem Schreibauftrag

Aufgaben

1. Interpretieren Sie den Beginn des Kapitels „Der Tuchfabrikant" (S. 48 – S. 53, Z. 2/ S. 45 – S. 49, Z. 28), indem Sie u. a.
   - den Inhalt des Textauszugs knapp und in eigenen Worten strukturiert wiedergeben,
   - das Geschehen in seinen Handlungszusammenhang einbetten,
   - die Erzählweise, ausgewählte Gesprächssituationen und das kommunikative Verhalten der Figuren untersuchen sowie
   - ausgewählte sprachlich-syntaktische Stilmittel funktional deuten.

2. „In ihrer Sprache sind [...] die Menschen am tiefsten und entscheidendsten ‚daheim', mehr noch als Dorf, Landschaft, Stadt ist die Muttersprache ‚Heimat'."[1]

   Erläutern Sie das Zitat des Politikwissenschaftlers Iring Fetscher (1922 – 2014) und stellen Sie mit seiner Hilfe dar, ob und inwiefern es dem Tuchfabrikanten gelingt, im südafrikanischen Exil eine neue Heimat und Identität zu gewinnen.

Viel Erfolg!

---

[1] Iring Fetscher: Heimatliebe – Brauch und Missbrauch eines Begriffs. In: Rüdiger Görner: Heimat im Wort. iudicium Verlag: München 1992, S. 15 – 35, hier: 32

Bewertungsbogen für _____

A Inhaltliche Leistung

Aufgabe 1 Die Schülerin/Der Schüler	max. Punktzahl	erreichte Punkte
verfasst eine aufgabenbezogene Einleitung (äußere Textdaten, Thema).	4	
gibt den Inhalt des Textauszugs strukturiert wieder, etwa: • Familientafel der zwei Generationen Tuchfabrikanten • Hermine und Arthur besuchen Ludwigs Familie im Exil in Kapstadt. • Ortswechsel: Beobachtung des Hausbaus auf Berliner Seegrundstück • Ortswechsel: Ludwigs Eltern bewundern Paradies; Landschaft, Spiel mit Kindern, Kommunikation zwischen den Erwachsenen, Information über Geburt der Kinder im Exil. • kurzer Ortswechsel: Bauarbeiten auf Nachbargrund in Berlin • Ortswechsel: Kinderszene mit exotischen Früchten, Kommunikation zwischen Elisabeth und ihrem Vater über Weihnachtstraditionen • Ortswechsel: Gespräch über Baufortschritte auf Nachbargrundstück am märkischen Meer, das als Erbe für Ludwig gedacht ist • Schluss: Schilderung der positiven Emotionen Ludwigs beim Rauschen der exotischen Eukalyptusbäume	8	
ordnet das Geschehen in seinen Handlungszusammenhang ein, etwa: • Arthurs Sohn Ludwig ist mit Frau Anna 1936 nach Kapstadt ausgewandert und hat dort zwei Kinder – Elliott und Elisabeth – bekommen. • Zu Weihnachten 1937 kommen Ludwigs Eltern – Hermine und Arthur – für zwei Wochen zu Besuch nach Südafrika. • Nach zwei Wochen reisen die Eltern wieder zurück in die deutsche Heimat und so in den sicheren Tod.	8	
untersucht das Erzählverhalten, ausgewählte Gesprächssituationen und das kommunikative Verhalten der Figuren, z. B.: • Personales Erzählverhalten zeigt auch die Innensicht Ludwigs, wenn er über seine Lebenssituation reflektiert. • Arthur erzählt die Anekdote vom Segelunfall in Berlin als Vorausdeutung unheilvollen Geschehens (vgl. S. 50/S. 47). • Elisabeth fragt in perfektem Englisch nach der Funktion von Lametta auf dem Baum, während ihr Vater in einer Mischsprache antwortet als Ausdruck der zwei Welten, in denen sich Ludwig bewegen muss (vgl. S. 51/S. 48).	8	
deutet ausgewählte sprachlich-syntaktische Stilmittel funktional, z. B.: • Familientafel (vgl. S. 48, Z. 1 ff./S. 45, Z. 1 ff.) als beschwörende Versicherung der Existenz der bedrohten und später z. T. ermordeten Familie • Wortspiele („uns haben sie doch auch bis hierher geliefert", S. 48/S. 45) als sarkastisch-kritischer Kommentar Ludwigs zur antisemitischen Politik in Deutschland • Assonante Wortspiele („Heim. […] Heil.", S. 49/S. 47) zeigen Gleichzeitigkeit von geliebter deutscher Heimat und Bedrohung durch die Nationalsozialisten. • Der syntaktische Parallellismus („Die Hosen hochgekrempelt […]", S. 50/S. 47) verdeutlicht zeitlose Anwesenheit der Vergangenheit, die Ludwig nicht loslässt, sondern auch in Kapstadt gegenwärtig ist. • hybride Mischsprache Ludwigs („It is supposed to look as if der Baum in einem … Winterwald stünde", S. 51/S. 48) als Ausdruck seiner ambivalenten Heimatvorstellung	10	

	max. Punktzahl	erreichte Punkte
deutet das Geschehen abschließend als Ausdruck der inneren Zerrissenheit des jungen Tuchfabrikanten oder als Ausdruck eines ambivalenten Lebens in zwei Welten, etwa: • Ludwig genießt die Sicherheit der neuen Heimat und „liebt" (S. 52/S. 49) das Rauschen der Eukalyptusbäume, fühlt aber auch Sehnsucht nach Berlin. • Er spricht eine Mischsprache aus Deutsch und Englisch (vgl. S. 51/S. 48). • Er erwähnt Kerzen, die sich am Weihnachtsbaum „verbiegen" (S. 50/S. 46). • Die Spuren von Identitätsverlust sind offensichtlich (Baumschmuck, sich verbiegende Kerze, Wechsel der Erwerbstätigkeit).	10	
erfüllt ein weiteres aufgabenbezogenes Kriterium.	(6)	
Teilpunktzahl für Aufgabe 1	**48**	

Aufgabe 2 Die Schülerin/Der Schüler	max. Punktzahl	erreichte Punkte
verfasst eine aufgabenbezogene Ein-/Überleitung (äußere Textdaten, Thema) und gibt dabei den Inhalt des Zitates wieder.	3	
erläutert das Zitat Fetschers, etwa: • Identität bildet sich über individuelle Denk- und Handlungsprozesse, die in der Muttersprache gedacht werden. Während man seinen Aufenthaltsort wechseln kann, nimmt man die Sprache als Reflexionsinstrument des Geistes immer mit sich. So ist die Muttersprache immer mobiler Ausdruck von Heimat, selbst in der örtlichen Fremde.	5	
stellt mithilfe des Zitates dar, dass der Tuchfabrikant in zwei Welten lebt und zwischen diesen hin- und hergerissen ist, etwa: • sarkastisches Wortspiel in deutscher Muttersprache („uns haben sie doch auch bis hierher geliefert", S. 48/S. 45) als sprachliche Kompetenz, das NS-Regime zu kritisieren • hybride Mischsprache („It is supposed to look as if der Baum […]", S. 51/S. 48) als Ausdruck der inneren Heimatlosigkeit des Tuchfabrikanten, der erkennt, dass seine Heimat in der verlorenen Sprache liegt, die seine eigenen Kinder gar nicht mehr sprechen	10	
formuliert einen aufgabenbezogenen Schlussteil, z. B.: • Sprache als Ausdrucksform von Identität • Mischsprache als Ausdrucksform der Sehnsucht nach einem sicheren Zuhause und von Heimatverlust, von Ankommen und Sesshaftwerden sowie am Ende von Vertreibung und Flucht	6	
erfüllt ein weiteres aufgabenbezogenes Kriterium.	(4)	
Teilpunktzahl für Aufgabe 2	**24**	
Summe Inhaltliche Leistung	**72**	

B Darstellungsleistung

Anforderungen Die Schülerin/Der Schüler	max. Punktzahl	erreichte Punkte
strukturiert den Text kohärent, schlüssig, stringent und gedanklich klar.	6	
formuliert unter Beachtung der fachsprachlichen und -methodischen Anforderungen (z. B. Tempus, Modalität).	6	
belegt Aussagen durch angemessenes und formal korrektes, abwechslungsreiches Zitieren.	3	

drückt sich allgemeinsprachlich präzise, stilistisch sicher und begrifflich differenziert aus.	5	
formuliert lexikalisch und syntaktisch sicher, variabel und komplex (und zugleich klar).	5	
schreibt sprachlich richtig.	3	
Summe Darstellungsleistung	28	

Bewertung:	max. Punktzahl	erreichte Punkte
Summe (Inhaltliche und Darstellungsleistung):	100	

Die Klausur wird mit der Note _____ **bewertet.**

Datum: _____ Unterschrift: _____

Kommentar:

Bepunktung

Note	Punkte	erreichte Punktzahl
sehr gut plus	15	100 – 95
sehr gut	14	94 – 90
sehr gut minus	13	89 – 85
gut plus	12	84 – 80
gut	11	79 – 75
gut minus	10	74 – 70
befriedigend plus	9	69 – 65
befriedigend	8	64 – 60
befriedigend minus	7	59 – 55
ausreichend plus	6	54 – 50
ausreichend	5	49 – 45
ausreichend minus	4	44 – 39
mangelhaft plus	3	38 – 33
mangelhaft	2	32 – 27
mangelhaft minus	1	26 – 20
ungenügend	0	19 – 0

© Westermann
Best.-Nr. 109677

Klausurvorschlag II:
Analyse eines Sachtextes mit weiterführendem Schreibauftrag

Name:	Schule:	Fachlehrer/Fachlehrerin:
Kurs:	Arbeitszeit:	

Thema der Unterrichtsreihe: Jenny Erpenbeck: Heimsuchung (Roman 2008)
Aufgabenart: Analyse eines Sachtextes mit weiterführendem Schreibauftrag

Aufgaben

1. Analysieren Sie den vorliegenden Sachtext von Jörg Magenau, indem Sie u. a.
   - seinen Inhalt knapp und in eigenen Worten strukturiert wiedergeben,
   - seinen Argumentationsgang verdeutlichen und dabei klären, wie der Autor vorgeht,
   - die formale Gestaltung untersuchen (Stil, Sprache, rhetorische Strategien) sowie
   - die Intention (Absicht) Magenaus pointiert herausarbeiten.

2. „Doch was ist Geschichte? Ist sie etwas, in dem man sich bewegt wie die Fische im Wasser? Oder ist sie ein Werkstoff, der sich bearbeiten lässt, etwas von Menschen Gemachtes?"[1] (Z. 62 ff.)

   Arbeiten Sie im Hinblick auf die Romanhandlung am Beispiel zweier Figuren heraus, welche Antwort wohl die Autorin Jenny Erpenbeck selbst auf diese rhetorische Frage geben würde. Nehmen Sie abschließend begründet Stellung, indem Sie eine persönliche Antwort auf Magenaus Frage im Hinblick auf Ihre eigene zukünftige Lebensgestaltung geben.

Viel Erfolg!

---

[1] Jörg Magenau, Fremd bin ich eingezogen, Tagesspiegel online, 03.02.2008, Berlin; www.tagesspiegel.de/kultur/literatur/fremd-bin-ich-eingezogen-1606282.html (Aufruf: 01.08.2023)

Text

Jörg Magenau: Fremd bin ich eingezogen

Ein Häuschen im Grünen, ein Grundstück am See, ein Garten mit Obstbäumen. So sehen Rückzugsträume von Großstädtern aus. Die Natur ist die dem Berufsalltag und der Geschichte abgewandte Seite des Lebens. Jenny Erpenbeck bringt jedoch das Kunststück fertig, einen historischen Roman, der das ganze deutsche 20. Jahrhundert umspannt, in so einer ländlichen Gegend anzusiedeln. Ort des Geschehens ist ein See in der Mark Brandenburg, auf halber Strecke zwischen Berlin und Guben gelegen. Es könnte sich also um den Scharmützelsee handeln. Ein kleiner Prolog beschreibt die Entstehung dieser Landschaft in der letzten Eiszeit, vor ungefähr 24 000 Jahren. Dieser gewaltige Zeitrahmen ist von Bedeutung. Er relativiert all die Menschheitsereignisse, die aus der Perspektive des einzelnen, kleinen Lebens betrachtet absolut sind. In geologischen Zeiträumen gedacht, ist selbst das blutige 20. Jahrhundert kurz und schmerzlos.

Jenny Erpenbeck erzählt die Geschichte eines Hauses am See in zwölf knappen Kapiteln über zwölf verschiedene Menschen mit ihren Biografien. Sie lassen sich einzeln lesen, sind aber durch den Ort und viele oft nur beiläufig erwähnte Dinge miteinander verbunden. Alle handeln von der Sehnsucht nach einem Zuhause und von Heimatverlust, vom Ankommen und Sesshaftwerden und von Vertreibung und Flucht. Der Titel „Heimsuchung" in seiner Doppeldeutigkeit wird schließlich zur Metapher der Existenz einer kommunistischen Schriftstellerin, die aus dem Moskauer Exil in die DDR zurückkehrt und nun mit einem von den Parteioberen protegierten[1] Nachbarn um den Zugang zum See und den Gartenzaunverlauf streitet.

Sie, die einst Deutschland verließ, um „der Verwandlung ins Ungeheure" zu entgehen, lebt auch nach ihrer Rückkehr im Gefühl, „auf immer ins Unbehauste hinausgestoßen" worden zu sein. Aus diesen sparsamen Andeutungen wird die Verwandlung des kommunistischen Freiheitstraums in eine kleinbürgerliche Idylle verständlich. Wer die Heimat in so umfassendem Sinne verloren hat, braucht umso dringlicher den sicheren Grund. Wie eine Ergänzung dazu liest sich die Geschichte der Großmutter der Schwiegertochter, die als Gast in der Familie aufgenommen wird. Sie wurde von ihrem Hof in Polen vertrieben, nachdem sie dort noch einige Zeit als Magd gearbeitet hatte. „Besser fremd sein in der Fremde und nicht im eigenen Haus", ist die Formel, in der sie ihre Erfahrungen zusammenfasst.

In der Figur der Schriftstellerin ist unschwer Jenny Erpenbecks Großmutter Hedda Zinner zu erkennen, die mit dem Schriftsteller Fritz Erpenbeck verheiratet war. Doch die Enkelin, 1967 in Ost-Berlin geboren, schreibt eben keinen Familienroman, wie es derzeit in Mode ist, obwohl diese Schriftstellerdynastie, die zum intellektuellen Adel der DDR gehörte, Stoff genug bieten würde. Da bleibt sie merkwürdig zurückhaltend und, im Vergleich zu den anderen Geschichten, fast ein wenig brav. Stärker ist die erste Hälfte des Buches, in der ein Berliner Architekt im Mittelpunkt steht. Er, der zum Mitarbeiterstab von Albert Speer[2] gehörte, ließ das Haus im Jahr 1936 erbauen und spricht im Jargon der Zeit von seiner „Scholle". Doch sein Kapitel spielt im Jahr 1951, als er das Haus ein letztes Mal besucht, bevor er nach West-Berlin flieht, weil er in der DDR keine Zukunft mehr für sich sieht.

Eindrucksvoll erzählt Erpenbeck vom Schicksal der jüdischen Nachbarn, deren Grundstück der Architekt 1939 günstig erwirbt, trotz der sechsprozentigen „Entjudungsgewinnabgabe", die er zu bezahlen hat. Während er sich vormacht, den Nachbarn damit das Geld zur Flucht ins Ausland verschafft zu haben, erzählt Erpenbeck deren Geschichten weiter bis in die Gaskammer hinein oder vors Erschießungskommando, so direkt, so nüchtern und einfühlungsstark, dass es kaum auszuhalten ist. Da bewährt sich ihr präziser, auf alles Überflüssige verzichtender Stil, der nur gelegentlich ins Bedeutungshaft-Kostbare abgleitet.

---
[1] protegiert: beschützt
[2] Albert Speer (1905 – 1981): Reichsminister im Dritten Reich und wichtigster Architekt Adolf Hitlers

Distanz gewinnt Jenny Erpenbeck dadurch, dass sie immer wieder hinter die Figur des Gärtners zurücktritt. Dessen Geschichte montiert sie zwischen die einzelnen Kapitel. Er ist der Einzige, der immer da ist, aber so schweigsam. Kaum, dass er mal ein Wort spricht. Er konzentriert sich auf das, was im Lauf der Jahreszeiten gemacht werden muss. Er schneidet die Rosen, fällt alte Bäume und setzt neue, wie es ihm von den wechselnden Hausbesitzern aufgetragen wird. Mit ihm kommen die Natur und der natürliche Rhythmus der Zeit als Gegenpol zur schicksalhaften Macht der Historie ins Spiel. Doch am Ende verliert auch er seine Basis. In der Nachwendezeit melden Alteigentümer ihre Besitzansprüche an. Das Bienenhaus, in dem er sich eingerichtet hat, wird abgerissen – und dann auch das Haus, um einem Neubau Platz zu machen.

Die Zeit ist das eigentliche Thema dieses leisen, eindrücklichen und hochpoetischen Romans. „Die Zeit scheint ihr zur Verfügung zu stehen wie ein Haus, in dem sie mal dieses, mal jenes Zimmer betreten kann", heißt es über die fröhliche, gastfreundliche Frau des Architekten. „Während sie ihr ganzes Leben gelacht hat, sind ihre blonden Haare unmerklich weiße Haare geworden." Die Zeit als begehbarer Raum, der Ort als konkrete Verdichtung in der Zeit: Von hier aus greift die erzählerische Imagination weit aus, bis nach Polen, nach Russland und nach Südafrika, wohin der Sohn des Tuchfabrikanten rechtzeitig ausgewandert ist.

Erpenbeck erzählt folglich nicht streng chronologisch, sondern in Sprüngen, in geschickten Vor- und Rückblenden. Zeit ist eine subjektive Erfahrung. Doch was ist Geschichte? Ist sie etwas, in dem man sich bewegt wie die Fische im Wasser? Oder ist sie ein Werkstoff, der sich bearbeiten lässt, etwas von Menschen Gemachtes? Erpenbeck legt schon durch ihren geologischen Prolog die erste Lesart nahe. Geschichte aus der Gartenperspektive handelt vom Entstehen und Vergehen, von Eiszeiten und Tauwetter. Das Haus als Heimsuchung steht nur für eine kurze Epoche. Es wird eine Zeit lang bewohnt, aber bald wird nichts mehr an die Bewohner erinnern. Da wo es stand, ist nur noch leerer Raum. Doch dieses Haus hat Glück gehabt. Es ist zu Literatur geworden.

Jörg Magenau, Fremd bin ich eingezogen, Tagesspiegel online, 03.02.2008, Berlin; www.tagesspiegel.de/kultur/literatur/fremd-bin-ich-eingezogen-1606282.html (Aufruf: 01.08.2023)

Bewertungsbogen für _____

A Inhaltliche Leistung

Aufgabe 1 Die Schülerin/Der Schüler	max. Punktzahl	erreichte Punkte
verfasst eine aufgabenbezogene Einleitung (äußere Textdaten: Textsorte der Rezension, Thema).	4	
gibt den Inhalt der Rezension Magenaus strukturiert wieder, etwa: • Sinnabschnitt 1: Beschreibung der Ausgangssituation + Prolog (Z. 1 – 10) • Sinnabschnitt 2: Aufbau/Gliederung des Romans und Interpretation des zweideutigen und ambivalenten Titels (Z. 11 – 18) • Sinnabschnitt 3: exemplarische Beschreibung der Situation der Schriftstellerin und ihrer Familie (Z. 19 – 27) • Sinnabschnitt 4: Identifizierung der tatsächlichen Großeltern Erpenbecks und Lob der Qualität der ersten Hälfte des Buches (Z. 28 – 37) • Sinnabschnitt 5: exemplarische Darstellung des Schicksals der Familie des Tuchfabrikanten zwischen Rettung und Ermordung (Z. 38 – 44) • Sinnabschnitt 6: erzählerische Funktion der Sonderfigur des Gärtners sowie dessen Charakterisierung als Außenseiter (Z. 45 – 53) • Sinnabschnitt 7: exemplarische Erläuterung des Themas „Zeit" (Z. 54 – 60) • Sinnabschnitt 8: Darstellung der Erzählweise Erpenbecks sowie negative Antwort des Romans auf die Frage der Autonomie und Wirksamkeit des Individuums in der Geschichte, positive Schlusskritik (Z. 61 – 68)	12	
verdeutlicht den Argumentationsgang des Textes und klärt, wie der Autor vorgeht, z. B.: • Aufbau: inhaltliche Basis zwecks Leser-/Leserinnenorientierung – exemplarische Vorstellung einiger Figuren – Sonderrolle des Gärtners in Funktion – Ableitung des allgemeinen Themas der Zeit – rhetorische Schlussfrage und Antwort • dialektische Argumentationsstruktur: überwiegend positive Darstellung und Lob des Romans (z. B. Schlusssatz, Z. 68, oder „Eindrucksvoll erzählt Erpenbeck [...]", Z. 38), aber auch eingestreute verhaltene Kritik (z. B. „merkwürdig zurückhaltend", Z. 32, in der Darstellung der Lebenssituation von Schriftsteller/-innen in der DDR) • Faktenargument: In der Figur der Schriftstellerin spiegelt sich Erpenbecks eigene Großmutter Hedda Zinner (vgl. Z. 28).	10	
untersucht die formal-sprachliche Gestaltung des Sachtextes, z. B.: • Ellipse, Akkumulation im Auftaktsatz als Möglichkeit der Imagination des Handlungsrahmens (vgl. Z. 1 f.) • Dopplungen bei Beschreibungen des Themas (vgl. Z. 13 ff.) • Zitate aus dem Roman dienen der Veranschaulichung („Besser fremd sein in der Fremde [...]", Z. 26). • Inversion zur Betonung der Sonderrolle des Gärtners („Distanz gewinnt Jenny Erpenbeck dadurch, dass [...]", Z. 45) • Akkumulation zur Verdeutlichung der Qualität des Romans („leisen, eindrücklichen und hochpoetischen Romans", Z. 54) • rhetorische Frage zur Verdeutlichung des Kernthemas („Doch was ist Geschichte?", Z. 62) • Metaphorik im Schlusssatz („Doch dieses Haus hat Glück gehabt. Es ist Literatur geworden.", Z. 68) als positiver Abschluss der Rezension	12	

© Westermann
Best.-Nr. 109677

arbeitet die Intention Magenaus pointiert heraus, z. B.: • Information der potenziell interessierten Leserschaft über Inhalt und Thema des Romans • exemplarischer Einblick in die Schreibweise bzw. den Klang des Romans durch einige Zitate • Hinweise auf kleinere Schwächen des Romans • insgesamt positive Besprechung des ambitionierten Textes sowie Lese-Empfehlung am Ende der Rezension	6	
erfüllt ein weiteres aufgabenbezogenes Kriterium.	(6)	
Teilpunktzahl für Aufgabe 1	**44**	

Aufgabe 2 Die Schülerin/Der Schüler	max. Punktzahl	erreichte Punkte
verfasst eine aufgabenbezogene Ein-/Überleitung durch Wiedergabe der Aufgabenstellung, des Zitats Magenaus sowie dessen Erläuterung, z. B.: • philosophische Auseinandersetzung mit dem Thema „Geschichte" • Konflikt zwischen möglicher Autonomie/Selbstwirksamkeit des Menschen einerseits und Ohnmacht andererseits	3	
erläutert die mögliche Antwort Erpenbecks auf die Frage Magenaus an einem konkreten Beispiel und beweist damit Textkenntnis, z. B.: • Der Architekt ist selbstbewusst und glaubt daran, dass Geschichte aktiv durch den Menschen gestaltbar ist: „Heimat planen, das ist sein Beruf. […] Dem Leben Richtungen geben, den Gängen Boden unter den Füßen, den Augen einen Blick, der Stille Türen." (S. 38/S. 35) • Der Anspruch des Architekten erhält durch die realen Heimsuchungen eine negative Antwort: Zwar hat er die Weimarer Republik, NS-Zeit und den Zweiten Weltkrieg überlebt, doch an den Ungerechtigkeiten des DDR-Systems scheitern er und sein hybrider Anspruch auf aktive Herstellung von Heimat (vgl. S. 34, Z. 1 ff./S. 31, Z. 1 ff.).	8	
erläutert die mögliche Antwort Erpenbecks auf die Frage Magenaus an einem zweiten konkreten Beispiel und beweist damit Textkenntnis, z. B.: • Die Schriftstellerin flüchtet vor dem NS-Terror in das sowjetische Exil und schreibt von dort gegen die deutsche Diktatur an (vgl. S. 114/S. 109). • Nach ihrer Rückkehr nach Deutschland träumt sie davon, durch ihre Dichtung das Land zu verändern, zu humanisieren („Hoffnung auf Erlösung der Menschheit von Habgier und Neid.", S. 121/S. 117). • Der idealistische Anspruch der Schriftstellerin wird durch das ungerechte politische System der DDR desillusioniert, da ein regimetreuer Arzt materielle Vorteile genießt. Am Ende ist sie unsicher: „Jetzt weiß sie nicht mehr, ob die Auswahl selbst schon der Fehler war." (S. 122/S. 118)	8	
arbeitet heraus, dass die potenzielle Antwort Erpenbecks auf die Frage Magenaus in ihrem Kern negativ ist, etwa: • Die Romanfiguren gewinnen Heimat nur auf Zeit oder verlieren sie völlig. • Die Einflussmöglichkeiten der Figuren auf ihr Leben sind gering, die Heimsuchungen sind stärker und mächtiger.	3	
nimmt abschließend begründet Stellung zur Frage Magenaus, indem sie/er eine persönliche Antwort gibt, z. B.: • Das Zertifikat des Abiturs ermöglicht Studium oder Ausbildung nach den persönlichen Interessen und Vorlieben, damit wird die eigene Erwerbsbiografie plan- und gestaltbar. • Heimsuchungen wie die Corona-Pandemie verdeutlichen jedem Menschen die Beschränkungen und Grenzen des Lebens/der Einflussnahme.	6	
erfüllt ein weiteres aufgabenbezogenes Kriterium.	(4)	
Teilpunktzahl für Aufgabe 2	**28**	

Summe Inhaltliche Leistung	**72**	

B Darstellungsleistung

Anforderungen Die Schülerin/Der Schüler	max. Punktzahl	erreichte Punkte
strukturiert den Text kohärent, schlüssig, stringent und gedanklich klar.	6	
formuliert unter Beachtung der fachsprachlichen und -methodischen Anforderungen (z. B. Tempus, Modalität).	6	
belegt Aussagen durch angemessenes und formal korrektes, abwechslungsreiches Zitieren.	3	
drückt sich allgemeinsprachlich präzise, stilistisch sicher und begrifflich differenziert aus.	5	
formuliert lexikalisch und syntaktisch sicher, variabel und komplex (und zugleich klar).	5	
schreibt sprachlich richtig.	3	
Summe Darstellungsleistung	**28**	

Bewertung:	max. Punktzahl	erreichte Punkte
Summe (Inhaltliche und Darstellungsleistung):	**100**	

Die Klausur wird mit der Note _____ bewertet.

Datum: _____   Unterschrift: _____

Kommentar:

Bepunktung

Note	Punkte	erreichte Punktzahl
sehr gut plus	15	100 – 95
sehr gut	14	94 – 90
sehr gut minus	13	89 – 85
gut plus	12	84 – 80
gut	11	79 – 75
gut minus	10	74 – 70
befriedigend plus	9	69 – 65
befriedigend	8	64 – 60
befriedigend minus	7	59 – 55
ausreichend plus	6	54 – 50
ausreichend	5	49 – 45
ausreichend minus	4	44 – 39
mangelhaft plus	3	38 – 33
mangelhaft	2	32 – 27
mangelhaft minus	1	26 – 20
ungenügend	0	19 – 0

© Westermann
Best.-Nr. 109677

Jenny Erpenbeck: Sibirien

Mein Vater sagt, an den Haaren habe seine Mutter damals ihre Widersacherin aus dem Haus geschleift. Habe sie an den schwarzen Haaren gepackt, im Flur ein oder zweimal herumgeschleudert und schließlich aus dem Haus geworfen. Keine Chance hätte sein Vater, mein Großvater, damals gehabt. Und es sei auch die Freundin des Vaters nicht halb so beeindruckend gewesen wie die Frau, mit der er verheiratet war, sagt mein Vater. Großartig, sagt mein Vater, sei seine Mutter gewesen. Das müsse ich mir einmal vorstellen, sagt er, daß sie Sibirien überlebt habe. Sibirien! Daß sie all das überlebt habe, woran die meisten gestorben seien: vier Wochen im Waggon, Wasser aus Pfützen trinken, schlafen auf Toten, dreizehn Vergewaltigungen, die Kälte, die Arbeit und kaum zu essen, zweimal Typhus, in einen verfaulten Hering habe sie beißen müssen, das Salz das einzige Mittel gegen das Sterben, und dann zurück, unter dem Namen einer Toten zurück nach Deutschland, eingeschleust in einen Krankentransport, kahlgeschoren und grindig[1] heimwärts, statt einer, die schon gestorben war. Ganz klar, sagt mein Vater, daß es für jemanden wie seine Mutter gar keine Diskussion geben konnte über die Frau, die sie an ihrem Platz vorfand, als sie heimkam. An den Haaren habe sie die Freundin des Vaters gepackt, du Ungeziefer, du Laus habe sie gerufen, hast dich hier eingenistet, und dann sie herumgewirbelt an den Haaren, zweimal herumgewirbelt durch den Flur, so daß die andere gegen die Wand stieß, und der Jesus, der an der Wand angebracht war, hinterher schief hing.

Und nach all dem, sagt mein Vater, nach all dem: Nicht ein schlechtes Wort gegen die Russen. Das müsse ich mir einmal vorstellen. Kein einziges Wort gegen die Russen. Die Gefangenen hätten zu essen bekommen, wenig, und Suppe nur, dünne Suppe, aber zu essen, habe sie immer gesagt – die Familien der Sieger jedoch hatten in ihrem eigenen Land gar nichts zu essen. Die Kinder ihrer Bewacher seien gestorben, sie aber habe überlebt, seien die Worte seiner Mutter gewesen, sagt mein Vater.

Was das für ein Auftritt war, könne ich mir nicht vorstellen. Kahlköpfig auf einem Tankwagen sei sie dahergeritten gekommen, wie eine aus dem wilden Heer, aus der Nacht herübergeprescht gen Mittag – seine Mutter: rittlings auf einem Milchtank, ein Bein rechts, ein Bein links, hoch oben, und das Gesicht zerschrammt von den Ästen der Brandenburger Alleen.

[1] grindig: schmutzig und mit Hautausschlag, der sich zu einer Kruste verhärtet

In sein Leben sei sie hineingerutscht von diesem Milchtank herunter, und er habe sie in dem Moment noch gar nicht erkannt, sagt mein Vater, habe gar nicht gewußt, daß ihm überhaupt eine fehlt, eine Mutter, weil er drei Jahre ohne ausgekommen war. Aber beeindruckt sei er gewesen, habe im Hof dagestanden und sei beeindruckt gewesen. Eine Erscheinung, sagt er. Meine Mutter – eine Erscheinung. Seinen Namen habe sie gerufen, habe den Namen noch gewußt und gewußt, daß er es war, sei vom Tank auf die Erde gerutscht, mit beiden Füßen auf die Erde, habe sich vor ihn hingehockt in den Sand und seinen Namen gesagt und wieder gesagt. Aber er habe die Frau nicht gekannt, habe nicht gewußt, daß das seine Mutter war, habe vergessen gehabt, was überhaupt eine Mutter ist. Deshalb sei er stumm geblieben, doch sie habe ihn umarmt, habe ihn mit ihren gewaltigen Armen eingeschlossen und nach Vanille gerochen, obwohl sie ganz schmutzig war, nach Vanille. Dann sei sie aufgestanden und schnell über die kleine Treppe hinaufgelaufen, geradenwegs in das Haus, in den Flur, und vom Flur auf die Schwelle zur Küche. In der Küche saßen die beiden. Nichts Besonderes, sagt mein Vater, sie haben gegessen, es war ja Mittag.

Obwohl sie so viel durchgemacht hatte, sei seine Mutter mit großer Kraft heimgekehrt. Sie habe die Kraft wahrscheinlich gebraucht, um sich vom Krieg abzustoßen. Vielleicht war, daß es weiterging, genau das Problem, daß sie wußte, was hätte verloren sein können, und es war aber nicht verloren, sondern war noch da. Inzwischen glaube ich, sagt mein Vater, daß die Kraft nur der Größe ihrer Anstrengung entsprochen hat. Ja, sagt er, es müsse für seine Mutter eine Anstrengung gewesen sein, das Leben zu schätzen, nur weil sie es hatte behalten dürfen, und wieder da anzufangen, wo sie aufgehört hatte, als sei sie noch diejenige, die drei Jahre zuvor nach Sibirien geschafft worden sei. Es muß eine Anstrengung gewesen sein, zu versuchen, wieder die Frau zu werden, die sie drei Jahre zuvor gewesen war. Deshalb wahrscheinlich sei sie mit solcher Gewalt aufgetreten, weil sie selber nicht wußte, ob es noch möglich sei, den Erdrutsch aufzufangen, der ihr Leben verrückt hatte.

Wild sei seine Mutter gewesen, bei Gott, eine Wilde. Nie werde ich das vergessen, sagt er, wie sie die andere erst ohne ein Wort bei den Schultern gepackt und geschüttelt und nur den Blick in sie hineingebohrt hat, weil ihre Wut sich derart hinter den Zähnen staute, daß kein einzelnes Wort herausfahren konnte. Und wie dann die Worte plötzlich herausgesprungen sind und sie die Frau geohrfeigt und dabei gerufen hat: Du Hure, du feige Hure, was machst du in meinem Haus, und die Frau bei den Haaren gepackt und aus der Küche bis in den Flur gezogen und herumgewirbelt hat, sie als Ungeziefer, als Laus tituliert und schließlich zur Tür hinaus und die Treppe hinuntergeworfen. Die kleine Treppe, sagt mein Vater, an der jetzt das Geländer so verrostet ist, daß es bald abfallen wird. An dem Geländer habe sich die Frau damals festzuhalten versucht, sagt er, das sei ihr jedoch nicht geglückt, weil seine Mutter ihr einen solchen Schwung mit auf den Weg gegeben hatte. Das sei ein Gegensatz gewesen, sagt mein Vater, einerseits diese Stimme, diese großartige Stimme seiner Mutter, und andererseits nur Geräusche. Kein Wort hat die sich zu sagen getraut, sagt mein Vater, kein Wort.

Unscheinbar sei sie gewesen, die Freundin seines Vaters, keine Schönheit, und gesprochen hätte sie nie viel, nicht einmal in der Zeit, als sie bei ihnen wohnte, bevor die Mutter aus Sibirien zurückkam. Hätte sich nicht getraut, mit ihm, dem Sohn, zu reden, hätte gekocht oder aufgeräumt, aber nichts gesagt. Deine Schattenmorelle[1], habe seine Mutter sie im Nachhinein seinem Vater gegenüber immer genannt, aber sein Vater habe, wenn sie das sagte, geschwiegen. Schön war meine Mutter immer, sagt mein Vater. Das kannst du auf den Fotos sehen. Vor der Gefangenschaft sei ihr Gesicht rund und glänzend gewesen wie ein Apfel, blank irgendwie, viel gesundes Fleisch hinter der Haut und alles fest. In der Gefangenschaft aber sei sie so durchscheinend geworden, wie man es auf den späteren Fotos sieht, und das gefiele ihm, wenn er jetzt die Fotos vergleiche, noch besser. Das Innere sei mehr zum Vorschein gekommen, das Fleisch hinter der Haut sei weniger geworden, aber das Innere mehr. Wenn du dir vorstellen kannst, was ich meine. Sie sah aus, sagt mein Vater, als ob alles, was sie erlebt hat, ihre Haut dünner gemacht hätte, ihre Oberfläche abgewetzt und das, was dahinter war, zum Vorschein gebracht. Er erinnere sich noch gut daran, wie er sich als Kind, wenn sie ihm Geschichten erzählte, immer vorstellte, er könne durch ihre Haut hindurch all das sehen, was sie erlebt hat. Sibirien sei ein schönes Land, habe sie zum Beispiel wieder und wieder gesagt, und dann habe er Sibirien durch sie hindurch deutlich sehen können: kalt, weit und großartig, Wald, der sich hinter den Wangen der Mutter auftat und kein Ende hatte, menschenlose riesige Wildnis, viel Wasser. Im Frühling habe es immer sehr lange gedauert, bis der Boden aufgetaut sei, aber gute Erde sei es gewesen, fruchtbarer Boden, habe sie immer wieder gesagt, und viel Platz dort, alles weit. Wenn sie nicht hätte zurück müssen zu ihrer Familie, wäre sie gern dort geblieben, habe sie manchmal gesagt.

Wenn sie nicht zu uns zurückgekommen wäre, dann wäre sie gar nicht zurückgekommen, sagt mein Vater. Wir sind ihr Ziel gewesen, und deshalb war klar, daß sie, als sie am Ziel war, ankommen mußte. Körperlich sei sie viel schwächer gewesen als die Freundin des Vaters, aber es habe eben für sie keine andere Möglichkeit gegeben, als ihr Leben wieder in Besitz zu nehmen. Das glaubt man nicht, sagt mein Vater, wenn man es nicht mit eigenen Augen gesehen hat, wieviel Kraft ein Mensch aufbringt, nur um das, was war, wieder in die Gegenwart zu ziehen. Geohrfeigt habe sie die andere in der Küche, als könne sie so die Vergangenheit, die ihr abgesoffen war, wiederbeleben. Mit ein paar kräftigen Ohrfeigen wachmachen und zum Leben zurückbringen. Das sei etwas gewesen, das er nie mehr hätte vergessen können, sagt mein Vater: wie einfach und klar seine Mutter reagiert hat. Einfach den Leib der anderen mit ihrem Leib hinauszuschieben, das eine Fleisch einfach durch das andere zu ersetzen, einfach an die Stelle, an der sie deren Körper vorfand, ihren Körper zu stellen. Im Nachhinein habe er noch oft daran denken müssen, wie sie, als die andere weg war, das Essen, das die für seinen Vater zubereitet hatte, vom Tisch genommen und in den Abfall gekippt hat. Zwiebeln habe sie genommen und Kartoffeln und Fett, und neu angefangen zu kochen. Sein Vater habe geschwiegen. Er habe, nachdem seine Frau aus Sibirien heimgekehrt war, kaum noch Möglichkeiten gehabt, seine Freundin zu sehen, und habe daher begonnen, ihr Briefe zu schreiben. Ich bin ihm nachgegangen, sagt mein Vater, ich habe gesehen, wie er die Briefe im Mauerschlitz eines Hauses versteckte, wo die sie später herausfischte. Seine Schattenmorelle, sagt mein Vater. Briefe aus dem Schatten zu fischen, das habe zu ihr gepaßt. Damit habe die sich zufriedengegeben, sagt er. Nicht das Format, das seine Mutter hatte. Feige sei die gewesen, kein einziges Mal mehr habe die sich zum Haus hingetraut. Ohne zu kämpfen, habe die den Kampf aufgegeben. Sein Vater habe schon gewußt, warum er die Briefe in Kurzschrift[2] verfaßte, denn wären sie lesbar gewesen, hätte er, der Sohn, sie sicher gelesen und seiner Mutter gesagt, was drinstand. Bis heute wisse er nicht und könne sich auch nicht vorstellen, was sein Vater ausgerechnet dieser Frau so dringend zu schreiben hatte, die nicht einmal willens war, um ihn zu kämpfen. Einmal die Treppe hinuntergeworfen und schon aufgegeben. Einige Dinge ließen sich nun einmal nicht anders auskämpfen als mit dem Körper, dazu gehöre an erster Stelle die Liebe, das habe er von seiner Mutter gelernt. Er glaube, daß sein

---

[1] Schattenmorelle: Sorte der Sauerkirschen, liebt halbschattigen Standort, große Anpassungsfähigkeit an den Boden

[2] Kurzschrift: System von vereinfachten Buchstaben und Kürzeln, Stenografie

Vater im Grunde damals schon eingesehen habe, daß seine eigene Frau viel beeindruckender war als diese Freundin. Sonst hätte er doch etwas unternommen, sagt mein Vater. Im Grunde sei sein Vater froh gewesen, daß die Mutter heimgekehrt war. Selbst mit dem einen Bein wäre es doch sonst ein Leichtes für ihn gewesen, Partei für seine Freundin zu ergreifen, etwas zu unternehmen. Oder. Selbst mit dem einen Bein sei er ja noch immer viel stärker gewesen als seine Frau. Aber er habe nicht kämpfen wollen, das war es, sagt mein Vater. Weil er fand, daß es sich nicht lohne. Deshalb. Nur in dem einen trüben Punkt seien die beiden sich einig gewesen, in ihrer Feigheit. Ein Rätsel sei es ihm, dem Sohn, schon damals gewesen, was sein Vater in die Briefe hineinschrieb, und sei es ihm bis auf den heutigen Tag. Bis heute könne er sich nicht vorstellen, was es denn war, das sein Vater mit der Mutter nicht hätte besprechen können. Er selbst nämlich habe sehr gern seine Mutter um Rat gefragt. Lebenserfahrung, sagt er, hätte seine Mutter gehabt wie sonst niemand. Ist ja klar, sagt er, nach all der Zeit.

Sein Vater hätte damals nie mit ihm geredet, aber seit einiger Zeit käme er, als wenn nichts wäre, zum Traum hereinspaziert. Erst letzte Nacht, sagt er, habe sein Vater ihn bei der Hand genommen und sei mit ihm in einem Boot auf einen See hinausgefahren. Aber der See sei, während der Vater ruderte, immer größer geworden, bis das Ufer nicht mehr zu sehen war, so groß wie ein Meer. Und dort, mitten auf dem Meer, habe der Vater versucht, mit ihm zu sprechen. Er, der Sohn, habe jedoch nichts hören können, weil ein starker Wind dem Vater alle Worte vom Mund riß und über das Wasser hinweg in alle Himmelsrichtungen spuckte. Er habe gesehen, wie die Worte des Vaters durch fremde Fenster hinein- und zu fremden Türen hinausfuhren, Staub über Straßen jagten und Bäume bis aufs Gerippe entblößten, wie sie geatmet wurden und blähten, sich auf den Zungen des Wassers ausruhten und wieder davonflogen, eine Fahrt ohne Ende. Irgendwann habe der Vater geschwiegen, da sei das Wehen zur Ruhe gekommen, und das Wasser habe nur noch leise ans Boot geschlagen, und schließlich sei ganz und gar Stille eingetreten, eine Stille, weiß wie ein Blatt Papier, und auf diesem Blatt Papier könne er noch jetzt den Satz lesen, den sein Vater in die geträumte Stille hinein sagte: Die Wahrheit, habe der Vater gesagt, sei aus anderem Stoff als ein Schweinebraten. In dem Augenblick habe er, der Sohn, bemerkt, daß das Boot im Wasser festgefroren war, und sein Vater und er mußten aussteigen und zu Fuß über das Eis nach Hause zurückgehen. Seit heute Morgen nun würde er die Vorstellung nicht mehr los, daß die Wahrheit ein Wind sei, der auf irgendeinem Meer bis in alle Ewigkeit dieses Boot schaukelt, das sich, als es wieder wärmer wurde, gelöst hat und davongetrieben ist. Unwirtlich seien seine Träume geworden, seit ihn sein Vater im Schlaf besucht, sagt mein Vater.

Meine Mutter war klug, sagt mein Vater. Sibirien sei ein schönes Land, habe sie oft gesagt, und so sei bis auf den heutigen Tag in seinen Augen Sibirien ein schönes Land. Es sei fruchtbar, guter Boden für Weizen, so gut, daß man nicht einmal düngen müßte. Zweimal im Jahr könne man ernten, dort in Sibirien, wenn man nicht faul sei. Der Boden gäbe das her. Seine Mutter, sagt mein Vater, habe die Augen auf die Schönheit gerichtet, und das sei eine Fähigkeit, um die er sie beneide. Es habe sie einfach nicht interessiert, ob der Vater die Verbindung zu seiner Geliebten weiter aufrechterhielt. Nachdem sie diese Geliebte aus der Küche herausgezogen, aus ihrem Haus gestoßen und die Treppe hinuntergeworfen hatte, war das einfach nicht mehr interessant für sie. Wie ein gestohlenes Kleid habe sie der anderen ihren Anspruch vom Leib gerissen, habe ihr die Wünsche wie eine Haut über den Kopf gezogen und ihr dann einen Tritt versetzt – aber damit, sagt mein Vater, war es für sie auch erledigt. Sie sei nicht im mindesten nachtragend gewesen, sagt mein Vater, und habe es auch gar nicht nötig gehabt. Alles, was recht oder unrecht war, habe sie nun einmal scharf angeleuchtet, das sei ihre Natur gewesen, es sei einfach ein gleißendes Licht von ihrem Verstand ausgegangen – und dadurch habe sie, ohne daß sie noch hätte einen Gedanken daran verschwenden müssen, andererseits eben harte Schatten geworfen. Seine Mutter sei klug gewesen, sagt mein Vater. Sie habe sicher gewußt, daß alles, was einmal in diesen Schatten fiel, blind blieb.

Er, der Sohn, habe damals nicht anders können, als seinen Vater zu beobachten. Ihm sei dieser nach der Wiederkehr der Mutter vorgekommen wie einer, auf den man geschossen hat, der aber nicht tot umfällt. Der Vergleich sei nicht gut, sagt mein Vater, denn im Grunde sei es genau umgekehrt gewesen: Seine Mutter sei mit einem ungeheuren Willen zum Leben aus ihrer Gefangenschaft zurückgekommen, der Vater aber habe dem Leben nichts mehr abgewinnen können. Nachdem sein Bein weg und er vom Krieg beurlaubt war, habe er ohnedies nur noch wenig gesprochen, nach der Rückkehr seiner Frau aber sei er praktisch verstummt. Wie ein Geist sei sein Vater ihm zu der Zeit erschienen, wie einer, in den man hineingreifen kann wie in Luft. Ohne auf Fleisch zu stoßen, ohne auf irgendetwas zu stoßen, das einem Widerstand entgegensetzt. Unheimlich sei das gewesen, sagt mein Vater. Er erinnere sich noch gut daran, wie er geradezu davon besessen gewesen sei, seinen Vater zu beobachten, um das herauszufinden, von dem er damals nicht wußte und bis auf den heutigen Tag nicht weiß, was es war. Eine wahre Beobachtungswut sei über ihn gekommen. Wut, sagt er, sei wahrscheinlich für das, was damals seine Hauptbeschäftigung war, das richtige Wort. Verschwendung habe man durch den Krieg hassen gelernt. Und es sei Verschwendung gewesen, sagt er, daß seine Mutter zu diesem Mann zurückkam – aus Sibirien – zu diesem Mann. Alles, was ihm an seiner Mutter so gefiel, sei vom Vater geschluckt worden, der ganze Vater sei ihm vorgekommen wie ein einziges, tiefes, schweigsames Loch, eine Müllgrube. Das habe ihn, den Sohn, damals wütend gemacht: zu sehen, wie dieser Mann alles, was seine Frau ihm schenkte, durch sein Schweigen in Müll verwandelte.

Oft habe er den Vater beobachtet, wie er im Schuppen saß, ganz still saß er da zwischen dem Brennholz, hielt einen Brief in der Hand und las. Geantwortet habe sie ihm ja auf seine Briefe, die Schattenmorelle, sagt mein Vater. Aber sonst nichts. Gekämpft nicht. Nur geschrieben. Ganz still habe der Vater dagesessen, die Antwort gelesen und dabei getrunken. Die Schnapsflasche zwischen die Scheite geklemmt und ein Gläschen neben sich auf dem Hackklotz. Das kleine mit dem hellblauen Streifen. Bis zu dem Streifen habe er sich immer eingeschenkt, nie drüber, und immer getrunken, während er las, aber keines der Gläschen war voller als bis zu dem hellblauen Streifen. Letztendlich, sagt mein Vater, sei diese Freundin schuld daran, daß sein Vater so früh sterben mußte. Da in dem Holzschuppen, beim Lesen ihrer Briefe, habe er angefangen zu saufen, zwar immer nur gläschenweise zu saufen, aber zu saufen. Es war nicht das Bein, sagt mein Vater. Wenn man so eine Frau hat wie meine Mutter, sagt er, braucht man sich keine Sorgen darüber zu machen, daß man auf einem Bein durch die Welt geht. Nein, das Bein war es nicht, sagt mein Vater. Es waren diese verflixten Briefe. Dann sei es schlimm geworden, sagt er. Sein Vater sei eines Abends so betrunken gewesen, daß er in den Spiegel hineinfiel, in den großen Spiegel, der damals im Flur hing, gegenüber vom Jesus. Das Gesicht und den Arm habe er sich dabei aufgeschnitten, und alles sei voller Blut gewesen. Die Mutter und er hätten den Vater auf einen Schlitten gelegt und ihn so die ganze Nacht hindurch hinter sich hergezogen, bis in die Stadt, wo das Krankenhaus war. Seine Mutter habe immer getan, was notwendig war, aber über all das kein Wort verloren. Eine starke Frau war sie, sagt er. Meine Mutter, sagt er, hat gut gerochen, selbst wenn sie schmutzig war, ich konnte sie anfassen, und wenn sie wütend war, hat sie geschrien. Eine leidenschaftliche Frau, sagt er, während sein Vater allem, was schwer war, immer nur aus dem Weg gegangen sei. Nach dem Krieg jedenfalls. Wie der Vater vor dem Krieg gewesen sei, daran habe er keine Erinnerung. Er wolle ihm nicht unrecht tun, aber nach dem Krieg jedenfalls sei sein Vater nur noch müde gewesen, und nichts mehr sonst. Im Grunde hätte ihm damals nichts Besseres passieren können, als daß seine Frau zurückkam und die Erziehung des Sohnes wieder übernahm. Nicht einmal dazu sei sein Vater in der Lage gewesen: sein eigenes Kind zu bändigen, ihn, meinen Vater, der damals noch klein war. Er nicht, und seine Freundin schon gar nicht. Eines Tages zum Beispiel habe mein Vater, um seinen kindlichen Willen durchzusetzen, laut schreiend ein Glas zerschlagen, habe die Splitter in die Hand genommen und damit gedroht, sie zu schlucken. Sein Vater aber habe nur kurz zu ihm aufgesehen und nur einen einzigen Satz gesagt, und nach dem Satz weiter an einem Wasserrohr herumgeschraubt. Der Krieg ist aus, habe er gesagt, und dann in aller Ruhe weitergearbeitet, habe sein Kind mit den Splittern in der Hand neben sich stehenlassen, und sich nicht weiter darum gekümmert, was passiert. Von ganz anderem Format sei die Mutter gewesen. In diesem ersten Moment, als er sah, wie diese Frau die Freundin des Vaters packte, wie sie das, was ihr nicht paßte, beim Schopf nahm, von Wand zu Wand wirbelte und hinausstieß, in dem Moment habe er wiedererkannt, wie er selbst war, sagt mein Vater. Ohne zu wissen, daß diese Frau seine Mutter war, ohne überhaupt zu wissen, was eine Mutter ist, habe er sie dennoch wiedererkannt. Sie hat mir in den Knochen gesteckt, meine Mutter, sagt er.

Seine Mutter habe ja auch einiges durchgemacht im Krieg, aber sie habe das Leben geliebt, habe es vielleicht durch den Krieg mehr geliebt als zuvor. Durch die vielen Toten, die sie gesehen hatte, sei sie dem Leben verfallen. Von seinem Vater aber glaube er inzwischen, daß er zu denen gehört haben muß, die durch den Krieg auf die Seite des Sterbens hinübergewechselt sind, obgleich sie den Krieg überlebten. Er sei, als er aus dem Krieg zurückkam, wie vom Tod befallen gewesen, so, als umschließe seine Haut nicht wie bei anderen das, was lebendig ist, sondern helfe ihm im Gegenteil, sich vom Lebendigen abzugrenzen. Er erinnere sich noch, wie der Vater immer die Hand wegzog, wenn die Mutter ihn anfassen wollte. Der Vater sei überhaupt nur noch auf dem Rückzug gewesen, als wäre das seine Krankheit. Bis zum letzten Atemzug habe er der Mutter die Hand weggezogen.

Die Frau aber habe von dem Tage an, als er bettlägerig wurde, auf der anderen Straßenseite gestanden. Sie habe offenbar gewußt, daß sein Vater im Sterben lag, sei aber niemals nähergekommen. Er erinnere sich daran, wie er, noch ein Kind zu der Zeit, sie durch die Gardinen des Krankenzimmers hindurch beobachtete. In einem bunt bedruckten Kleid stand sie da und sah zu unserem Haus herüber. Sein Vater sei zu dieser Zeit schon nicht mehr ganz klar gewesen. Er sei mit dem Finger über die Bettdecke gefahren, als suche er einen Punkt auf einer Landkarte, und habe immer wieder gesagt, dahin wolle er noch einmal fahren. Die Stimme des Vaters im Rücken und die Frau mit dem bedruckten Kleid vor Augen, habe sich beides in ihm, dem Sohn, zu der Vorstellung verbunden, daß die Krankheit seines Vaters eine Reise sei, zu der die Frau, die draußen stand, die Landkarte auf dem Kleid trug. Rückzug sei dafür womöglich gar nicht das richtige Wort, sagt mein Vater.

Mein Vater und ich sitzen im Flur, unter dem Jesus, und alles, was in den Schränken war, liegt rings um uns auf dem Boden verstreut. Wir sitzen inmitten von Kleidern und Wäsche, Schachteln und Mappen, Büchern, Blumenvasen und altem Geschirr. Wir blättern und öffnen, legen beiseite, nehmen, falten auseinander und legen beiseite, zeigen, zerknüllen, zerreißen, und legen beiseite. Alles ist staubig. Die Gummibänder, mit denen meine Großmutter ihre Fotos zusammengebündelt hat, sind so trocken, daß sie brechen, wenn wir die Bilder zur Hand nehmen. Kartons sind unter ihrem eigenen Gewicht zerdrückt, den Kästchen fehlen die Schlüssel, Mäntel sind von Motten zerfressen, Koffer stinken, wenn wir sie aufmachen, die Bettwäsche ist gebügelt. Komisch, sagt mein Vater, daß seine Mutter den Haushalt so weitergeführt habe, wie zu Lebzeiten seines Vaters. Sein Leben in ihrs eingefroren. Und jetzt fault alles auf einmal, sagt er. Blättern und öffnen, legen beiseite, nehmen, falten auseinander, legen beiseite, zeigen, zerknüllen, zerreißen, legen beiseite. Ich habe Angst, sagt mein Vater, daß ich die Briefe finde.

(2001)

Jenny Erpenbeck: Sibirien (2001), in: Dies.: Tand. Eichborn AG: Frankfurt 2001, S. 91 – 106
Der Text folgt nicht der refomierten Rechtschreibung.

Hinweise zur Erarbeitung der Erzählung „Sibirien"

1.1 Zum Inhalt der Erzählung „Sibirien" von Jenny Erpenbeck

> „Ein kleiner Junge in Brandenburg erlebt die vorzeitige Rückkehr seines Vaters aus dem Zweiten Weltkrieg, lebt eine Zeit lang mit dem Vater und dessen Freundin zusammen, bevor seine Mutter aus Sibirien zurückkehrt, die die Freundin aus dem Haus wirft und wieder beim Vater einzieht. Der Vater, der nun mit seiner Freundin über Briefe kommuniziert, beginnt zu trinken und stirbt schließlich. Viele Jahre später stirbt auch die Mutter, was der Anlass für den nunmehr erwachsenen Sohn ist, seinem auch schon erwachsenen Kind von seinen Eltern zu erzählen."[1]

1.2 Die Komplexität der Erzählsituation

In Jenny Erpenbecks Erzählung „Sibirien" spricht ein Vater über seine Mutter, seinen Vater und dessen Freundin mit dem Ich-Erzähler bzw. der Ich-Erzählerin, seinem mittlerweile erwachsenen Kind. Allein an diesem Satz wird die erzählerische Komplexität des kurzen Textes sichtbar: Neben der Autorin selbst kommt der Ich-Erzähler/die Ich-Erzählerin als erlebendes und zugleich erzählendes Ich zu Wort, dessen Vater sowie dessen Großvater, der von der Rückkehr seiner Frau aus sibirischer Gefangenschaft überrascht wird. So haben es die Lesenden mit einem unzuverlässigen Erzähler/einer unzuverlässigen Erzählerin und einem beobachtenden Kind zu tun, die wenig zur Aufklärung des Geschehens beitragen: Mal informiert der Erzähler/die Erzählerin, mal erklärt er/sie, schließlich traut er/sie sich sogar Wertungen zu. Diese Kombination aus informierender, wertender und erklärender Erzählhaltung erschwert das Verständnis der Lektüre fundamental und macht Erinnerung schwierig.

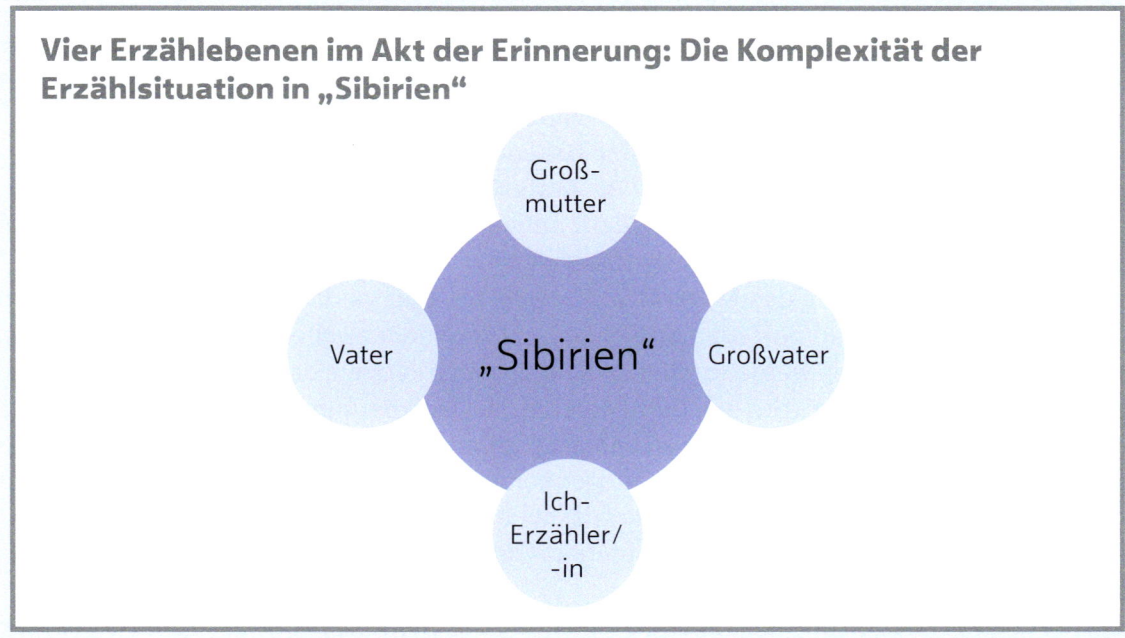

Vier Erzähleben im Akt der Erinnerung: Die Komplexität der Erzählsituation in „Sibirien"

Deutlich wird dies beispielsweise im Hinblick auf die Einschätzung der Protagonistin der Erzählung, der aus sibirischer Gefangenschaft zurückkehrenden Mutter, der anfangs einseitig vergötterten und glorifizierten Großmutter des mittlerweile erwachsenen Ich-Erzählers oder der Ich-Erzählerin. Deren Rückkehr wird anfangs wie ein Triumphzug geschildert: „Was das für ein Auftritt war, könne ich mir nicht vorstel-

---

[1] Stefan Weise: Die Wiederbelebung der Vergangenheit. Erzählstrukturen in Jenny Erpenbecks Erzählung „Sibirien". Grin: München 2002, www.grin.com/document/108811 (Aufruf: 11.09.2024)

len." (S. 180, Z. 42 f.) Auch ihre impulsive Entscheidung, die Nebenbuhlerin gewaltsam aus dem Haus der Familie zu werfen, findet zu Beginn nur Anerkennung, ihre „großartige Stimme" (S. 181, Z. 112), ihre Vehemenz und ihr „Schwung" (ebd., Z. 110) erzeugen Bewunderung.

1.3 Bezüge zum Roman „Heimsuchung"

In ihrer Vielstimmigkeit und Multiperspektivität ähnelt die Erzählung „Sibirien" Erpenbecks Roman „Heimsuchung", der aus personaler Perspektive die Individualgeschichten einiger exemplarischer Menschen im 20. Jahrhundert erzählt und die Einordnung des Geschehens den Lesenden überlässt, denen damit eine aktivere Rolle zukommt. Doch später hinzukommende, häufig im Konjunktiv vorgetragene Stimmen relativieren in der Erzählung „Sibirien" nach und nach das stabile Bild, das sich die Lesenden anfangs von der Heimkehrerin machen durften. So wird die zentrale Hinauswurf-Szene zahlreiche Male erzählt; mal wird dabei ein neues Detail hinzugefügt, mal weggelassen. Plötzlich ist von „harte[n] Schatten" (S. 182, Z. 290) der Mutter die Rede, in der ihre Mitmenschen nur schlecht leben konnten. Und nicht zufällig wird ihr verstummender Mann im Laufe der Zeit zum traurigen Alkoholiker, der nur noch mittels heimlich versendeter Briefe mit seiner Geliebten kommuniziert (vgl. S. 183): „Bis zum letzten Atemzug habe er der Mutter die Hand weggezogen." (Ebd., Z. 415 f.) Insgesamt treten nach und nach weitere, die Mutter ergänzende Figuren an die Oberfläche, die Beschreibungen der Mutter nehmen quantitativ zugunsten der Reaktionen des Vaters, aber auch der Geliebten ab, die Verhältnisse ändern sich also. Klar, verständlich und nachvollziehbar jedoch werden die Verhältnisse auch zum Ende hin nicht, denn die Erzählung bewahrt ihren insgesamt elliptischen und geheimnisvollen Charakter. Was zum Beispiel genau in den Briefen steht, vor deren Öffnung sich der Vater vor seinem Kind, dem Ich-Erzähler/der Ich-Erzählerin, fürchtet, ist unklar und der Fantasie der Lesenden überlassen.

1.4 Erarbeitungsschwerpunkte

Eine Beschäftigung mit Erpenbecks Erzählung im Anschluss an eine Unterrichtseinheit zum Roman „Heimsuchung" lässt sich mit dem vorliegenden Material wie folgt didaktisieren:

1. Das **Material 1** (S. 187 f.) bietet den Lernenden im Anschluss an die Erstlektüre der Erzählung Möglichkeiten und Raum für die individuelle, auch emotionale Primärrezeption mithilfe von Partner-Interviews. In der Auseinandersetzung mit vier Thesen lassen sich im Anschluss erste Deutungsansätze formulieren. Dem Material 1 ist ein **Lösungsblatt** (S. 189 f.) angehängt.
2. Ein Sachtext über die auch heute noch weitgehend unbekannte Situation deutscher in den Osten entführter Frauen am Ende des Zweiten Weltkrieges (vgl. **Material 2**, S. 191 f.) kann in der Folge dazu genutzt werden, die Schülerinnen und Schüler mit dem unbearbeiteten Trauma der Protagonistin der Erzählung „Sibirien" realhistorisch in Verbindung zu bringen.
3. Daran schließt sich die Bearbeitung des **Materials 3** (S. 193) an: Hier werden in einem ersten Schritt aus der Psychologie bekannte Trauma-Typen präsentiert, die in einem zweiten Schritt auf die Figuren der Mutter und des Vaters bezogen werden sollen und dabei helfen können, das fragwürdige Verhalten der Figuren nachzuvollziehen und zu deuten. Dem Material 3 ist ein **Lösungsblatt** (S. 194) angehängt.
4. Das **Material 4** (S. 195) dient dem Vergleich zwischen der Erzählung „Sibirien" und dem Roman „Heimsuchung". Zugleich erhalten die Lernenden hier Gelegenheit, sich mit der Kritik an der Autorin auseinanderzusetzen, ihre Texte böten im Hinblick auf die geschilderten Traumata keine Lösungsmöglichkeiten oder etwa optimistische Ausblicke. Dem Material 4 ist ebenfalls ein **Lösungsblatt** (S. 196 f.) angehängt.
5. Mithilfe eines Lexikon-Auszugs zur Bedeutung der Symbolik des Schweigens in der Literatur können die Schülerinnen und Schüler abschließend ein zentrales Motiv in Erpenbecks Erzählung erarbeiten (vgl. **Material 5**, S. 198 f.). Dieses kann in einem letzten Schritt auf die interessante Figur des Gärtners in „Heimsuchung" bezogen werden, der im Verlauf der sich über beinahe ein ganzes Jahrhundert ziehenden Romanhandlung kaum ein Wort gegenüber seinen Mitmenschen verliert, sondern schweigend in der Natur lebt und glücklich ist. Auch diesem Material ist ein **Lösungsblatt** (S. 200 f.) angehängt.

M 1 „Sibirien" – Erste Annäherungen an die Erzählung Erpenbecks

1. *Führen Sie nach der Erstlektüre der Erzählung „Sibirien" von Jenny Erpenbeck in wechselnden Konstellationen Partner-Interviews zu den folgenden Fragen. Formulieren Sie auch eine eigene Verständnisfrage zum Text und notieren Sie diese in der letzten Zeile der Tabelle.*

Wer erzählt eigentlich „Sibirien"? Wie viele Erzählinstanzen gibt es insgesamt? Was bewirkt dies bei den Leserinnen und Lesern?	Antwort:
A:	Welches Ereignis kann als Schlüsselerlebnis der Familie bezeichnet werden? Warum wird es mehrmals erzählt?
Über welche relevanten Aspekte wird in der Erzählung nicht geredet, obwohl das sinnvoll wäre? Welche Gründe hierfür sind denkbar?	A:
A:	Die aus Sibirien heimkehrende Mutter wird als groß und stark dargestellt. Finden sich im Text Hinweise, dass diese Einschätzung täuscht?
Inwiefern kann man sämtliche Figuren der Erzählung als verletzte Menschen betrachten? Was macht ihre innere oder äußere Verletzung aus?	A:
A:	eigene Frage:

© Westermann
Best.-Nr. 109677

Zusatzmaterial

9

2. Tauschen Sie sich im Anschluss im Plenum über Ihre ersten Eindrücke, Fragen und Antworten zur Erzählung Jenny Erpenbecks aus.

„Die Figuren der Erzählung sind alle Opfer der Heimsuchung des Krieges, nur dass jede von ihnen anders damit umgeht."

„Die Mutter bringt die äußere Kälte Sibiriens in ihre Heimat zurück und verpflanzt sie in die Herzen der Menschen in ihrem nahen Umfeld."

„Sibirien"

„Bedeutender als das, was geschieht, ist das, was nicht geschieht, das Unausgesprochene, Tabuisierte und Unterdrückte."

„Der Text erzählt als Familiengeschichte von vergebenem Leben und beschädigten Seelen, die Angst vor der Wahrheit haben."

3. Diskutieren Sie die Thesen zur Erzählung Erpenbecks und erläutern Sie diese textnah.

4. Stellen Sie weitere Deutungsthesen auf:

In „Sibirien" geht es darum, dass …

M 1 „Sibirien" – Erste Annäherung an die Erzählung Erpenbecks (Lösungen)

zu Aufgabe 1[1]

Wer erzählt eigentlich „Sibirien"? Wie viele Erzählinstanzen gibt es insgesamt? Was bewirkt dies bei den Leserinnen und Lesern?

Erzähltechnisch wirkt „Sibirien" wie eine Art „Mosaik" aus auf den ersten Blick eher willkürlich angeordneten Beschreibungs- und Erzählebenen. Die einzelnen Erzählinstanzen werden miteinander verschachtelt und verwoben. Hinzu kommt, dass sowohl die Namen, das Alter als auch das Geschlecht der Erzählenden verschwiegen werden, was zum geheimnisvollen Charakter der Erzählsituation beiträgt und diese eher verschleiert als aufklärt. Dazu trägt auch bei, dass Erzähltes schnappschussartig weitererzählt wird, wenn es bereits im ersten Satz der Erzählung heißt: „Mein Vater sagt, an den Haaren habe seine Mutter damals ihre Widersacherin aus dem Haus geschleift." (S. 180, Z. 1 f.) Das hier konjunktivische Erzählen verstärkt wiederum den Eindruck des Unsicheren und Ungenauen sowie eine spürbare Distanz zum Vater. Der Akt der Erinnerung erscheint instabil und brüchig.

Sicher sind zwei Erzähler, ein (mittlerweile erwachsenes) Kind und sein Vater, die während des Erzählaktes inmitten des Nachlasses der Mutter sitzen: „Das kannst du auf den Fotos sehen." (S. 181, Z. 124 f.) Der Vater wiederum erzählt – rückblickend auf sein Leben – von seinem eigenen Vater, von dessen Freundin und vor allem von seiner dominanten, zunächst von ihm glorifizierten Mutter. Der Inhalt des Erzählten liegt dabei viele Jahre zurück und bezieht sich auf Erfahrungen und Erlebnisse seiner eigenen Kindheit, die er seinem inzwischen längst erwachsenen Kind erzählt. Während der Vater über seine Mutter, seinen Vater und dessen Freundin, die „Schattenmorelle" (ebd., Z. 121) spricht, nimmt er implizite Werturteile vor. Durchgehend beurteilt er seine Mutter, also die Großmutter des Kindes, positiv, während er für den Vater und dessen Freundin kaum ein gutes Wort findet. Dabei bleiben insgesamt jedoch viele Dinge ungesagt und nicht erzählt. Die Leserinnen und Leser müssen diese narrativen Lücken in einer Art innerer Rekonstruktion für sich füllen und diejenigen Informationen erahnen, die ihnen die Erzählinstanzen vorenthalten und die zu einer vollständigen Bewertung des Geschehens notwendig wären.

Welches Ereignis kann als Schlüsselerlebnis der Familie bezeichnet werden? Warum wird es mehrmals erzählt?

Inhaltlicher Kern der Erzählung ist die mehrfach erzählte Hinauswurf-Sequenz: Die aus sibirischer Gefangenschaft zurückkehrende Mutter findet bei ihrer Rückkehr ihren Mann und dessen neue Freundin vor, die sie voller Wut und begleitet von Schimpftiraden aus dem Haus wirft, um dann wieder bei ihrem Mann einzuziehen. Insbesondere nach der Traumsequenz, in der der Vater den Sohn im Traum heimsucht, ändert sich der Charakter der Beschreibungen des Hinauswurfs, die nun deutlich stärker zuungunsten der Mutter formuliert sind: „Wie ein gestohlenes Kleid habe sie [die Mutter, Anmerkung T. S.] der anderen ihren Anspruch vom Leib gerissen, habe ihr die Wünsche wie eine Haut über den Kopf gezogen und ihr dann einen Tritt versetzt – aber damit, sagt mein Vater, war es für sie auch erledigt." (S. 182, Z. 278 ff.) Hier werden die Brutalität, Gewalt und Rücksichtslosigkeit der Mutter stärker fokussiert als zu Beginn der Erzählung, wo die Mutter als Heldin einen nahezu mystischen „Auftritt" (S. 180, Z. 42) hinlegt, der scheinbar Bewunderung verdient. Diese Bewunderung wird durch variierende Erzählhaltungen im Laufe der Wiederholungen der Hinauswurf-Szene nach und nach relativiert und zurückgenommen.

Über welche relevanten Aspekte wird in der Erzählung nicht geredet, obwohl das sinnvoll wäre? Welche Gründe hierfür sind denkbar?

Das Nichtgesagte, Nichtausgesprochene spielt in „Sibirien" eine große Rolle. So bleiben die furchtbaren

---

[1] Die hier ausformulierten „Lösungen" gehen über die erwarteten Schülerlösungen hinaus. Sie dienen der Lehrperson als Grundlage für weitergehende Unterrichtsgespräche. Alle Zitate: Jenny Erpenbeck: Sibirien (2001), in: Dies.: Tand. Eichborn AG: Frankfurt 2001.

Erlebnisse der Mutter in sibirischer Gefangenschaft weitgehend im Dunkeln und werden nicht aufgearbeitet. Eine Frau, die „Wasser aus Pfützen" (S. 180, Z. 13) trinken muss, auf Toten schläft, die Kälte und „dreizehn Vergewaltigungen" (ebd., Z. 14f.) erdulden muss, verliert hierüber – möglicherweise aus Selbstschutz – kein weiteres Wort und lässt eine Aufarbeitung ihres persönlichen Schicksals nicht zu. Kein Wort findet sich über die Gedanken und Gefühle der Freundin des Vaters, die von der Mutter brutal aus dem Haus entfernt wird: „Kein Wort hat die sich zu sagen getraut, sagt mein Vater, kein Wort." (S. 181, Z. 113f.)

Und auch der Vater selbst erhält keine Gelegenheit, sich für die Anwesenheit der neuen Frau vor der Rückkehrerin zu rechtfertigen. Auch könnte ihm der Mut fehlen, seiner Ehefrau die Wahrheit über seine tatsächlichen Gefühle, seine Liebe zur neuen Partnerin, mitzuteilen: „Sein Vater habe geschwiegen." (Ebd., Z. 180)

Die aus Sibirien heimkehrende Mutter wird als groß und stark dargestellt. Finden sich im Text Hinweise, dass diese Einschätzung täuscht?

Zu Beginn werden die Leserin und der Leser vor allem über einen informierenden Erzähler/eine informierende Erzählerin, der/die eine positive Erzählhaltung gegenüber der Mutter aufweist, in Kenntnis über das Geschehen in der Vergangenheit gesetzt: „Wild sei seine Mutter gewesen, bei Gott, eine Wilde." (S. 180, Z. 92) Auch wertende Anteile zeigen sich zu Beginn, wenn der Erzähler/die Erzählerin die „großartige Stimme seiner Mutter" (S. 181, Z. 112) betont. Im weiteren Verlauf werden stärker die Gewalt und Rücksichtslosigkeit der Mutter betont: „Einfach den Leib der anderen mit ihrem Leib hinauszuschieben, das eine Fleisch einfach durch das andere ersetzen, einfach an die Stelle, an der sie deren Körper vorfand, ihren Körper zu stellen." (Ebd., Z. 171 ff.) Später wird dem Verhalten der Mutter, das zu Beginn spontan wirkt, eine heimliche Strategie unterstellt: „Seine Mutter sei klug gewesen, sagt mein Vater. Sie habe sicher gewusst, dass alles, was einmal in diesen Schatten fiel, blind blieb." (S. 182, Z. 291 ff.)

Inwiefern kann man sämtliche Figuren der Erzählung als verletzte Menschen betrachten? Was macht ihre innere oder äußere Verletzung aus?

Die Verletzungen der Mutter sind offensichtlich: Drei Jahre der Kriegsgefangenschaft in Sibirien haben sie kaum glaubliches Leid erfahren lassen: Kälte, Hunger, Tod, Gewalt und Vergewaltigung. Hinzu kommt die Kränkung, bei ihrer kaum noch für möglich gehaltenen Rückkehr erkennen zu müssen, dass ihr Mann sie durch eine andere Frau, eine Konkurrentin ersetzt hat. Diese wird zum Opfer der rücksichtslosen Gewaltaktion der Rückkehrerin. Auf eine Debatte oder einen offenen Kampf um den Mann lässt sie sich nicht ein, sondern beschränkt sich auf das Briefeschreiben. Der Mann hingegen akzeptiert die Rückkehr seiner Frau scheinbar klaglos und lässt alles geschehen. Das Leben nimmt seinen Lauf, ohne dass er darin eingreifen kann. Er deutet jedoch an, dass die Wahrheit seines Lebens nicht so einfach durch den Gewaltakt seiner Frau aus der Welt geschafft werden kann: „Die Wahrheit, habe der Vater gesagt, sei aus anderem Stoff als ein Schweinebraten." (S. 182, Z. 251 ff.) Lediglich die Ersatzhandlung des Briefeschreibens und der Weg in die Sucht machen deutlich, dass nichts mehr so ist wie vor dem Krieg und dass er – so die Unterstellung – auf ein gemeinsames Leben mit der Liebe seines Lebens verzichten muss, da er gegen die Gewalt seiner Ehefrau nicht ankommt. Auch gestattet sich der Vater eine gestische Äußerung, die keinen Zweifel an seinem Gefühlszustand lässt: „Bis zum letzten Atemzug habe er der Mutter die Hand weggezogen." (S. 183, Z. 415f.)

zu den Aufgaben 2–4

offene Aufgaben mit individuellen Schülerantworten

M 2 Florian Stark: Morgens 125 Gramm Brot und Tee, abends Wassersuppe

Nach Kriegsende 1945 wurden Hunderttausende deutsche Frauen und Mädchen zur Zwangsarbeit in Lager in der Sowjetunion verschleppt. Etwa ein Drittel überlebte Hunger, Seuchen und Strapazen nicht.

„Uns hatten sie einfach aufgegriffen, manchmal einfach von der Straße weg und mit Gewalt auf den Lastwagen gezerrt. Ich trage auch noch die Jacke, die ich bei meiner Verhaftung anhatte. Obwohl ich sie fest um meinen Körper ziehe, ist mir schrecklich kalt. Die Kälte ist nicht nur außen, sondern auch in mir." Jahrzehnte danach hat Martha Grüner ihre Erinnerungen an das „Frauenlager 517/2" in Karelien zu Papier gebracht. Sie war eine von mehr als 800 000 Frauen und Mädchen, die 1945 von der Roten Armee als lebende Reparationsleistung in die Sowjetunion verschleppt worden waren. Als „Geltungskriegsgefangene" im Behördendeutsch. Sie schufteten und starben in Lagern zwischen der Ukraine und dem Eismeer, Kasachstan und Sibirien.

Eines dieser Lager war Padosero in Karelien. Im Frühjahr 1945 wurden hier rund tausend deutsche Frauen zur Zwangsarbeit eingepfercht. Die meisten stammten wie Martha Grüner aus Ostpreußen und waren noch minderjährig. Die Rote Armee hatte sie auf dem Vormarsch wahllos aufgegriffen und in überfüllte Güterwaggons gesteckt. Viele überlebten schon die wochenlange Fahrt nicht. Die anderen kamen krank und halb verhungert in Karelien an, wo noch tiefer Schnee lag. „Erst 1946 werden wir für die russischen Winter ausgerüstet. Vorerst müssen wir in unseren alten, verdreckten und durch den Schnee bald völlig durchnässten Kleidern und Schuhen zum Lager laufen", schreibt Martha Grüner. „Ich glaube, wenn ich an diesem Tag gewusst hätte, dass ich fünf lange Jahre in Russland festgehalten werden sollte, ich hätte mich in diesem Moment aufgegeben." „180 Frauen und Männer sind in Padosero gestorben", sagt Anatoli Antonowitsch. Der Unternehmer aus der nahen Republikshauptstadt Petrosawodsk kümmert sich als Freiwilliger um deutsche Kriegsgräber. Er hofft darauf, dass auch von deutscher Seite noch mehr unternommen wird, um das Andenken an die Toten in dieser Region zu pflegen.

Still ist es auf der Lichtung im Kiefernwald, erste Schneeflocken fallen. Ein großes Kreuz und kleine Dreiergruppen von Kreuzen markieren den Friedhof, der 1997 eingerichtet wurde. „Hier ruhen Kriegsgefangene – Opfer des Zweiten Weltkriegs", steht auf einer Tafel. Das Lager lag ein paar hundert Meter entfernt an einem See, heute stehen dort friedliche Wochenendhäuser. „Achtung, streunende Bären!", warnt ein Schild vor Betreten des Waldes. Das Schicksal der zivilen deutschen Zwangsarbeiterinnen und -arbeiter in der Sowjetunion ist eine wenig bekannte Episode des Krieges. Das NS-Regime hat Millionen Männer und Frauen aus den von ihm besetzten Gebieten, vor allem aus Osteuropa, zu Arbeitsdiensten gezwungen. Aber auch die Sieger setzten auf Zwangsarbeit zum Wiederaufbau. Insgesamt vier Millionen wurden in der Sowjetunion, Jugoslawien, Rumänien und Polen, aber auch in Frankreich oder Dänemark eingesetzt. Die meisten waren Männer, Kriegsgefangene, ein Viertel aber waren Frauen. Und von ihnen hat mindestens jede Vierte den Hunger, die Seuchen, die Kälte und die Strapazen nicht überstanden. Genaue Zahlen gibt es nicht.

Karelien ist voll von Gräbern. Die Herrschaft der Diktatoren Hitler und Stalin hat auch diese abgelegene russische Gegend an der Grenze zu Finnland zu „Bloodlands" – so der US-Historiker Timothy Snyder – gemacht. Zwar kämpften hier keine deutschen Soldaten, aber Tausende starben später als Kriegsgefangene. Zehntausende Menschen wurden im schlimmsten Stalin-Terror 1937/38 an Orten wie Sandarmoch oder Krasny Bor bei Petrosawodsk erschossen oder durch Arbeit und Hunger ermordet. Der Historiker Juri Dmitrijew [...] hat diese Orte aufgespürt. Sie sind heute Gedenkstätten. Doch im Russland unter Präsident Wladimir Putin wird versucht, die Geschichte dieser Orte umzuschreiben und Stalin zu entlasten. [...]

Über die Geschichte des Frauenlagers Padosero hat Juri Tschuchin geschrieben, der Gründer von Memorial[1] in Karelien, der als ehemaliger Polizeioffizier an Akten und Namenslisten kam. Stacheldraht umgab 1945 das Lager mit zehn Baracken, es war kaum bewacht. Ein russischer Jugendlicher mit Flinte passte bei der Waldarbeit auf die Frauen auf. Viel konnten diese beim Bäumefällen nicht ausrichten. „Die Zwangsarbeit war nichts als Schinderei", schreibt Martha Grüner. „Ein Mädchen von 16 Jahren sollte

---

[1] Memorial: Menschenrechtsorganisation, die 2022 in Russland behördlich aufgelöst wurde

die zerstörte Sowjetunion wieder aufbauen helfen. Das war ein Hohn." Manchmal erhielten die Arbeiterinnen einen kärglichen Lohn. Oder sie versuchten, ihre deutsche Kleidung gegen Lebensmittel einzutauschen. Doch kurz nach dem Krieg hatten auch die sowjetischen Dörfler kaum zu essen.

Auch Ursula Seiring wurde aus Ostpreußen verschleppt. In ihrem Buch „Du sollst nicht sterben" schreibt sie: „Morgens 125 Gramm Brot und Tee, abends Wassersuppe. Danach suchen wir uns gegenseitig die Köpfe nach Läusen ab. Die Wanzen quälen uns alle sehr. Nachts ist täglich Antreten und Abzählen." Manche waren so verzweifelt, dass sie sich das Leben nahmen. „Hier werden meine Tränen zu Eisperlen", bekannte Martha Grüner. Für den Volksbund Deutsche Kriegsgräberfürsorge steht der Friedhof von Padosero stellvertretend für alle Opfer der Zwangsarbeit. Genauso wird auf einem Friedhof in Petrosawodsk aller Kriegsgefangenenlager in Karelien gedacht. 62 Ortsnamen sind auf großen Steinen vermerkt. [...]

Florian Stark: „Morgens 125 Gramm Brot und Tee, abends Wassersuppe", Welt Online, Berlin, 18.11.2018, www.welt.de/geschichte/article183998514/Deutsche-Zwangsarbeiterinnen-Jede-dritte-starb-in-der-Sowjetunion.html (Aufruf: 11.09.2024)

Das Bundesarchiv/Bild 183-1983-0422-308, Fotograf: Donath, Otto

Frauen und Mädchen, die zur Zwangsarbeit in die Sowjetunion geschafft wurden, im Heimkehrlager Polte Nord 1947

1. Führen Sie im Anschluss an die Lektüre des Sachtextes von Florian Stark eine vertiefende Internet-Recherche zum Schicksal deutscher Frauen nach Ende des Zweiten Weltkrieges durch, die in russische Gefangenschaft gerieten. Präsentieren Sie Ihre Ergebnisse im Plenum.

2. Verdeutlichen Sie die Parallelen zwischen Sachtext und der Erzählung Jenny Erpenbecks.

3. Martha Grüner und Ursula Seiring haben – im Gegensatz zur aus Sibirien zurückkehrenden Mutter – ihre Erlebnisse verbalisiert und aufgeschrieben. Schreiben Sie einen fiktiven Brief an Erpenbecks Figur und machen Sie darin die Bedeutung des Sprechens und Erinnerns über das Geschehene deutlich.

M 3 Umgang mit Verletzungen – Trauma-Typen in „Sibirien"

In Jenny Erpenbecks mit dem renommierten Ingeborg-Bachmann-Preis ausgezeichneter Erzählung „Sibirien" (2001) geht es ganz ähnlich wie in dem später erschienenen Roman „Heimsuchung" (2007) um Menschen, die von eben einer solchen Heimsuchung getroffen werden. Die erwachsenen Figuren der kurzen Erzählung werden zum Opfer des Krieges, der wie eine schicksalhafte Macht über sie kommt und der sie hilflos ausgesetzt sind. Neben den körperlichen Verletzungen zeigen sich auch psychische Versehrungen: Starke psychische Erschütterungen, die häufig durch eine Gewalterfahrung hervorgerufen werden, bezeichnet man als sog. „Traumata". Die moderne Psychologie kennt unterschiedliche Arten oder auch Traumareaktionen, wie Menschen mit diesen schweren seelischen Verletzungen fertigzuwerden versuchen: Das Individuum kann kämpfen („fight"), fliehen („flight"), einfrieren („freeze") oder auch sich unterwerfen („fawn").

> Der **Fight-Typus** reagiert auf Stress, Druck und Trauma mit Impulsivität, Verteidigung, Kontrolle, Aggression bzw. körperlicher oder psychischer Gewalt.
> Der **Flight-Typus** hat Angst davor, verlassen zu werden. Er verdrängt Konflikte, unvollendete Gedanken, Verantwortung und Gefühle. Er bricht Kontakte ab und entwickelt häufig Ängste oder Zwänge und neigt zum Suchtverhalten.
> Der **Freeze-Typus** erstarrt und stellt sich tot, um den Schmerz nicht zu spüren. Dabei unterdrückt er seine Bedürfnisse, neigt zu Tagträumen, inneren Blockaden und Sprachlosigkeit. Häufig finden sich auch Taubheit gegenüber Emotionen, der Hang zur Selbstisolation und Entscheidungsschwäche.
> Der **Fawn-Typus** setzt auf Bindung und Unterwerfung, um sein Gefühl nach Sicherheit zu stillen. Er passt sich an und stellt die Bedürfnisse anderer über seine eigenen. Er vermeidet die Enttäuschung der anderen, schaltet dabei aber emotional ab. Eigene Gefühle und Gedanken kann er nicht äußern, was zu einem geringen Selbstwertgefühl des Menschen führt, der nicht gesehen und wahrgenommen wird.

1. Bestimmen Sie die Traumata der aus sibirischer Gefangenschaft zurückkehrenden Mutter und ihres zu Hause auf sie wartenden Mannes.

2. Untersuchen Sie textnah, auf welche Art und Weise beide Figuren versuchen, mit ihren seelischen Verletzungen fertigzuwerden. Weisen Sie diese individuellen Traumareaktionen einem der vier Typen zu, wobei auch Mischformen möglich sind. Begründen Sie.

Figur	Verhalten in der Erzählung „Sibirien"	Trauma-Typus	Seite, Zeile
Mutter			
Vater/ Ehemann			

3. „Der Krieg ist aus [...]" (S. 183, Z. 385), sagt der Vater zu seinem Sohn. Erläutern Sie schriftlich, inwiefern die Mutter und ihr Mann sich über das reale Kriegsende hinaus „bekriegen".

M 3 Umgang mit Verletzungen – Trauma-Typen in „Sibirien"
(Lösungen)

zu Aufgabe 1[1]

Das Trauma der zurückkehrenden Mutter besteht in der Nichtbearbeitung, ausbleibenden Verbalisierung oder Thematisierung des Leidens in sibirischer Gefangenschaft (vgl. S. 182, Z. 282 ff.; S. 183, Z. 360 ff.) sowie in der Erkenntnis, dass sie im Laufe ihrer Abwesenheit „ersetzt" wurde. Das Trauma ihres Ehemanns besteht in der Hilflosigkeit, die ihn im Kontext des Wütens der Rückkehrerin kennzeichnet: „Keine Chance hätte sein Vater, mein Großvater, damals gehabt." (S. 180, Z. 5 f.) Das Schweigen, die Kommunikationslosigkeit sind bei beiden Figuren Ausdruck der nicht verarbeiteten Traumata.

zu Aufgabe 2

Figur	Verhalten in der Erzählung „Sibirien"	Trauma-Typus	Seite, Zeile
Mutter	Die Mutter verhält sich aggressiv, wendet Gewalt an und reagiert überaus impulsiv auf die Anwesenheit der neuen Partnerin ihres Mannes. Sie verteidigt ihr Terrain und gewinnt so wieder Kontrolle über ihr Leben.	Fight-Typus	S. 180, Z. 1 – 5, Z. 24 – 31, Z. 93 – S. 181, Z. 110; S. 181, Z. 170 – 180; S. 182, Z. 275 – 283
Vater/ Ehemann	Der Vater entwickelt eine Alkoholsucht.	Flight-Typus	S. 183, Z. 344 ff.
	Er unterdrückt seine Bedürfnisse und neigt zu Sprachlosigkeit.	Freeze-Typus	S. 181, Z. 122 f., Z. 180; S. 182, Z. 227, Z. 303 ff.; S. 183, Z. 324 f.
	Der Vater zeigt sich vom majestätischen Auftritt seiner Frau beeindruckt. Er scheint froh zu sein, dass die Mutter heimgekehrt ist, und kann dem Leben nichts mehr abgewinnen. Schweigen prägt sein Leben.	Fawn-Typus	S. 182, Z. 205 ff., Z. 301 ff.; S. 183, Z. 322 ff., Z. 347 ff.

zu Aufgabe 3

Die Aufgabe zielt auf die Doppeldeutigkeit des Begriffs. Zwar ist der äußere Krieg – gemeint ist der Zweite Weltkrieg – beendet. Doch führen seine Folgen bei den Beteiligten und Opfern zu emotionalen Verwerfungen, die als eine Art „innerer Krieg" bezeichnet werden können. Die dominante Mutter hat durch ihre triumphal beschriebene Rückkehr zwar ihre alte Position in der Familie wiederhergestellt, die Liebe zu ihrem Mann jedoch geht dauerhaft verloren, was sie nicht zu interessieren scheint: „Es habe sie einfach nicht interessiert, ob der Vater die Verbindung zu seiner Geliebten aufrechterhielt." (S. 182, Z. 273 ff.) Gleichgültigkeit tritt an die Stelle von Zuneigung, Geborgenheit und Liebe. Der innere, emotionale Krieg zeigt sich dann nur im Schweigen und in kleinen Gesten des Widerstands, wenn es heißt, dass der Vater seiner Frau „[b]is zum letzten Atemzug" (S. 183, Z. 415 f.) die Hand wegzieht.

---

[1] Alle Zitate: Jenny Erpenbeck: Sibirien (2001), in: Dies.: Tand. Eichborn AG: Frankfurt 2001.

M 4 „Heimsuchung" und „Sibirien" – Ein Vergleich

> „Die z. T. schlimmen Schicksale der verschiedenen Figuren werden knapp und sachlich abgehandelt. Es wird nicht beleuchtet, wie Traumata verarbeitet werden, sodass die Leserinnen und Leser damit letztlich alleingelassen werden. Einige Passagen im Roman wirken sogar auf mich (erwachsene Vielleserin) nachhaltig verstörend."
>
> Rezension zum Roman „Heimsuchung" (Penguin) von „Meike", amazon, 30.10.2023

1. Bestimmen Sie die „Heimsuchungen" bzw. persönlichen Herausforderungen, denen ausgewählte Figuren des Jahrhundertromans „Heimsuchung" ausgesetzt sind.

2. Untersuchen Sie in einem zweiten Schritt, wie diese Figuren auf ihre persönliche Herausforderung bzw. Heimsuchung reagieren, und bewerten Sie abschließend, ob und inwiefern diese Reaktion als erfolgreich bezeichnet werden kann.

mögliche Figuren: Die Frau des Architekten, Der Tuchfabrikant, Der Architekt, Der Rotarmist, Die Besucherin, Die unberechtigte Eigenbesitzerin, Doris, Der Gärtner

Figur	Heimsuchung	Reaktion/Antwort	eigene Bewertung

3. Vergleichen Sie ausgewählte Romanfiguren aus „Heimsuchung" mit Figuren der Erzählung „Sibirien" im Hinblick auf Gemeinsamkeiten und Unterschiede bei der individuellen Problembewältigung: Was eint bzw. trennt die Figuren beider Texte?

4. Nehmen Sie schriftlich Stellung zur Kritik der Amazon-Rezensentin, Erpenbeck würde auf die Bearbeitung bzw. Lösung der Traumata keine Antwort finden, was den Roman gerade für junge Leserinnen und Leser problematisch werden lasse.

5. Skizzieren Sie beispielhaft für jeweils eine Figur aus dem Roman „Heimsuchung" bzw. der Erzählung „Sibirien", wie eine solche Lösung bzw. erfolgreiche Konfliktbewältigung aussehen könnte. Geben Sie dafür konkrete Beispiele.

M 4 „Heimsuchung" und „Sibirien" – Ein Vergleich (Lösungen)

zu Aufgabe 1

Figur im Roman „Heimsuchung"	Heimsuchung/Herausforderung/Schicksal
Die Frau des Architekten	Kinderlosigkeit, banales Leben als Hausfrau statt Abenteuer
Der Tuchfabrikant	Holocaust, Verlust der geliebten Heimat, Antisemitismus
Der Architekt	Faschismus, Krieg und Gewalt, Willkür, Ungerechtigkeit
Der Rotarmist	Verlust der Familie, Krieg, Tod und Gewalt, Mutterlosigkeit
Die Besucherin	Krieg und Zerstörung, Heimatverlust, Vertreibung
Die unberechtigte Eigenbesitzerin	Ungerechtigkeit, Heimatverlust, Enteignung
Doris	Holocaust: Verfolgung, Bedrohung und Ermordung
Der Gärtner	Krieg und Gewalt, politische Systemwechsel

zu Aufgabe 2 (ausgewählte Beispiele)

Figur	Heimsuchung	Reaktion/Antwort	eigene Bewertung
Die Frau des Architekten	Kinderlosigkeit, banales Leben als Haus- und Ehefrau statt Abenteuer	Hinnahme eines Lebens als „Stenotypistin" (S. 64/S. 60) und Aufgabe der eigenen hochtrabenden Lebensträume	individuelle Schülerlösung
Der Tuchfabrikant	Holocaust, Verlust der geliebten Heimat, Antisemitismus und Rassismus	Die Flucht in das südafrikanische Exil und dort Aufbau einer neuen Existenz; nur halbwegs erfolgreicher Versuch der Integration bei stetiger Sehnsucht nach alter Heimat und den Eltern, die dort umgebracht werden (vgl. S. 50 ff./S. 47 ff.)	individuelle Schülerlösung
Der Rotarmist	Verlust der Familie, Krieg, Tod und Gewalt, Mutterlosigkeit	brutale Racheakte an den deutschen Tätern; Versuch der Vergewaltigung einer deutschen Frau; Anzeichen von Mitleid durch Gabe von Brot (vgl. S. 105/S. 100)	individuelle Schülerlösung
Die unberechtigte Eigenbesitzerin	Ungerechtigkeit, Heimatverlust, Enteignung	Der Trauer um den Verlust des geliebten Hauses; Abschiednehmen vom Haus durch dessen Säuberung (vgl. S. 177 ff./S. 171 ff.)	individuelle Schülerlösung

zu Aufgabe 3

Hier sind individuelle, von den Schülerinnen und Schülern eigenständig ausgewählte Vergleiche denkbar und sinnvoll.

Beispiele:

Die körperlichen und psychischen Erfahrungen der Mutter in der Erzählung „Sibirien", die zu dem nicht verarbeiteten Familientrauma führen (vgl. S. 180, Z. 10–24), ähneln an der Oberfläche den brutalen Gewalterfahrungen des Rotarmisten, der schonungslos von der Ermordung seiner Familie durch Soldaten der deutschen Wehrmacht berichtet: „Die Hände, die Brüste, die Augen seiner Mutter waren im Haus verbrannt." (S. 96/S. 91)

Das Schweigen des Vaters nach der Rückkehr seiner Frau in der Erzählung „Sibirien" weist eine Parallele zum Verhalten der Frau des Architekten auf, denn diese akzeptiert das von ihrem Ehemann geplante und geführte Leben, das sich fundamental von ihren eigenen Vorstellungen unterscheidet: Sie nimmt diese Bevormundung klaglos hin und spielt das Spiel ihres Mannes mit, zum Beispiel, indem sie die gute Gastgeberin auf abendlichen Partys ihres Mannes gibt. Auf ein wirklich beglückendes Leben verzichtet sie so wie der Ehemann in „Sibirien": „So vertreiben der Architekt und seine Frau sich selbst und ihren Gästen die Zeit." (S. 68/S. 64)

Der Pragmatismus der Rückkehrerin in „Sibirien" ähnelt dem der Besucherin in „Heimsuchung". Diese akzeptiert klaglos den Verlust der Heimat und ist zufrieden mit ihrem neuen Leben am Scharmützelsee: „Besser ist es allemal, fremd in der Fremde zu sein." (S. 128/S. 123) Auch die Mutter in Erpenbecks Erzählung nimmt die Fremdheit und den Verlust des Vertrauens zu ihrem Mann scheinbar gleichgültig hin.

zu den Aufgaben 4 und 5

individuelle Schülerlösung

M 5 Das Motiv des Schweigens in der Literatur

Schweigen/Stille: Symbol der Weisheit, starker Gefühle und der Gefühlsbeherrschung, der Macht und Ohnmacht sowie der Begrenztheit sprachlicher Darstellbarkeit. Relevant für die Symbolbildung ist neben der in der Stille herrschenden Geräuschlosigkeit besonders die Abwesenheit sprachlicher Äußerungen des Menschen.[1]

Shutterstock.com (RM)/Everett („Way Out West' film - 1937: Stan Laurel, Oliver Hardy)

1. Symbol der Weisheit und Gotteserkenntnis
Obgleich Pindar[2] zufolge Schweigen das denkbar Weiseste und nach Platon[3] das Wahre nicht durch Rede erfassbar ist, rücken Schweigen und Stille erst in der Spätantike [...] als Voraussetzung und Kennzeichen für Erkenntnis und Schau Gottes ins Zentrum der Philosophie. Im Mittelalter umkreisen Meister Eckhards[4] Predigten das Schweigen als Grund und Abgrund der Sprache und des Seins: „Als alle Dinge mitten im Schweigen waren, kam von oben hernieder [...] in mich ein verborgenes Wort." Im 19. und 20. Jahrhundert finden sich das Schweigen und die Stille als Symbol für Erleuchtung und menschliche Vollendung.

2. Symbol starker Gefühle und der Gefühlsbeherrschung
Seit der Antike sind Schweigen und Verstummen literarische Mittel zur Darstellung der Intensität von Gefühlen wie Erstaunen, Zorn, Verachtung, Trauer oder Liebe. Im Drama werden starke Gefühle durch sprachlose (gestische und mimische) Aktionen wie Umarmen, Erdolchen, Drohen oder Erstarrung unterstrichen, häufig münden sie in finales Schweigen. So beschließt Lessings „Nathan der Weise" ein Bild sprachloser Rührung. In scharfem Gegensatz hierzu steht das asketische, teils freiwillige, teils auferlegte Schweigen, das über Verzicht auf oberflächliches oder irreführendes Reden Tiefe und Zugang zu Geheimgehaltenem bezweckt.

3. Symbol der Macht und der Ohnmacht, der Zustimmung und der Ablehnung
Bewusste Enthaltung vom Sprechen kann Ablehnung, Widerstand oder Zwietracht symbolisieren. So heißt es bei Cicero[5]: „Indem sie schweigen, klagen sie sich an." Andererseits wird das Schweigen Jesu als dessen Einwilligung in den Opfertod exemplarisch veranschaulicht. In der literarischen Moderne wird das Schweigen über nichtgesagtes Gemeintes oft als Symbol für gesellschaftliche Krisenerscheinungen, Vereinsamung des Menschen und Zusammenbruch menschlicher Beziehungen eingesetzt. Schweigen und Verstummen können aber auch auf Schwäche, Angst und Ohnmacht verweisen.

Günter Butzer/Joachim Jacob (Hg.): Metzler Lexikon literarischer Symbole. 3. Aufl. Berlin: J. B. Metzler 2021, S. 572 (gekürzt und leicht angepasst)

1. *Untersuchen Sie, an welchen Stellen die Figuren der Erzählung „Sibirien" schweigen. Bestimmen Sie die äußere und innere Situation der Schweigenden sowie die vermutlichen Gründe für das Schweigen. Deuten Sie vor diesem Hintergrund auch den letzten Satz der Erzählung. Arbeiten Sie ggf. arbeitsteilig und halten Sie Ihre Ergebnisse in der folgenden Tabelle fest.*

---

1 Günter Butzer/Joachim Jacob (Hg.): Metzler Lexikon literarischer Symbole. 3. Aufl. Berlin: J. B. Metzler 2021, S. 572
2 Pindar (ca. 522–464 v. Chr.): Dichter in der griechischen Antike
3 Platon (ca. 428–347 v. Chr.): antiker griechischer Philosoph
4 Meister Eckhard (1260–1328 n. Chr.): spätmittelalterlicher Philosoph und Theologe
5 Cicero (106–43 v. Chr.): Schriftsteller, Politiker, Redner und Philosoph im alten Rom

Das Motiv des Schweigens in der Erzählung „Sibirien"

Figur	Schweigen (Textstellen)	mögliche Gründe
Mutter		
Vater/Ehemann		
Geliebte		
Vater des Ich-Erzählers/ der Ich-Erzählerin		

2. *Vom Gärtner in Erpenbecks „Heimsuchung" heißt es, er habe meist „nur genickt und geschwiegen" (S. 28/S. 26). Deuten Sie die Verweigerungshaltung der Figur vor dem Hintergrund des Schicksals bzw. der Heimsuchungen der anderen Romanfiguren und klären Sie abschließend die Symbolik des Schweigens in beiden Texten Jenny Erpenbecks mithilfe des Lexikonauszugs.*

M 5 Das Motiv des Schweigens in der Literatur (Lösungen)

zu Aufgabe 1

Das Motiv des Schweigens in der Erzählung „Sibirien"

Figur	Schweigen (Textstellen)	mögliche Gründe
Mutter	„Nicht ein schlechtes Wort gegen die Russen." (S. 180, Z. 33) „Nie werde ich das vergessen, sagt er, wie sie die andere erst ohne ein Wort bei den Schultern gepackt und geschüttelt und nur den Blick in sei hineingebohrt hat, weil ihre Wut sich derart hinter den Zähnen staute, dass kein einzelnes Wort herausfahren konnte." (Ebd., Z. 93 ff.)	Tabuisierung der Brutalität und Gewalt im Kontext des Krieges und der Vergewaltigung; Ohnmacht und Wut der Rückkehrerin über die Anwesenheit einer unerwarteten Konkurrentin im eigenen Haus
Vater/Ehemann	„Alles, was ihm an seiner Mutter so gefiel, sei vom Vater geschluckt worden, der ganze Vater sei ihm vorgekommen wie ein einziges, tiefes, schweigsames Loch, eine Müllgrube. Das habe ihn, den Sohn, damals wütend gemacht: zu sehen, wie dieser Mann alles, was seine Frau ihm schenkte, durch sein Schweigen in Müll verwandelte." (S. 183, Z. 322 ff.) „Nur geschrieben. Ganz still habe der Vater dagesessen, die Antwort gelesen und dabei getrunken." (Ebd., Z. 334 f.)	Wut und Enttäuschung des Kindes über Feigheit des eigenen Vaters und dessen fehlende Bereitschaft zu klärender Kommunikation oder zu einer Entschuldigung; stiller Widerstand des Mannes gegen Dominanzverhalten der eigenen Frau
Geliebte	„Kein Wort hat die sich zu sagen getraut, sagt mein Vater, kein Wort." (S. 181, Z. 113 f.) „Hätte sich nicht getraut, mit ihm, dem Sohn, zu reden, hätte gekocht oder aufgeräumt, aber nichts gesagt." (Ebd., Z. 118 ff.)	Einschüchterung durch unerwartete Gewalterfahrung; schüchterne und zurückhaltende Wesensart, evtl. schlechtes Gewissen
Vater des Ich-Erzählers/ der Ich-Erzählerin	„Aber er habe die Frau nicht gekannt, habe nicht gewusst, dass das seine Mutter war […]. Deshalb sei er stumm geblieben […]." (S. 180, Z. 61 ff.) „Bis heute könne er sich nicht vorstellen, was es denn war, dass sein Vater mit der Mutter nicht hätte besprechen können." (S. 182, Z. 220 ff.)	Fremdheit und gleichzeitig eindrucksvolle Erscheinung der Rückkehrerin; Tabuisierung der neuen Liebe des Vaters zur „Schattenmorelle"

Alle Zitate: Jenny Erpenbeck: Sibirien (2001), in: Dies.: Tand. Eichborn AG: Frankfurt 2001.

Der letzte Satz der Erzählung lautet: „Ich habe Angst, sagt mein Vater, dass ich die Briefe finde." (S. 184, Z. 456 f.) Er ist Ausdruck der Angst vor den Folgen der Wahrheit, die durch das Ende des Schweigens zutage träten. Diese Wahrheit bezieht sich auf den Inhalt der Korrespondenz zwischen dem Vater und seiner Geliebten, der „Schattenmorelle". In diesen Briefen könnte, so die Unterstellung, von echter Liebe, Vertrauen und Geborgenheit die Rede sein. Von Werten, die nach der Rückkehr der Mutter aus Sibirien in der Familie nicht mehr vorhanden sind.

zu Aufgabe 2

Das Schweigen des Gärtners, an dem die zahlreichen Heimsuchungen im Roman scheinbar spurlos vorbeiziehen, wird von den Dorfbewohnern und -bewohnerinnen zuerst als Anflug von „Wahnsinn" (S. 28/S. 26) gedeutet, denn der Gärtner verweigert die Kommunikation mit Menschen und spricht, wenn überhaupt, nur zu seinen Pflanzen (vgl. ebd./ebd.). Da er als dauerhafte Konstante im Verlauf der Handlung jedoch alle Figuren überlebt und sein Verschwinden zu einem (moralischen) Verfall führt, ist auch eine positive Deutung seines Schweigens denkbar: Er sorgt sich mehr um die heranrückende Kartoffelkäferplage, die seinen Garten bedroht, als um die sich nähernde Rote Armee. Während die geschwätzige Umwelt untergeht, kann er sein naturnahes Leben weiterführen und überleben. Das Schweigen als Verweigerung der Integration in die Gesellschaft scheint also auch ein Erfolgsrezept zu sein. Denn im Vergleich zu den anderen Romanfiguren wirkt er wie der einzig wirklich glückliche Mensch in „Heimsuchung".

Im Sinne der Lexikon-Definitionen des Schweigens kann das Schweigen des Gärtners also durchaus als Symbol der Weisheit und Gotteserkenntnis gedeutet werden. Im Hinblick auf die Figur des Ehemanns in der Erzählung „Sibirien" lässt es sich hingegen eher als Symbol starker Gefühle und der Gefühlsbeherrschung interpretieren, denn die Trauer des Mannes über die ihm versagte Liebe zu der neuen Frau lässt dieser kaum nach außen treten. Sie findet nur im Briefeschreiben ihren persönlichen Ausdruck. Das Schweigen der Rückkehrerin in „Sibirien" wiederum kann als Symbol der Macht und Ablehnung gedeutet werden. Indem die Frau schweigt, klagt sie ihren fremdgehenden Mann an und kritisiert diesen für seine Untreue während der Zeit ihrer Abwesenheit.

Übersicht Webcodes

zum Unterrichtsmodell EinFach Deutsch „Jenny Erpenbeck: Heimsuchung" (109677)

Baustein	Arbeitsblatt/ Zusatzmaterial	Name	Seite im Unterrichts- modell	Webcode
Baustein 1	Arbeitsblatt 1	„Heimsuchung" – Ein Jahrhundert- roman (+ Lösung)	41 – 42	WES-109677-636
Baustein 1	Arbeitsblatt 2	Peter Fox: „Haus am See" (2008)	43	WES-109677-282
Baustein 1	Arbeitsblatt 3	Ein Buchcover bewerten – Einen Klappentext gestalten	44	WES-109677-885
Baustein 1	Arbeitsblatt 4	„Heimat" – Annäherung an einen schwierigen Begriff	45	WES-109677-705
Baustein 1	Arbeitsblatt 5	„Heimsuchung" von Jenny Erpenbeck: Abc-Methode	46	WES-109677-204
Baustein 2	Arbeitsblatt 6	Ein Figurenporträt erstellen/ Figurenkabinett	93	WES-109677-513
Baustein 2	Arbeitsblatt 7	Was die Figuren verbindet – Den „roten Faden" finden	94	WES-109677-401
Baustein 2	Arbeitsblatt 8	Der Großbauer und seine vier Töchter	95	WES-109677-962
Baustein 2	Arbeitsblatt 9	Der Architekt	96	WES-109677-166
Baustein 2	Arbeitsblatt 10	Der Tuchfabrikant	97	WES-109677-311
Baustein 2	Arbeitsblatt 11	Das Mädchen	98	WES-109677-667
Baustein 2	Arbeitsblatt 12	Die Schriftstellerin	99	WES-109677-722
Baustein 2	Arbeitsblatt 13	Der Gärtner	100	WES-109677-827
Baustein 2	Arbeitsblatt 14	Heimatkonzepte in „Heimsuchung" definieren	101	WES-109677-771
Baustein 3	Arbeitsblatt 15	Den Anfang und das Ende des Romans interpretieren	127	WES-109677-999
Baustein 3	Arbeitsblatt 16	„Heimsuchung Corona" – Eine Gegengeschichte verfassen	128	WES-109677-440
Baustein 3	Arbeitsblatt 17	Die Sprache Jenny Erpenbecks untersuchen (+ Lösung)	129 – 130	WES-109677-337
Baustein 3	Arbeitsblatt 18	„Heimsuchung" – Wir spielen Theater!	131	WES-109677-187
Baustein 3	Arbeitsblatt 19	Erzähltechnik: So erzählt Jenny Erpenbeck ihre Geschichte	132	WES-109677-855
Baustein 3	Arbeitsblatt 20a	„Heimsuchung" als moderne Literatur?	133	WES-109677-617
Baustein 3	Arbeitsblatt 20b	„Heimsuchung" als Heimatroman?	134	WES-109677-222
Baustein 3	Arbeitsblatt 21	Die Symbolik des Ortes – Haus, Garten und See	135	WES-109677-079
Baustein 3	Arbeitsblatt 22	Schreiben nach Auschwitz? – Das Mädchen Doris	136	WES-109677-483

Übersicht Webcodes

Baustein	Arbeitsblatt/ Zusatzmaterial	Name	Seite im Unterrichtsmodell	Webcode
Baustein 4	Arbeitsblatt 23	Ist „Heimsuchung" ein guter Roman? – Literarische Texte werten	154	WES-109677-323
Baustein 4	Arbeitsblatt 24a	Rezensionen: Positive Stimmen	155	WES-109677-599
Baustein 4	Arbeitsblatt 24b	Rezensionen: Kritische Stimmen	156	WES-109677-911
Baustein 4	Arbeitsblatt 25	Verena Auffermann: „Wenn das Haus fertig ist, kommt der Tod"	157–158	WES-109677-798
Baustein 4	Arbeitsblatt 26	Den Roman im Rahmen eines Podcast-Beitrags rezensieren	159	WES-109677-266
Baustein 4	Arbeitsblatt 27	Lisa Welzhofer: Werden in Schulen zu viele männliche Autoren gelesen? (Textgebunden erörtern)	160–161	WES-109677-199
Baustein 4	Arbeitsblatt 28	Die textgebundene Erörterung	162	WES-109677-652
	Zusatzmaterial 1	Einen Erzähltext interpretieren – So können Sie vorgehen	163	WES-109677-067
	Zusatzmaterial 2	Erzähltechniken untersuchen	164	WES-109677-554
	Zusatzmaterial 3	Methode – Einen argumentativen Text analysieren	165	WES-109677-681
	Zusatzmaterial 4	Die ESAU-Methode – Texte am PC überarbeiten	166	WES-109677-491
	Zusatzmaterial 5	Katharina Döbler: Großmutters klein Häuschen	167–168	WES-109677-384
	Zusatzmaterial 6	Facharbeitsthemen und Klausuraufgabenstellungen	169	WES-109677-142
	Zusatzmaterial 7	Klausurvorschlag I: Interpretation eines epischen Textauszugs mit weiterführendem Schreibauftrag (+ Bewertungsbogen)	170–173	WES-109677-952
	Zusatzmaterial 8	Klausurvorschlag II: Analyse eines Sachtextes mit weiterführendem Schreibauftrag (+ Bewertungsbogen)	174–179	WES-109677-777
	Zusatzmaterial 9	Jenny Erpenbeck: Sibirien (Text + Material)	180–201	WES-109677-755

Weiteres Material

Name	Seite im Unterrichtsmodell	Webcode
Film im Rahmen der Dauerausstellung „Wir waren Nachbarn" (www.youtube.com/watch?v=OCDNKrj8HXA, Aufruf: 09.10.2023)	72	WES-109677-110
Video-Interview: „Ausgefragt: Was ist Heimat?" (www.lpb-bw.de/ausgefragt-was-ist-heimat, Aufruf: 20.08.2023)	92	WES-109677-255